"十三五"国家重点出版物出版规划项目

面向可持续发展的土建类工程教育丛书

普通高等教育工程造价类专业融媒体新形态系列教材

建筑工程计量与计价

第 3 版

张建平　张宇帆　主　编

机械工业出版社

本书在第 2 版的基础上依据《建设工程工程量清单计价规范》（GB 50500—2013）和《房屋建筑与装饰工程工程量计算规范》（GB 50854—2013），以及最新的计价规则和计价标准修订而成。书中增加了二维码链接的例题讲解视频和练习题，并有机融入了课程思政元素，内容和形式与时俱进。

全书共 9 章，前 3 章介绍了工程计价的概念及原理、工程量的含义及计算意义、工程计价基础、建筑面积计算规则；后 6 章详细阐述了房屋建筑与装饰工程中的土方及基础工程、主体结构工程、钢筋工程、屋面及防水保温工程、装饰工程、技术措施项目的计量与计价。

按照"读图、列项、算量、套价、计费"的逻辑，书中分部分项工程的各章均列出了清单分项与定额分项、工程量计算规则和计算方法，并配有适量的建筑工程图和计量计价的详细计算过程。

书中增加了二维码链接的以微课形式讲解重点、难点例题的视频，微信扫描书中二维码，即可观看。各章后附有二维码形式的客观题，微信扫描二维码可自行做题，提交后可查看答案。

本书结构新颖、通俗易懂，可作为高等院校工程造价、工程管理、土木工程等专业的教材，也可作为工程造价技术人员的自学教材和考试参考书。

本书配有 PPT 电子课件和章后习题参考答案等教学资源，免费提供给选用本书作为教材的授课教师。需要者请登录机械工业出版社教育服务网（www.cmpedu.com）注册后下载。

图书在版编目（CIP）数据

建筑工程计量与计价/张建平，张宇帆主编. —3 版. —北京：机械工业出版社，2022.12（2025.6 重印）

（面向可持续发展的土建类工程教育丛书）

"十三五"国家重点出版物出版规划项目　普通高等教育工程造价类专业融媒体新形态系列教材

ISBN 978-7-111-71979-3

Ⅰ.①建… Ⅱ.①张… ②张… Ⅲ.①建筑工程-计量-高等学校-教材②建筑造价-高等学校-教材　Ⅳ.①TU723.3

中国版本图书馆 CIP 数据核字（2022）第 207918 号

机械工业出版社（北京市百万庄大街 22 号　邮政编码 100037）
策划编辑：刘　涛　　　　　责任编辑：刘　涛　高凤春
责任校对：樊钟英　张　薇　封面设计：马精明
责任印制：郜　敏
三河市宏达印刷有限公司印刷
2025 年 6 月第 3 版第 7 次印刷
184mm×260mm · 19.25 印张 · 471 千字
标准书号：ISBN 978-7-111-71979-3
定价：59.00 元

电话服务　　　　　　　　　网络服务
客服电话：010-88361066　　机 工 官 网：www.cmpbook.com
　　　　　010-88379833　　机 工 官 博：weibo.com/cmp1952
　　　　　010-68326294　　金 书 网：www.golden-book.com
封底无防伪标均为盗版　　机工教育服务网：www.cmpedu.com

第3版前言

党的二十大报告指出："到二〇三五年，我国发展的总体目标是：经济实力、科技实力、综合国力大幅跃升，人均国内生产总值迈上新的大台阶，达到中等发达国家水平；实现高水平科技自立自强，进入创新型国家前列；建成现代化经济体系，形成新发展格局，基本实现新型工业化、信息化、城镇化、农业现代化；基本实现国家治理体系和治理能力现代化，全过程人民民主制度更加键全，基本建成法治国家、法治政府、法治社会；建成教育强国、科研强国、人才强国、文化强国、体育强国、健康中国，国家文化软实力显著增强；人民生活更加幸福美好，居民人均可支配收入再上新台阶，中等收入群体比重明显提高，基本公共服务实现均等化，农村基本具备现代生活条件，社会保持长期稳定，人的全面发展、全体人民共同富裕取得更为明显的实质性进展；广泛形成绿色生产生活方式，碳排放达峰后稳中有降，生态环境根本好转，美丽中国目标基本实现；国家安全体系和能力全面加强，基本实现国防和军队现代化。"

建筑业是国民经济的支柱性产业，在建设现代化国家的新征程中，为实现新型工业化、信息化、城镇化、农业现代化，为实现教育强国、科研强国、人才强国、文化强国，为农村基本具备现代生活条件，着力培养懂经济、精业务、知法守法、有现代化国家意识的"大国工匠"，工程造价专业义不容辞，将为此而努力奋斗。

第2版出版已近5年，书中所依据的标准、规范有了新的调整。教材是科技创新的产物，在培养高质量人才中发挥着十分重要的作用，为了与时俱进，本书在依据中华人民共和国住房和城乡建设部颁布的《建设工程工程量清单计价规范》（GB 50500—2013）、《房屋建筑与装饰工程工程量计算规范》（GB 50854—2013）、《住房城乡建设部 财政部关于印发〈建筑安装工程费用项目组成〉的通知》（建标〔2013〕44号）、《建筑工程建筑面积计算规范》（GB/T 50353—2013）、《混凝土结构施工图平面整体表示方法制图规则和构造详图》（16G101）的基础上，根据最新的计价规则和计价标准更新了相应内容。

本书在第2版的基础上，更新了第2章中的建筑安装工程费用组成、计价规则及各项费用计算方法、计算实例以及各章中的计价表格与计价示例。原第10章中读图和列项的内容移至第1章，其余内容删除。

本书由昆明理工大学津桥学院张建平、张宇帆主编，昆明理工大学津桥学院杨嘉玲参编。编写分工为：张建平编写第1章、第2章、第7章、第8章、第9章，张宇帆编写第4章、第5章、第6章，杨嘉玲编写第3章。全书由张建平统稿。

本书可作为高等院校工程造价、工程管理、土木工程等专业的教材，也可作为工程造价技术人员的自学教材和参考书。

本书在编写过程中，参考了现行的有关标准、规范和相关教材，谨此一并致谢。由于作者水平有限，加之书中有些内容还有待探索，不足与失误在所难免，敬请读者见谅并批评指正。

张建平

第2版前言

第1版出版后，书中所依据的国家标准、规范又有了新的调整，因此本书根据中华人民共和国住房和城乡建设部颁布的《建设工程工程量清单计价规范》（GB 50500—2013）、《房屋建筑与装饰工程工程量计算规范》（GB 50854—2013）、《住房城乡建设部 财政部关于印发〈建筑安装工程费用项目组成〉的通知》［建标〔2013〕44号］、《建筑工程建筑面积计算规范》（GB/T 50353—2013）、《混凝土结构施工图平面整体表示方法制图规则和构造详图》（16G101）更新了相应内容。

同时因为BIM技术的广泛应用，计量计价软件趋于多元化，本书限于篇幅很难展开介绍，故第2版删去了第1版第11章计算机辅助工程计价的内容。

本书在第1版的基础上，第2章增加了营改增后税金计算的内容，第5章增加了钢结构构件的内容，第6章增加了柱平法钢筋和楼梯平法钢筋图示、构造与计算的内容，第8章增加了其他装饰工程的内容。

本书由昆明理工大学津桥学院张建平、张宇帆主编，昆明理工大学津桥学院杨嘉玲、苏玉参编。编写分工为：张建平编写第1章、第6章、第8章、第9章、第10章，张宇帆编写第2章、第4章、第5章，杨嘉玲编写第3章，苏玉编写第7章。全书由张建平统稿。

本书可作为高等院校工程造价、工程管理、土木工程等专业的教材，也可作为工程造价技术人员的自学教材和参考书。

本书在编写过程中，参考了现行的有关标准、规范和相关教材，谨此一并致谢。由于作者水平有限，加之书中有些内容还有待探索，不足与失误在所难免，敬请读者见谅并批评指正。

张建平

第1版前言

自20世纪90年代初工程造价专业在国内部分高等院校兴起，到1998年教育部在本科专业目录中将其纳入工程管理专业的一个方向，再到2012年工程造价专业正式列入教育部《普通高等学校本科专业目录》，经过20余年的发展，如今工程造价专业在全国高等院校生根发芽，并茁壮成长，成为国内高等院校招生、就业最好的专业之一。

2003年建设部颁布了《建设工程工程量清单计价规范》（GB 50500—2003），标志着工程计价理论的初步形成，该规范经过2008年和2013年的两次重大修改，形成了具有中国特色的工程计量与计价的理论体系。

本书依据《建设工程工程量清单计价规范》（GB 50500—2013）和《房屋建筑与装饰工程工程量计算规范》（GB 50854—2013）进行编写。全书分为11章，全面介绍了工程计价概念体系、工程计价原理、工程量的含义及计算意义、工程计价基础、建筑面积计算以及房屋建筑与装饰工程中的土方及基础工程、主体结构工程、钢筋工程、屋面防水及保温工程、装饰工程、措施项目的计量与计价。书中提供完整的工程计量计价示例，并介绍了计算机辅助工程计价。

本书结构新颖、图文并茂、通俗易懂。书中分部工程的每一章均列出了清单分项与定额分项、工程量计算规则和计算方法，配有适量的建筑工程图和计量计价的详细过程，按"读图→列项→算量→套价→计费"的"五步法"基本教学原则进行计量与计价。

本书由张建平任主编，张宇帆任副主编。编写分工为：张建平编写第1章、第2章、第6章、第8章、第9章、第10章，张宇帆编写第3章、第4章、第5章，苏玉编写第7章，褚真升编写第11章。全书由张建平统稿，严伟策划并绘制了书中大部分插图。

本书可作为高等院校工程造价、工程管理、土木工程等专业的教材，也可作为工程造价技术人员的自学教材和参考书。

本书在编写过程中，参考了有关标准、规范和教材，谨此一并致谢。由于作者水平有限，加之书中有些内容还有待探索，不足与失误在所难免，敬请读者见谅并批评指正。

张建平
中国建设工程造价管理协会专家委员会委员
全国普通高等院校工程造价类专业协作组核心成员
国家注册造价工程师

目　录

微课视频二维码索引

1

第 1 章
计量与计价绪论

教学要求

- 了解工程计价的含义及特点、工程计价的分类及作用、工程计价的课程体系、本课程教学内容。
- 熟悉工程计价的原理、工程计价的基本方法、建设项目的分解、工程计价的步骤。
- 熟悉工程量的含义、工程量计算的意义、工程量计算的一般方法。

任何一门学科，都有其特定的研究对象，工程计量计价的研究对象就是人们在长期的社会实践中探索出来的工程计量计价的内在含义、计量计价的规律和基本方法。本章作为开篇，介绍工程计价的含义、特点、分类及其作用，工程计价的原理以及工程量计算方法等。

1.1　工程计价概述

1.1.1　工程计价的含义及特点

1. 含义

工程计价是指对工程建设项目及其对象，即各种建筑物和构筑物建造费用的计算，也就是工程造价的计算。工程计价过程包括工程估价、工程结算和竣工决算。随着工程量清单计价模式的产生，工程计价应是一个表述工程造价计算及其过程的完整概念。

工程估价（长期以来一直被称为工程概预算）是指在工程建设项目开工前，对所需的各种人力、物力资源及其资金需用量的预先计算。其目的在于有效地确定和控制建设项目的投资额度，进行人力、物力、财力的准备，以保证工程项目的顺利进行。

工程结算和竣工决算是指工程建设项目竣工后，对所消耗的各种人力、物力资源及资金的实际计算。

工程计价作为一种专业术语，实际上存在着两种理解。广义理解应指工程计价的完整工作过程，狭义理解则指这一过程必然产生的结果，即工程计价文件。

2. 特点

工程建设是一项特殊的生产活动，它有别于一般的工农业生产，具有周期长、消耗多、涉及面广、协作性强、建设地点固定、水文地质条件各异、生产过程单一、不能批量生产、需要预先定价等特点。由此，工程计价也就有了不同于一般的工农业产品定价的特点。

（1）单件性计价　每个建设产品都为特定的用途而建造，在结构、造型、选用材料、内部装饰、体积和面积等方面都会有所不同，建筑物要有个性，不能千篇一律，只能单独设计、单独建造。由于建造地点的地质情况不同，建造时人工材料的价格变动，使用者不同的功能要求，最终导致工程造价的千差万别。因此，建设产品的造价既不能像工业产品那样按品种、规格成批定价，也不能由国家、地方、企业规定统一的价格，只能是单件计价，只能由企业根据现时情况自主报价，由市场竞争形成价格。

（2）多次性计价　建设产品的生产过程是一个周期长、规模大、消耗多、造价高的投资生产活动，必须按照规定的建设程序分阶段进行。工程造价多次性计价的特点，表现在建设程序的每个阶段都有相对应的计价活动，以便有效地确定与控制工程造价。同时，由于工程建设过程是一个由粗到细、由浅入深的渐进过程，工程造价的多次性计价也就成为一个对工程投资逐步细化、具体，最后接近实际的过程。工程造价多次性计价与建设程序的关系如图 1-1 所示。

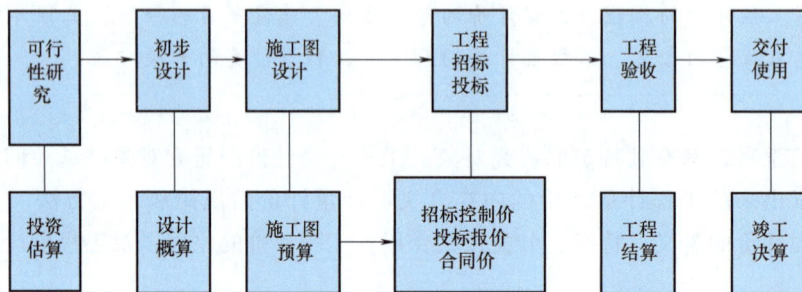

图 1-1　多次性计价与建设程序的关系

（3）组合性计价　每一工程项目都可以按照建设项目、单项工程、单位工程、分部工程、分项工程的层次分解，然后再按相反的秩序组合计价。工程计价的最小单元是分项工程或构配件，工程计价的基本对象是单位工程，如建筑工程、装饰装修工程、安装工程、市政工程等，每一个单位工程应当编制独立的工程造价文件。单项工程的造价由若干个单位工程的造价汇总而成，建设项目的造价由若干个单项工程的造价汇总而成。

1.1.2　工程计价的分类及其作用

1. 根据建设程序的不同阶段分类

（1）投资估算　投资估算是指在编制建设项目建议书和可行性研究阶段，对建设项目总投资的粗略计算，作为建设项目决策时一项重要的参考性经济指标，投资估算是判断项目可行性的重要依据之一；作为工程造价的目标限额，投资估算是控制初步设计概算和整个工程造价的目标限额；投资估算也是编制投资计划、资金筹措和申请贷款的依据。

（2）设计概算　设计概算是指在工程项目的初步设计阶段，根据初步设计文件和图样、概算定额或概算指标及有关取费规定，对工程项目从筹建到竣工所应发生费用的概略计算。它是国家确定和控制基本建设投资额、编制基本建设计划、选择最优设计方案、推行限额设计的重要依据，也是计算工程设计收费、编制施工图预算、确定工程项目总承包合同价的主要依据。当工程项目采用三阶段设计时，在扩大初步设计（也称技术设计）阶段，随着设计内容的深化，应对初步设计的概算进行修正，称为修正概算。经过批准的设计总概算是建设项目造价控制的最高限额。

（3）**施工图预算**　施工图预算是指在工程项目的施工图设计完成后，根据施工图和设计说明、预算定额、预算基价以及费用定额等，对工程项目应发生费用的较详细的计算。它是确定单位工程、单项工程预算造价的依据；是确定工程招标控制价、投标报价、工程承包合同价的依据；是建设单位与施工单位拨付工程款项和办理工程结算的依据；也是施工企业编制施工组织设计、进行成本核算不可缺少的依据。

（4）**施工预算**　施工预算是指由施工单位在中标后的开工准备阶段，根据施工定额或企业定额编制的内部预算。它是施工单位编制施工作业进度计划，实行定额管理、班组成本核算的依据；也是进行"两算对比"，即施工图预算与施工预算对比的重要依据；是施工企业有效控制施工成本，提高企业经济效益的手段之一。

（5）**工程结算**　工程结算是指在工程建设的收尾阶段，由施工单位根据影响工程造价的设计变更、工程量增减、项目增减、设备和材料价差，在承包合同约定的调整范围内，对合同价进行必要修正后形成的造价。经建设单位认可的工程结算是拨付和结清工程款的重要依据。工程结算价是该结算工程的实际建造价格。工程结算是超出工程计价范畴的一种计价活动。

（6）**竣工决算**　竣工决算是指在建设项目通过竣工验收交付使用后，由建设单位编制的反映整个建设项目从筹建到竣工验收所发生全部费用的决算价格，竣工决算应包括建设项目产成品的造价、设备和工器具购置费用和工程建设的其他费用。它应当反映工程项目建成后交付使用的固定资产及流动资金的详细情况和实际价值，是建设项目的实际投资总额，可作为财产交接、考核交付使用的财产成本，以及使用部门建立财产明细账和登记新增固定资产价值的依据。竣工决算也是超出工程计价范畴的一种计价活动。

上述计价过程中，投资估算是在工程开工前进行的，而工程结算和竣工决算则是在工程完工后进行的，它们之间存在多方面的差异，见表1-1。

表1-1　不同阶段的工程计价特点对比

类别	编制阶段	编制单位	编制依据	用途
投资估算	可行性研究	工程咨询机构	投资估算指标	投资决策
设计概算	初步设计或扩大初步设计	设计单位	概算定额或概算指标	控制投资及工程造价
施工图预算	工程招标投标	工程造价咨询机构和施工单位	预算定额或清单计价规范等	确定招标控制价、投标报价、工程合同价
施工预算	施工阶段	施工单位	施工定额或企业定额	控制企业内部成本
工程结算	竣工验收后交付使用前	施工单位	合同价、设计及施工变更资料	确定工程项目建造价格
竣工决算	竣工验收并交付使用后	建设单位	预算定额、工程建设其他费用定额、工程结算资料	确定工程项目实际投资

2. 根据编制对象的不同分类

（1）**单位工程概预算**　单位工程概预算是指根据设计文件和图样，结合施工方案和现场条件计算的工程量、概预算定额以及其他各项费用取费标准编制的，用于确定单位工程造价的文件。

（2）**工程建设其他费用概预算** 工程建设其他费用概预算是指根据有关规定应在工程建设投资中计取的，除建筑安装工程费用、设备购置费用、工器具及生产工具购置费、预备费以外的一切费用。工程建设其他费用概预算以独立的项目列入单项工程综合概预算或建设项目总概预算中。

（3）**单项工程综合概预算** 单项工程综合概预算是指由组成该单项工程的各个单位工程概预算汇编而成的，用于确定单项工程（一般对应于建筑单体）工程造价的综合性文件。

（4）**建设项目总概预算** 建设项目总概预算是指由组成该建设项目的各个单项工程综合概预算，设备购置费用、工器具及生产工具购置费、预备费以及工程建设其他费用概预算汇编而成的，用于确定建设项目从筹建到竣工验收全部建设费用的综合性文件。

根据编制对象不同划分的概预算，其相互关系如图1-2所示。

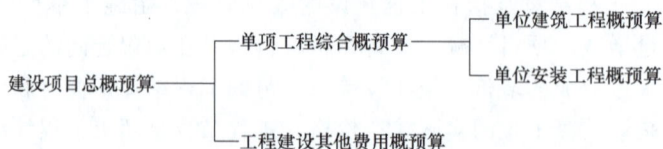

图1-2 根据编制对象不同划分的概预算相互关系图

3. 根据专业工程的不同分类

1）建筑工程概预算，含土建工程及装饰工程。

2）装饰工程概预算，专指独立承包的装饰装修工程。

3）安装工程概预算，含建筑电气照明、给水排水、供暖空调等设备安装工程。

4）市政工程概预算。

5）园林绿化工程概预算。

6）修缮工程概预算。

7）煤气管网工程概预算。

8）抗震加固工程概预算。

1.1.3 工程计价的课程体系

工程造价专业是列入国家教育部《普通高等学校本科招生目录》的专业之一，其培养目标是"培养德智体全面发展，具备土木工程基本技术，了解建筑市场规律，掌握管理学、经济学、法律和合同基本知识，掌握工程造价管理工作所需的基本理论、方法和手段，具有工程建设项目投资决策和全过程各阶段造价管理能力，具有一定实践能力、综合应用能力和创新能力，适应我国和地方区域经济建设发展需要，能在国内外工程建设领域从事项目决策，以及全过程、各阶段造价管理的应用型高级经济技术管理人才"。

工程造价专业培养的学生应是懂技术、通法律、知经济、会管理的复合型、应用型专门人才，区别于一般的管理类专业，工程造价专业更应突出基于工程技术的计量计价能力，并应将其视为最基本的核心竞争能力。

综上所述，为达成"全过程、各阶段造价管理"的目的，工程计价的课程体系首先应构建基于全过程、全生命周期造价管理的课程体系，其主要课程可有：

1）项目可行性研究与评估。

2）投资估算与设计概算实务。

3）建设工程定额原理与实务。

4）工程计价概论。

5）工程计量学。

6）工程价款管理与工程结算。

其次，依据《建设工程工程量清单计价规范》（GB 50500—2013）（简称《清单计价规范》）和各专业工程量计算规范（简称《工程量计算规范》）构建的体系，工程计价的课程体系应尽可能覆盖建设工程的一切专业领域，其主要课程可有：

1）房屋建筑与装饰工程计量与计价（或称为"建筑工程计量与计价"）。

2）建筑安装工程计量与计价。

3）市政工程计量与计价。

4）园林绿化工程计量与计价。

5）城市轨道交通工程计量与计价。

6）公路工程计量与计价。

7）水利工程计量与计价。

鉴于工程计价课程已成系列化，宜在各专业工程计量与计价课程之前先开设"工程计价概论"课程（32学时，2学分），系统介绍工程计价的共性问题，如工程计价的概念体系、费用组成、计价依据和计价方法。而各专业工程计量与计价课程则以介绍各专业工程计量与计价实务为主，目的是通过系列化课程学习，能够形成编制各专业工程造价文件的能力，因而各专业工程计量与计价除教材外，还应配套各专业工程的"课程设计指南"，为课程设计等实践性教学环节提供支撑。

1.1.4 本课程教学内容

"建筑工程计量与计价"课程教学内容与《房屋建筑与装饰工程工程量计算规范》（GB 50854—2013）内容一致。

本书适用于工程造价专业开设的"建筑工程计量与计价""建筑工程计价"或"建筑工程预算"等课程。其教学内容归类为全过程计价中的施工图预算，重点讨论在工程招标投标阶段编制房屋建筑与装饰工程"招标工程量清单""招标控制价"等工程造价文件的方法。

1.2 工程计价原理

1.2.1 工程计价基本方法

从工程费用计算的角度分析，每一建设项目都可以分解为若干子项目，每一子项目都可以计量计价，进而在上一层次组合，最终确定工程造价。其数学表达式为

$$工程造价 = \sum_{i}^{n}（子项目工程量 \times 工程单价）$$

式中 i——第 i 个工程子项目；

   n——建设项目分解得到的工程子项目总数。

影响工程造价的主要因素是两个，即子项目工程量和工程单价。可见，子项目工程量的大小和工程单价的高低直接影响着工程造价的高低。

确定子项目工程量是一个烦琐而又复杂的过程。当设计图深度不够时，不可能准确计算工程量，只能用大而粗的量，如建筑面积、体积等作为工程量，对工程造价进行估算和概算；当设计图深度达到施工图要求时，就可以对由建设项目分解得到的若干子项目工程量进行逐一计算，用施工图预算的方式确定工程造价。

工程单价的不同决定了所用计价方式的不同。投资估算指标用于投资估算；概算指标用于设计概算；人工、材料、机械（简称人材机）单价适用于定额计价法编制施工图预算；综合单价适用于清单计价法编制施工图预算；全费用单价可在更完整的层面上进行施工图预算和设计概算。

工程单价由消耗量和人材机的具体单价决定。消耗量是在长期的生产实践中形成的生产一定计量单位的建筑产品所需消耗人工、材料、机械的数量标准，一般体现在"预算定额"或"概算定额"中，因而"预算定额"或"概算定额"是工程计价的基础，无论定额计价还是清单计价都离不开定额。人材机的具体单价由市场供求关系决定，服从价值规律。在市场经济条件下，工程造价的定价原则是"企业自主报价、竞争形成价格"，因此，工程单价的确定原则应是"价变量不变"，即人材机的具体单价是绝对要变的，而定额消耗量是相对不变的。

计价中的项目划分是十分重要的环节。《工程量计算规范》是清单项目划分的标准，"预（概）算定额"是定额项目划分的标准，而清单项目划分注重工程实体，定额项目划分注重施工过程，一个工程实体往往由若干个施工过程来完成，所以一个清单分项往往要包含多个定额子项。

1.2.2 建设项目的分解

任何一项建设工程，就其投资构成或物质形态而言，都是由众多部分组成的复杂而又有机结合的总体，相互存在许多外在和内在的联系。要对一个建设项目的投资耗费计量与计价，就必须对建设项目进行科学合理的分解，使之分解为若干简单、便于计算的部分或单元。另外，建设项目根据其产品生产的工艺流程和建筑物、构筑物不同的使用功能，按照设计规范要求也必须进行必要和科学的分解，使设计符合工艺流程及使用功能的客观要求。

根据我国现行有关规定，一个建设项目一般可以分解为单项工程、单位工程、分部工程、分项工程等。

1. 建设项目

建设项目是指在一个总体设计或初步设计的范围内，由一个或若干个单项工程所组成的，经济上实行统一核算，行政上有独立机构或组织形式，实行统一管理的基本建设单位。一般以一个行政上独立的企事业单位作为一个建设项目，如一家工厂、一所学校等。

2. 单项工程

单项工程是指具有单独的设计文件，建成后能够独立发挥生产能力和使用功能的工程。单项工程又称为工程项目，它是建设项目的组成部分。

工业建设项目的单项工程，一般是指能够生产出设计所规定的主要产品的车间或生产线以及其他辅助或附属工程。如某机械厂的一个铸造车间或装配车间等。

民用建设项目的单项工程，一般是指能够独立发挥设计规定的使用功能的各项独立工程。如大学内的一栋教学楼、实验楼或图书馆等。

3. 单位工程

单位工程是指具有单独的设计文件，独立的施工条件，但建成后不能够独立发挥生产能力和使用功能的工程。单位工程是单项工程的组成部分，如建筑工程中的一般土建工程、装饰装修工程、给水排水工程、电气照明工程、弱电工程、供暖通风空调工程、煤气管道工程、园林绿化工程等均可以单独作为单位工程。

4. 分部工程

分部工程是指各单位工程的组成部分。它一般根据建筑物、构筑物的主要部位、工程结构、工种内容、材料类别或施工程序等来划分。如土建工程可划分为土石方、桩基础、砌筑、混凝土及钢筋、屋面及防水、金属结构制作及安装、构件运输及预制构件安装、脚手架、楼地面装饰、墙柱面装饰、天棚装饰、门窗、木结构、防腐保温隔热等分部工程。分部工程在"预算定额"中一般表达为"章"。

5. 分项工程

分项工程是指各分部工程的组成部分。它是工程造价计算的基本要素和工程计（估）价最基本的计量单元，是通过较为简单的施工过程就可以生产出来的建筑产品或构配件，如砌筑分部中的砖基础、1砖墙、砖柱；混凝土及钢筋分部中的混凝土基础、梁、板、柱、钢筋制作安装等。在编制概预算时，各分部分项工程费用由直接在施工过程中耗费的人工费、材料费、机械台班使用费所组成。分项工程在"预算定额"中一般表达为"子目"。

下面以一所大学作为建设项目来进行项目分解，如图1-3所示。

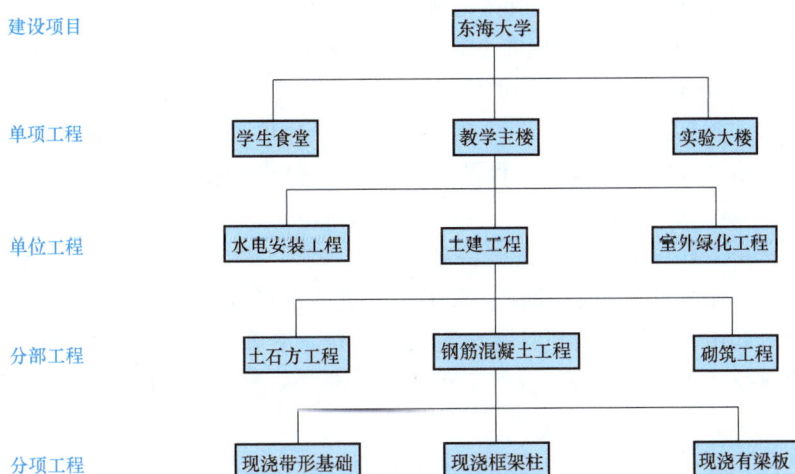

图1-3　建设项目分解图示

1.2.3　工程计价步骤

工程计价的基本步骤可概括为：①读图→②列项→③算量→④套价→⑤计费。此步骤适合于工程计价的每一过程，其中的每一步骤所涉及的内容不同，就会对应不同的计价方法。

1. 读图

读图是工程计价的基本工作，只有看懂和熟悉设计图后，才能对工程内容、结构特征、技术要求有清晰的概念，才能在计价时做到项目全、计量准、速度快。因此，在计价之前，应留一定时间，专门用来读图，阅读重点是：

1）对照图样目录，检查图样是否齐全。

2）采用的标准图集是否已经具备。

3）设计说明或附注要仔细阅读，因为有些分张图样中不再表示的项目或设计要求，往往在说明或附注中可以找到，稍不注意，容易漏项。

4）设计上有无特殊的施工质量要求，事先列出需要另编补充定额的项目。

5）平面坐标和竖向布置标高的控制点。

6）本工程与总图的关系。

2. 列项

列项就是列出需要计量计价的分部分项工程项目。其要点是：

1）工程量清单列项。要依据《工程量计算规范》列出清单分项，才可对每一清单分项计算清单工程量，按规定格式（包含项目编码、项目名称、项目特征、计量单位、工程数量）编制成"工程量清单"文件。

2）综合单价的组价列项。要依据《工程量计算规范》每一分项的特征要求和工作内容，从"预算定额"中找出与施工过程匹配的定额项目，对每一定额项目计量计价，才能产生每一清单分项的综合单价。

3. 算量

算量就是对工程量的计量。清单工程量必须依据《工程量计算规范》规定的计算规则进行计算；定额工程量必须依据"预算定额"规定的计算规则进行计算。两种规则在某些分部（如土方工程、桩基工程、装饰工程）中有很大的不同。计价的基础是定额工程量，施工费用因定额工程量而产生，不同的施工方式会使定额工程量有差异。清单工程量是唯一的，由业主方在"招标工程量清单"中提供，它反映分项工程的实物量，是工程发包和工程结算的基础。施工费用除以清单工程量可得出每一清单分项的综合单价。

4. 套价

套价就是套用工程单价。在市场经济条件下，按照"价变量不变"的原则，基于"预算定额"或者"企业定额"的消耗量，采用人材机的市场价格，一切工程单价都是可以重组。定额计价法套用人材机单价可计算出直接工程费；清单计价法套用综合单价可计算出分部分项工程费或技术措施项目费。直接工程费或分部分项工程费是计算其他费用的基础。

5. 计费

计费就是计算除分部分项工程费和技术措施项目费以外的其他费用。定额计价法在直接工程费以外还要计算措施项目费、其他项目费、管理费、利润、规费及税金；清单计价法在分部分项工程费和技术措施项目费以外还要计算组织措施项目费、其他项目费、规费及税金，这些费用的总和就是单位工程总造价。

【例】　某街道办事处办公用房工程给出了施工图、设计说明和常规的施工方案，试完成读图并列项。

（1）施工图 施工图如图1-4~图1-11所示。

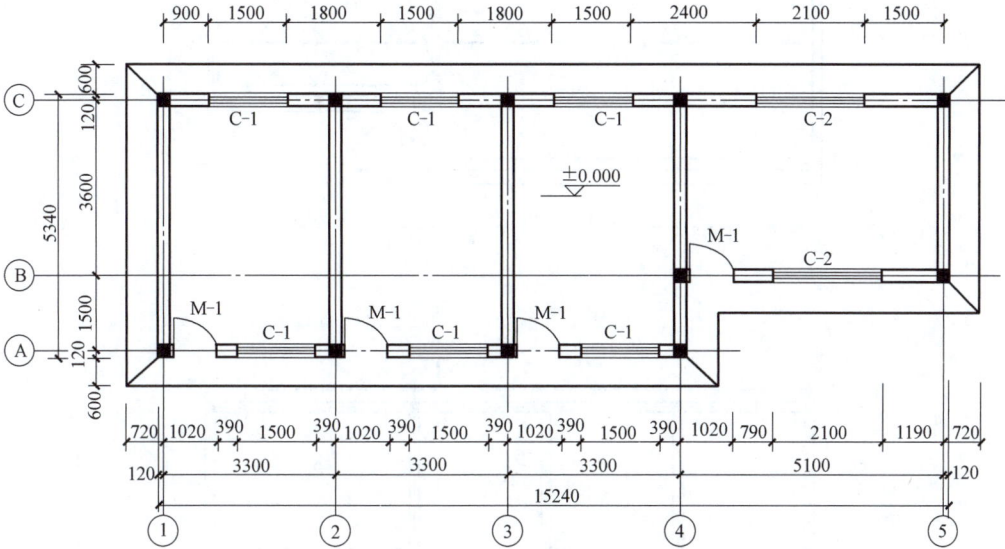

图 1-4 平面图

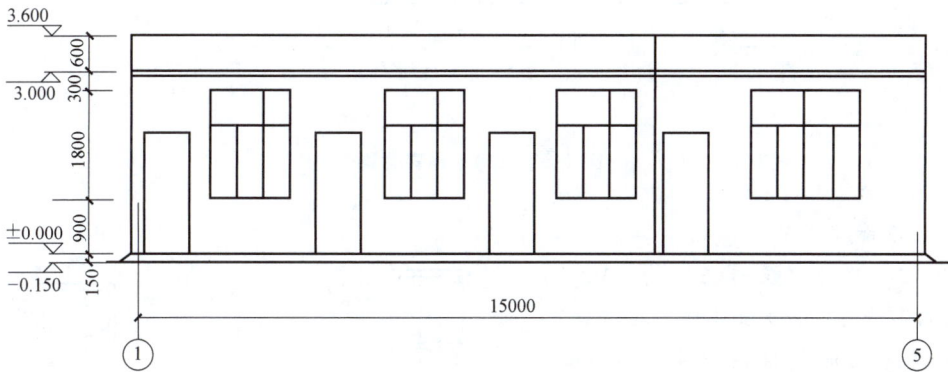

图 1-5 立面图

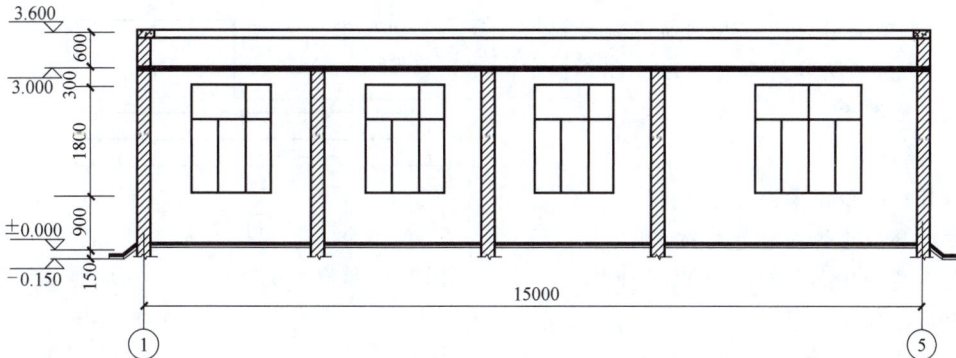

图 1-6 剖面图

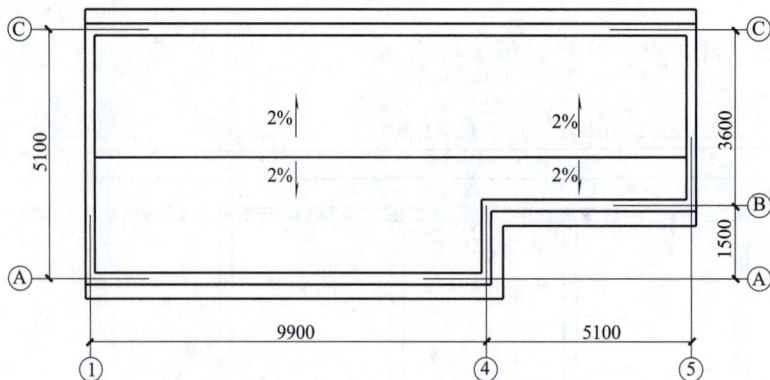

图 1-7 屋顶平面图

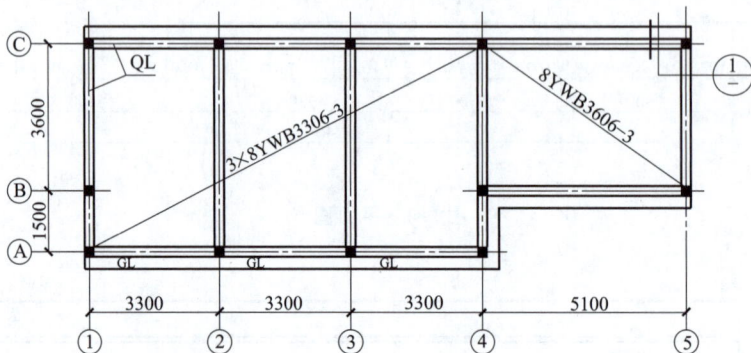

图 1-8 结构平面布置图

（2）设计说明

1）该工程为单层砖混结构，M5 混合砂浆砌 1 砖内外墙及女儿墙，在檐口处设 C25 钢筋混凝土圈梁一道（240mm × 300mm），在外墙四周设 C25 钢筋混凝土构造柱。

2）基础采用现浇 C25 钢筋混凝土带形基础、M5 水泥砂浆砌砖基础；C25 钢筋混凝土地圈梁。

3）屋面做法。

面层：细砂撒面。

防水层：改性沥青卷材防水。

找平层：20mm 厚 1∶2 水泥砂浆。

基层：预应力空心板。

雨水管：φ110mm UPVC 塑料管。

4）室内装修做法。

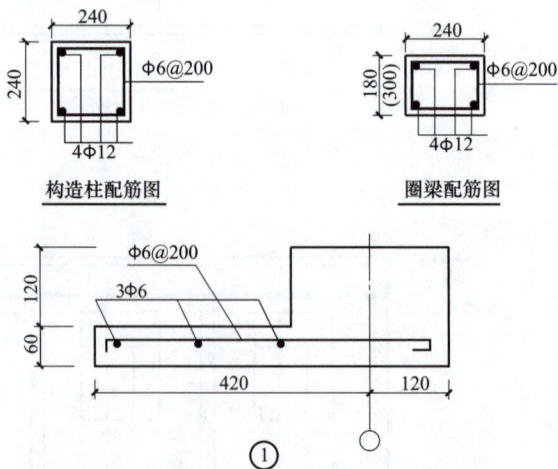

构造柱配筋图

圈梁配筋图

图 1-9 结构配筋图（圈梁高为 300mm）

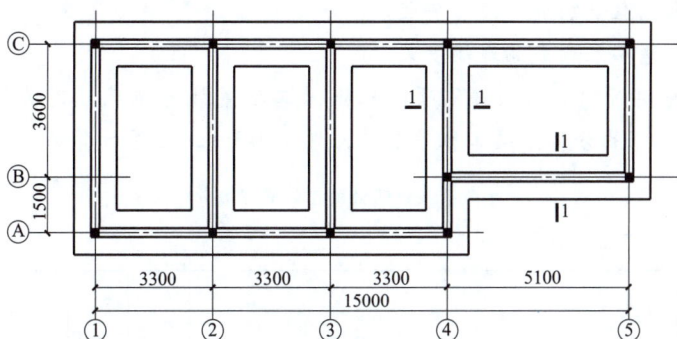

图 1-10　基础平面图

① 地面。

面层：15mm 厚 1:2.5 带嵌条水磨石面。

找平层：25mm 厚 1:2 水泥砂浆。

垫层：80mm 厚 C10 混凝土。

基层：素土夯实。

② 踢脚线：高 150mm，做法同地面面层。

③ 内墙面：混合砂浆打底，面层刮双飞粉两遍，乳胶漆一遍。

④ 天棚面。

基层：预制板底面清刷、补缝。

面层：抹混合砂浆底，面层刮双飞粉两遍。

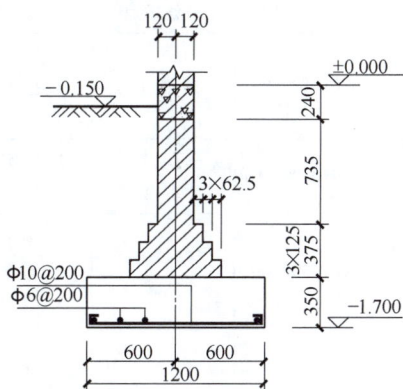

图 1-11　基础断面图

5）室外装修做法。

① 外墙面：抹水泥砂浆底，普通水泥白石子水刷石面层。

② 室外散水：干铺碎石垫层，100mm 厚。C10 混凝土提浆抹光，60mm 厚，600mm 宽。建筑油膏填缝。

6）门窗见表 1-2（木门刷聚氨酯漆三遍）

表 1-2　门窗统计表

门窗名称	代号	洞口尺寸	数量/樘	单樘面积/m²	合计面积/m²
单扇无亮无纱镶板门	M1	900mm×2000mm	4	1.8	7.2
双扇铝合金推拉窗	C1	1500mm×1800mm	6	2.7	16.2
双扇铝合金推拉窗	C2	2100mm×1800mm	2	3.78	7.56

7）门窗过梁：门洞上加设现浇混凝土过梁，长度为洞口宽每边加 250mm，断面为 240mm×120mm。窗洞上凡圈梁代过梁处，底部增加 1Φ14 钢筋，其余钢筋配置同圈梁。

（3）施工说明

1）场地土为三类土，已完成"三通一平"。

2）现场搭设钢制里外脚手架。

3）该工程不发生场内运土，余土均用机动翻斗车运至场外 500m 处。

4）预制板由承包人采购成品现场安装。

5）门窗均由承包人采购成品现场安装。

【解】 （1）分部分项工程项目列项 根据《工程量计算规范》有关规定及常规的做法要求，编制本例工程的分部分项工程量清单，见表1-3（工程量计算见本书相关章节）。

表1-3 分部分项工程量清单

工程名称：某办事处单层办公用房工程

序号	项目编码	项目名称	项目特征描述	计量单位	工程量	金额（元）				
						综合单价	合价	其中		
								人工费	机械费	暂估价
1	010101001001	平整场地	土壤类别：三类土	m²						
2	010101003001	挖沟槽土方	1. 土壤类别：三类土 2. 挖土深度：1.55m 3. 弃土运距：500m	m³						
3	010103001001	回填方（室内）	1. 密实度要求：大于95% 2. 填方材料品种：原土	m³						
4	010103001002	回填方（基础）	1. 密实度要求：大于95% 2. 填方材料品种：原土 3. 填方来源、运距：沟槽边	m³						
5	010401001001	砖基础	1. 砖品种、规格、强度等级：标准砖，240mm×115mm×53mm 2. 基础类型：带形 3. 砂浆强度等级：M5水泥砂浆	m³						
6	010401003001	实心砖墙	1. 砖品种、规格、强度等级：标准砖，240mm×115mm×53mm 2. 墙体类型：直形实心墙 3. 砂浆强度等级、配合比：M5混合砂浆	m³						
7	010501002001	带形基础	1. 混凝土种类：预拌混凝土 2. 混凝土强度等级：C25	m³						
8	010502002001	构造柱	1. 混凝土种类：预拌混凝土 2. 混凝土强度等级：C25	m³						
9	010503001001	基础梁（地圈梁）	1. 混凝土种类：预拌混凝土 2. 混凝土强度等级：C25	m³						
10	010503004001	圈梁	1. 混凝土种类：预拌混凝土 2. 混凝土强度等级：C25	m³						
11	010503005001	过梁	1. 混凝土种类：预拌混凝土 2. 混凝土强度等级：C25	m³						
12	010505007001	挑檐板	1. 混凝土种类：预拌混凝土 2. 混凝土强度等级：C25	m³						

（续）

序号	项目编码	项目名称	项目特征描述	计量单位	工程量	金额（元）				
						综合单价	合价	其中		
								人工费	机械费	暂估价
13	010507001001	散水	1. 垫层材料种类、厚度：干铺碎石100mm 2. 面层厚度：现浇混凝土，厚60mm 3. 混凝土种类：预拌混凝土 4. 混凝土强度等级：C10 5. 变形缝填塞材料种类：建筑油膏	m²						
14	010512002001	空心板	1. 图代号：G221 2. 单件体积：0.142/0.155 3. 安装高度：3m 4. 混凝土强度等级：C30	m³						
15	010515001001	现浇构件钢筋	钢筋种类、规格：HPB φ10mm 以内	t						
16	010515001002	现浇构件钢筋	钢筋种类、规格：HPB φ10mm 以外	t						
17	010515002001	预制构件钢筋	钢筋种类、规格：冷拔钢丝 φ10mm 以内	t						
18	010801002001	木质门带套	1. 门代号及洞口尺寸：M1, 900mm×2100mm 2. 镶嵌玻璃品种、厚度：无	樘						
19	010807001001	金属（塑钢、断桥）窗	1. 窗代号及洞口尺寸：C1, 1500mm×1800mm 2. 框、扇材质：铝合金 3. 玻璃品种、厚度：平板玻璃，厚 5mm	樘						
20	010807001002	金属（塑钢、断桥）窗	1. 窗代号及洞口尺寸：C2, 2100mm×1800mm 2. 框、扇材质：铝合金 3. 玻璃品种、厚度：平板玻璃，厚 5mm	樘						
21	010902001001	屋面卷材防水	1. 卷材品种、规格、厚度：改性沥青卷材 2. 防水层数：一层 3. 防水层做法：二毡二油　砂	m²						
22	010902004001	屋面排水管	1. 排水管品种、规格：PVC 塑料 2. 雨水斗、山墙出水口品种、规格：PVC 塑料/铸铁水口 3. 接缝、嵌缝材料种类：密封胶	m						
23	011101002001	现浇水磨石楼地面	1. 找平层厚度、砂浆配合比：25mm 厚 1∶2 水泥砂浆 2. 面层厚度、水泥石子浆配合比：15mm 厚 1∶2 水泥白石子浆 3. 嵌条材料种类、规格：玻璃，3mm 厚 4. 石子种类、规格、颜色：马牙石 5. 颜料种类、颜色：白色 6. 图案要求：无 7. 磨光、酸洗、打蜡要求：要做	m²						

（续）

序号	项目编码	项目名称	项目特征描述	计量单位	工程量	金额（元）					
						综合单价	合价	其中			
								人工费	机械费	暂估价	
24	011105001001	水泥砂浆踢脚线	1. 踢脚线高度：150mm 2. 底层厚度、砂浆配合比：15mm 厚1：3水泥砂浆 3. 面层厚度、砂浆配合比：15mm 厚1：2水泥砂浆	m²						
25	011201001001	墙面一般抹灰	1. 墙体类型：砖墙、内墙面 2. 底层厚度、砂浆配合比：15mm 厚1：1.6水泥石灰砂浆 3. 面层厚度、砂浆配合比：5mm 厚1：1.4水泥石灰砂浆	m²						
26	011201001002	墙面一般抹灰	1. 墙体类型：砖墙、外墙面 2. 底层厚度、砂浆配合比：14mm 厚1：3水泥砂浆 3. 面层厚度、砂浆配合比：6mm 厚1：2水泥砂浆	m²						
27	011201002001	墙面装饰抹灰	1. 墙体类型：砖墙、外墙面 2. 装饰面材料种类：水刷白石子	m²						
28	011301001001	天棚抹灰	1. 基层类型：预制混凝土板 2. 抹灰厚度、材料种类：混合砂浆 3. 砂浆配合比：1：1：4	m²						
29	011401001001	木门油漆	1. 门类型：木门 2. 门代号及洞口尺寸：M1，900mm×2000mm 3. 腻子种类：润油粉 4. 刮腻子遍数：两遍 5. 油漆品种、刷漆遍数：聚氨酯漆三遍	樘						
30	011407001001	墙面喷刷涂料	1. 基层类型：砖墙抹灰面 2. 喷刷涂料部位：内墙面 3. 腻子种类：双飞粉 4. 刮腻子要求：两遍 5. 涂料品种、喷刷遍数：乳胶漆两遍	m²						
31	011407002001	天棚喷刷涂料	1. 基层类型：天棚抹灰面 2. 喷刷涂料部位：天棚 3. 腻子种类：双飞粉 4. 刮腻子要求：两遍	m²						

（2）技术措施项目列项 根据《工程量计算规范》的有关规定及该工程的做法要求，编制本例工程技术措施项目清单，见表1-4（工程量计算见相关章节）。

表 1-4　技术措施项目清单

工程名称：某办事处单层办公用房工程

序号	项目编码	项目名称	项目特征描述	计量单位	工程量	综合单价	合价	人工费	机械费	暂估价
						金额（元）		其中		
1	011701003001	里脚手架	1. 搭设方式：井格架 2. 搭设高度：2.9m 内 3. 脚手架材质：钢管架	m²						
2	011701002001	外脚手架	1. 搭设方式：双排外架 2. 搭设高度：3.75m 3. 脚手架材质：钢管架	m²						
3	011702001001	基础	基础类型：带形	m²						
4	011702003001	构造柱		m²						
5	011702005001	基础梁	梁截面形状：240mm×240mm	m²						
6	011702008001	圈梁		m²						
7	011702009001	过梁		m²						
8	011702023001	悬挑板	1. 构件类型：挑檐板 2. 板厚度：60mm	m²						

1.3　工程计量概述

1.3.1　工程量的含义

工程量是指以物理计量单位或自然计量单位所表示的各个具体分部分项工程和构配件的数量。

物理计量单位是指需要度量的具有物理性质的单位。例如，长度以米（m）为计量单位，面积以平方米（m²）为计量单位，体积以立方米（m³）为计量单位，质量以千克（kg）或吨（t）为计量单位等。

自然计量单位是指不需要度量的具有自然属性的单位。例如，屋顶水箱以"座"为计量单位，设备安装工程以"台""组""件"等为计量单位。

1.3.2　工程量计算的意义

工程量计算就是根据施工图、《工程量计算规范》或"预算定额"划分的项目及工程量计算规则，列出分部分项工程名称和计算式，然后计算出结果的过程。

工程量计算的工作，在整个工程计（估）价的过程中是最繁重的一道工序，是编制施工图预算的重要环节。一方面，工程量计算工作在整个预算编制工作中所花的时间最长，它直接影响预算的及时性；另一方面，工程量计算正确与否直接影响各个直接工程费或分部分项工程费计算的正确与否，从而影响预算造价的准确性。因此，要求造价人员具有高度的责任感，耐心细致地进行计算。

1.3.3　工程量计算的一般方法

工程量必须按照工程量计算规则和相关规定进行计算。

1. 工程量计算的基本要求

1）工作内容须与《工程量计算规范》或"预算定额"中分项工程所包括的内容和范围相一致。计算工程量时，要熟悉定额中每个分项工程所包括的内容和范围，以避免重复列项和漏计项目。

2）工程量计量单位须与《工程量计算规范》或"预算定额"中的单位相一致。在计算工程量时，首先要弄清楚《工程量计算规范》或"预算定额"的计量单位。一般清单规范计量单位为本位，而预算定额的计量单位为扩大 10 倍、100 倍后的单位。

3）工程量计算规则要与《工程量计算规范》或"预算定额"的要求一致。按施工图计算工程量时，所采用的计算规则必须与《工程量计算规范》或本地区现行的"预算定额"工程量计算规则相一致，这样才能有统一的计量标准，防止错算。由于清单规则与定额规则在有些分部有所不同，因而按清单规则计算出的工程量为"清单工程量"，按定额规则计算出的工程量为"定额工程量"，这一点在以后几章的学习中一定要注意区分。

4）工程量计算式力求简单明了，按一定秩序排列。为了便于工程量的核对，在计算工程量时有必要注明层数、部位、断面、图号等。工程量计算式一般按长、宽、厚（高）的秩序排列。例如，计算面积时按长×宽（高），计算体积时按长×宽×高等。

5）工程量计算的精确程度要符合要求。工程量在计算的过程中，一般可保留三位小数，计算结果则四舍五入后保留两位小数。但钢材、木材的计算结果要求保留三位小数。

2. 工程量计算的顺序

工程量计算是一项繁杂而细致的工作，为了达到既快又准确、防止重复或错漏的目的，合理安排计算的顺序是非常重要的。工程量计算的顺序一般有以下几种方法：

（1）按顺时针方向计算　先从平面图左上角开始，按顺时针方向环绕一周后回到左上角止，如图 1-12 所示。

（2）按先横后竖、先上后下、先左后右的顺序计算　如图 1-13 所示，在计算内墙基础、内墙砌体、内墙装饰工程量时，先计算横墙，按图中编号①~⑤的顺序，然后再计算竖墙，按图中编号⑥~⑩的顺序进行。

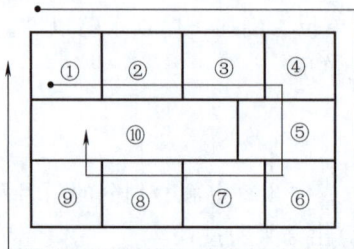

图 1-12　按顺时针方向计算示意

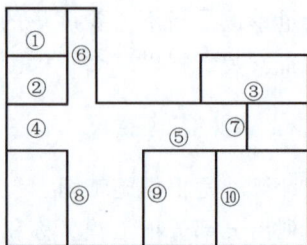

图 1-13　按先横后竖、先上后下、先左后右的顺序计算示意

（3）**按图样编号顺序计算** 对于图样上注明了部位和编号的构件，如图 1-14 所示，可按柱（Z_1、Z_2、Z_3、Z_4）、梁（L_1、L_2、L_3、L_4）、板（B_1、B_2、B_3）构件的编号顺序计算。

（4）**按轴线编号顺序计算** 按图样所标注的轴线编号顺序依次计算轴线所在位置的工程量。如图 1-15 所示，可按图上轴线①~⑤顺序和轴线Ⓐ~Ⓓ顺序分别计算竖向和横向墙体、基础、墙面等工程量。

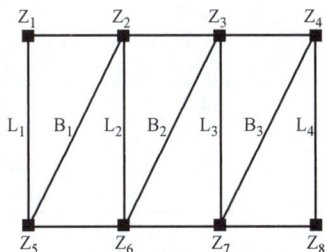

图 1-14　按图样编号顺序计算示意 　　　　　 图 1-15　按轴线编号顺序计算示意

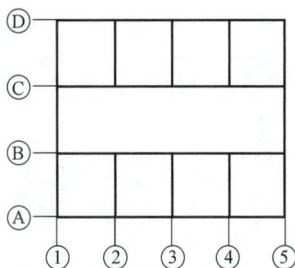

（5）**按施工先后顺序计算** 使用这种方法要求对实际的施工过程比较熟悉，否则容易出现漏项情况。例如，基础工程量的计算，按施工顺序，即平整场地→挖基础土方→做基础垫层→基础浇筑或砌筑→做防潮层→回填土→余土运输。

（6）**按定额分部分项顺序计算** 在计算工程量时，对应施工图按照定额的章节顺序和子目顺序进行分部分项工程的计算。采用这种方法要求熟悉图样，有较全面的设计基础知识。由于目前的建筑设计从造型到结构形式都千变万化，尤其是新材料、新工艺的层出不穷，无法从定额中找全现成的项目供套用，因此，在计算工程量时，最好将这些项目列出来编制成补充定额，以避免漏项。

3. 应用统筹法原理计算工程量

为了提高工程量计算的工作效率，减少重复计算，有必要在计算之前合理安排计算顺序，确定先算哪些项目，后算哪些项目。统筹法计算工程量是根据工程量计算的自身规律，先主后次，统筹安排计算过程的一种方法。它有以下几个基本原则：

（1）**统筹程序、合理安排** 要达到准确又快速计算工程量的目的，首先就要统筹安排计算程序，否则就会出现事倍功半的结果。例如，室内地面工程中的房心回填土、地坪垫层、地面面层的工程量计算，若按施工顺序计算则为房心回填土（长×宽×高）→地坪垫层（长×宽×厚）→地面面层（长×宽）。从以上计算列式中可以看出，每一个分项工程都计算了一次"长×宽"，浪费了时间。而利用统筹法计算，可以先算地面面层，然后利用已经得到的面积（长×宽）乘以厚度就可以很快计算出房心回填土和地坪垫层的工程量。这样，既简化了计算过程，又提高了工作效率。

通常土建工程可按以下顺序计算工程量：基础及土方工程→混凝土及钢筋工程→门窗工程→砌体工程→墙面装饰工程→楼地面工程→天棚装饰工程→屋面工程→室外工程。按这种顺序计算工程量，便于重复利用已算数据，避免了重复劳动。

（2）**利用基数、连续计算** 在工程量计算中离不开几个基数，即"三线一面"。"三线"是指建筑平面图中的外墙中心线（$L_{中}$）、外墙外边线（$L_{外}$）、内墙净长线（$L_{内}$）。"一面"是指底层建筑面积（S_d）。利用好"三线一面"，会使许多工程量的计算化繁为简。

例如，利用$L_中$可计算外墙基槽土方、垫层、基础、圈梁、防潮层、外墙墙体等分项工程量；利用$L_外$可计算建筑面积、外墙抹灰、散水、地沟等分项工程量；利用$L_内$可计算内墙防潮层、内墙墙体等分项工程量。利用S_d可计算综合脚手架、平整场地、地面垫层、楼地面、天棚、平屋面防水等分项工程量。在计算过程中要注意尽可能使用前面已经算出的数据，减少重复计算。"三线一面"在统筹法中的应用举例见表1-5。

表1-5 "三线一面"在统筹法中的应用举例

序号	分项工程名称	工程量计算式	单位	备注
1	场地平整	$S_场 = S_d$	m²	
2	室内整体地面	$S_净 = S_d - (L_中 + L_内)\delta(墙厚)$	m²	净面积
3	室内回填土	$V_填 = S_净 h(回填土厚)$	m³	
4	室内地坪垫层	$V_垫 = S_净 h(垫层厚)$	m³	
5	楼地面面积	$S_净 ×$层数$-$楼梯水平投影面积$×($层数$-1)$	m²	
6	外墙挖基槽	$V_外 = L_中 F(基槽截面面积)$	m³	
7	内墙挖基槽	$V_内 = L_底 F(基槽截面面积)$	m³	
8	外墙砌体基础	$V_外 = L_中 F(砌体基础截面面积)$	m³	
9	内墙砌体基础	$V_内 = L_基 F(砌体基础截面面积)$ 或：$V_内 = (L_内中 -基础顶面宽)F(砌体基础截面面积)$	m³	
10	墙身防潮层	$S = (L_中 + L_内)\delta(墙厚)$	m²	
11	基础回填土	填方$(V_填) =$挖方$(V_挖) -$埋入物体积$(V_埋)$	m³	
12	余土外运	$V_余 = V_挖 - V_填 ×1.15(基槽回填+房心回填)$	m³	
13	外墙圈梁混凝土	$V_外 = L_中 ×F(圈梁截面面积)$	m³	
14	内墙圈梁混凝土	$V_内 = L_净 ×F(圈梁截面面积)$	m³	
15	内墙面抹灰	$L_净 ×$内墙高$-$门窗洞面积	m²	
16	外墙面抹灰	$L_外 ×$外墙高$-$门窗洞面积	m²	
17	内墙裙	$(L_净 -$门洞宽$)×$内墙裙高$-$窗洞面积$+$门窗洞侧壁面积	m²	
18	外墙裙	$(L_外 -$门洞宽$)×$外墙裙高$-$窗洞面积$+$门窗洞侧壁面积	m²	
19	腰线抹灰	$L_外 ×$展开宽度	m²	
20	室外散水	$L_外 ×$散水宽$+$散水宽$×4$	m²	
21	室外排水沟	$L_外 +$散水宽$×8+$沟道宽$×4$	m	

（3）一次算出，多次使用 工程量计算过程中，通常会多次用到某些数据，因此，可以预先把这些数据计算出来供以后查阅使用。例如，先计算出门窗、预制构件等工程量，按不同位置和不同规格做好分类统计，便于以后计算砖墙体、抹灰等工程量时使用。

（4）结合实际，灵活应用 由于各种工程之间的差异，设计上的灵活多变以及施工工艺的不断改进，因此预算人员在工程量计算方法的应用上也要根据实际情况灵活多变。例如，在计算同一项目的工程量时，由于结构断面、高度或深度不同，可以采取分段计算法；当建筑物各层的建筑面积或平面布置不同时，可采用分层计算法；当建筑物的局部构造尺寸与整体有所不同时，可先视其为相同尺寸，利用基数连续计算，然后再进行增减调整。

　　总之，工程量计算方法多种多样，在实际工作中，读者可根据自己的经验、习惯，采取各种形式和方法，做到计算准确，不漏项、不错项即可。

习题与思考题

1. 党的二十大确立的我国到二〇三五年发展的总体目标有哪些具体内容？
2. 我国到二〇三五年发展的总体目标中，哪些目标的实现与工程造价专业息息相关？
3. 工程造价专业在实现"综合国力大幅跃升"中能起什么作用？
4. 工程造价专业在"基本实现新型工业化、信息化、城镇化、农业现代化"中能起什么作用？
5. 工程造价专业在实现"人民生活更加幸福美好"中能起什么作用？
6. 工程造价专业在"农村基本具备现代生活条件"中能起什么作用？
7. 工程造价专业在"形成绿色生产生活方式"中能起什么作用？
8. 工程造价专业在"生态环境根本好转，美丽中国目标基本实现"中能起什么作用？
9. 工程造价专业在"实现国防和军队现代化"中能起什么作用？
10. 如何理解工程计价、工程计价的含义？两个概念有何不同？
11. 工程计价有哪些环节？各有什么作用？与建设程序是什么关系？
12. 建设项目如何分解？对计价有何实际意义？
13. 什么是工程量？工程量计算对计价有何实际意义？
14. 工程量计算有哪些技巧？如何应用？
15. 如何理解工程计价的五个基本步骤？
16. 本课程教学内容是什么？

二维码形式客观题

微信扫描二维码，可自行做客观题，提交后可查看答案。

第1章
客观题

2

教学要求

- 了解工程造价的含义、特点、作用，工程造价的费用组成，以及计价标准的费用构成。
- 熟悉工程建设定额、消耗量定额、单位估价表、清单计价规范和各专业工程量计量规范。
- 掌握清单计价法的各项费用计算。

本章以《住房城乡建设部 财政部关于印发<建筑安装工程费用项目组成>的通知》（建标〔2013〕44 号）为依据，介绍我国现行建筑安装工程费用的构成。梳理了作为工程计价依据的工程建设定额、消耗量定额、单位估价表、清单计价规范和各专业工程量计算规范的基本知识，并以某省的计价规则为依据，介绍工程量清单计价的方法。

2.1 工程造价及其构成

2.1.1 工程造价的含义、特点及作用

1. 工程造价的含义

工程造价的直意是指工程的建造价格。工程泛指一切建设工程，它的范围和内涵具有很大的不确定性。依据 1996 年中国建设工程造价管理协会学术委员会对"工程造价"一词提出的界定意见，在市场经济条件下，工程造价有如下两种含义。

（1）**工程投资费用**　它是指广义的工程造价。从投资者（业主）角度定义，工程造价是指工程的建设成本，即为建设一项工程预期支付或实际支付的全部固定资产投资费用。投资者为了获取所投资项目的预期效益，就需要进行立项、勘察、设计、施工、竣工验收等一系列投资活动，在这些活动中所支出的全部费用即构成工程造价。从这个含义上看，建设项目的工程造价就是建设项目的固定资产投资。

（2）**工程建造价格**　它是指狭义的工程造价。从市场交易角度定义，工程造价是指工程价格，即为建成一项工程，预计或实际在土地、设备、技术劳务以及承包等市场上，通过招标投标等交易方式所形成的建筑安装工程的价格或建设工程总价格。这里的工程既可以是

一个建设工程项目，也可以是其中一个或几个单项工程或单位工程，还可以是建设过程中的某个阶段，如建设项目的可行性研究、建设项目的设计，以及建设项目的施工阶段等。随着经济发展、社会进步、分工细化和市场的不断完善，工程建设中的中间产品也会越来越多，商品交换会更加频繁，工程价格的种类和形式也会更加丰富。

工程造价的第二种含义通常以工程发包与承包价格（即建筑安装工程造价在具体项目上的表现形式，下同）为基础。发包与承包价格是工程造价中的一种重要的、典型的价格形式。它是建筑市场通过招标投标或发包与承包交易，由需求主体（投资者）和供给主体（建筑商）共同认可的价格。鉴于建筑安装工程价格在项目固定资产中占有 50%～60% 的份额，是工程建设中最活跃的部分，建筑企业又是工程项目的实施者和建筑市场重要的市场主体之一，工程承发包价格被界定为工程价格的第二种含义，很有现实意义。但是，把工程造价的含义局限于工程发包与承包价格，造成了对工程造价的含义理解较狭窄。

（3）两种含义的差异　工程造价的两种含义是从不同角度对同一事物本质的把握。对投资者来说，面对市场经济条件下的工程造价就是项目投资，是"购买"工程项目要付出的价格；同时也是投资者作为市场供给主体时"出售"工程项目时定价的基础。对工程承包单位、材料供应单位、设计单位等机构来说，工程造价是他们作为市场供给主体出售商品和劳务的价格的总和，或是特定范围的工程造价，如建筑安装工程造价。

2. 工程造价的特点

（1）大额性　建设项目实物形体庞大，而且消耗资源巨大，因此，一个建设项目的工程造价少则几百万元，动辄上亿元。工程造价的大额性不仅关系到有关方面的重大经济利益，同时也对宏观经济产生重大影响。这就决定了工程造价的特殊地位，也说明了造价管理的重要意义。

（2）单个性　任何一项建设项目都有特定的用途、功能和规模。因此，每一项建设项目的结构、造型、工艺设备、建筑材料和内外装饰等都有具体的要求，这造就了建设项目实物形态的个别性和差异性，也决定了工程造价的个别性和差异性。同时，即使是相同用途、功能和规模的建设项目，由于所处地理位置或建造时间不同，其工程造价也会有较大差异。

（3）动态性　任何一项建设项目从立项到交付使用，都有一个较长的建设期。在此期间，影响工程造价的动态因素（如材料价格、工资标准、汇率、利率等）发生变化时，必然会导致工程造价的变动。因此，工程造价在整个建设期内都处于不确定的状态，直至竣工结算或决算后才能确定实际的工程造价。

（4）层次性　工程造价的层次性由建设项目的层次性决定。一个建设项目可以由若干个能够独立发挥设计效能的单项工程构成，一个单项工程又可以由多个单位工程构成。与此对应，工程造价也有三个层次：建设项目总造价、单项工程造价和单位工程造价。

（5）兼容性　一项建设工程往往包含许多的工程内容，不同工程内容的组合、兼容能适应不同的工程要求。工程造价由多种费用以及不同工程内容的费用组合而成，具有很强的兼容性。

3. 工程造价的作用

1）工程造价是项目决策的依据。

2）工程造价是制订投资计划和控制投资的依据。

3）工程造价是筹集建设资金的依据。

4）工程造价是评价投资效果的重要指标和手段。

2.1.2　工程造价的费用组成

1. 广义的工程造价费用组成

广义的工程造价包涵工程项目按照确定的建设内容、建设规模、建设标准、功能和使用要求等全部建成并验收合格交付使用所需的全部费用。

按照国家发改委和原建设部发布的《建设项目经济评价方法与参数（第三版）》（发改投资〔2006〕1325号文）的规定，我国现行工程造价的构成主要为：建筑安装工程费用、设备及工器具购置费用、工程建设其他费用、预备费、建设期利息。具体构成如图2-1所示。

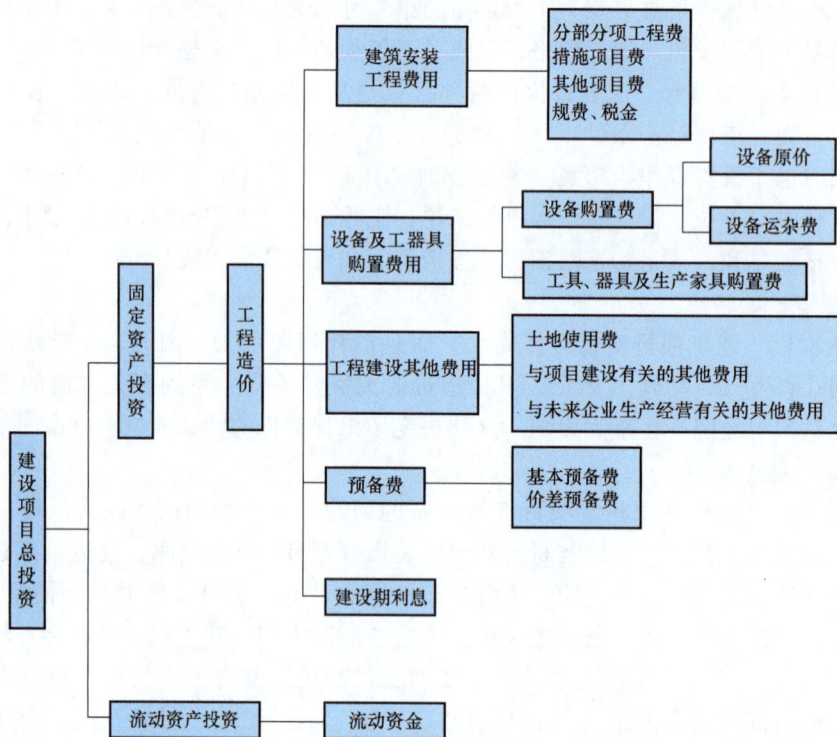

图2-1　建设项目总投资及广义工程造价的构成

2. 狭义的工程造价费用组成

狭义的工程造价即指建筑安装工程费用。根据建标〔2013〕44号文《住房和城乡建设部 财政部关于印发〈建筑安装工程费用项目组成〉的通知》的规定，我国现行建筑安装工程费用项目组成如图2-2所示。

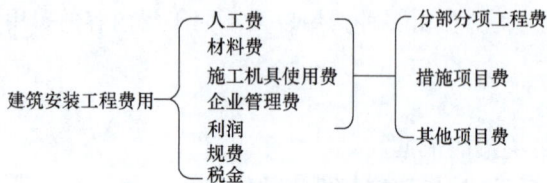

图2-2　建筑安装工程费用项目组成

（1）按费用构成要素划分　建筑安装工程费按照费用构成要素划分，由人工费、材料费（包含工程设备，下同）、施工机具使用费、企业管理费、利润、规费和税金组成。其中人工费、材料费、施工机具使用费、企业管理费和利润包含在分部分项工程费、措施项目费、其他项目费中。

1）人工费：是指按工资总额构成规定，支付给从事建筑安装工程施工的生产工人和附属生产单位工人的各项费用。内容包括：

①计时工资或计件工资：是指按计时工资标准和工作时间或对已做工作按计件单价支付给个人的劳动报酬。

②奖金：是指对超额劳动和增收节支支付给个人的劳动报酬。如节约奖、劳动竞赛奖等。

③津贴补贴：是指为了补偿职工特殊或额外的劳动消耗和因其他特殊原因支付给个人的津贴，以及为了保证职工工资水平不受物价影响支付给个人的物价补贴。如流动施工津贴、特殊地区施工津贴、高温（寒）作业临时津贴、高空津贴等。

④加班加点工资：是指按规定支付的在法定节假日工作的加班工资和在法定日工作时间外延时工作的加点工资。

⑤特殊情况下支付的工资：是指根据国家法律、法规和政策规定，因病、工伤、产假、计划生育假、婚丧假、事假、探亲假、定期休假、停工学习、执行国家或社会义务等原因按计时工资标准或计时工资标准的一定比例支付的工资。

2）材料费：是指施工过程中耗费的原材料、辅助材料、构配件、零件、半成品或成品、工程设备的费用。内容包括：

①材料原价：是指材料、工程设备的出厂价格或商家供应价格。

②运杂费：是指材料、工程设备自来源地运至工地仓库或指定堆放地点所发生的全部费用。

③运输损耗费：是指材料在运输装卸过程中不可避免的损耗。

④采购及保管费：是指为组织采购、供应和保管材料、工程设备的过程中所需要的各项费用。包括采购费、仓储费、工地保管费、仓储损耗。

工程设备是指构成或计划构成永久工程一部分的机电设备、金属结构设备、仪器装置及其他类似的设备和装置。

3）施工机具使用费：是指施工作业所发生的施工机械、仪器仪表使用费或其租赁费。施工机械使用费由以下费用组成：

①折旧费：是指施工机械在规定的使用年限内，陆续收回其原值的费用。

②大修理费：是指施工机械按规定的大修理间隔台班进行必要的大修理，以恢复其正常功能所需的费用。

③经常修理费：是指施工机械除大修理以外的各级保养和临时故障排除所需的费用。包括为保障机械正常运转所需替换设备与随机配备工具附具的摊销和维护费用，机械运转中日常保养所需润滑与擦拭的材料费用及机械停滞期间的维护和保养费用等。

④安拆费及场外运费：安拆费是指施工机械（大型机械除外）在现场进行安装与拆卸所需的人工、材料、机械和试运转费用以及机械辅助设施的折旧、搭设、拆除等费用；场外运费是指施工机械整体或分体自停放地点运至施工现场或由一施工地点运至另一施工地点的

运输、装卸、辅助材料及架线等费用。

⑤人工费：是指机上司机（司炉）和其他操作人员的人工费。

⑥燃料动力费：是指施工机械在运转作业中所消耗的各种燃料及水、电等。

⑦税费：是指施工机械按照国家规定应缴纳的车船使用税、保险费及年检费等。

4）企业管理费：是指建筑安装企业组织施工生产和经营管理所需的费用。内容包括：

①管理人员工资：是指按规定支付给管理人员的计时工资、奖金、津贴补贴、加班加点工资及特殊情况下支付的工资等。

②办公费：是指企业管理办公用的文具、纸张、账表、印刷、邮电、书报、办公软件、现场监控、会议、水电、烧水和集体取暖降温（包括现场临时宿舍取暖降温）等费用。

③差旅交通费：是指职工因公出差、调动工作的差旅费、住勤补助费，市内交通费和误餐补助费，职工探亲路费，劳动力招募费，职工退休、退职一次性路费，工伤人员就医路费，工地转移费以及管理部门使用的交通工具的油料、燃料等费用。

④固定资产使用费：是指管理和试验部门及附属生产单位使用的属于固定资产的房屋、设备、仪器等的折旧、大修、维修或租赁费。

⑤工具用具使用费：是指企业施工生产和管理使用的不属于固定资产的工具、器具、家具、交通工具和检验、试验、测绘、消防用具等的购置、维修和摊销费。

⑥劳动保险和职工福利费：是指由企业支付的职工退职金、按规定支付给离休干部的经费，集体福利费、夏季防暑降温、冬季取暖补贴、上下班交通补贴等。

⑦劳动保护费：是企业按规定发放的劳动保护用品的支出。如工作服、手套、防暑降温饮料以及在有碍身体健康的环境中施工的保健费用等。

⑧检验试验费：是指施工企业按照有关标准规定，对建筑以及材料、构件和建筑安装物进行一般鉴定、检查所发生的费用，包括自设试验室进行试验所耗用的材料等费用。不包括新结构、新材料的试验费，对构件做破坏性试验及其他特殊要求检验试验的费用和建设单位委托检测机构进行检测的费用，对此类检测发生的费用，由建设单位在工程建设其他费用中列支。但对施工企业提供的具有合格证明的材料进行检测不合格的，该检测费用由施工企业支付。

⑨工会经费：是指企业按《工会法》规定的全部职工工资总额比例计提的工会经费。

⑩职工教育经费：是指按职工工资总额的规定比例计提，企业为职工进行专业技术和职业技能培训，专业技术人员继续教育、职工职业技能鉴定、职业资格认定以及根据需要对职工进行各类文化教育所发生的费用。

⑪财产保险费：是指施工管理用财产、车辆等的保险费用。

⑫财务费：是指企业为施工生产筹集资金或提供预付款担保、履约担保、职工工资支付担保等所发生的各种费用。

⑬税金：是指企业按规定缴纳的房产税、车船使用税、土地使用税、印花税等。

⑭其他：包括技术转让费、技术开发费、投标费、业务招待费、绿化费、广告费、公证费、法律顾问费、审计费、咨询费、保险费等。

5）利润：是指施工企业完成所承包工程获得的盈利。

6）规费：是指按国家法律、法规规定，由省级政府和省级有关权力部门规定必须缴纳或计取的费用。包括：

①养老保险费：是指企业按照规定标准为职工缴纳的基本养老保险费。

②失业保险费：是指企业按照规定标准为职工缴纳的失业保险费。

③医疗保险费：是指企业按照规定标准为职工缴纳的基本医疗保险费。

④生育保险费：是指企业按照规定标准为职工缴纳的生育保险费。

⑤工伤保险费：是指企业按照规定标准为职工缴纳的工伤保险费。

⑥住房公积金：是指企业按规定标准为职工缴纳的住房公积金。

⑦工程排污费：是指按规定缴纳的施工现场工程排污费。

其他应列而未列入的规费，按实际发生计取。

7）税金：是指国家税法规定的应计入建筑安装工程造价内的增值税、城市维护建设税、教育费附加以及地方教育附加。

（2）按造价形成划分　建筑安装工程费按照工程造价形成由分部分项工程费、措施项目费、其他项目费、规费、税金组成，分部分项工程费、措施项目费、其他项目费均包含人工费、材料费、施工机具使用费、企业管理费和利润。

1）分部分项工程费：是指各专业工程的分部分项工程应予列支的各项费用。

①专业工程：是指按现行国家计量规范划分的房屋建筑与装饰工程、仿古建筑工程、通用安装工程、市政工程、园林绿化工程、矿山工程、构筑物工程、城市轨道交通工程、爆破工程等各类工程。

②分部分项工程：是指按现行国家计量规范对各专业工程划分的项目。如房屋建筑与装饰工程划分的土石方工程、地基处理与桩基工程、砌筑工程、钢筋及钢筋混凝土工程等。

各类专业工程的分部分项工程划分见现行国家或行业计量规范。

2）措施项目费：是指为完成建设工程施工，发生于该工程施工前和施工过程中的技术、生活、安全、环境保护等方面的费用。内容包括：

①安全文明施工费

a. 环境保护费：是指施工现场为达到环保部门要求所需要的各项费用。

b. 文明施工费：是指施工现场文明施工所需要的各项费用。

c. 安全施工费：是指施工现场安全施工所需要的各项费用。

d. 临时设施费：是指施工企业为进行建设工程施工所必须搭设的生活和生产用的临时建筑物、构筑物和其他临时设施费用。包括临时设施的搭设、维修、拆除、清理费或摊销费等。

②夜间施工增加费：是指因夜间施工所发生的夜班补助费、夜间施工降效、夜间施工照明设备摊销及照明用电等费用。

③二次搬运费：是指因施工场地条件限制而发生的材料、构配件、半成品等一次运输不能到达堆放地点，必须进行二次或多次搬运所发生的费用。

④冬雨季施工增加费：是指在冬季或雨季施工需增加的临时设施、防滑、排除雨雪，人工及施工机械效率降低等费用。

⑤已完工程及设备保护费：是指竣工验收前，对已完工程及设备采取的必要保护措施所发生的费用。

⑥工程定位复测费：是指工程施工过程中进行全部施工测量放线和复测工作的费用。

⑦特殊地区施工增加费：是指工程在沙漠或其边缘地区、高海拔、高寒、原始森林等特

殊地区施工增加的费用。

⑧大型机械设备进出场及安拆费：是指机械整体或分体自停放场地运至施工现场或由一个施工地点运至另一个施工地点，所发生的机械进出场运输及转移费用及机械在施工现场进行安装、拆卸所需的人工费、材料费、机械费、试运转费和安装所需的辅助设施的费用。

⑨脚手架工程费：是指施工需要的各种脚手架搭、拆、运输费用以及脚手架购置费的摊销（或租赁）费用。

措施项目及其包含的内容详见各类专业工程的现行国家或行业计量规范。

3）其他项目费：是指除上述分部分项工程费和措施项目费以外还可能发生的费用。具体内容为：

①暂列金额：是指建设单位在工程量清单中暂定并包括在工程合同价款中的一笔款项。用于施工合同签订时尚未确定或者不可预见的所需材料、工程设备、服务的采购，施工中可能发生的工程变更、合同约定调整因素出现时的工程价款调整以及发生的索赔、现场签证确认等的费用。

②计日工：是指在施工过程中，施工企业完成建设单位提出的施工图以外的零星项目或工作所需的费用。

③总承包服务费：是指总承包人为配合、协调建设单位进行的专业工程发包，对建设单位自行采购的材料、工程设备等进行保管以及施工现场管理、竣工资料汇总整理等服务所需的费用。

4）规费：是指按国家法律、法规规定，由省级政府和省级有关权力部门规定必须缴纳或计取的费用。包括：

①养老保险费：是指企业按照规定标准为职工缴纳的基本养老保险费。

②失业保险费：是指企业按照规定标准为职工缴纳的失业保险费。

③医疗保险费：是指企业按照规定标准为职工缴纳的基本医疗保险费。

④生育保险费：是指企业按照规定标准为职工缴纳的生育保险费。

⑤工伤保险费：是指企业按照规定标准为职工缴纳的工伤保险费。

⑥住房公积金：是指企业按规定标准为职工缴纳的住房公积金。

⑦工程排污费：是指按规定缴纳的施工现场工程排污费。

其他应列而未列入的规费，按实际发生计取。

5）税金：是指国家税法规定的应计入建筑安装工程造价内的增值税、城市维护建设税、教育费附加以及地方教育附加。

2.1.3 计价标准的费用构成

本节介绍《云南省建设工程造价计价规则及机械仪器仪表台班费用定额》（DBJ 53/T-58—2020）中规定的建筑安装工程费的构成（见表2-1）。

1. 分部分项工程费

分部分项工程费是指各专业工程的分部分项工程应予列支的各项费用。

专业工程是指按现行国家计量规范及云南省计价标准划分的建筑工程、通用安装工程、市政工程、园林绿化工程、装配式建筑工程、城市地下综合管廊工程、绿色建筑工程等各类工程。

表 2-1 建筑安装工程费的构成

建筑安装工程费用	1. 分部分项工程费	1.1 人工费	1.1.1 定额人工费		
			1.1.2 规费（养老保险费+医疗保险费+住房公积金）		
		1.2 材料费			
		1.3 机械费			
		1.4 管理费			
		1.5 利润			
		1.6 风险费			
	2. 措施项目费	2.1 技术措施项目费	2.1.1 大型机械设备进出场及安拆费	①人工费（定额人工费+规费）②材料费③机械费④管理费⑤利润	
			2.1.2 大型机械设备基础费		
			2.1.3 脚手架工程费		
			2.1.4 模板工程费		
			2.1.5 垂直运输费		
			2.1.6 超高增加费		
			2.1.7 排水降水费		
		2.2 组织措施项目费	2.2.1 绿色施工安全文明措施费	2.2.1.1 安全文明施工及环境保护费	
				2.2.1.2 临时设施费	
				2.2.1.3 绿色施工措施费	
			2.2.2 冬雨季施工增加费、工程定位复测费、工程点交、场地清理费		
			2.2.3 压缩工期增加费		
			2.2.4 夜间施工增加费		
			2.2.5 市政工程行车、行人干扰增加费		
			2.2.6 已完工程及设备保护费		
			2.2.7 特殊地区施工增加费		
			2.2.8 其他		
	3. 其他项目费	3.1 暂列金			
		3.2 暂估价	3.2.1 专业工程暂估价		
			3.2.2 专业技术措施暂估价		
		3.3 计日工			
		3.4 施工总承包服务费			
		3.5 优质工程增加费			
		3.6 索赔与现场签证费			
		3.7 提前竣工增加费			
		3.8 人工费调整			
		3.9 机械燃料动力费价差			
	4. 其他规费	4.1 工伤保险费			
		4.2 工程排污费			
		4.3 环境保护费			
	5. 税金	5.1 增值税			
		5.2 城市维护建设税			
		5.3 教育费附加			
		5.4 地方教育附加			

分部分项工程是指按现行国家工程量计算规范对各专业工程划分的项目。如建筑工程划分的土石方工程、地基处理、桩基工程、砌筑工程、钢筋及钢筋混凝土工程等。

（1）**人工费**　人工费是指按工资总额构成规定支付给从事建筑安装工程施工的生产工人和附属生产单位工人的各项费用。内容包括：

1）计时工资或计件工资：是指按计时工资标准和工作时间或对已做工作按计件单价支付给个人的劳动报酬。

2）奖金：是指对超额劳动和增收节支支付给个人的劳动报酬。如节约奖、劳动竞赛奖。

3）津贴、补贴：是指为了补偿职工特殊或额外的劳动消耗和因其他特殊原因支付给个人的津贴，以及为了保证职工工资水平不受物价影响支付给个人的物价补贴。如流动施工津贴、特殊地区施工津贴、高温（寒）作业临时津贴、高空津贴等。

4）特殊情况下支付的工资：是指根据国家法律、法规和政策规定，因病、工伤、产假、计划生育假、婚丧假、事假、探亲假、定期休假、停工学习、执行国家或社会义务等原因按计时工资标准或计时工资标准的一定比例支付的工资。

5）规费：是指企业为生产工人支付的养老保险、医疗保险、住房公积金。

（2）**材料费**　材料费是指施工过程中耗费的原材料、辅助材料、周转性材料、构配件、零件、半成品或成品、工程设备的费用。费用包括：

1）材料原价：是指材料、工程设备的出厂价格或商家供应价格。

2）运杂费：是指材料、工程设备自来源地运至工地仓库或指定堆放地点所发生的全部费用。

3）运输损耗费：是指材料在运输装卸过程中不可避免的损耗。

4）采购及保管费：是指为组织采购、供应和保管材料、工程设备的过程中所需要的各项费用。包括采购费、仓储费、工地保管费、仓储损耗。

工程设备是指构成或计划构成永久工程一部分的机电设备、金属结构设备、仪器装置及其他类似的设备和装置。

（3）**机械费**　机械费（施工机具使用费）是指施工作业所发生的施工机械、仪器仪表使用费或其租赁费。

1）施工机械台班单价应由下列费用组成：

①折旧费：是指施工机械在规定的使用年限内，陆续收回其原值的费用。

②检修费：是指施工机械按规定的大修理间隔台班进行必要的大修理，以恢复其正常功能所需的费用。

③维护费：是指施工机械除大修理以外的各级保养和临时故障排除所需的费用。包括为保障机械正常运转所需替换设备与随机配备工具附具的摊销和维护费用，机械运转中日常保养所需润滑与擦拭的材料费用及机械停滞期间的维护和保养费用等。

④安拆费及场外运费：安拆费是指施工机械在现场进行安装与拆卸所需的人工、材料、机械和试运转费用以及机械辅助设施的折旧、搭设、拆除等费用；场外运费是指施工机械整体或分体自停放地点运至施工现场或由一施工地点运至另一施工地点的运输、装卸、辅助材料及架线等费用。

⑤人工费：是指机上司机（司炉）和必须配备的其他操作人员的人工费。

⑥燃料动力费：是指施工机械在运转作业中所消耗的各种燃料及水、电等。

⑦其他费用：是指施工机械按照国家规定应缴纳的车船使用税、保险费及检测费等。

2）仪器仪表使用费：是指工程施工所需使用的仪器仪表的摊销及维修费用。

3）机械费中的人工费已包含规费，且仅属于机械费的组成部分，不属于定额人工费的范畴。

（4）管理费 管理费是指建筑安装企业组织施工生产和经营管理所需的费用。内容包括：

1）管理人员工资：是指按规定支付给管理人员的计时工资、奖金、津贴补贴、加班加点工资及特殊情况下支付的工资等。

2）办公费：是指企业管理办公用的文具、纸张、账表、印刷、邮电、书报、办公软件、现场监控、会议、水电、烧水和集体取暖降温（包括现场临时宿舍取暖降温）等费用。

3）差旅交通费：是指职工因公出差、调动工作的差旅费、住勤补助费，市内交通费和误餐补助费，职工探亲路费，劳动力招募费，职工退休、退职一次性路费，工伤人员就医路费，工地转移费以及管理部门使用的交通工具的油料、燃料等费用。

4）固定资产使用费：是指管理和试验部门及附属生产单位使用的属于固定资产的房屋、设备、仪器等的折旧、大修、维修或租赁费。

5）工具用具使用费：是指企业管理使用的不属于固定资产的工具、器具、家具、交通工具和检验、试验、测绘、消防用具等的购置、维修和摊销费。

6）职工福利费：是指由企业支付的职工退职金、按规定支付给离休干部的经费，集体福利费、夏季防暑降温、冬季取暖补贴、上下班交通补贴等。

7）劳动保护费：是指企业按规定发放的劳动保护用品的支出。如工作服、手套、防暑降温饮料以及在有碍身体健康的环境中施工的保健费用等。

8）检验试验费：是指施工企业按照有关标准规定，对建筑材料、构件和建筑安装物进行一般鉴定、检查所发生的费用，包括自设试验室进行试验所耗用的材料等费用。不包括新结构、新材料的试验费，对构件做破坏性试验及其他特殊要求检验试验的费用和发包人委托检测机构进行检测的费用，对此类检测发生的费用，由发包人在工程建设其他费用中列支，但对施工企业提供的具有合格证明的材料进行检测不合格的，该检测费用由施工企业支付。

9）工会经费：是指企业按照《工会法》规定的全部职工工资总额比例计提的工会经费。

10）职工教育经费：是指按照职工工资总额的规定比例计提，企业为职工进行专业技术和职业技能培训，专业技术人员继续教育、职工职业技能鉴定、职业资格认定以及根据需要对职工进行各类文化教育所发生的费用。

11）财产保险费：是指施工管理用财产、车辆等的保险费用。

12）财务费：是指企业为施工生产筹集资金或提供预付款担保、履约担保、职工工资支付担保等所发生的各种费用。

13）税金：是指企业按规定缴纳的房产税、车船使用税、土地使用税、印花税等。

14）其他：包括技术转让费、技术开发费、投标费、业务招待费、绿化费、广告费、公证费、法律顾问费、审计费、咨询费及竣工档案编制费等。

（5）利润 利润是指施工企业完成所承包工程获得的盈利。

（6）风险费　风险费是指隐含于已标价工程量清单综合单价中，用于化解发承包双方在工程合同中约定内容和范围内的市场价格波动风险的费用。建设工程发承包必须在招标文件、合同中明确计价中的风险内容及其范围，不得采用无限风险、所有风险或类似语句规定计价中的风险内容及范围。

2. 措施项目费

措施项目费是指为完成工程项目施工，按照绿色施工、安全操作规程、文明施工规定的要求，发生于该工程施工准备和施工过程中的技术、生活、安全、环境保护等方面的费用。由技术措施项目费和组织措施项目费构成，包括人工费、材料费、机械费和企业管理费、利润。

（1）技术措施项目费

1）大型机械设备进出场及安拆费：是指机械整体或分体自停放场地运至施工现场或由一个施工地点运至另一个施工地点所发生的机械进出场运输、转移（含运输、装卸、辅助材料、架线等）费用及机械在施工现场进行安装、拆卸所需的人工费、材料费、机械费、试运转费和安装所需的辅助设施的费用。

2）大型机械设备基础费：包括塔吊（也称为塔式起重机）、施工电梯、龙门吊（也称为门式起重机）、架桥机等大型机械设备基础的费用，如桩基础、固定式基础制作安装等费用。

3）脚手架工程费：指施工需要的各种脚手架搭、拆、运输费用以及脚手架购置费的摊销费用或租赁费用，以及建筑物四周垂直、水平的安全防护。

4）模板工程费：指混凝土构件施工需要的模具及其支撑体系所发生的费用。

5）垂直运输费：单位工程在合理工期内完成全部工程项目所需要的垂直运输。

6）超高增加费：指建筑物檐口高度超过 20m 或层数超过 6 层以上人工降低工效、机械降效、施工用水加压增加的费用。

7）排水降水费：除冬雨季施工增加费以外的排水降水费用。

8）各专业工程措施项目及其包含的内容详见国家规范及云南省计价标准所载明的技术措施项目。

（2）组织措施项目费

1）组织措施项目费由安全文明施工、环境保护、临时设施费和绿色施工措施费组成，具体内容详见表 2-2。

表 2-2　建筑安装工程组织措施项目费用组成

措施项目		措施项目明细	备注
安全文明施工及环境保护费	安全生产费	安全施工包含范围:安全资料、特殊作业专项方案的编制,安全施工标志的购置及安全宣传的费用;"三宝"(安全帽、安全带、安全网)、"四口"(楼梯口、电梯井口、通道口、预留洞口),"五临边"(阳台围边、楼板围边、屋面围边、槽坑围边、卸料平台两侧),水平防护架、垂直防护架、外架封闭等防护的费用;施工安全用电的费用,包括配电箱三级配电、两级保护装置要求、外电防护措施;起重机、塔吊等起重设备(含井架、门架)及外用电梯的安全防护措施(含警示标志)费用及卸料平台的临边防护、层间安全门、防护棚等设施费用;建筑工地起重机械的检验检测费用;施工机具防护棚及其围栏的安全保护设施费用;施工安全防护通道的费用;工人的安全防护用品、用具购置费用;消防设施与消防器材的配置费用;电气保护、安全照明设施费;其他安全防护措施费用	

（续）

措施项目		措施项目明细	备注
安全文明施工及环境保护费	文明施工及环境保护费	文明施工包含范围："五牌一图"的费用；现场围挡的墙面美化（包括内外粉刷、刷白、标语等）、压顶装饰费用；现场厕所便槽刷白、贴面砖，水泥砂浆地面或地砖费用，建筑物内临时便溺设施费用；其他施工现场临时设施的装饰装修、美化措施费用；现场生活卫生设施费用；符合卫生要求的饮水设备、淋浴、消毒等设施费用；生活用洁净燃料费用；防煤气中毒、防蚊虫叮咬等措施费用；施工现场操作场地的硬化费用；现场绿化费用、治安综合治理费用；现场配备医药保健器材、物品费用和急救人员培训费用；用于现场工人的防暑降温费、电风扇、空调等设备及用电费用；其他文明施工措施费用	
		环境保护包含范围：现场施工机械设备降低噪声、防扰民措施费用；水泥和其他易飞扬细颗粒建筑材料密闭存放或采取覆盖措施等费用；工程防扬尘洒水费用；土石方、建渣外运车辆冲洗、防洒漏等费用；现场污染源的控制、生活垃圾清理外运、场地排水排污措施的费用；其他环境保护措施费用	
	临时设施费	临时设施包含范围：施工现场采用彩色、定型钢板、砖、混凝土砌块等围挡的安砌、维修、拆除或摊销费；施工现场临时建筑物、构筑物的搭设、维修、拆除或摊销的费用，如临时宿舍、办公室、食堂、厨房、厕所、诊疗所、临时文化福利用房、临时仓库、加工场、搅拌台、临时简易水塔、水池等；施工现场临时设施的搭设、维修、拆除的费用，如临时供水管道、临时供电管线、小型临时设施等；施工现场规定范围内临时简易道路铺设，临时排水沟、排水设施安砌、维修、拆除的费用；其他临时设施费，搭设、维修、拆除或摊销的费用	
绿色施工措施费	扬尘控制措施费	扬尘喷淋系统、雾炮机、扬尘在线监测系统	
	智慧管理设备及系统	施工人员实名制管理设备及系统 施工场地视频监控设备及系统	
	人工智能、传感技术、虚拟现实等高科技技术设备及系统		

注：扬尘控制及智慧管理建设的费用，一年工期及以内按照 60% 计算摊销费用；两年工期及以内的按照 80% 计算摊销费用；两年工期以上的按 100% 计算摊销费用。

2）冬雨季施工增加费、工程定位复测费、工程点交、场地清理费。

①冬雨季施工增加费：指在冬季或雨季施工需增加的临时设施、防滑、排除雨雪，人工及施工机械效率降低等费用。

②工程定位复测费：是指施工前的放线，施工过程中的检测，施工后的复测工作所发生的费用。

③工程点交、场地清理费：指按规定编制竣工图资料、工程点交、施工场地清理等发生的费用。

3）压缩工期增加费：在工程招标投标时，要求压缩定额工期而采取措施所增加的费用。

4）夜间施工增加费：是指因夜间施工所发生的夜班补助费，夜间施工降效、夜间施工照明设备摊销及照明用电等费用。

5）市政工程行车、行人干扰增加费，是指市政工程改、扩建工程施工中，由于不能中断交通产生的施工工作面不完全带来人工、机械降效和边施工边维护交通及车辆、行人干扰发生的降效、维护交通等措施费。

6）已完工程及设备保护费：是指对已交付验收后的工程及设备采取覆盖、包裹、封闭、隔离等必要保护措施所发生的费用。

7）特殊地区施工增加费：是指工程在高海拔、特殊地区施工增加的费用。

3. 其他项目费

其他项目费是指除分部分项工程费和措施项目费以外的费用。其他项目费的构成内容应视工程实际情况按照不同阶段的计价需要进行列项。其中，编制招标控制价和投标报价时，由暂列金、暂估价（专业工程暂估价及专项技术措施暂估价）、计日工、施工总承包服务费构成；编制竣工结算时，由计日工、施工总承包服务费、优质工程增加费、提前竣工增加费、索赔与现场签证费、人工费调整及机械燃料动力费价差等费用构成。

4. 其他规费

其他规费是指除含在人工费以外的，应由单位缴纳的按国家法律、法规规定，由省级政府和省级有关权力部门规定必须缴纳或计取的费用。内容包括工伤保险费、工程排污费和环境保护费。

5. 税金

税金是指国家税法规定的应计入建设工程造价内的增值税（销项税额）及其他税费。

2.2 工程计价依据

2.2.1 工程建设定额

1. 定额的含义

定额即规定的额度。工程建设定额是指在工程建设中单位合格产品消耗人工、材料、机械使用量的规定额度。这种规定的额度反映的是在一定的社会生产力发展水平的条件下，完成工程建设中的某项产品与各种生产耗费之间特定的数量关系。

在工程建设定额中，单位合格产品的外延是不确定的。它可以指工程建设的最终产品——建设项目，如一个钢铁厂、一所学校等；也可以是建设项目中的某单项工程，如一所学校中的图书馆、教学楼、学生宿舍楼等；也可以是单项工程中的单位工程，如一栋教学楼中的建筑工程、水电安装工程、装饰装修工程等；还可以是单位工程中的分部分项工程，如砌1砖清水砖墙、砌1/2砖混水砖墙等。

2. 定额的分类

工程建设定额是工程建设中各类定额的总称，它包括许多种类的定额。为了对工程建设定额有一个全面的了解，可以按照不同的原则和方法对它进行科学的分类。

（1）按定额反映的生产要素分类 按定额反映的生产要素可以把工程建设定额分为劳动消耗定额、材料消耗定额和机械消耗定额三种。

1）劳动消耗定额。劳动消耗定额，简称劳动定额，或称人工定额，是指完成单位合格产品所需消耗劳动（人工）的数量标准。为了便于综合和核算，劳动定额大多采用工作时间消耗量来计算。所以劳动定额主要表现形式是人工时间定额，同时也表现为产量定额。人工时间定额和产量定额互为倒数关系。

2）材料消耗定额。材料消耗定额，简称材料定额，是指完成单位合格产品所需消耗材料的数量标准。材料是工程建设中使用的原材料、成品、半成品、构配件、燃料以及水、电等动力资源的统称。

3）机械消耗定额。机械消耗定额，简称机械定额，是指为完成单位合格产品所需消耗施工机械的数量标准。机械消耗定额的主要表现形式是机械时间定额，同时也表现为产量定额。机械时间定额和机械产量定额互为倒数关系。

（2）按定额的编制程序和用途分类　按定额的编制程序和用途可以把工程建设定额分为施工定额、预算定额、概算定额、概算指标、投资估算指标五种。

1）施工定额。施工定额是以"工序"为研究对象编制的定额。它由劳动定额、机械定额和材料定额三个相对独立的部分组成。为了适应组织生产和管理的需要，施工定额的项目划分很细，是工程建设定额中分项最细、定额子目最多的一种定额，也是工程建设定额中的基础性定额。

施工定额又是施工企业为组织施工生产和加强管理在企业内部使用的一种定额，属于企业生产定额的性质。施工定额是编制工程施工组织设计、施工预算、施工作业计划、签发施工任务单、限额领料及结算计件工资或计算奖励工资等的依据，同时也是编制消耗量定额的基础。

2）预算定额。预算定额又称为消耗量定额，是以建筑物或构筑物的各个分部分项工程为对象编制的定额。消耗量定额的内容包括劳动定额、材料定额和机械定额三个部分。

预算定额属于计价定额的性质，是编制施工图预算时，计算工程造价和计算工程中所需劳动力、机械台班、材料数量时使用的一种定额，是确定工程预算和工程造价的重要基础，也可作为编制施工组织设计的参考。同时预算定额也是概算定额的编制基础，所以预算定额在工程建设定额中占有很重要的地位。

3）概算定额。概算定额是以扩大的分部分项工程为对象编制的定额，是在消耗量定额的基础上综合扩大而成的，每一综合分项概算定额都包含了数项消耗量定额的内容。概算定额的内容也包括劳动定额、材料定额和机械定额三个部分。

概算定额也是一种计价定额。它是编制扩大初步设计概算时，计算和确定工程概算造价，计算劳动力、机械台班、材料需要量所使用的定额。

4）概算指标。概算指标是以整个建筑物和构筑物为对象，以更为扩大的计量单位来编制的一种计价指标。它是在初步设计阶段，计算和确定工程的初步设计概算造价，计算劳动力、机械台班、材料需要量时所采用的一种指标；是编制年度任务计划、建设计划的参考，也是编制投资估算指标的依据。

5）投资估算指标。投资估算指标是以独立的单项工程或完整的工程项目为对象，根据历史形成的预决算资料编制的一种指标。内容一般可分为建设项目综合指标、单项工程指标和单位工程指标三个层次。

投资估算指标也是一种计价指标。它是在项目建议书和可行性研究阶段编制投资估算、计算投资需要量时使用的定额。也可作为编制固定资产长远计划投资额的参考。

（3）按投资的费用性质分类　按投资的费用性质可以把工程建设定额分为建筑工程定额、设备安装工程定额、建筑安装工程费用定额、工器具定额以及工程建设其他费用定额等。

1）建筑工程定额。建筑工程定额是建筑工程的施工定额、预算定额、概算定额和概算指标的统称。建筑工程，一般理解为房屋和构筑物工程。具体包括一般土建工程、电气工程（动力、照明、弱电）、卫生技术（水、暖、通风）工程、工业管道工程、特殊构筑物工程等。广义上它也被理解为除房屋和构筑物外还包含其他各类工程，如道路、铁路、桥梁、隧道、运河、堤坝、港口、电站、机场等工程。建筑工程定额在整个工程建设定额中是一种非常重要的定额，在定额管理中占有突出的地位。

2）设备安装工程定额。设备安装工程是对需要安装的设备进行定位、组合、校正、调试等工作的工程。在工业项目中，机械设备安装和电气设备安装工程占有重要地位。因为生产设备大多要安装后才能运转，不需要安装的设备很少。在非生产性的建设项目中，由于社会生活和城市设施的日益现代化，设备安装工程也在不断增加。设备安装工程定额是安装工程施工定额、消耗量定额、概算定额和概算指标的统称。所以设备安装工程定额也是工程建设定额中的重要部分。

3）建筑安装工程费用定额。建筑安装工程费用定额一般包括以下两部分内容：

①措施费用定额。措施费用定额是指消耗量定额分项内容以外，为完成工程项目施工，发生于该工程施工前和施工过程中非工程实体项目的费用，且与建筑安装施工生产直接有关的各项费用开支标准。措施费用定额由于其费用发生的特点不同，只能独立于预算定额之外。它也是编制施工图预算和概算的依据。

②间接费定额。间接费定额是指与建筑安装施工生产的个别产品无关，而是企业生产全部产品所必需、为维持企业的经营管理活动所必须发生的各项费用开支的标准。由于间接费中许多费用的发生与施工任务的大小没有直接关系，因此，通过间接费定额这一工具，有效地控制间接费的发生是十分必要的。

4）工器具定额。工器具定额是为新建或扩建项目投产运转首次配置的工具、器具数量标准。工具和器具是指按照有关规定不够固定资产标准而为保证正常生产必须购置的工具、器具和生产用具，如翻砂用模型、工具箱、计量器、容器、仪器等。

5）工程建设其他费用定额。工程建设其他费用定额是独立于建筑安装工程费、设备和工器具购置费之外的其他费用开支的额度标准。工程建设其他费用的发生和整个项目的建设密切相关。它一般要占项目总投资的10%左右。工程建设其他费用定额是按各项独立费用分别制定的，以便合理控制这些费用的开支。

（4）**按专业性质分类**　按专业性质可以把工程建设定额分为全国通用定额、行业通用定额和专业专用定额三种。全国通用定额是指在部门间和地区间都可以使用的定额；行业通用定额是指具有专业特点在行业部门内可以通用的定额；专业专用定额是指特殊专业的定额，只能在指定范围内使用。

（5）**按主编单位和管理权限分类**　按主编单位和管理权限可以把工程建设定额可分为全国统一定额、行业统一定额、地区统一定额、企业定额四种。

1）全国统一定额。全国统一定额是由国家建设行政主管部门综合全国工程建设中技术和施工组织管理的情况编制，并在全国范围内执行的定额，如《全国统一建筑工程基础定额》《全国统一安装工程预算定额》《全国统一市政工程预算定额》等。

2）行业统一定额。行业统一定额是考虑各行业部门专业工程技术特点，以及施工生产和管理水平编制的，一般只在本行业和相同专业性质的范围内使用的专业定额，如《冶金工业矿山建设工程预算定额》《铁路工程预算定额》等。

3）地区统一定额。地区统一定额包括省、自治区、直辖市定额。地区统一定额主要是考虑地区性特点，对全国统一定额水平做适当调整补充编制的，如《上海市建筑和装饰工程预算定额》《广东省建筑与装饰工程综合定额》等。

4）企业定额。企业定额是指由施工企业考虑本企业具体情况，参照国家、部门或地区定额的水平制定的定额。企业定额只在企业内部使用，是企业素质的一个标志。企业定额水平一般应高于国家现行预算定额，这样才能满足生产技术发展、企业管理和市场竞争的需要。

2.2.2　消耗量定额和单位估价表

1. 消耗量定额

（1）消耗量定额的概念

消耗量定额是预算定额在实际应用中的另一种名称，是指完成单位合格产品（分项工程或结构构件）所需的人工、材料和机械消耗的数量标准，是计算建筑安装产品价格的基础。例如，1 砖混水砖墙的消耗量定额为 16.08 工日/10m³、5.3 千块/10m³、0.38 台班灰浆搅拌机/10m³ 等。消耗量定额的编制基础是施工定额。

消耗量定额是工程建设中一项重要的技术经济文件，它的各项指标反映了在完成单位分项工程消耗的活劳动和物化劳动的数量限度。编制施工图预算时，不仅需要按照施工图和工程量计算规则计算工程量，还需要借助某些可靠的参数计算人工、材料和机械（台班）的消耗量，并在此基础上计算出资金的需要量，从而计算出建筑安装工程的价格。

（2）消耗量定额的性质

消耗量定额是在编制施工图预算时，计算工程造价和工程中人工、材料和机械台班消耗量时使用的一种定额。消耗量定额是一种计价性质的定额，在工程建设定额中占有很重要的地位。

（3）消耗量定额的作用

1）消耗量定额是编制施工图预算、确定建筑安装工程造价的基础。施工图设计完成以后，工程预算就取决于工程量计算是否准确，消耗量定额水平，人工、材料、机械台班的单价，取费标准等因素。所以，消耗量定额是确定建筑安装工程造价的基础之一。

2）消耗量定额是编制施工组织设计的依据。施工组织设计的重要任务之一是确定施工中人工、材料、机械的供求量，并做出最佳安排。施工单位在缺乏企业定额的情况下根据消耗量定额也能较准确地计算出施工中所需的人工、材料、机械的需要量，为有计划地组织材料采购、预制构件加工、劳动力和施工机械的调配，提供了可靠的计算依据。

3）消耗量定额是工程结算的依据。工程结算是建设单位和施工单位按照工程进度对已完的分部分项工程实现货币支付的行为。按进度支付工程款，需要根据消耗量定额将已完工程的造价计算出来。单位工程验收后，再按竣工工程量、消耗量定额和施工合同规定进行竣工结算，以保证建设单位建设资金的合理使用和施工单位的经济收入。

4）消耗量定额是施工单位进行经济活动分析的依据。消耗量定额规定的人工、材料、机械的消耗指标是施工单位在生产经营中允许消耗的最高标准。目前，消耗量定额决定施工单位的收入，因此，施工单位必须以消耗量定额作为评价企业工作的重要标准，以及努力实现的具体目标。只有在施工中尽量降低劳动消耗、采用新技术、提高劳动者的素质，提高劳动生产率，才能取得较好的经济效益。

5）消耗量定额是编制概算定额的基础。概算定额是在消耗量定额的基础上经综合扩大编制的。以消耗量定额作为编制依据，不但可以节约编制工作需大量的人力、物力、时间，收到事半功倍的效果，还可以使概算定额在定额的水平上保持一致。

6）消耗量定额是合理编制招标控制价、投标报价的基础。在招标投标阶段，建设单位所编制的招标控制价，须参照消耗量定额编制。随着工程造价管理改革的不断深化，对于施工单位来说，消耗量定额作为指令性的作用正日益削弱，施工企业的报价按照企业定额来编制。只是现在施工单位无企业定额，还在参照消耗量定额编制投标报价。

（4）消耗量定额的应用

1）计算分部分项工程费。若采用工程量清单计价法编制单位工程施工图预算，可利用消耗量定额中人工、材料、机械台班消耗量，结合当地的人工、材料、机械台班单价，以及管理费费率和利润率确定分部分项工程的综合单价，进而计算出分部分项工程费。

【例 2-1】 《全国统一建筑工程基础定额》中砌 1 砖混水砖墙的消耗量定额见表 2-3，招标文件提供的工程量清单中"1 砖混水砖墙"清单工程量为 200m³。

表 2-3 砖墙分项工程消耗量定额 定额单位：10m³

定 额 编 号			4-10
项 目			1 砖混水砖墙
名 称		单位	数量
人工	综合工日	工日	16.08
材料	M5 混合砂浆	m³	2.396
	普通黏土砖	千块	5.30
	水	m³	1.06
机械	200L 灰浆搅拌机	台班	0.38

已知某地的人工工资单价为 106.80 元/工日；M5 混合砂浆 248 元/m³；普通黏土砖 325.50 元/千块；水 5.60 元/m³；200L 灰浆搅拌机 244.70 元/台班；管理费费率为 33%（以人工费+机械费的 8% 之和为计费基数）；利润率为 20%（以人工费+机械费的 8% 之和为计费基数）。试计算完成 200m³ 1 砖混水砖墙所需的分部分项工程费。

【解】 工程量清单计价中的"综合单价"由"人工费、材料费、机械费、管理费、利润"组成。从表 2-3 可知定额编号为 [4-10] 的"1 砖混水砖墙"的人材机的消耗量，根据当地人工、材料、机械台班的单价，可求出"综合单价"中的人材机单价，再依据管理费费率、利润率求出管理费和利润单价，从而可求出"1 砖混水砖墙"分项工程的"综合单价"，最后求出砌筑 200m³"1 砖混水砖墙"的分部分项工程费。具体计算如下：

$$人工费单价 = (16.08 \times 106.80) \ 元/10m^3 = 1717.34 \ 元/10m^3$$

$$材料费单价 = (2.396 \times 248 + 5.30 \times 325.50 + 1.06 \times 5.60) \ 元/10m^3 = 2325.29 \ 元/10m^3$$

$$机械费单价 = (0.38 \times 244.70) \ 元/10m^3 = 92.99 \ 元/10m^3$$

$$管理费单价 = [(1717.34 + 92.99 \times 8\%) \times 33\%] \ 元/10m^3 = 569.18 \ 元/10m^3$$

$$利润单价 = [(1717.34 + 92.99 \times 8\%) \times 20\%] \ 元/10m^3 = 344.96 \ 元/10m^3$$

$$综合单价 = (1717.34 + 2325.29 + 92.99 + 569.18 + 344.96) \ 元/10m^3 = 5049.76 \ 元/10m^3$$
$$= 504.98 \ 元/m^3$$

所以，砌筑 200m³"1 砖混水砖墙"的分部分项工程费为

$$(504.98 \times 200) \ 元 = 100996.00 \ 元$$

2）进行工料分析。单位工程施工图预算的工料分析是根据单位工程各分部分项工程的

预算工程量，运用消耗量定额详细计算出一个单位工程的人工、材料、机械台班的需用量的分解汇总过程。

通过工料分析，可得到单位工程对人工、材料、机械台班的需用量，它是工程消耗的最高限额；是编制单位工程劳动计划、材料供应计划的基础；是经济核算的基础；是向生产班组下达施工任务和考核人工、材料节超情况的依据。它为分析技术经济指标提供依据，并为编制施工组织设计和施工方案提供依据。

【例 2-2】　根据"全国统一建筑工程工程量计算规则"计算出"1 砖混水砖墙"分项工程的预算工程量为 30m³，用《全国统一建筑工程基础定额》中 1 砖混水砖墙定额（见表 2-3）的人材机消耗量，分析计算 30m³ 1 砖混水砖墙分项工程所需的人工、普通黏土砖、M5 混合砂浆的需用量。

【解】　分析计算如下：

$$综合工日 = 16.08(工日/10m^3) \times 30m^3 = 48.24\ 工日$$
$$普通黏土砖 = 5.3(千块/10m^3) \times 30m^3 = 15.9\ 千块$$
$$M5\ 混合砂浆 = 2.396(m^3/10m^3) \times 30m^3 = 7.188m^3$$

2. 单位估价表

（1）单位估价表的概念　单位估价表是消耗量定额价格表现的具体形式，是以货币形式确定的一定计量单位分部分项工程或结构构件人工费、材料费、机械费的表格文件。它是根据消耗量定额所确定的人工、材料、机械台班消耗数量乘以人工工资单价、材料预算单价、机械台班单价汇总而成的一种表格。

单位估价表的内容由两部分组成：一是消耗量定额规定的人工、材料、机械台班的消耗数量；二是当地现行的人工工资单价、材料预算单价、机械台班单价。编制单位估价表就是把三种"量"与"价"分别结合起来，得出分部分项工程的人工费、材料费、机械费，三者的汇总即称为分部分项工程基价。

（2）单位估价表的应用　若采用定额计价法编制单位工程施工图预算，可利用"单位估价表"计算分项工程的人工费、材料费和机械费。

【例 2-3】　某地根据《全国统一建筑工程基础定额》编制的砌筑 1 砖混水砖墙的"单位估价表"见表 2-4。已知图示工程量为 200m³，计算 1 砖混水砖墙所需的人工费、材料费、机械费。

表 2-4　砖墙分项工程单位估价表　　　　定额单位：10m³

定　额　编　号		4-10
项　　　　目		1 砖混水砖墙
基　　　价		3647.82
其中	人　工　费（元）	1286.40
	材　料　费（元）	2322.54
	机　械　费（元）	38.88

（续）

名　　称		单位	单价（元）	数量
人工	综合工日	工日	80.00	16.08
材料	M5 混合砂浆	m^3	248.00	2.396
	普通黏土砖	千块	320.00	5.30
	水	m^3	3.00	1.06
机械	灰浆搅拌机 200L	台班	102.32	0.38

【解】　完成 $200m^3$ "1砖混水砖墙" 所需的人工费、材料费、机械费为

人工费 $=(1286.40×200)元=25728元$

材料费 $=(2322.54×200)元=46450.80元$

机械费 $=(38.88×200)元=777.60元$

2.2.3　清单计价规范

现行清单计价规范为1本《清单计价规范》和9本各专业的《工程量计算规范》，具体内容是：

1）《建设工程工程量清单计价规范》（GB 50500—2013）（简称《清单计价规范》）。

2）《房屋建筑与装饰工程工程量计算规范》（GB 50854—2013）。

3）《仿古建筑工程工程量计算规范》（GB 50855—2013）。

4）《通用安装工程工程量计算规范》（GB 50856—2013）。

5）《市政工程工程量计算规范》（GB 50857—2013）。

6）《园林绿化工程工程量计算规范》（GB 50858—2013）。

7）《矿山工程工程量计算规范》（GB 50859—2013）。

8）《构筑物工程工程量计算规范》（GB 50860—2013）。

9）《城市轨道交通工程工程量计算规范》（GB 50861—2013）。

10）《爆破工程工程量计算规范》（GB 50862—2013）。

《清单计价规范》是统一工程量清单编制、规范工程量清单计价的国家标准；是调节建设工程招标投标中使用清单计价的招标人、投标人双方利益的规范性文件；是我国在招标投标中实行工程量清单计价的基础；是参与招标投标各方进行工程量清单计价应遵守的准则；是各级建设行政主管部门对工程造价计价活动进行监督管理的重要依据。

《清单计价规范》内容包括：总则、术语、一般规定、工程量清单编制、招标控制价、投标报价、合同价款约定、工程计量、合同价款调整、合同价款中期支付、竣工结算与支付、合同解除的价款结算与支付、合同价款争议的解决、工程造价鉴定、工程计价资料与档案、工程计价表格及11个附录。

根据《清单计价规范》规定，工程量清单计价的表格主要有以下20种。

1）招标控制价的封面（见表2-5）。

表 2-5　招标控制价封面

_____工程

招标控制价

招标人：_____

（单位盖章）

造价咨询人：_____

（单位盖章）

年　　　月　　　日

2）招标控制价扉页（见表 2-6）。

表 2-6　招标控制价扉页

_____工程

招标控制价

招标控制价(小写)：_____

（大写）：_____

招标人：_____　　　造价咨询人：_____

（单位盖章）　　　　　　　　　　（单位资质专用章）

法定代表人　　　　　　　　　　法定代表人

或其授权人：_____　　或其授权人：_____

（签字或盖章）　　　　　　　　　（签字或盖章）

编制人：_____　　　复核人：_____

（造价人员签字盖专用章）　　　　（造价工程师签字盖专用章）

编制时间：　年　　月　　日　复核时间：　年　　月　　日

3）投标总价封面（见表 2-7）。

表 2-7　投标总价封面

_____工程

投标总价

投标人：_____

（单位盖章）

年　　月　　日

4）投标总价扉页（见表 2-8）。

表 2-8　投标总价扉页

投标总价

招　标　人：_____

工程名称：_____

投标总价(小写)：_____

　　　　　　（大写）：_____

投　标　人：_____

（单位盖章）

法定代表人或其授权人：_____

（签字或盖章）

编制人：_____

（造价人员签字盖专用章）

时间：　　年　　月　　日

5）总说明（见表 2-9）。

表 2-9　总说明

工程名称：　　　　　　　　　　　　　　　　　　　　　　　第　页　共　页

1）工程概况：

2）编制依据：

3）其他问题：

6）建设项目招标控制价/投标报价汇总表（见表 2-10）。

表 2-10　建设项目招标控制价/投标报价汇总表

工程名称：　　　　　　　　　　　　　　　　　　　　　　第　页　共　页

序号	单项工程名称	金额（元）	其中：（元）		
			暂估价	安全文明施工费	规费
	合计				

7）单项工程招标控制价/投标报价汇总表（见表 2-11）。

表 2-11　单项工程招标控制价/投标报价汇总表

工程名称：　　　　　　　　　　　　　　　　　　　　　　第　页　共　页

序号	单位工程名称	金额（元）	其中：（元）		
			暂估价	安全文明施工费	规费
	合计				

注：本表适用于单项工程招标控制价或投标报价的汇总。暂估价包括分部分项工程中的暂估价和专业工程暂估价。

8）单位工程招标控制价/投标报价汇总表（见表 2-12）。

表 2-12　单位工程招标控制价/投标报价汇总表

工程名称：　　　　　　　　标段：　　　　　　　　　　第　页　共　页

序号	汇总内容	金额（元）	其中：暂估价（元）
1	分部分项工程费		
1.1	人工费		
1.2	材料费		
1.3	设备费		
1.4	机械费		
1.5	管理费和利润		
2	措施项目费		
2.1	单价措施项目费		
2.1.1	人工费		

（续）

序号	汇总内容	金额(元)	其中:暂估价(元)
2.1.2	材料费		
2.1.3	机械费		
2.1.4	管理费和利润		
2.2	总价措施项目费		
2.2.1	安全文明施工费		
2.2.2	其他总价措施项目费		
3	其他项目费		
3.1	暂列金额		
3.2	专业工程暂估价		
3.3	计日工		
3.4	总承包服务费		
3.5	其他		
4	规费		
5	税金		
招标控制价/投标报价合计 = 1+2+3+4+5			

注：1. 本表在实际应用中有所调整，表2-16、表2-17、表2-24也如此。

2. 本表适用于单位工程招标控制价或投标报价的汇总，如无单位工程划分，单项工程也使用本表汇总。

9）分部分项工程和单价措施项目清单与计价表（见表2-13）。

表 2-13 分部分项工程和单价措施项目清单与计价表

工程名称：　　　　　　　　　　标段：　　　　　　　　　　第 页 共 页

序号	项目编码	项目名称	项目特征描述	计量单位	工程量	金额(元)		
						综合单价	合价	其中
								暂估价
本页小计								
合计								

注：为计取规费等的使用，可在表中增设其中："定额人工费"。

10）综合单价分析表（见表2-14）。

表 2-14　综合单价分析表

工程名称：　　　　　　　　　　　　标段：　　　　　　　　　　　　　　第　页　共　页

序号	项目编码	项目名称	计量单位	工程量	清单综合单价组成明细											综合单价
					定额编号	定额名称	定额单位	数量	单价（元）			合价（元）				
									人工费	材料费	机械费	人工费	材料费	机械费	管理费和利润	
					小计											
					小计											
					小计											

11）综合单价材料明细表（见表 2-15）。

表 2-15　综合单价材料明细表

工程名称：　　　　　　　　　　　　　　　　　　　　　　　　　　　　第　页　共　页

序号	项目编码	项目名称	计量单位	工程量	材料组成明细						
					主要材料名称、规格、型号	单位	数量	单价（元）	合价（元）	暂估材料单价（元）	暂估材料合价（元）
					其他材料费						
					材料费小计						
					其他材料费						
					材料费小计						

注：招标文件提供了暂估单价的材料，按暂估的单价填入表内"暂估单价"栏和"暂估合价"栏。

12）总价措施项目清单与计价表（见表2-16）。

表 2-16　总价措施项目清单与计价表

工程名称：　　　　　　　　　　　　标段：　　　　　　　　　　　　　第　页　共　页

序号	项目编码	项目名称	计算基础	费率(%)	金额(元)	调整费率(%)	调整后金额(元)	备注
合计								

注：按施工方案计算的措施费，若无"计算基础"和"费率"的数值，也可只填"金额"数值，但应在备注栏说明施工方案出处或计算方法。

13）其他项目清单与计价汇总表（见表2-17）。

表 2-17　其他项目清单与计价汇总表

工程名称：　　　　　　　　　　　　标段：　　　　　　　　　　　　　第　页　共　页

序号	项目名称	金额(元)	结算金额(元)	备注
1	暂列金额			详见明细表
2	暂估价			
2.1	材料(工程设备)暂估价/结算价	—		详见明细表
2.2	专业工程暂估价/结算价			详见明细表
3	计日工			详见明细表
4	总承包服务费			详见明细表
5	其他			
5.1	人工费调差			
5.2	机械费调差			
5.3	风险费			
5.4	索赔与现场签证	—		详见明细表
	合计			

注：1. 材料（工程设备）暂估单价进入清单项目综合单价，此处不汇总。
　　2. 人工费调差、机械费调差和风险费应在备注栏说明计算方法。

14）暂列金额明细表（见表2-18）。

表 2-18 暂列金额明细表

工程名称：   标段：   第 页 共 页

序号	项目名称	计量单位	暂定金额(元)	备注
	合计			

注：此表由招标人填写，如不能详列，也可只列暂定金额总额，投标人应将上述暂列金额计入投标总价中。

15）材料（工程设备）暂估单价及调整表（见表 2-19）。

表 2-19 材料（工程设备）暂估单价及调整表

工程名称：   标段：   第 页 共 页

序号	材料(工程设备)名称、规格、型号	计量单位	数量		暂估(元)		确认(元)		差额±(元)		备注
			暂估	确认	单价	合价	单价	合价	单价	合价	
	合计										

注：此表由招标人填写"暂估单价"，并在备注栏内说明暂估价的材料、工程设备拟用在哪些清单项目上，投标人应将上述材料、工程设备"暂估单价"计入工程量清单综合单价报价中。

16）专业工程暂估价及结算价表（见表 2-20）。

表 2-20　专业工程暂估价及结算价表

工程名称：　　　　　　　　　　　　标段：　　　　　　　　　　　　　第　页　共　页

序号	工程名称	工程内容	暂估金额(元)	结算金额(元)	差额±(元)	备注
	合计					

注：此表"暂估金额"由招标人填写，投标人应将"暂估金额"计入投标总价中。结算时按合同约定结算金额填写。

17）计日工表（见表 2-21）。

表 2-21　计日工表

工程名称：　　　　　　　　　　　　标段：　　　　　　　　　　　　　第　页　共　页

序号	项目名称	单位	暂定数量	实际数量	综合单价(元)	合价(元)	
						暂定	实际
一	人工						
	人工小计						
二	材料						
	材料小计						
三	施工机械						
	施工机械小计						
四、企业管理费和利润							
	总计						

注：此表项目名称、暂定数量由招标人填写，编制招标控制价时，单价由招标人在招标文件中确定；投标时，单价由投标人自主报价，按暂定数量计算合价计入投标总价中。结算时，按发承包双方确认的实际数量计算合价。

18）总承包服务费计价表（见表 2-22）。

表 2-22　总承包服务费计价表

工程名称：　　　　　　　　　　　　标段：　　　　　　　　　　　第　页　共　页

序号	项目名称	项目价值(元)	服务内容	计算基础	费率(%)	金额(元)
1	发包人发包专业工程					
2	发包人提供材料					
	合计	—	—	—	—	

19）发包人提供材料和工程设备一览表（见表 2-23）。

表 2-23　发包人提供材料和工程设备一览表

工程名称：　　　　　　　　　　　　标段：　　　　　　　　　　　第　页　共　页

序号	材料(工程设备)名称、规格、型号	单位	数量	单价(元)	交货方式	送达地点	备注

注：此表由招标人填写，供投标人在投标报价、确定总承包服务费时参考。

20）规费、税金项目计价表（见表 2-24）。

表 2-24　规费、税金项目计价表

工程名称：　　　　　　　　　　　　标段：　　　　　　　　　　　第　页　共　页

序号	项目名称	计算基础	计算费率(%)	金额(元)
1	规费			
1.1	社会保险费、住房公积金、残疾人保证金			
1.2	危险作业意外伤害险			
1.3	工程排污费			
2	税金			
	合计			

编制人（造价员）：　　　　　　　　　　　　　　　　复核人（造价工程师）：

2.2.4　工程量计算规范

各专业的工程量计算规范的内容包括：总则、术语、工程计量、工程量清单编制、附录。此部分主要以表格表现。它是清单项目划分的标准，是清单工程量计算的依据，是编制工程量清单时统一项目编码、项目名称、项目特征描述、计量单位、工程量计算规则、工作内容的依据。

《房屋建筑与装饰工程工程量计算规范》（GB 50854—2013）（简称《计算规范》）附录部分内容包括：

　　附录 A　土石方工程

　　附录 B　地基处理与边坡支护工程

　　附录 C　桩基工程

　　附录 D　砌筑工程

　　附录 E　混凝土及钢筋混凝土工程

　　附录 F　金属结构工程

　　附录 G　木结构工程

　　附录 H　门窗工程

　　附录 J　屋面及防水工程

　　附录 K　保温、隔热、防腐工程

　　附录 L　楼地面装饰工程

　　附录 M　墙、柱面装饰与隔断、幕墙工程

　　附录 N　天棚工程

　　附录 P　油漆、涂料、裱糊工程

　　附录 Q　其他装饰工程

　　附录 R　拆除工程

　　附录 S　措施项目

《工程量计算规范》的表格形式见表 2-25。

表 2-25　《工程量计算规范》的表格形式

项目编码	项目名称	项目特征	计量单位	工程量计算规则	工作内容
010101003	挖沟槽土方	1. 土壤类别 2. 挖土深度 3. 弃土运距	m³	按设计图示尺寸以基础垫层底面积乘以挖土深度计算	1. 排地表水 2. 土方开挖 3. 围护（挡土板）及拆除 4. 基底钎探 5. 运输
……					

2.2.5　计价标准

1. 计价标准的内容

"计价标准"是预算定额的表现形式，是消耗量定额和单位估价表"合二为一"并能直接用于工程预算的手册。

如云南省 2020 版计价标准由下列分册组成：

1）《云南省建筑工程计价标准》（DBJ 53/T-61—2020）。

2）《云南省通用安装工程计价标准》（DBJ 53/T-63—2020）。

3）《云南省市政工程计价标准》（DBJ 53/T-59—2020）。

4）《云南省园林绿化工程计价标准》（DBJ 53/T-60—2020）。

5）《云南省装配式建筑工程计价标准》（DBJ 53/T-110—2020）。

6）《云南省城市地下综合管廊工程计价标准》（DBJ 53/T-111—2020）。

7）《云南省绿色建筑工程计价标准》（DBJ 53/T-112—2020）。

8）《云南省建设工程造价计价规则及机械仪器仪表费用定额》（DBJ 53/T-58—2020）。

2. 计价标准的作用

"计价标准"是编审工程投资估算、设计概算的基础，是编审施工图预算、招标控制价、竣工结算等工程计价活动的规范性标准，是投标人投标报价的参考性依据，也是国有资金投资或国有资金投资为主的建设工程编审工程造价的标准。

3. 计价标准的构成

"计价标准"以单位工程为对象编制，按分部工程分章，章以下为节，节以下为定额子目，每一个定额子目代表一个与之相对应的分项工程，所以分项工程是构成计价标准的最小单元。一般由以下内容构成：

1）主管部门文件。该文件是计价标准具有法令性的必要依据。文件明确规定了计价标准的执行时间、适用范围，并明确了计价标准的解释权和管理权。

2）计价标准总说明。内容包括：

①计价标准的指导思想、目的和作用，以及适用范围。

②计价标准的编制原则、编制的主要依据及有关编制精神。

③计价标准的一些共性问题。例如，人工、材料、机械台班消耗量如何确定，人工、材料、机械台班消耗量允许换算的原则，计价标准应用中应考虑的因素、未考虑的因素及未包括的内容，其他的一些共性问题等。

3）建筑面积计算规则。

4）各分部说明。内容包括：

①各分部工程共性问题说明。

②各分部工程定额内综合的内容及允许换算的有关规定。

③本分部各种调整系数使用规定。

5）各分部工程量计算规则。

6）各分部分项工程定额项目表。这是计价标准的核心部分，内容包括：

①各分部分项工程的定额编号、项目名称、计量单位。

②各定额子目的"基价"包括人工费、材料费、机械费（多为编制定额时采用的价格，一般只有参考价值）。

③各定额子目的人工、材料、机械的名称、单位、单价、消耗数量。

④表上方说明本节工程的工作内容，下方可能有些特殊说明和附注等。

7）附录——混凝土及砂浆配合比表。

4. 计价标准的表达

各地方由于习惯，计价标准（也是预算定额）的表达方式会有不同，《云南省建筑工程计价标准》（DBJ 53/J-61—2020）的表达方式见表 2-26。

表 2-26 计价标准表达方式举例

工作内容：调、运、铺砂浆，运、砌砖，安放木砖、垫块　　　　　　　　　　计量单位：10m³

定额编号			1-4-2	1-4-3	1-4-4	1-4-5	1-4-6
项目名称			单面清水砖墙				
			1/2 砖	3/4 砖	1 砖	1 砖半	2 砖及 2 砖以上
基价（元）			5590.98	5539.58	5134.64	5015.60	4903.43
其中	人工费（元）		2640.31	2563.55	2143.78	1991.50	1872.59
	定额人工费（元）		2200.26	2136.29	1786.48	1659.59	1560.49
	规费（元）		440.05	427.26	357.30	331.91	312.10
	材料费（元）		2894.40	2914.37	2924.93	2954.76	2960.08
	机械费（元）		56.27	61.66	65.93	69.34	70.76
名称		单位	单价（元）	数量			
人工	综合工日 12	工日	154.44	17.096	16.599	13.881	12.895	12.125
材料	标准砖 240×115×53	千块	383.04	5.585	5.456	5.337	5.290	5.254
	干混普通砌筑砂浆 DM M10	m³	375.74	1.978	2.163	2.313	2.440	2.491
	水	m³	5.94	1.130	1.100	1.060	1.070	1.060
	其他材料费	元	1.00	5.200	5.240	5.260	5.310	5.320
机械	干混砂浆罐式搅拌机公称储量：20000L	台班	284.17	0.198	0.217	0.232	0.244	0.249

（1）定额编号　定额编号用"专业代码-分部代码-顺序码"表示，如［1-4-4］表示为建筑工程的第 4 分部（砌筑工程）的第 4 个项目。

（2）项目名称　项目名称应能准确表达分部分项工程子目的特征，如［1-4-4］的项目名称应表达为"1 砖单面混水砖墙"。

（3）单位估价表　在表 2-26 中，由定额编号、项目名称和基价（包括其中的人工费、材料费、机械费）构成的那部分表格就是单位估价表，它表达了砌筑计量单位为 10m³ 的单面混水砖墙的基价和人工费、材料费、机械费的单价。

（4）消耗量定额　在表 2-26 中，由定额编号、项目名称和下面部分的人工、材料、机械构成的那部分表格就是消耗量定额，它表达了砌筑计量单位为 10m³ 的单面混水砖墙需要消耗的综合人工、材料及机械费台班的数量标准。

5. 计价标准的应用

（1）计算人工费、材料费、机械费　利用计价标准中的"单位估价表"，可以计算出分部分项工程费（或技术措施费）中的人工费、材料费、机械费。

【例 2-4】　某省预算定额中砌"1 砖单面混水砖墙"的"单位估价表"见表 2-26。某工程根据施工图和工程量计算规则，计算出 1 砖单面混水砖墙工程量为 200m³，试计算所需的人工费、材料费、机械费。

【解】　砌筑200m³ "1砖单面混水砖墙" 所需的直接工程费为

$$人工费 = (2143.78×200÷10)元 = 42875.60元$$

$$材料费 = (2924.93×200÷10)元 = 58498.60元$$

$$机械费 = (65.93×200÷10)元 = 1318.60元$$

（2）**进行工料分析**　根据单位工程各分部分项工程的施工工程量（也就是定额工程量），套用预算定额中的消耗数量，即可详细计算出一个单位工程的人工、材料、机械台班的需用量。

【例2-5】　根据工程量计算规则计算出 "1砖单面混水砖墙" 分项工程的施工工程量为30m³，用表2-26的人材机的消耗量，分析砌筑30m³ 1砖单面混水砖墙分项工程所需的人工、普通黏土砖、M10混合砂浆的需用量。

【解】　具体分析计算如下：

$$综合工日 = (13.881×30÷10)工日 = 41.64工日$$

$$普通黏土砖 = (5.337×30÷10)千块 = 16.01千块$$

$$M10混合砂浆 = (2.313×30÷10)m³ = 6.939m³$$

【例2-6】　上例中，若M10混合砂浆要求在现场拌制，试分析拌制M10混合砂浆所需的水泥、砂及水的用量。

【解】　在工料分析中，依据预算定额中的消耗量标准，对混凝土及砂浆等半成品，只能做一次分析。若需计算混凝土及砂浆中的各种材料用量，还需依据混凝土及砂浆配合比含量做二次分析。

查《云南省建筑工程计价标准（下册）》（DBJ 53/T-61—2020）知：干混普通M10混合砂浆拌制需用 P·S42.5 水泥234kg/m³，细砂1.23m³/m³，水0.32m³/m³，则计算得：

$$P·S42.5水泥用量 = 6.939m³×234kg/m³ = 1623.73kg$$

$$细砂用量 = 6.939m³×1.23m³/m³ = 8.53m³$$

$$水用量 = 6.939m³×0.32m³/m³ = 2.22m³$$

2.3　清单计价方法

2.3.1　清单计价概述

1. 清单计价的含义

工程量清单计价是指在建设工程招标投标中，招标人按照工程量计算规范列项、算量并编制 "招标工程量清单"，由投标人依据 "招标工程量清单" 自主报价的一种计价方式。

清单计价与定额计价并无本质上的不同，其计价方式是指根据招标文件提供的招标工程量清单，依据 "企业定额" 或建设主管部门发布的 "预算定额"，结合施工现场拟定的施工方案，参照建设主管部门发布的人工工日单价、机械台班单价、材料和设备价格信息及同期市场价格，计算出对应于招标工程量清单每一分项工程的综合单价，进而计算分部分项工程费、措施项目费、其他项目费、规费、税金，最后汇总来确定建筑安装工程造价。

2. 工程量清单计价的费用组成

工程量清单计价的费用组成见表 2-1。

3. 编制依据

1) 国家标准《清单计价规范》和相应专业工程的《工程量计算规范》。

2) 国家或省级、行业建设主管部门颁发的"预算定额"或"计价标准"。

3) 建设工程设计文件及相关资料。

4) 拟定的招标文件及招标工程量清单。

5) 与建设项目有关的标准、规范、技术资料。

6) 施工现场情况、工程特点及常规施工方案。

7) 工程造价管理机构发布的工程造价信息，当工程造价信息没有发布时，参照市场价。

8) 其他相关资料。

4. 编制步骤

（1）准备阶段

1) 熟悉施工图和招标文件。

2) 参加图纸会审、踏勘施工现场。

3) 熟悉施工组织设计或施工方案。

4) 确定计价依据。

（2）编制试算阶段

1) 针对招标工程量清单，依据"企业定额"或者参照建设主管部门发布的"预算定额"或"计价标准"、价格信息，计算招标工程量清单的综合单价，从而计算出分部分项工程费。

2) 参照建设主管部门发布的"预算定额"或"计价标准"，计算措施项目费、其他项目费。

3) 参照建设主管部门发布的"预算定额"或"计价规则"计算规费及税金。

4) 按照规定的程序计算单位工程造价、单项工程造价、工程项目总价。

5) 做主要材料分析。

6) 填写编制说明和封面。

（3）复算收尾阶段

1) 复核。

2) 装订成册，签名盖章。

2.3.2 招标控制价文件表格

清单计价文件分为招标工程量清单文件、招标控制价文件和投标报价文件，除封面和扉页稍有不同外，其他表格都是共用的。某省"计价标准"规定的招标控制价文件由以下表格组成：

1) 招标控制价封面（见表 2-27）。

2) 招标控制价扉页（见表 2-28）。

3) 编制说明（见表 2-29）。

表 2-27　招标控制价封面

_____工程

招标控制价

招标人：_____

（单位盖章）

造价咨询人：_____

（单位盖章）

年　　月　　日

表 2-28　招标控制价扉页

_____工程

招标控制价

招标控制价（小写）：

（大写）：

招标人：_____　　法定代表人_____

（单位盖章）　　　　或其授权人：　（签字或盖章）

造价咨询人：_____　　法定代表人_____

（单位盖章）　　　　或其授权人：　（签字或盖章）

编制人：_____　　复核人：_____

（造价人员签字盖专用章）　　　（造价人员签字盖专用章）

编制时间：　年　月　日　复核时间：　年　月　日

表 2-29 编制说明

编制说明

工程名称：

1. 工程概况：包括建设地点、建筑面积、占地面积、经济指标、层高、层数、结构形式、计划工期、质量目标、施工现场情况、自然地理条件、环境保护要求等。

2. 编制依据：包括计价依据、标准与规范、施工图、标准图集等。

3. 采用（或经合同双方批准、确认）的施工组织设计。

4. 综合单价需（或已）包括的风险因素、范围（或幅度）。

5. 采用的计价、计税方法。

6. 其他需要说明的问题。

4）招标控制价费用汇总表（见表 2-30）。

表 2-30 招标控制价费用汇总表

工程名称：

序号	工程名称	金额（元）	其中：（元）				备注
			暂估价	安全文明施工基本费	规费	税金	
1	××单项工程						
1.1	××单位工程						
1.1.1	××专业工程						
...							
1.2	××单位工程						
1.2.1	××专业工程						
...							
2	××单项工程						
2.1	××单位工程						
2.1.1	××专业工程						
...							
2.2	××单位工程						
2.2.1	××专业工程						
...							
	合计						

5）单位工程费用汇总表（见表 2-31）。

表 2-31　单位工程费用汇总表

工程名称：

序号	项目名称	金额(元)	计算方法
1	分部分项工程费		
1.1	人工费		
1.1.1	定额人工费		
1.1.2	规费		
1.2	材料费		
1.3	设备费		
1.4	机械费		
1.5	管理费		
1.6	利润		
1.7	风险费		
2	措施项目费		
2.1	技术措施项目费		
2.1.1	人工费		
2.1.1.1	定额人工费		
2.1.1.2	规费		
2.1.2	材料费		
2.1.3	机械费		
2.1.4	管理费		
2.1.5	利润		
2.2	组织措施项目费		
2.2.1	绿色施工安全文明措施费		
2.2.1.1	临时设施费		
2.2.2	其他施工组织措施费		
3	其他项目费		
3.1	暂列金额		
3.2	暂估价		
3.3	计日工		
3.4	总承包服务费		
3.5	其他		
3.5.1	人工费调整		
3.5.2	机械燃料动力费调整		
4	其他规费		
4.1	工伤保险费		
4.2	工程排污费		
4.3	环境保护费		
5	税前工程造价		
6	税金		
7	单位工程造价		

6）分部分项工程项目清单与计价表（见表2-32）。

7）分部分项工程项目综合单价计算表（见表2-33）。

8）分部分项工程项目综合单价工料分析表（见表2-34）。

9）分部分项工程项目综合单价调整表（见表2-35）。

10）技术措施项目清单与计价表（见表2-36）。

11）技术措施项目综合单价计算表（见表2-37）。

12）技术措施项目综合单价工料分析表（见表2-38）。

13）技术措施项目综合单价调整表（见表2-39）。

14）组织措施项目清单与计价表（见表2-40）。

15）其他项目清单与计价汇总表（见表2-41）。

16）暂列金额明细表（见表2-42）。

17）材料（工程设备）暂估单价及调整表（见表2-43）。

18）专业工程暂估价（结算价）表（见表2-44）。

19）专项技术措施暂估价（结算价）表（见表2-45）。

20）计日工表（见表2-46）。

21）总承包服务费计价表（见表2-47）。

22）主要工日一览表（见表2-48）。

23）发包人提供材料和工程设备一览表（见表2-49）。

24）单位工程主要材料和工程设备一览表（见表2-50）。

25）单位工程主要机械台班一览表（见表2-51）。

26）单位工程材料（设备）用量汇总表（见表2-52）。

27）单位工程机械台班用量汇总表（见表2-53）。

表 2-32　分部分项工程项目清单与计价表

工程名称：　　　　　　　　　标段：　　　　　　　　第　页　共　页

序号	项目编码	项目名称	项目特征	计量单位	工程量	金额（元）						备注
						综合单价	合价	其中				
								人工费		机械费	暂估价	
								定额人工费	规费			

表 2-33　分部分项工程项目综合单价计算表

工程名称：　　　　　　　　　　标段：　　　　　　　　　　第　页　共　页

序号	项目编码	项目名称	计量单位	清单综合单价组成明细																综合单价（元）
				定额编号	定额名称	定额单位	数量	单价（元）					合价（元）							
								人工费		材料费	机械费		人工费		材料费	机械费	管理费	利润	风险费	
								定额人工费	规费				定额人工费	规费						
				小计																
				小计																
				小计																
				小计																
				小计																

表 2-34　分部分项工程项目综合单价工料分析表

工程名称：　　　　　　　　　　标段：　　　　　　　　　　第　页　共　页

项目编码	项目名称		计量单位	清单工程量	备注

工程量清单材料（设备）、机械分析明细						
序号	定额编号	定额项目名称	清单工程量		定额工程量		备注
			计量单位	数量	计量单位	数量	

（续）

材料（设备）消耗量分析									
序号	材料（设备）名称、规格、型号	单位	定额工程量	材料消耗量		半成品配合比量			备注
				定额含量	合计	名称	单位	用量	

机械消耗量（燃料动力用量）分析									
序号	机械名称、规格、型号	单位	定额工程量	机械消耗量		燃料动力用量			备注
				定额含量	合计	名称	单位	用量	

表 2-35　分部分项工程项目综合单价调整表

工程名称：　　　　　　　　　标段：　　　　　　　第 页 共 页

序号	项目编码	项目名称	已标价清单综合单价（元）						调整后综合单价（元）						
			综合单价	其中					综合单价	其中					
				人工费		材料费	机械费	管理费和利润	风险费		人工费		材料费	机械费	管理费和利润	风险费
				定额人工费	规费						定额人工费	规费				

造价工程师　　　　　　发包人代表　　　　　　　造价人员　　　　　　承包人代表
（签章）：　　　　　　（签章）：　　　　　　　（签章）：　　　　　（签章）：

日期：　　　　　　　　　　　　　　　　　　　　日期：

表 2-36　技术措施项目清单与计价表

工程名称：　　　　　　　　标段：　　　　　　　　第　页　共　页

序号	项目编码	项目名称	项目特征	计量单位	工程量	金额（元）						备注
						综合单价	合价	其中				
								人工费		机械费	暂估价	
								定额人工费	规费			

60

表 2-37　技术措施项目综合单价计算表

工程名称：　　　　　　　　　　　标段：　　　　　　　　　　　第　页　共　页

序号	项目编码	项目名称	计量单位	清单综合单价组成明细																综合单价（元）
				定额编号	定额名称	定额单位	数量	单价（元）					合价（元）							
								人工费		材料费	机械费		人工费		材料费	机械费	管理费	利润	风险费	
								定额人工费	规费				定额人工费	规费						
				小计																
				小计																
				小计																
				小计																
				小计																

表 2-38　技术措施项目综合单价工料分析表

工程名称：　　　　　　　　　　　标段：　　　　　　　　　　　第　页　共　页

项目编码	项目名称		计量单位	清单工程量	备注
工程量清单材料（设备）、机械分析明细					
序号	定额编号	定额项目名称	清单工程量		定额工程量		备注

序号	定额编号	定额项目名称	清单工程量		定额工程量		备注
			计量单位	数量	计量单位	数量	

（续）

材料（设备）消耗量分析									
序号	材料（设备）名称、规格、型号	单位	定额工程量	材料消耗量		半成品配合比量			备注
				定额含量	合计	名称	单位	用量	

机械消耗量（燃料动力用量）分析									
序号	机械名称、规格、型号	单位	定额工程量	机械消耗量		燃料动力用量			备注
				定额含量	合计	名称	单位	用量	

表 2-39 技术措施项目综合单价调整表

工程名称：　　　　　　　　　　标段：　　　　　　　　　第 页 共 页

序号	项目编码	项目名称	已标价清单综合单价（元）							调整后综合单价（元）						
			综合单价	其中						综合单价	其中					
				人工费		材料费	机械费	管理费和利润	风险费		人工费		材料费	机械费	管理费和利润	风险费
				定额人工费	规费						定额人工费	规费				

造价工程师　　　　　　发包人代表　　　　　　　　　造价人员　　　　　　承包人代表

（签章）：　　　　　　（签章）：　　　　　　　　　（签章）：　　　　　　（签章）：

日期：　　　　　　　　　　　　　　　　　　　　　日期：

表 2-40　组织措施项目清单与计价表

工程名称：　　　　　　　　　　　　标段：　　　　　　　　　　　　　第　页　共　页

序号	项目编号	项目名称	计算基础	费率（%）	金额（元）	调整费率（%）	调整金额（元）	备注
1		绿色施工安全文明措施费						
1.1		安全文明施工及环境保护费						
1.2		临时设施费						
1.3		绿化施工措施费						
2		冬雨季施工增加费、工程定位复测、工程点交、场地清理费						
3		压缩工期增加费						
4		夜间施工增加费						
5		市政工程行车、行人干扰增加费						
6		已完工程及设备保护费						
7		特殊地区施工增加费						
8		其他施工组织措施费						
合计								

表 2-41　其他项目清单与计价汇总表

工程名称：　　　　　　　　　　　　标段：　　　　　　　　　　　　　第　页　共　页

序号	项目名称	金额（元）	结算金额（元）	备注
1	暂列金额			明细详见"暂列金额明细表"
2	暂估价			
2.1	材料（工程设备）暂估价			明细详见"材料（工程设备）暂估单价及调整表"
2.2	专业工程暂估价			明细详见"专业工程暂估价（结算价）表"
2.3	专项技术措施暂估价			明细详见"专项技术措施暂估价（结算价）表"
3	计日工			明细详见"计日工表"
4	总承包服务费			明细详见"总承包服务费计价表"
5	索赔与现场签证			明细详见"索赔与现场签证计价汇总表"
6	优质工程增加费			
7	提前竣工增加费			
8	人工费投资			
9	机械燃料动力费价差			
合计				

表 2-42　暂列金额明细表

工程名称：　　　　　　　　　　　　　标段：　　　　　　　　　　　　第　页　共　页

序号	项目名称	计量单位	暂定金额（元）	备注
合计				

表 2-43　材料（工程设备）暂估单价及调整表

工程名称：　　　　　　　　　　　　　标段：　　　　　　　　　　　　第　页　共　页

序号	材料（工程设备）名称、规格、型号	计量单位	数量		暂估（元）		确认（元）		差额±（元）		备注
			暂估	确认	单价	合价	单价	合价	单价	合价	
合计											

表 2-44　专业工程暂估价（结算价）表

工程名称：　　　　　　　　　　　　　标段：　　　　　　　　　　　　第　页　共　页

序号	工程名称	工程内容	暂估金额（元）	结算金额（元）	差额±（元）	备注
合计						

表 2-45　专项技术措施暂估价（结算价）表

工程名称：　　　　　　　　　　　　　标段：　　　　　　　　　　　　第　页　共　页

序号	工程名称	工程内容	暂估金额（元）	结算金额（元）	差额±（元）	备注
合计						

表 2-46　计日工表

工程名称：　　　　　　　　　标段：　　　　　　　　　　　　第　页　共　页

编号	项目名称	单位	暂定数量	实际数量	综合单价（元）	合价（元）	
						暂定	实际
一	人工						
1							
2							
3							
	人工小计						
二	材料						
1							
2							
3							
	材料小计						
三	施工机械						
1							
2							
3							
	施工机械小计						
	总计						

注：此表项目名称、暂定数量由招标人填写；编制招标控制价时，单价由招标人按有关计价规定确定。

表 2-47　总承包服务费计价表

工程名称：　　　　　　　　　标段：　　　　　　　　　　　　第　页　共　页

序号	项目名称	项目价值（元）	服务内容	计算基础	费率(%)	金额(元)
1	发包人单独发包专业工程					
1.1						
1.2						
2						
2.1	发包人提供材料（设备）					
2.2						
	合计	—	—		—	

表 2-48　主要工日一览表

工程名称：　　　　　　　　　　　　标段：　　　　　　　　　　　　第　页　共　页

序号	工日名称(类别)	单位	数量	单价(元)	合价(元)	备注

表 2-49　发包人提供材料和工程设备一览表

工程名称：　　　　　　　　　　　　标段：　　　　　　　　　　　　第　页　共　页

序号	材料(设备)名称、规格、型号	单位	数量	单价(元)	交货方式	送达地点	备注

表 2-50　单位工程主要材料和工程设备一览表

工程名称：　　　　　　　　　　　　标段：　　　　　　　　　　　　第　页　共　页

序号	材料(设备)名称、规格、型号	单位	数量	单价(元)	合价(元)	备注

表 2-51　单位工程主要机械台班一览表

工程名称：　　　　　　　　　　　　标段：　　　　　　　　　　　　第　页　共　页

序号	机械名称、规格、型号	单位	数量	单价(元)	合价(元)	备注

表 2-52　单位工程材料（设备）用量汇总表

工程名称：　　　　　　　　　　　　标段：　　　　　　　　　　　　第　页　共　页

序号	材料(设备)名称、规格、型号	单位	数量	单价(元)	合价(元)

表 2-53　单位工程机械台班用量汇总表

工程名称：　　　　　　　　　　　　标段：　　　　　　　　　　　第　页　共　页

序号	机械名称、规格、型号	单位	数量	主要燃料动力消耗量			单价(元)	合价(元)
				汽油/kg	柴油/kg	电/kW·h		

2.3.3　各项费用的计算

1. 分部分项工程费的计算

分部分项工程费的计算公式为

$$分部分项工程费 = \sum(分部分项清单工程量 \times 综合单价) \tag{2-1}$$

式中，分部分项清单工程量应根据各专业《工程量计算规范》中的"工程量计算规则"和施工图、各类标配图计算（具体计算详见以后各章）。

综合单价是指完成一个规定清单项目所需的人工费、材料费（含工程设备）、机械使用费、管理费和利润的单价。综合单价的计算公式为

$$综合单价 = \frac{清单项目费用(含人/材/机/管/利)}{清单工程量} \tag{2-2}$$

（1）人工费、材料费、机械使用费的计算　具体见表 2-54。

表 2-54　人工费、材料费、机械使用费的计算

费用名称		计　算　方　法
人工费	或	人工费＝分部分项工程量×人工消耗量×人工工日单价 人工费＝分部分项工程量×人工费单价 人工费＝分部分项工程量×定额人工费单价+分部分项工程量×规费单价
	其中	人工费单价＝定额人工费单价+规费单价=定额人工费单价×(1+20%)
材料费	或	材料费＝分部分项工程量×∑(材料消耗量×材料单价) 材料费＝分部分项工程量×材料费单价
机械费	或	机械费＝分部分项工程量×∑(机械台班消耗量×机械台班单价) 机械费＝分部分项工程量×机械费单价

注：表中的分部分项工程量是指按定额计算规则计算出的"定额工程量"。

（2）管理费的计算

1）管理费的计算表达式为

$$管理费 = (定额人工费 + 机械费 \times 8\%) \times 管理费费率 \tag{2-3}$$

定额人工费是指在"计价标准"中规定的人工费，是以人工消耗量乘以当地某一时期的人工工资单价得到的计价人工费。它是管理费、利润、社会保险费及住房公积金的计费基础。当出现人工工资单价调整时，价差部分可进入其他项目费。

机械费是指在"计价标准"中规定的机械费。是以机械台班消耗量乘以当地某一时期的人工工资单价、燃料动力单价得到的计价机械费。它是管理费、利润的计费基础。当出现机械中的人工工资单价、燃料动力单价调整时，价差部分可进入其他项目费。

2）管理费费率见表 2-55。

表 2-55　管理费费率表

专　业		计费基础	管理费费率(%)
建筑工程		定额人工费+机械费8%	22.78
通用安装工程			17.84
市政工程	建筑工程		25.81
	安装工程		20.46
园林绿化工程			25.08
装配式建筑工程	建筑工程		19.20
	安装工程		17.67
城市地下综合管廊工程	建筑工程		23.87
	安装工程		18.25
绿色建筑工程	建筑工程		19.25
	安装工程		17.84
独立土石方工程			20.60

（3）利润的计算

1）利润的计算表达式：

$$利润 = （定额人工费 + 机械费 \times 8\%) \times 利润率 \tag{2-4}$$

2）利润率见表 2-56。

表 2-56　利润率表

专　业		计费基础	利润率(%)
建筑工程		定额人工费+机械费8%	13.81
通用安装工程			11.90
市政工程	建筑工程		13.83
	安装工程		10.96
园林绿化工程			13.43
装配式建筑工程	建筑工程		12.19
	安装工程		12.31
城市地下综合管廊工程	建筑工程		13.39
	安装工程		8.72
绿色建筑工程	建筑工程		12.92
	安装工程		11.90
独立土石方工程			12.36

2. 措施项目费计算

（1）技术措施项目 技术措施项目是指可以计算工程量的项目，如混凝土模板、脚手架、垂直运输、超高施工增加、大型机械设备进退场和安拆、施工排水降水等，可按计算综合单价的方法计算（计算过程同分部分项工程费计算，仅只是套用定额不同）。

（2）组织措施项目 组织措施项目是指不能计算工程量的项目，其中：

1）安全文明施工费，绿色施工措施费，冬雨季施工增加费、工程定位复测、工程点交、场地清理费，夜间施工增加费，特殊地区施工增加费等，应当按照施工方案或施工组织设计，参照有关规定以"项"为单位进行综合计价，施工组织措施费已综合考虑管理费和利润。计算方法见表 2-57。

表 2-57 组织措施项目费计算参考费率表

专业		计算基础	安全文明施工措施费		绿色施工措施费	冬雨季施工增加费，工程定位复测、工程点交、场地清理费	夜间施工增加费	特殊地区施工增加费
			安全文明施工及环境保护费	临时设施费	暂定费率			
建筑工程		定额人工费+机械费8%	5.12	2.76	5.94	3.72	0.50	1）2000m<海拔≤2500m的地区，费率为3% 2）2500m<海拔≤3000m的地区，费率为8% 3）3000m<海拔≤3500m的地区，费率为15% 4）海拔>3500m 的地区，费率为20%
通用安装工程			6.69	1.59	1.33	2.47	0.30	
市政工程	建筑工程		9.42	2.24	6.02	5.48	0.38	
	安装工程		7.47	1.78	2.19	4.35	0.30	
园林绿化工程			9.04	2.15	—	5.26	0.20	
装配式建筑工程	建筑工程		5.12	2.76	5.94	2.72	0.50	
	安装工程		6.69	1.59	1.33	2.47	0.30	
城市地下综合管廊工程	建筑工程		9.42	2.24	6.02	5.48	0.38	
	安装工程		4.47	1.78	2.19	4.35	0.30	
绿色建筑工程	建筑工程		5.12	2.76	5.94	2.72	0.50	
	安装工程		6.69	1.59	1.33	2.47	0.30	
独立土石方工程			1.32	0.33	—	4.90	0.15	

2）压缩工期增加费费率按表 2-58 计算。

表 2-58 压缩工期增加费费率表

压缩工期比例	计算基础	费率（%）
10%以内	定额人工费+机械费	0.01～1.03
20%以内		1.03～1.55
20%以外		1.55～2.03

3）市政工程行车、行人干扰费增加费费率（见表 2-59）。

4）已完工程及设备保护费：根据实际发生以现场签证方式计取。

3. 其他项目费计算

（1）暂列金额 暂列金应根据工程特点按有关规定估算，但不应超过分部分项工程费的 15%。投标人按招标工程量清单中所列的金额计入报价中。工程实施中，暂列金额由发包人掌握使用，余额归发包人所有，差额由发包人支付。

表 2-59　市政工程行车、行人干扰费费率

工程名称	计算基础	费率（%）
改、扩建城市道路工程，在已通车的干道上修建的人行天桥工程	（定额人工费+机械费8%）	8.85
与改、扩建工程同时施工的给水排水、电力管线、通信管线、供热管道工程		4.20
在已通车的主干道上修建立交桥		4.20

注：1. 市政工程行车、行人干扰增加费包括专设的指挥交通的人员，搭设简易防护措施等费用。

2. 封闭断交的工程不计取行车、行人干扰增加费。

3. 厂区、生活区专用道路工程不计取行车、行人干扰增加费。

4. 交通管理部门要求增加的措施费用另计。

（2）暂估价　暂估价中的材料、工程设备暂估单价应按招标工程量清单中列出的单价计入综合单价；暂估价中的专业工程暂估价应按招标工程量清单中列出的金额直接计入投标报价的其他项目费中。

（3）计日工　计日工按承发包双方约定的单价计算，不得计取除税金外的其他费用，其管理费和利润按其专业工程费率计算。

（4）总承包服务费　总承包服务费应根据合同约定的总承包服务内容和范围，参照表2-60 中的标准计算。

表 2-60　总承包服务费费率表

服务范围	计算基数	费率（%）
专业发包专业管理费（管理、协调）	专业发包工程金额	1.00~2.00
专业发包专业管理费（管理、协调、配合）	专业发包工程金额	2.00~4.00
甲供材料保管费	甲供材料金额	0.50~1.00
甲供设备保管费	甲供设备金额	0.20~0.50

（5）其他

1）人工费调差按当地省级建设主管部门发布的人工费调差文件计算。

2）机械费调差按当地省级建设主管部门发布的机械费调差文件计算。

4. 规费计算

规费计算方法（见表2-61）：

$$规费 = 定额人工费 \times 费率 \tag{2-5}$$

表 2-61　规费费率表

规费类别			计算基础	费率（%）	备注
规费	社会保险费	养老保险费	定额人工费	9.01	计入人工费内
		医疗保险费		6.39	
	住房公积金			4.60	
	规费小计			20.00	

（续）

规费类别		计算基础	费率(%)	备注
其他规费	工伤保险费(单独列计)	定额人工费	0.50	计入税前费用
	工程排污费	按有关部门规定计算		
	环境保护费	按有关部门规定计算		

注：规费作为不可竞争费用，应按规定费率计取。

5. 税金计算

税金计算公式为

$$税金 = 税前工程造价 \times 综合税率 \qquad (2\text{-}6)$$
$$综合税率 = 增值税率 \times (1 + 附加税费费率) \qquad (2\text{-}7)$$

综合税率取定见表2-62。

表2-62 综合税率取定表

税目		计税基础	工程在市区(%)	工程在县城、镇(%)	不在市区及县城、镇(%)
增值税	一般计税方法	税前工程造价	9		
附加税	城市维护建设税	增值税税额	7	5	1
	教育费附加		3	3	3
	地方教育附加		2	2	2
综合税率			10.08	9.90	9.54

【例2-7】 某工程招标工程量清单见表2-63，试根据当地建设主管部门发布的"建筑工程计价标准"，以及当地的人工、材料、机械单价，编制"实心砖墙"和"带形基础"两个清单分项的综合单价，并计算分部分项工程费。

表2-63 分部分项工程量清单表

序号	项目编码	项目名称	项目特征	计量单位	工程数量
1	010401003001	实心砖墙	1. 砖品种、规格、强度等级:标准黏土砖、MU10 2. 墙体类型:1砖厚混水砖墙 3. 砂浆强度等级、配合比:M10砌筑砂浆	m³	100
2	010501002001	带形基础	1. 混凝土种类:预拌混凝土 2. 混凝土强度等级:C25 3. 垫层种类、厚度:C15 预拌混凝土,80mm	m³	100

注：表中工程量仅为分项工程实体的清单工程量。由于两个项目的清单规则与定额规则相同，所以100m³既是清单量也是定额量。基础垫层的定额工程量假设计算为10m³。

【解】 （1）选择计价依据 查某地的"建筑工程计价标准"相关子目，定额消耗量及单位估价表见表2-64。

表 2-64 相关子目定额消耗量及单位估价表　　　　计量单位：10m³

定额编号				1-4-10	1-5-1	1-5-3
项目				1砖混水砖墙	混凝土基础垫层	混凝土带形基础
基 价（元）				4727.32	4086.52	4182.26
其中	人工费（元）			1737.60	571.74	527.57
	定额人工费（元）			1448.00	476.45	439.64
	规费（元）			289.60	95.29	87.93
	材料费（元）			2924.93	3514.78	3654.69
	机械费（元）			——	64.79	—
		单位	单价（元）	数量		
人工	综合人工	工日	154.44	11.251	3.702	3.416
材料	M10砌筑砂浆	m³	375.74	2.313	—	—
	标准砖	千块	383.04	5.337	—	—
	水	m³	5.94	1.060	3.950	1.009
	预拌混凝土 C15	m³	345.00	—	10.100	—
	预拌混凝土 C25	m³	361.00	—	—	10.100
	电	kW·h	0.47	—	2.310	2.310
	塑料薄膜	m²	0.12	—	47.775	12.590
	其他材料费	元	1.00	5.26	—	—
机械	干混砂浆罐式搅拌机 20000L	台班	284.17	0.228		

（2）选择费率　查表 2-55 和表 2-56，建筑工程的管理费费率取 22.78%；利润率取 13.81%。

（3）综合单价计算采用列式计算法

1）实心砖墙，套用定额［1-4-10］计算得

数量＝定额工程量÷定额单位扩大倍数÷清单工程量＝100÷10÷100＝0.10000

人工费＝（0.10000×1737.60）元/m³＝173.76 元/m³

定额人工费＝（0.10000×1448.00）元/m³＝144.80 元/m³

规费＝（0.10000×289.60）元/m³＝28.96 元/m³

材料费＝（0.10000×2924.93）元/m³＝292.49 元/m³

机械费＝（0.10000×64.79）元/m³＝6.48 元/m³

管理费＝（144.80 元/m³＋6.48 元/m³×8%）×22.78%＝33.10 元/m³

利润＝（144.80 元/m³＋6.48 元/m³×8%）×13.81%＝20.07 元/m³

综合单价＝173.76 元/m³＋292.49 元/m³＋6.48 元/m³＋33.10 元/m³＋20.07 元/m³
　　　　＝525.90 元/m³

2）带形基础。

①混凝土基础垫层套用定额［1-5-1］计算得

数量＝定额工程量÷定额单位扩大倍数÷清单工程量＝10÷10÷100＝0.01000

$$人工费＝（0.01000×571.74）元/m^3＝5.72 元/m^3$$
$$定额人工费＝（0.01000×476.45）元/m^3＝4.77 元/m^3$$
$$规费＝（0.01000×95.29）元/m^3＝0.95 元/m^3$$
$$材料费＝（0.01000×3514.78）元/m^3＝35.15 元/m^3$$
$$机械费＝（0.10000×0）元/m^3＝0$$

②混凝土带形基础套用定额［1-5-3］计算得

数量＝定额工程量÷定额单位扩大倍数÷清单工程量＝100÷10÷100＝0.10000

$$人工费＝（0.10000×527.57）元/m^3＝52.76 元/m^3$$
$$定额人工费＝（0.10000×439.64）元/m^3＝43.96 元/m^3$$
$$规费＝（0.10000×87.93）元/m^3＝8.79 元/m^3$$
$$材料费＝（0.10000×3654.69）元/m^3＝365.47 元/m^3$$
$$机械费＝（0.10000×0）元/m^3＝0$$

③以上两项合并计算，得

$$人工费小计＝5.72 元/m^3+52.76 元/m^3＝58.48 元/m^3$$
$$定额人工费小计＝4.77 元/m^3+43.96 元/m^3＝48.73 元/m^3$$
$$规费小计＝0.95 元/m^3+8.79 元/m^3＝9.74 元/m^3$$
$$材料费小计＝35.15 元/m^3+365.47 元/m^3＝400.62 元/m^3$$
$$机械费小计＝0+0＝0$$
$$管理费＝（48.73 元/m^3+0×8\%）×22.78\%＝11.10 元/m^3$$
$$利润＝（48.73 元/m^3+0×8\%）×13.81\%＝6.73 元/m^3$$
$$综合单价＝58.48 元/m^3+400.62 元/m^3+0+11.10 元/m^3+6.73 元/m^3$$
$$＝476.93 元/m^3$$

（4）分部分项工程费计算（见表2-65）

表2-65 分部分项工程量清单计价表

序号	项目编码	项目名称	计量单位	工程量	金额（元）				
					综合单价	合价	其中		
							定额人工费	规费	机械费
1	010401003001	实心砖墙	m³	100	525.90	52590.00	14480.00	2896.00	648.00
2	010501002001	带形基础	m³	100	476.93	47693.00	4873.00	974.00	0.00
合　计						100283.00	19353.00	3870.00	648.00

2.3.4 清单计价程序

清单计价计算程序见表2-66。

表 2-66　单位工程费用汇总表计算程序

序号	项目名称	金额（元）	计算方法
1	分部分项工程费		<1.1>+<1.2>+<1.3>+<1.4>+<1.5>+<1.6>+<1.7>
1.1	人工费		<1.1.1>+<1.1.2>
1.1.1	定额人工费		见表 2-54
1.1.2	规费		见表 2-54
1.2	材料费		见表 2-54
1.3	设备费		按有关规定计算
1.4	机械费		见表 2-54
1.5	管理费		（<1.1.1>+<1.4>×8%）×管理费费率（见表 2-55）
1.6	利润		（<1.1.1>+<1.4>×8%）×利润率（见表 2-56）
1.7	风险费		按有关规定计算
2	措施项目费		<2.1>+<2.2>
2.1	技术措施项目费		取自表 2-36 中"合价"的合计数据
2.1.1	人工费		<2.1.1.1>+<2.1.1.2>
2.1.1.1	定额人工费		见表 2-54
2.1.1.2	规费		见表 2-54
2.1.2	材料费		见表 2-54
2.1.3	机械费		见表 2-54
2.1.4	管理费		（<2.1.1.1>+<2.1.3>×8%）×管理费费率（见表 2-55）
2.1.5	利润		（<2.1.1.1>+<2.1.3>×8%）×利润率（见表 2-56）
2.2	施工组织措施项目费		见表 2-57
2.2.1	绿色施工安全文明措施费		见表 2-57
2.2.1.1	临时设施费		见表 2-57
2.2.2	其他施工组织措施费		见表 2-57
3	其他项目费		<3.1>+<3.2>+<3.3>+<3.4>+<3.5>
3.1	暂列金额		按有关规定计算
3.2	暂估价		按有关规定计算
3.3	计日工		按有关规定计算
3.4	总承包服务费		见表 2-60
3.5	其他		按有关规定计算
3.5.1	人工费调差		按有关规定计算
3.5.2	机械燃料动力费价差		按有关规定计算
4	其他规费		<4.1>+<4.2>+<4.3>
4.1	工伤保险		$\sum$（<1.1.1>+<2.1.1.1>）×0.5%（见表 2-61）
4.2	工程排污费		按有关规定计算
4.3	环境保护费		按有关规定计算
5	税前工程造价		<1>+<2>+<3>+<4>
6	税金		（<1>+<2>+<3>+<4>）×综合税率（见表 2-62）
7	单位工程造价		<5>+<6>

【例2-8】　某市区新建一幢8层框架结构的住宅楼，建筑面积为3660m²，室外标高为-0.3m，第一层层高为3.2m，第二至八层的层高均为2.8m，女儿墙高为0.9m，出屋面楼梯间高为2.8m。该工程根据招标文件及招标工程量清单、当地的"计价标准""建设工程造价计价规则"及人工、材料、机械台班的价格信息计算出以下数据：

1）分部分项工程费4133762.71元，其中：定额人工费325728.00元，规费65145.60元，机械费325728.00元。

2）技术措施项目费228640.51元，其中：定额人工费26924.00元，规费5384.80元，机械费24028.00元。

3）招标文件载明暂列金额计100000元；专业工程暂估价计30000元；工程排污费计10000元。

试根据上述条件计算该住宅楼房屋建筑工程的招标控制价。

【解】　该住宅楼的招标控制价计算过程结果见表2-67。

表2-67　单位工程费用汇总表

序号	项目名称	金额（元）	计算方法
1	分部分项工程费	4133762.71	题给条件
1.1	人工费	390873.60	<1.1.1>+<1.1.2>
1.1.1	定额人工费	325728.00	题给条件
1.1.2	规费	65145.60	题给条件
1.2	材料费	3288442.52	<1>-（<1.1>+<1.4>+<1.5>+<1.6>）
1.3	设备费		
1.4	机械费	325728.00	题给条件
1.5	管理费	80136.91	（<1.1.1>+<1.4>×8%）×22.78%
1.6	利润	48581.68	（<1.1.1>+<1.4>×8%）×13.81%
1.7	风险费		按有关规定计算
2	措施项目费	281243.92	<2.1>+<2.2>
2.1	技术措施项目费	228640.51	题给条件
2.1.1	人工费	32308.80	<2.1.1.1>+<2.1.1.2>
2.1.1.1	定额人工费	26924.00	题给条件
2.1.1.2	规费	5384.80	题给条件
2.1.2	材料费	161748.87	<2.1>-（<2.1.1>+<2.1.3>+<2.1.4>+<2.1.5>）
2.1.3	机械费	24028.00	题给条件
2.1.4	管理费	6571.17	（<2.1.1.1>+<2.1.3>×8%）×22.78%
2.1.5	利润	3983.67	（<2.1.1.1>+<2.1.3>×8%）×13.81%
2.2	施工组织措施项目费	52603.41	<2.2.1>+<2.2.2>
2.2.1	绿色施工安全文明措施费	52603.41	（<1.1.1>+<1.4>×8%+<2.1.1.1>+<2.1.3>×8%）×13.82%
2.2.1.1	临时设施费	10505.46	（<1.1.1>+<1.4>×8%+<2.1.1.1>+<2.1.3>×8%）×2.76%

（续）

序号	项目名称	金额（元）	计算方法
2.2.2	其他施工组织措施费	0.00	
3	其他项目费	130000.00	<3.1>+<3.2>+<3.3>+<3.4>+<3.5>
3.1	暂列金额	100000.00	题给条件
3.2	暂估价	30000.00	题给条件
3.3	计日工	0.00	
3.4	总承包服务费	0.00	
3.5	其他	0.00	<3.5.1>+<3.5.2>
3.5.1	人工费调差	0.00	
3.5.2	机械燃料动力费价差	0.00	
4	其他规费	11763.26	<4.1>+<4.2>+<4.3>
4.1	工伤保险	1763.26	∑（<1.1.1>+<2.1.1.1>）×0.5%
4.2	工程排污费	10000.00	题给条件
4.3	环境保护费	0.00	
5	税前工程造价	4556769.89	<1>+<2>+<3>+<4>
6	税金	459322.40	<5>×10.08%
7	单位工程造价	5016092.29	<5>+<6>

习题与思考题

1. 什么是工程造价？

2. 我国现行工程造价的组成是什么？

3. 我国现行建筑安装工程费用由哪些费用构成？

4. 分部分项工程费由哪些费用构成？

5. 措施项目费由哪些费用构成？

6. 规费由哪些费用构成？

7. 税金由哪些费用构成？

8. 消耗量定额和单位估价表在工程计价中有什么作用？

9. 工程量清单计价规范在工程计价中有什么作用？

10. 什么是清单计价方法？

11. 定额消耗量、单价与人工费、材料费、机械费之间是什么关系？

12. 综合单价的含义是什么？如何计算？

13. 编制单位估价表。根据表 2-68 中所给数据，计算并填写表 2-68 中空格。

14. 某县城中学新建一栋六层现浇框架综合实验楼，建筑面积为 7200m²。工程采用工程量清单招标。某造价咨询公司计算出分部分项工程费为 792 万元，其中：定额人工费为 95.04 万元，机械费为 63.36 万元；技术措施项目费为 30.37 万元（其中定额人工费占 12%，机械费占 8%）；工程排污费为 3 万元；招标文件明确暂列金额为 10 万元。试根据上述条件计算该综合实验楼房屋建筑工程的招标控制价。

表 2-68　单位估价表编制

定额编号			4-32	4-33	4-36	4-37
项目名称			基础梁	单梁	圈梁	过梁
基价(元)						
其中	人工费(元)					
	材料费(元)					
	机械费(元)					
名称		单位	单价(元)	消耗量		
人工	综合人工	工日	112.00	15.88	18.35	25.48	27.21
材料	C20 现浇混凝土	m³	380.80	10.15	10.15	10.15	10.15
	草席	m²	2.40	5.70	6.90	13.99	14.13
	水	m³	5.6	10.71	11.38	18.29	18.75
机械	混凝土搅拌机	台班	292.49	0.625	0.625	0.625	0.625
	插入式振捣器	台班	25.42	1.25	1.25	1.25	1.25
	机动翻斗车	台班	250.17	1.29	1.29	1.29	1.29

15. 某市区新建一栋八层现浇框架宾馆，建筑面积为 10800m²。室内装修采用工程量清单招标。某造价咨询公司计算出分部分项工程费为 1280 万元，其中：定额人工费为 182.69 万元，机械费为 94.21 万元；技术措施项目费为 45.25 万元（其中定额人工费占 11%，机械费占 9%）；工程排污费为 5 万元。试根据上述条件计算该宾馆室内装修工程的招标控制价。

16. 某市区新建一栋十层现浇框架办公楼，工程采用工程量清单招标。已计算出分部分项工程费为 4218232 元，其中：定额人工费为 512300 元，机械费为 336800 元；技术措施项目费为 403736 元（其中定额人工费占 11%，机械费占 8%）；工程排污费为 20000 元；招标文件明确暂列金额为 120000 元。试根据上述条件计算该办公楼房屋建筑工程的招标控制价。

二维码形式客观题

微信扫描二维码，可自行做客观题，提交后可查看答案。

第2章客观题

3

第 3 章
建筑面积计算规则

3.1 建筑面积的定义

建筑面积是指建筑物所形成的楼地面（包括墙体）等的面积。建筑面积包括外墙结构所围的建筑物每一自然层水平投影面积的总和，也包括附属于建筑物的室外阳台、雨篷、檐廊、走廊、楼梯所围的水平投影面积。它是根据建筑平面图按统一规则计算出来的一项重要指标，用于确定单方造价、商品房售价，以及基本建设计划面积、房屋竣工面积、在建房屋面积。同时，建筑面积也可作为工程量，直接用于计算综合脚手架、建筑物超高施工增加、垂直运输的费用。

建筑面积计算是否正确不仅关系到工程量计算的准确性，而且对于控制基建投资规模、设计、施工管理方面都具有重要意义。所以在计算建筑面积时，要认真对照《建筑工程建筑面积计算规范》（GB/T 50353—2013）中的计算规则，弄清楚哪些部位该计算，哪些不该计算，如何计算。

《建筑工程建筑面积计算规范》的适用范围是新建、扩建、改建的工业与民用建筑工程建设过程中的建筑面积计算，用于工业厂房、仓库、公共建筑、居住建筑、农业生产使用的房屋、粮种仓库、地铁车站等工程。

3.2 建筑面积术语

根据《建筑工程建筑面积计算规范》，对计算中涉及的术语做如下解释。

1）建筑面积：指建筑物（包括墙体）所形成的楼地面面积。

2）自然层：指按楼地面结构分层的楼层。

3）层高：指结构层高，即楼面或地面结构层上表面至上部结构层上表面之间的垂直距离。

4）围护结构：指围合建筑空间的墙体、门、窗。

5）建筑空间：指以建筑界面限定的、供人们生活和活动的场所。具备可出入、可利用条件（设计中可能标明了使用用途，也可能没有标明使用用途，或使用用途不明确）的围合空间，均属于建筑空间。

6）净高：指结构净高，即楼面或地面结构层上表面至上部结构层下表面之间的垂直距离。

7）围护设施：指为保障安全而设置的栏杆、栏板等围挡。

8）地下室：指室内地平面低于室外地平面的高度超过室内净高的1/2的房间。

9）半地下室：指室内地平面低于室外地平面的高度超过室内净高的1/3，且不超过1/2的房间。

10）架空层：指仅有结构支撑而无外围护结构的开敞空间层。

11）走廊：指建筑物的水平交通空间，包括挑廊、连廊、檐廊、回廊等。

12）架空走廊：指专门设置在建筑物的二层或二层以上，作为不同建筑物之间水平交通的空间。

13）结构层：指整体结构体系中承重的楼板层。特指整体结构体系中承重的楼层，包括板、梁等构件。结构层承受整个楼层的全部荷载，并对楼层的隔声、防火起主要作用。

14）落地橱窗：指凸出外墙面且根基落地的橱窗。落地橱窗是在商业建筑临街面设置的下槛落地，可落在室外地坪也可落在室内首层地板，用来展览各种样品的玻璃窗。

15）凸窗（飘窗）：指凸出建筑物外墙面的窗户。凸（飘）窗是指在一个自然层内，高出室内地坪以上的窗台与窗凸出外墙面而形成的封闭空间。

16）檐廊：指建筑物挑檐下的水平交通空间。檐廊是附属于建筑物底层外墙有屋檐作用的顶盖，一般有柱或栏杆、栏板等围挡结构的水平交通空间。

17）挑廊：指挑出建筑物外墙的水平交通空间。

18）门斗：指建筑物入口处两道门之间的空间。

19）雨篷：指建筑出入口上方为遮挡雨水而设置的部件。雨篷划分为有柱雨篷（包括独立柱雨篷、多柱雨篷、柱墙混合支撑雨篷、墙支撑雨篷）和无柱雨篷（悬挑雨篷）。如凸出建筑物，且不单独设立顶盖，利用上层结构板（如楼板、阳台底板）进行遮挡，则不视为雨篷，不计算建筑面积。对于无柱雨篷，当顶盖高度达到或超过两个楼层时，也不视为雨篷，不计算建筑面积。出入口部位三面围护、无门的应视为雨篷。

20）楼梯：指由连续行走的梯级、休息平台和维护安全的栏杆（或栏板）、扶手以及相应的支托结构组成的作为楼层之间垂直交通使用的建筑部件。

21）阳台：指附设于建筑物外墙，设有栏杆或栏板，可供人活动的室外空间。阳台具有底板、栏杆、栏板或窗，且与户室连通，供居住者接受阳光、呼吸新鲜空气、进行户外活动、晾晒衣物。它是建筑物室内的延伸，属于建筑物的附属设施。阳台按结构或者立面划分为悬挑式（外凸）、嵌入式（内凹）和转角式三类；按是否有围护结构划分为封闭式、开敞式两类。

22）变形缝：指防止建筑物在某些因素作用下引起开裂甚至破坏而预留的构造缝。一般指伸缩缝（温度缝）、沉降缝和抗震缝。

23）骑楼：指建筑底层沿街面后退且留出公共人行空间的建筑物。

24）过街楼：指跨越道路上空并与两边建筑相连接的建筑物。

25）建筑物通道：指为穿过建筑物而设置的空间。

26）露台：指设置在屋面、首层地面或雨篷上的供人室外活动的有围护设施的平台。露台应满足四个条件：一是位置，设置在屋面、首层地面或雨篷顶；二是可以出入；三是有围护设施，四是无盖，这四个条件须同时满足。如设置在首层地面上的有围护设施的平台，且其上层为同体量阳台，则该平台应视为阳台，按阳台的规则计算建筑面积。

27）勒脚：指在房屋外墙接近地面部位设置的饰面保护构造。

28）台阶：指联系室内外地坪或同楼层不同标高而设置的阶梯形踏步。室外台阶还包括与建筑物出入口连接处的平台。

3.3　计算规则

1）建筑物的建筑面积应按自然层外墙结构外围水平面积之和计算。结构层高在 2.20m 及以上时，应计算全面积；结构层高在 2.20m 以下的，应计算 1/2 面积。

2）建筑物内设有局部楼层时，局部楼层的二层及以上楼层，有围护结构的应按其围护结构外围水平面积计算，无围护结构的应按其结构底板水平面积计算。结构层高在 2.20m 及以上的，应计算全面积；结构层高在 2.20m 以下的，应计算 1/2 面积。建筑物内局部楼层如图 3-1 所示。

3）对形成建筑空间的坡屋顶，结构净高在 2.10m 及以上的部位应计算全面积；结构净高在 1.20m 及以上至 2.10m 以下的部位应计算 1/2 面积；结构净高在 1.20m 以下的部位不应计算建筑面积。

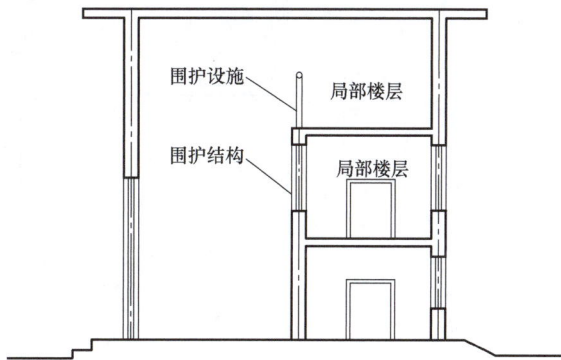

图 3-1　建筑物内局部楼层示意图

4）对场馆看台下的建筑空间，结构净高在 2.10m 及以上的部位应计算全面积；结构净高在 1.20m 及以上至 2.10m 以下的部位应计算 1/2 面积；结构净高在 1.20m 以下的部位不应计算建筑面积。室内单独设置的有围护设施的悬挑看台，应按看台结构底板水平投影面积计算建筑面积。有顶盖无围护结构的场馆看台应按其顶盖水平投影面积的 1/2 计算建筑面积。

5）地下室、半地下室应按其结构外围水平面积计算。结构层高在 2.20m 及以上的，应计算全面积；结构层高在 2.20m 以下的，应计算 1/2 面积。

6）出入口外墙外侧坡道有顶盖的部位，应按其外墙结构外围水平面积的 1/2 计算建筑面积。地下室出入口如图 3-2 所示。

7）建筑物架空层及坡地建筑物吊脚架空层，应按其顶板水平投影面积计算建筑面积。结构层高在 2.20m 及以上的应计算全面积；结构层高在 2.20m 以下的应计算 1/2 面积。坡地吊脚架空层如图 3-3 所示。

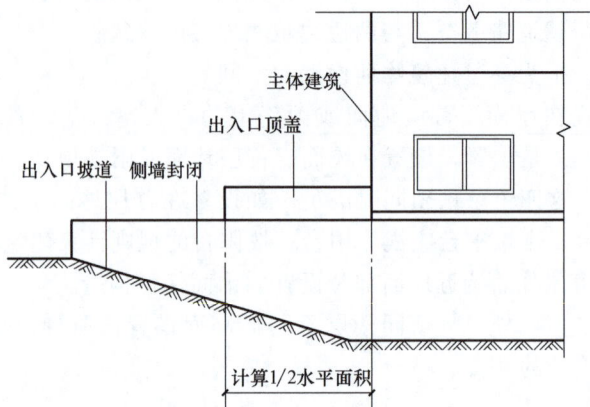

图 3-2　地下室出入口示意图

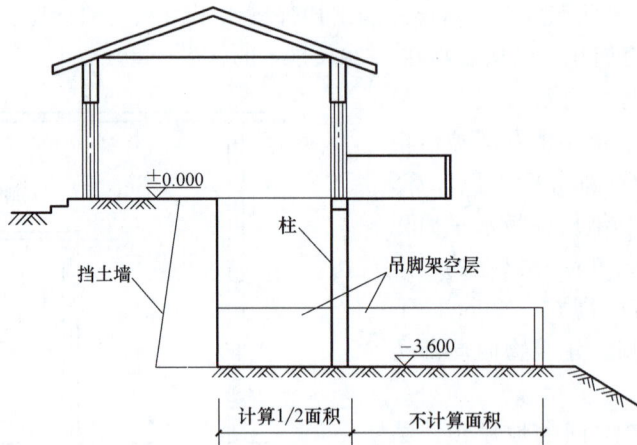

图 3-3　坡地吊脚架空层示意图

8）建筑物的门厅、大厅应按一层计算建筑面积。门厅、大厅内设置的走廊应按走廊结构底板水平投影计算建筑面积。结构层高在 2.20m 及以上的应计算全面积；结构层高在 2.20m 以下的应计算 1/2 面积。大厅内回廊如图 3-4 所示。

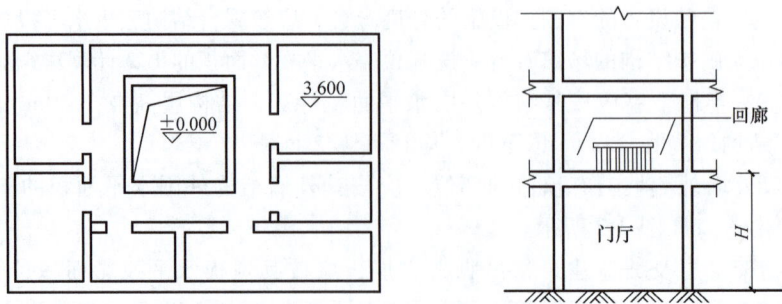

图 3-4　大厅内回廊示意图

9）建筑物间的架空走廊，有顶盖和围护结构的，应按其围护结构外围水平面积计算全面积；无围护结构、有围护设施的，应按其结构底板水平投影面积计算 l/2 面积。架空走廊如图 3-5 和图 3-6 所示。

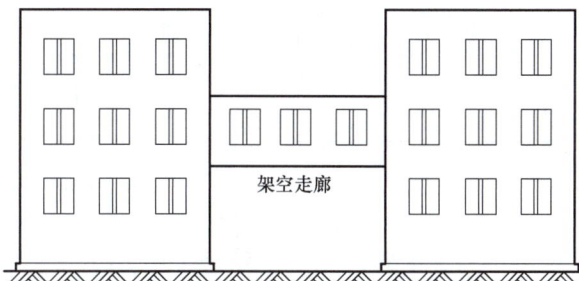

图 3-5　有围护结构的架空走廊示意图

图 3-6　无围护结构、有围护设施的架空走廊示意图

10）立体书库、立体仓库、立体车库，有围护结构的，应按围护结构外围水平面积计算建筑面积；无围护结构、有围护设施的，应按其结构底板水平投影面积计算建筑面积。无结构层的应按一层计算，有结构层的应按其结构层面积分别计算。结构层高在 2.20m 及以上的，应计算全面积；结构层高在 2.20m 以下的，应计算 1/2 面积。

11）有围护结构的舞台灯光控制室，应按其围护结构外围水平面积计算。结构层高在 2.20m 及以上的，应计算全面积；结构层高在 2.20m 以下的，应计算 1/2 面积。

12）附属建筑物外墙的落地橱窗，应按其围护结构外围水平面积计算。结构层高在 2.20m 及以上的，应计算全面积；结构层高在 2.20m 以下的，应计算 1/2 面积。

13）窗台与室内地面高差在 0.45m 以下且结构净高在 2.10m 及以上的凸（飘）窗，应按其围护结构外围水平面积计算 1/2 面积。

14）有围护设施的室外走廊（挑廊），应按其结构底板水平投影面积计算 1/2 面积；有围护设施（或柱）的檐廊，应按其围护设施（或柱）的外围水平面积计算 1/2 面积，如图 3-7 所示。

15）门斗应按其围护结构外围水平面积计算建筑面积。结构层高在 2.20m 及以上的，应计算全面积；结构层高在 2.20m 以下的，应计算 1/2 面积。门斗如图 3-8 所示。

16）门廊应按其顶板水平投影面积的 1/2 计算建筑面积；有柱雨篷应按其结构板水平投影面积的 1/2 计算建筑面积；无柱雨篷的结构外边线至外墙结构外边线的宽度在 2.10m 及以上的，应按雨篷结构板的水平投影面积的 1/2 计算建筑面积。雨篷如图 3-9 所示。

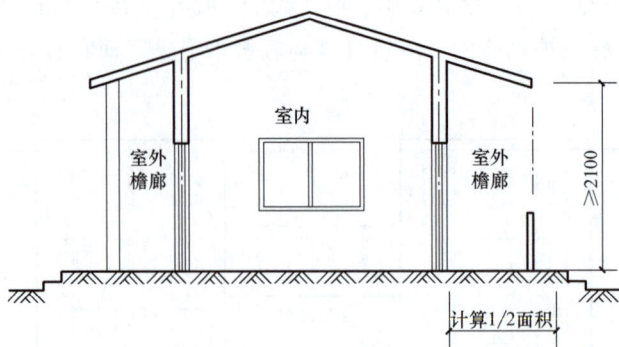

图 3-7 檐廊示意图

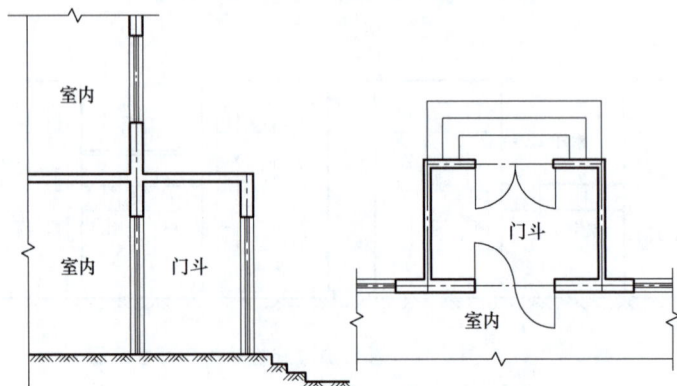

图 3-8 门斗示意图

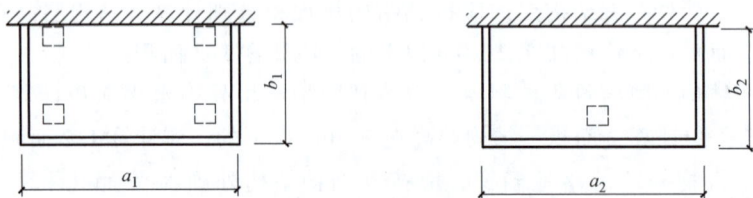

图 3-9 雨篷示意图

17）设在建筑物顶部的、有围护结构的楼梯间、水箱间、电梯机房等，结构层高在2.20m 及以上的，应计算全面积；结构层高在 2.20m 以下的，应计算 1/2 面积。

18）围护结构不垂直于水平面的楼层，应按其底板面的外墙外围水平面积计算。结构净高在 2.10m 及以上的部位，应计算全面积；结构净高在 1.20m 及以上至 2.10m 的部位，应计算 1/2 面积；结构净高在 1.20m 以下的部位，不应计算建筑面积，如图 3-10 所示。

19）建筑物的室内楼梯、电梯井、提物井、管道井、通风排气竖井、烟道应并入建筑物的自然层计算建筑面积。有顶盖的采光井应按一层计算面积，结构净高在 2.10m 及以上的，应计算全面积；结构净高在 2.10m 以下的，应计算 1/2 面积。地下室采光井如图 3-11 所示。

20）室外楼梯应并入所依附建筑物自然层，并应按其水平投影面积的 1/2 计算建筑面积。

21）在主体结构内的阳台，应按其结构外围水平面积计算全面积。在主体结构外的阳台，按其结构底板水平投影面积计算 1/2 面积。

22）有顶盖无围护结构的车棚、货棚、站台、加油站、收费站等，应按其顶盖水平投影面积的 1/2 计算建筑面积。车棚、货棚、站台如图 3-12 所示。

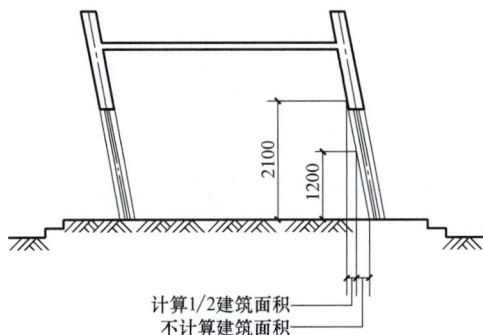

图 3-10　围护结构不垂直于水平面的楼层示意图

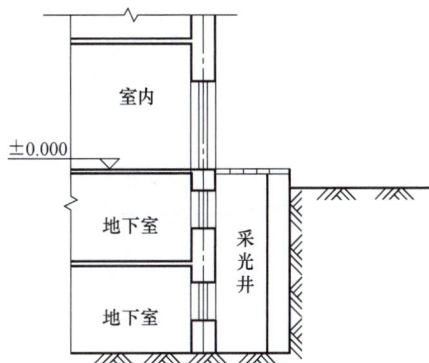

图 3-11　地下室采光井示意图

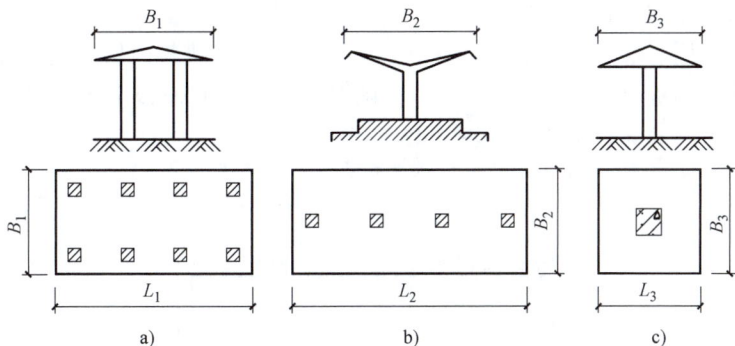

图 3-12　车棚、货棚、站台示意图

a）双排柱　b）单排柱　c）独立柱

23）以幕墙作为围护结构的建筑物，应按幕墙外边线计算建筑面积。

24）建筑物的外墙外保温层，应按其保温材料的水平截面面积计算，并计入自然层建筑面积。如图 3-13 所示。

25）与室内相通的变形缝，应按其自然层合并在建筑物面积内计算。对于高低联跨的建筑物，当高低跨内部连通时，其变形缝应计算在低跨面积内。

26）对于建筑物内的设备层、管道层、避难层等有结构层的楼层，结构层高在 2.20m 及以上的，应计算全面积；结构层高在 2.20m 以下的，应计算 1/2 面积。

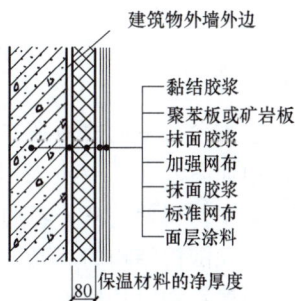

图 3-13　外墙外侧有保温
隔热层示意图

27）下列项目不应计算建筑面积：

①与建筑物内不相连通的建筑部件。

②骑楼、过街楼底层的开放空间和建筑物通道。骑楼、过街楼如图 3-14 所示。

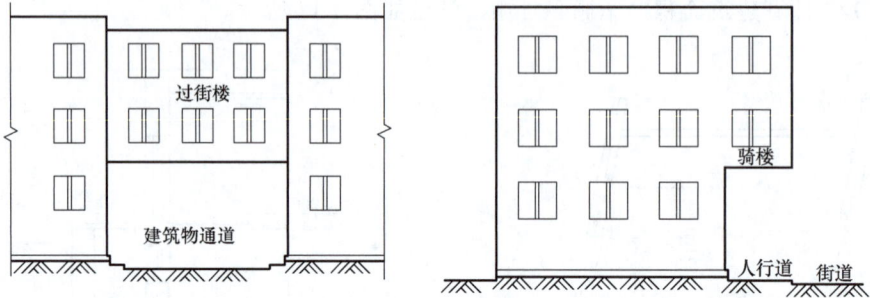

图 3-14　骑楼、过街楼示意图

③舞台及后台悬挂幕布和布景的天桥、挑台等。

④露台、露天游泳池、花架、屋顶的水箱及装饰性结构构件。

⑤建筑物内的操作平台、上料平台、安装箱和罐体的平台。

⑥勒脚、附墙柱、垛、台阶、墙面抹灰、装饰面、镶贴块料面层、装饰性幕墙，主体结构外的空调室外机搁板（箱）、构件、配件，挑出宽度在 2.10m 以下的无柱雨篷和顶盖高度达到或超过两个楼层的无柱雨篷，如图 3-15 所示。

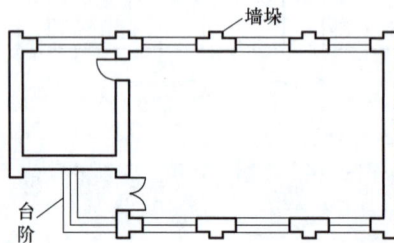

图 3-15　建筑物墙外不计算建筑面积范围示意

⑦窗台与室内地面高差在 0.45m 以下且结构净高在 2.10m 以下的凸（飘）窗，窗台与室内地面高差在 0.45m 及以上的凸（飘）窗。

⑧室外爬梯、室外专用消防钢楼梯。

⑨无围护结构的观光电梯。

⑩建筑物以外的地下人防通道，独立的烟囱、烟道、地沟、油（水）罐、气柜、水塔、贮油（水）池、贮仓、栈桥等构筑物。

3.4　计算示例

【例 3-1】　某单层建筑的一层平面如图 3-16 所示（门外无雨篷），试计算建筑面积。

例3-1
讲解

【解】　建筑面积 = $[(5.7+2.7+0.245×2)×(6.00+0.245×2)-$
$2.7×2.7]\,m^2 = (57.696-7.29)\,m^2$
$= 50.41\,m^2$

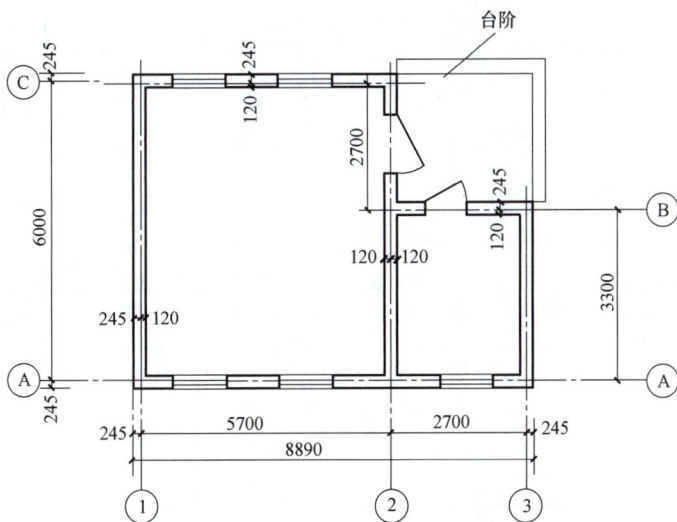

图 3-16　某单层建筑的一层平面

【例 3-2】　某二层框架民居土建工程预算总造价为 276071.81 元，建筑面积为 $263m^2$，求单方造价（即每平方米造价）。

【解】　　　单方造价 $=\dfrac{\text{工程总造价}}{\text{建筑面积}}=\dfrac{276071.81}{263}$ 元/m^2 = 1049.70 元/m^2

【例 3-3】　某商品房售价为 6888 元/m^2，问一套 $140m^2$ 的住房其购房款是多少？

【解】　　　购房款 = (6888×140) 元 = 964320 元 = 96.43 万元

习题与思考题

1. 建筑面积的定义是什么？举例说明建筑面积的应用。

2. 哪些部分按 1/2 计算建筑面积？怎样计算？

3. 计算如图 3-17 所示某建筑一层的建筑面积。

4. 计算如图 3-18 所示某建筑一层的建筑面积。

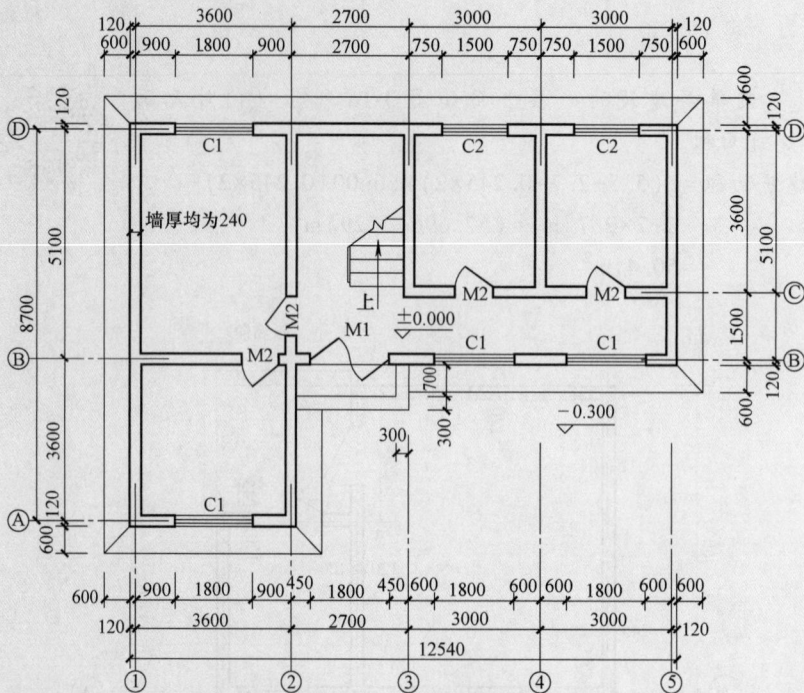

图 3-17 某建筑一层平面图 （一）

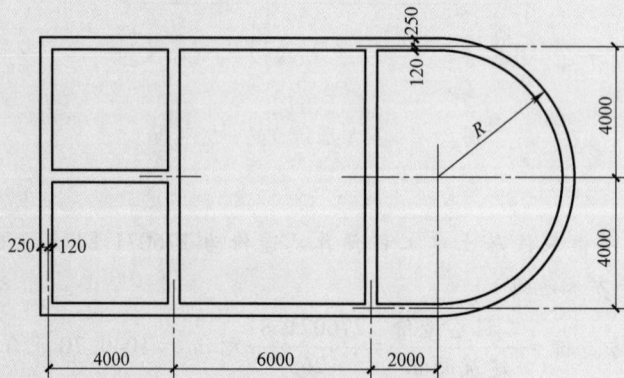

图 3-18 某建筑一层平面图 （二）

二维码形式客观题

微信扫描二维码，可自行做客观题，提交后可查看答案。

第3章
客观题

第4章
土方及基础工程计量与计价

教学要求

- 熟悉《房屋建筑与装饰工程工程量计算规范》清单项目划分标准。
- 熟悉工程量计算的清单规则和定额规则。
- 掌握土方工程、桩基工程、砌体基础和混凝土基础工程量的计算方法。
- 掌握常用分项工程综合单价的分析计算方法。

土方及基础工程的计量与计价是整个工程预算的重要组成部分。本章介绍土方及基础工程，包括平整场地、开挖沟槽土方、基坑土方、回填土、桩基础、砖基础、毛石基础、混凝土基础的计量与计价。

4.1 土方工程

4.1.1 分项与相关条件确定

1. 清单分项

《房屋建筑与装饰工程工程量计算规范》（简称《计算规范》）将土方工程常用项目分为平整场地、挖一般土方、挖沟槽土方、挖基坑土方、回填土、余方弃置 6 个子项目，见表 4-1。

表 4-1 土方工程清单项目及计算规则

项目编码	项目名称	项目特征	计量单位	工程量计算规则	工作内容
010101001	平整场地	1. 土壤类别 2. 弃土运距 3. 取土运距	m^2	详见表 4-7	1. 土方挖填 2. 场地找平 3. 运输
010101002	挖一般土方	1. 土壤类别 2. 挖土深度 3. 弃土运距	m^3	详见表 4-7	1. 排地表水 2. 土方开挖 3. 围护（挡土板）及拆除 4. 基底钎探 5. 运输
010101003	挖沟槽土方			详见表 4-7	
010101004	挖基坑土方				

（续）

项目编码	项目名称	项目特征	计量单位	工程量计算规则	工作内容
010103001	回填土	1. 密实度要求 2. 填方材料品种 3. 填方粒径要求 4. 填方来源运距	m³	详见表 4-7	1. 运输 2. 回填 3. 夯实
010103002	余方弃置	1. 废弃料品种 2. 运距		详见表 4-7	余方点装料运输至弃置点

注：清单项目编码为 12 位，前 9 位为《计算规范》统一设置，后 3 位可以由编制人自行设置，自 001 起顺列。

2. 定额分项

"预算定额"将土方工程按开挖方式不同分为人工土方和机械土方两种，具体分项如下：

（1）人工土方　包括：人工挖土方，淤泥、流砂，人工挖沟槽、基坑；人工挖孔桩，人工挖冻土，人工爆破挖冻土，回填土、打夯、平整场地，土方运输（人工运土方、人工运淤泥、单双轮车运土方），支挡土板等子项目。

（2）机械土方　包括：推土机推土方，铲运机铲运土方，挖掘机挖土方，挖掘机挖土，装载机装运土方，自卸汽车运土方，地基强夯，场地平整、碾压等子项目。

3. 清单项与定额项的组合关系

根据《计算规范》中"工作内容"的指引，土方常用分项工程的清单项与定额项的组合关系举例见表 4-2。

表 4-2　土方工程清单项与定额项的组合

清单分项			定额分项（即工作内容）		
项次	项目编码	项目名称	项次	项目编码	项目名称
1	010101001001	平整场地	1	见定额	平整场地
2	010101002001	挖土方	1	见定额	挖土方
			2	见定额	场地内土方运输
3	010101003001 010101004001	挖沟槽（基坑）土方	1	见定额	挖沟槽、基坑土方
			2	见定额	场内土方运输
			3	见定额	场外土方运输
4	010103001001	回填土（室内）	1	见定额	场内外土方运输
			2	见定额	地坪夯填
5	010103001002	回填土（基础）	1	见定额	场内外土方运输
			2	见定额	基础夯填
6	010103002001	余方弃置	1	见定额	场外余方运输

4. 计算前确定以下条件

（1）土壤类别　土壤类别的划分需根据工程勘测资料与"土壤分类表"（见表 4-3），与定额规定对照后予以确定。

表 4-3　土壤分类表

土壤类别	土壤名称	开挖方式
一、二类土	粉土、砂土（粉砂、细砂、中砂、粗砂、砾砂）、粉质黏土、弱中盐渍土、软土（淤泥质土、泥炭、泥炭质土）、软塑红黏土、冲填土	用锹、少许用镐、条锄开挖。机械能全部直接铲挖满载者
三类土	黏土、碎石土（圆砾、角砾）混合土、可塑红黏土、硬塑红黏土、强盐渍土、素填土、压实填土	主要用镐、条锄、少许用锹开挖。机械需部分刨松方能铲挖满载者或直接铲挖但不能满载者
四类土	碎石土（卵石、碎石、漂石、块石）、坚硬红黏土、超盐渍土、杂填土	全部用镐、条锄挖掘、少许用撬棍挖掘。机械须普遍刨松方能铲挖满载者

注：本表土的名称及其含义按国家标准《岩土工程勘察规范》（2009 年版）（GB 50021—2001）定义。

（2）干湿土划分　划分干土或湿土，是因为两者的单价不同。干湿土的划分应根据地质勘测资料来确认，含水率<25%为干土，含水率≥25%为湿土；或以地下常水位为准，常水位以上为干土，以下为湿土。例如，采用人工降低地下水位时，干湿土的划分仍以常水位为准。

（3）挖运土方式　需要在挖土之前确定人工挖运土，还是人工挖土机械运土，或是机械挖运土，因为套用的定额是不同的。

（4）土方运距　需要确定现场是否有余土外运或借土回填，运土距离是多少。

（5）工作面与放坡　需要确定挖土时是否留工作面，是否放坡。具体规定见表 4-4、表 4-5。

表 4-4　基础工作面加宽 C 取值表

基础材料	每边各增加工作面宽度
砖基础	200mm
毛石、方整石基础	250mm
混凝土基础（支模板）	400mm
混凝土基础垫层（支模板）	150mm
基础垂直面做砂浆防潮层	400mm（自防潮层面）
基础垂直面做防水层或防腐层	1.00m（自防水层或防腐层面）
支挡土板	100mm（另加）
基础施工需搭设脚手架（条形基础，也称为带形基础）	1.5m（只计算一面）
基础施工需搭设脚手架（独立基础）	0.45m（四面均计算）
基坑大开挖需做边坡支护时	2.00m
基坑内施工各种桩时	2.00m

注：计算工作面宽度时，出现上述两种或两种以上宽度的，按最大值计算。

表 4-5　放坡系数 k 取值表

土壤类别	放坡起点深/m	人工挖土或机械顺沟槽在坑上作业	机械挖土	
			在坑内作业	在坑上作业
一、二类土	1.20	0.50	0.33	0.75
三类土	1.50	0.33	0.25	0.67
四类土	2.00	0.25	0.10	0.33

（6）土方体积折算　土方体积应按挖掘前的天然密实体积计算。如需进行多种体积折算时，可按表 4-6 中的折算系数进行换算。

表 4-6　土方体积折算系数表

天然密实度体积	虚方体积	夯实后体积	松填体积
0.77	1.00	0.67	0.83
0.92	1.20	0.80	1.00
1.00	1.30	0.87	1.08
1.15	1.50	1.00	1.25

（7）沟槽、基坑和一般土方的划分　其划分应符合下列规定：

1）凡底宽≤7m且底长>3倍底宽者为沟槽。

2）凡底长≤3倍底宽且底面积≤150m² 者为基坑。

3）凡超出沟槽、基坑规定以外范围者为挖一般土方。

4.1.2　工程量计算规则

为方便记忆和对比，工程量计算的"清单规则"和"定额规则"列于表4-7中。

表 4-7　工程量计算规则

项次	清单项目	清单规则	定额项目	定额规则
1	平整场地	按设计图示尺寸以建筑物首层建筑面积计算	平整场地	按设计图示尺寸以建筑物首层建筑面积计算
2	挖一般土方	按设计图示尺寸以体积计算	挖一般土方	按设计图示尺寸以体积计算
3	挖沟槽土方	按设计图示尺寸以基础垫层底面积乘以挖土深度以体积计算	挖沟槽土方	外墙沟槽按外墙中心线长度，内墙沟槽、框架间墙沟槽按其条形基础（含垫层）之间垫层（或基础底）的净长线乘以沟槽开挖后的实际断面面积以体积计算。计算放坡时，在交接处的重复工程量不予扣除
4	挖基坑土方		挖基坑土方	按设计图示尺寸并增加工作面及放坡工程量以体积计算
4	回填土	按设计图示尺寸以体积计算 1. 场地回填：回填面积乘以平均回填厚度 2. 室内回填：主墙间面积乘以回填厚度，不扣除间隔墙 3. 基础回填：按挖方清单项目工程量减去自然地坪以下埋设的基础体积（包括基础垫层及其他构筑物）	回填土	按设计图示尺寸以体积计算 1. 场地回填：回填面积乘以平均回填厚度以体积计算 2. 室内回填：主墙间净面积乘以回填厚度 3. 基础回填：挖方体积减去设计室外地坪以下埋设的基础体积（包括基础垫层及其他构筑物）
5	余方弃置	按挖方清单项目工程量减利用回填方体积（正数）计算	余土外运	按挖方体积减利用回填方体积（正数）计算

4.1.3　平整场地计算

平整场地是指建筑场地厚度在±30cm以内的就地挖填找平工作，超过±30cm的竖向布置挖土或山坡切土，按挖土方项目另行计算。

平整场地的清单量按设计图示尺寸以建筑物首层建筑面积计算。实际平整场地时的定额量也按设计图示尺寸以建筑物首层建筑面积计算。

【例 4-1】　某场地如图 4-1 所示，设 $L=28\mathrm{m}$，$B=18\mathrm{m}$，试计算人工平整场地的清单量及定额量。

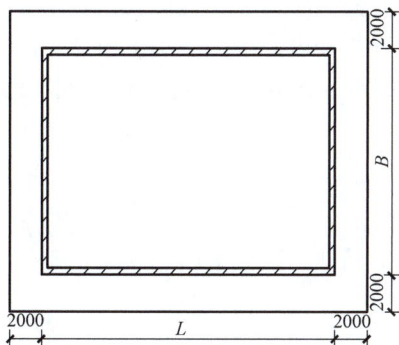

图 4-1　规则四边形的场地平整

【解】　清单量：$S_{场清}=S_\mathrm{d}=(28\times18)\mathrm{m}^2=504\mathrm{m}^2$

定额量：$S_{场定}=S_\mathrm{d}=(28\times18)\mathrm{m}^2=504\mathrm{m}^2$

【例 4-2】　按图 3-16 所示，计算人工平整场地的清单量及定额量。

【解】　清单量：$S_{场清}=S_\mathrm{d}=[(5.7+2.7+0.245\times2)\times(6.0+0.245\times2)-2.7\times2.7]\mathrm{m}^2$
$=50.41\mathrm{m}^2$

定额量：$S_{场定}=S_\mathrm{d}=[(5.7+2.7+0.245\times2)\times(6.0+0.245\times2)-2.7\times2.7]\mathrm{m}^2$
$=50.41\mathrm{m}^2$

【例 4-3】　已知某地"计价标准"中"人工场地平整"的单位估价表（见表 4-8），用 [例 4-2] 中计算出的场地平整工程量，试计算该分项工程的综合单价。

表 4-8　人工场地平整单位估价表　　　　计量单位：100m²

定额编号				1-1-142
项目名称				人工场地平整
基价（元）				181.67
其中	人工费（元）			181.67
	其中	定额人工费（元）		151.39
		规费（元）		30.25
	材料费（元）			—
	机械费（元）			—
名称		单位	单价（元）	数量
人工	综合人工	工日	106.80	1.701

【解】　从表 4-8 中查定额 [1-1-142]，计算得

$$人工费 = (50.41 \div 100 \div 50.41 \times 181.67) 元/m^2 = 1.82 元/m^2$$

$$定额人工费 = (50.41 \div 100 \div 50.41 \times 151.39) 元/m^2 = 1.51 元/m^2$$

$$规费 = (50.41 \div 100 \div 50.41 \times 30.25) 元/m^2 = 0.30 元/m^2$$

$$材料费 = 0$$

$$机械费 = 0$$

$$管理费 = (1.51 + 0 \times 8\%) 元/m^2 \times 22.78\% = 0.34 元/m^2$$

$$利润 = (1.51 + 0 \times 8\%) 元/m^2 \times 13.81\% = 0.21 元/m^2$$

$$综合单价 = (1.82 + 0 + 0 + 0.34 + 0.21) 元/m^2 = 2.37 元/m^2$$

4.1.4　挖基础土方计算

挖基础土方包括为埋设带形基础、独立基础、满堂基础（包括地下室基础）、设备基础而开挖的沟槽或基坑土方。

1. 工程量计算方法

清单量按设计图示尺寸以基础垫层底面积乘以挖土深度计算，当无垫层时，以基础底面积乘以挖土深度计算。

定额量按开挖对象的不同分为挖沟槽、挖基坑及挖孔桩并考虑施工中需要的放工作面宽度、放坡等因素分别计算。

（1）**挖沟槽工程量计算**　开挖对象为沟槽时，其工程量计算公式为

$$挖基础土方体积 = 垫层底面积 \times 挖土深度$$

$$= 沟槽计算长度 \times 沟槽计算宽度 \times 挖土深度$$

$$= 沟槽计算长度 \times 沟槽断面积$$

或
$$V_挖 = L_中 (或 L_净) F_槽 \tag{4-1}$$

1）沟槽计算长度确定：外墙沟槽按外墙图示中心线长度（$L_中$）计算；内墙沟槽按其条形基础垫层之间的垫层（或基础底）净长度（$L_净$）计算。内外凸出部分（如墙垛、附墙烟囱等）体积并入沟槽工程量内。

2）沟槽宽度确定：有垫层时按垫层宽度计算，无垫层时按基础底宽计算。

3）挖土深度确定：以自然地坪到沟槽底的垂直深度计算。当自然地坪标高不明确时，可采用室外设计地坪标高计算。当沟槽深度不同时，应分别计算；管道沟的深度按分段之间的平均自然地坪标高减去管底或基础底的平均标高计算。

在清单计量规则中，一般规定计算实体工程量，不考虑因施工需要采取安全措施而产生的增加工作面宽度或放坡超出的土方开挖量。由于各地区、各施工企业采用施工措施有差别，计算定额量时可按式（4-1）计算，但应注意以下几点：

①沟槽宽度：一般按基底宽度加工作面宽度计算。当基础垫层为原槽浇筑时，沟槽挖土宽度为基底宽度加工作面宽度；当垫层需要支模时，应以垫层宽度加上两边的增加工作面宽度作为槽底的计算宽度。

②在计算土方放坡工程量时，T 形交接处产生的重复工程量不予扣除。

③放坡工程量和支挡土板工程量不得重复计算，凡放坡部分不得再计算挡土板工程量，

支挡土板部分不得再计算放坡工程量。

4）垫层底面放坡的沟槽土方量计算，如图4-2所示。

①清单量计算公式为

$$V_q = LaH \qquad (4\text{-}2)$$

式中 V_q——挖沟槽土方清单量（m^3）；

　　　L——沟槽计算长度，外墙为中心线长（$L_{中}$）；内墙
　　　　　为垫层净长（$L_{垫层}$），当无垫层时内墙为基础底
　　　　　面净长（$L_{基底}$）；

　　　a——垫层底宽（m）；

　　　H——挖土深度（m）。

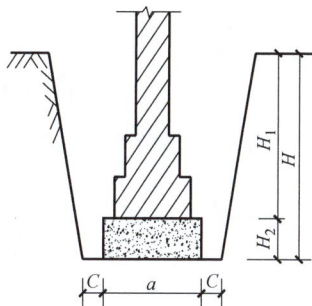

图4-2 垫层底面放坡示意图

②定额量计算公式为

$$V_d = L(a + 2C + kH)H \qquad (4\text{-}3)$$

式中 V_d——挖沟槽土方定额量（m^3）；

　　　C——增加工作面宽度（m），设计有规定时按设计规定取，设计无规定时按表4-4
　　　　　的规定值取；

　　　k——放坡系数，见表4-5，不放坡时取 $k = 0$。

【讨论】 内墙垫层（或基础底面）的净长（$L_{垫层}$ 或 $L_{基底}$）与内墙定位轴线长（$L_{内中}$）
和 T 形相交处的外墙基础垫层（或基础底面）宽度有扣减关系，如图4-3所示。

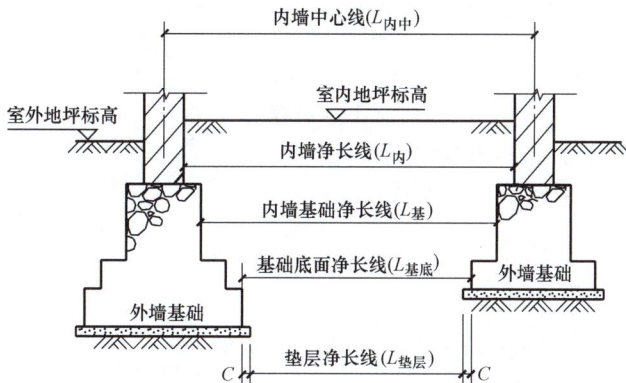

图4-3 内墙沟槽净长计算示意图

例如：设 $L_{内中}$ 为6m，一边外墙基底宽1.0m，另一边外墙基底宽0.8m，垫层每边比基
础底宽出100mm，定位轴线居中，则：

内墙基底净长　　　$L_{基底} = (6 - 1.0 \div 2 - 0.8 \div 2)m = 5.1m$

内墙基础垫层净长　　$L_{垫层} = (6 - 1.0 \div 2 - 0.8 \div 2 -$
　　　　　　　　　　　　　　$0.1 \times 2)m = 4.9m$

5）支挡土板的沟槽土方量计算，如图4-4所示。

①清单量计算公式为

$$V_q = LaH \qquad (4\text{-}4)$$

②定额量计算公式为

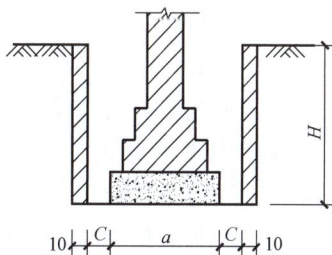

图4-4 支挡土板基槽示意图

$$V_d = L(a+2C+2\times0.1)H \qquad (4-5)$$

式中 2×0.1——两块挡土板所占宽度（m）。

（2）挖基坑工程量计算 开挖对象为基坑时，其工程量计算公式可以表达为

$$挖基坑土方体积=垫层（基础底）面积\times挖土深度 \qquad (4-6)$$

1) 方形坑挖基坑工程量计算，如图4-5所示。

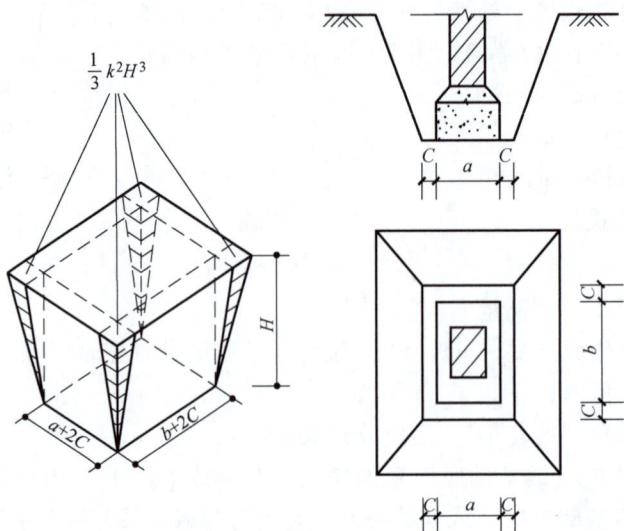

图 4-5 方形基坑示意图

①清单量计算公式为

$$V_q = abH \qquad (4-7)$$

式中 a——垫层或基础底面一边宽度（m）；

b——垫层或基础底面另一边宽度（m）；

H——挖土深度（m）。

②定额量计算公式为

$$V_d = (a+2C+kH)(b+2C+kH)H+\frac{1}{3}k^2H^3 \qquad (4-8)$$

式中 C——增加工作面宽度（m），设计有规定时按设计规定取，无规定时按表4-4值取；

$\frac{1}{3}K^2H^3$——四角的角锥增加部分体积之和的余值（m^3）；

k——放坡系数，见表4-5，不放坡时，取 $k=0$。

2) 圆形坑挖基坑工程量计算，如图4-6所示。

①清单量计算公式为

$$V_q = \pi R^2 H \qquad (4-9)$$

式中 R——坑底垫层或基底半径（m）；

π——圆周率，取 3.1416；

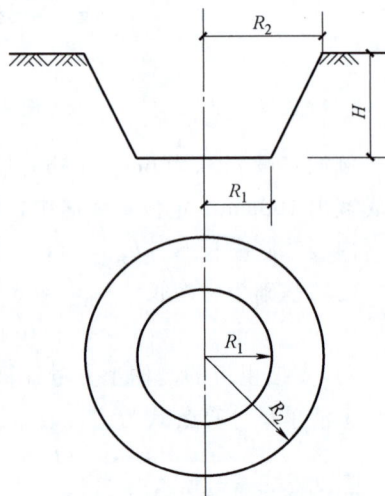

图 4-6 圆形基坑示意图

H——挖土深度（m）。

②定额量计算公式为

$$V_d = \frac{1}{3}\pi (R_1^2 + R_2^2 + R_1 R_2) H \qquad (4\text{-}10)$$

式中　R_1——坑底半径（m），$R_1 = R + C$；

　　　R_2——坑口半径（m），$R_2 = R_1 + kH$；

　　　C——增加工作面宽度（m），设计有规定时按设计规定取，无规定时按表4-4值取；

　　　k——放坡系数，见表4-5，不放坡时，取 $k = 0$。

（3）土方运输工程量计算　挖土方清单项目工作内容中包含了场地内外必需的土方运输。沟槽、基坑挖出的土方是否需要在场地内外运输，应根据施工组织设计确定。当无具体规定时，土方运输定额量可采用下列方式计算。

1）余土外运体积计算公式为

余土外运体积 = 挖土方体积 - 回填土体积×1.15 　　　（4-11）

式中　1.15——土方体积折算系数（见表4-6），即1m³夯实后土方需要运输1.15m³堆放土方，而堆放土方体积等于挖土方体积均为天然密实度体积。

2）取土运输体积（是指挖土体积少于回填土体积，回填土不够用，需要场外借土）计算公式为

取土运输体积 = 回填土体积×1.15 - 挖土方体积 　　　（4-12）

3）土方运输应按施工组织设计规定的运输距离及运输方式计算。

4）人工取已松动的土壤时，只计算取土的运输工程量；取未松动的土壤时，除计算运输工程量外，还需计算挖土方工程量。

（4）土方回填工程量计算　回填土工程量按设计图示尺寸以体积计算。

1）场地回填土体积计算公式为（清单量与定额量规则相同）

场地回填土体积 = 回填面积×平均回填厚度 　　　（4-13）

2）基础回填土体积计算公式为

基础回填土体积 = 挖基础土方体积 - 室外设计地坪以下埋入物体积 　　　（4-14）

3）室内回填土体积计算公式为（清单量与定额量规则相同）

室内回填土体积 = 室内主墙间净面积×回填土厚度 　　　（4-15）

回填土厚度 = 室内外设计标高差 - 垫层与面层厚度之和 　　　（4-16）

2. 计算实例

【例4-4】　某基础平面及剖面如图4-7所示，其中轴线②上内墙基础剖面如图4-7c所示，其余外墙基础剖面如图4-7b所示。施工方案为：人工开挖三类土，内墙沟槽周边不能堆土，采用人力车在场地内运100m，余土采用人装自卸汽车外运6km。试编制挖基础土方、基础回填土、室内回填土（地坪总厚为120mm）三个分项工程的工程量清单，并计算综合单价及分部分项工程费。

例4-4
讲解

【解】　（1）挖沟槽土方工程量计算

1）挖基础土方清单量计算公式采用式（4-2），为

a)

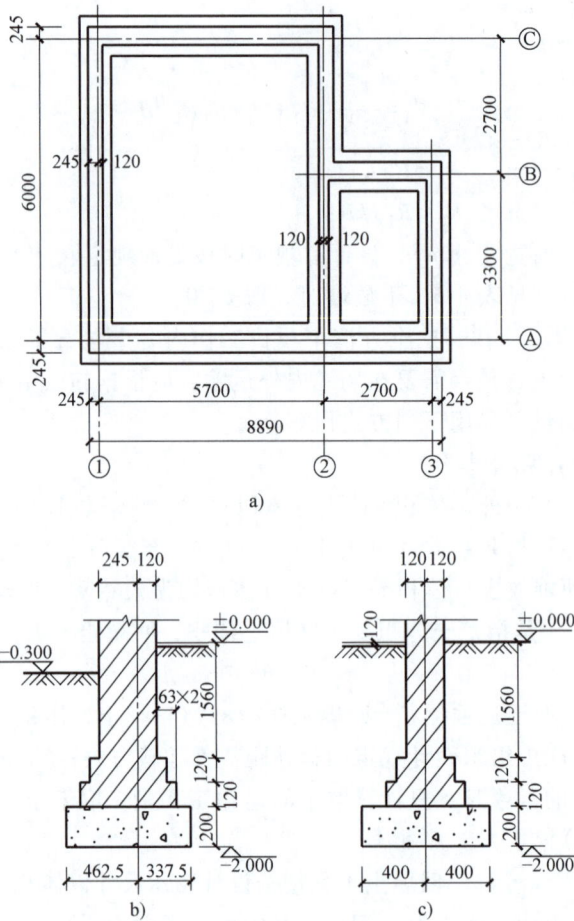

图 4-7　某基础平面及剖面图

a）平面图　b）外墙基础剖面图　c）内墙基础剖面图

$$V_q = LaH$$

其中，挖土深度 $H = 2.0\text{m} - 0.3\text{m} = 1.7\text{m}$，混凝土基础底面宽度 $a = 0.8\text{m}$，沟槽长度 L 计算如下：

a. 外墙取中心线长度，从图 4-7 中可看出，由于墙厚为 365mm，外墙轴线都不在图形中心线上，所以应对外墙中心线进行调中处理。偏心距为

$$\delta = (365 \div 2 - 120)\text{m} = 62.5\text{mm} = 0.0625\text{m}$$

则Ⓐ轴线（①~③段）$L_中 = (8.4 + 0.0625 \times 2)\text{m} = 8.525\text{m}$

Ⓑ轴线（②~③段）$L_中 = (2.7 + 0.0625)\text{m} = 2.7625\text{m}$

Ⓒ轴线（①~②段）$L_中 = (5.7 + 0.0625)\text{m} = 5.7625\text{m}$

①轴线（Ⓐ~Ⓒ段）$L_中 = (6.0 + 0.0625 \times 2)\text{m} = 6.125\text{m}$

②轴线（Ⓑ~Ⓒ段）$L_中 = (2.7 + 0.0625)\text{m} = 2.7625\text{m}$

③轴线（Ⓐ~Ⓑ段）$L_中 = (3.3 + 0.0625)\text{m} = 3.3625\text{m}$

总长度为

$$L_中 = (8.525 + 2.7625 + 5.7625 + 6.125 + 2.7625 + 3.3625)\text{m} = 29.3\text{m}$$

外墙中心线长也可以这样更快捷地计算，即

$$L_{中} = \left[(8.4 + 6.0) \times 2 + 0.0625 \times 8 \right] m = 29.3 m$$

其中，8 为偏心距的个数。只要是四边形平面，均有 4×2＝8。

b. 内墙取基底净长线计算，则

$$L_{基底} = (3.3 - 0.3375 \times 2) m = 2.625 m$$

将以上数据代入式（4-2），得挖基础土方清单量为

$$V_q = \left[(29.3 + 2.625) \times 0.8 \times 1.7 \right] m^2 = 43.42 m^3$$

2）挖基础土方定额量计算公式采用式（4-3），即

$$V_d = L(a + 2C + kH)H$$

其中，$L_{中} = 29.3 m$，$L_{基底} = 2.625 m$，$a = 0.8 m$，$C = 0.4 m$（取自混凝土基础边，查表4-4），$k = 0.33$（查表4-5），$H = 1.7 m$。

代入式（4-3），计算得

$$
\begin{aligned}
V_d &= L(a + 2C + kH)H \\
&= \left[(29.3 + 2.625) \times (0.8 + 2 \times 0.4 + 0.33 \times 1.7) \times 1.7 \right] m^3 \\
&= 117.28 m^3
\end{aligned}
$$

其中，外墙基槽挖土 $V_d = \left[29.3 \times (0.8 + 2 \times 0.4 + 0.33 \times 1.7) \times 1.7 \right] m^3 = 107.64 m^3$，在外墙基槽边堆放；内墙基槽挖土 $V_d = \left[2.625 \times (0.8 + 2 \times 0.4 + 0.33 \times 1.7) \times 1.7 \right] m^3 = 9.64 m^3$，需要运到距离基槽边 100m 的空地上堆放。

（2）室外地坪以下埋入物工程量计算

1）200mm 厚混凝土基础（应按实体积计算）体积为

混凝土基础体积＝（外墙中心线长＋内墙基础净长）×基础断面面积

其中，外墙中心线长为

$$L_{中} = 29.3 m$$

内墙基础净长为

$$L_{基底} = (3.3 - 0.3375 \times 2) m = 2.625 m$$

基础断面面积为

$$F = (0.8 \times 0.2) m^2 = 0.16 m^2$$

代入公式，计算得

$$V_{埋1} = \left[(29.3 + 2.625) \times 0.16 \right] m^3 = 5.11 m^3$$

2）砖基础（算至室外地坪）体积为

砖基础埋入体积＝外墙中心线长×外墙砖基础断面面积＋
内墙砖基础基顶净长×内墙砖基础断面面积

其中，外墙中心线长为

$$L_{中} = 29.3 m$$

外墙砖基础断面面积为

$$F_{外} = \left[(1.7 - 0.2) \times 0.365 + 0.12 \times 3 \times 0.063 \times 2 \right] m^2 = 0.59 m^2$$

砖基础基顶净长为

$$L_{基顶} = (3.3 - 0.12 \times 2) m = 3.06 m$$

内墙砖基础断面面积为

$$F_{内} = \left[(1.7-0.2) \times 0.24 + 0.12 \times 3 \times 0.063 \times 2 \right] \mathrm{m}^2 = 0.41 \mathrm{m}^2$$

代入公式，计算得

$$V_{埋2} = (29.3 \times 0.59 + 3.06 \times 0.41) \mathrm{m}^3 = 18.54 \mathrm{m}^3$$

（3）回填土工程量计算

1）基础回填土工程量按式（4-14）计算，即

$$V_{填1} = 挖基础土方工程量 - 室外设计地坪以下埋入量$$

清单量：$\qquad V_{填清1} = (43.42 - 5.11 - 18.54) \mathrm{m}^3 = 19.77 \mathrm{m}^3$

定额量：$\qquad V_{填定1} = (117.28 - 5.11 - 18.54) \mathrm{m}^3 = 93.63 \mathrm{m}^3$

【比较】计算出的基础回填土定额量 93.63m^3 为压实方，折算为天然密实体积需要 $(93.63 \times 1.15) \mathrm{m}^3 = 107.67 \mathrm{m}^3$，外墙基槽边堆放 107.64$\mathrm{m}^3$ 土，基础回填全部用外墙基槽边堆放的土（还应从场内 100m 处多运 0.03m^3 土参与基础回填）。

2）室内回填土工程量代入式（4-15）计算（清单量与定额量相等），即

$$V_{填2} = 室内主墙间净面积 \times 回填土厚度$$

其中，净面积

$$\begin{aligned} S = &\left[(5.7-0.12-0.12) \times (6.0-0.12 \times 2) + \right. \\ &\left. (2.7-0.12-0.12) \times (3.3-0.12 \times 2) \right] \mathrm{m}^2 \\ = &38.98 \mathrm{m}^2 \end{aligned}$$

或者，室内主墙间净面积 = 外墙所围面积 - 外墙所占面积

$$= (50.41 - 29.3 \times 0.365 - 3.06 \times 0.24) \mathrm{m}^2 = 38.98 \mathrm{m}^2$$

由图 4-7b 中基础剖面图可看出，室内外高差为 0.30m，假设地面面层及垫层总厚度为 0.12m，所以回填土厚度为

$$h = (0.3 - 0.12) \mathrm{m} = 0.18 \mathrm{m}$$

代入公式计算可得室内回填土工程量

$$V_{填2} = (38.98 \times 0.18) \mathrm{m}^3 = 7.02 \mathrm{m}^3$$

【比较】室内回填土需要 $(7.02 \times 1.15) \mathrm{m}^3 = 8.07 \mathrm{m}^3$，应从场内 100m 处运回来，在组价时应予考虑场内运土发生的费用。

（4）土方运输工程量计算　土方运输工程量可用挖土定额量与填土定额量比较，若前者大于后者，则有余土需要外运，反之为借土运输。余土外运体积采用式（4-11）计算，则有

$$V_{运} = V_d - (V_{填定1} + V_{填2}) \times 1.15 = \left[117.28 - (93.63 + 7.02) \times 1.15 \right] \mathrm{m}^3 = 1.54 \mathrm{m}^3$$

【比较】场内 100m 处堆放土方 9.64m^3，室内回填时运回 8.10m^3，则场内 100m 处还余土方 $(9.64 - 8.10) \mathrm{m}^2 = 1.54 \mathrm{m}^3$ 作为余土外运。至此，全部土方计算是平衡的。

（5）工程量清单编制　分部分项工程量清单见表 4-9。

表 4-9　分部分项工程量清单

序号	项目编码	项目名称	项目特征	计量单位	工程数量
1	010101003001	挖沟槽土方	1. 土壤类别：三类土 2. 挖土深度：1.7m 3. 弃土运距：6km	m^3	43.42

（续）

序号	项目编码	项目名称	项目特征	计量单位	工程数量
2	010103001001	回填方（基础）	1. 填方材料品种：三类土 2. 填方来源、运距：场内人力车运100m	m³	19.77
3	010103001002	回填方（室内）		m³	7.02

注：余土外运土方量太小，本例计算忽略不计。

（6）综合单价计算

1）本例查用某地"计价标准"中相关项目的单位估价表，见表4-10、表4-11。

表 4-10 相关项目的单位估价表（一）　　　　计量单位：100m³

定额编号				1-1-4	1-1-5	1-1-6
项目名称				人工挖沟槽、基坑土方		
				基深（m 以内）		
				2	4	6
基价（元）				3755.41	4356.27	5053.24
其中	人工费（元）			3755.41	4356.27	5053.24
	其中	定额人工费（元）		3129.51	3630.22	4211.04
		规费（元）		625.90	726.05	842.20
	材料费（元）			—	—	—
	机械费（元）			—	—	—
	名称	单位	单价（元）	数量		
人工	综合人工	工日	106.08	35.163	40.789	47.315

表 4-11 相关项目的单位估价表（二）　　　　计量单位：100m³

定额编号				1-1-15	1-1-16	1-1-145	1-1-146
项目名称				人力车运土方		人工填土夯实	
				运距		平地	槽、坑
				≤50m	每增50m		
基价（元）				1381.99	333.22	3076.33	3598.33
其中	人工费（元）			1381.99	333.22	3067.62	3589.12
	其中	定额人工费（元）		1151.66	277.68	2556.35	2990.93
		规费（元）		230.33	55.54	511.27	598.19
	材料费（元）			—	—	9.21	9.21
	机械费（元）			—	—	—	—
	名称	单位	单价（元）	数量			
人工	综合人工	工日	106.08	12.940	3.120	28.723	33.606
材料	水	m³	5.94	—	—	1.550	1.550

注：本定额土方开挖按三类干土编制，若挖二（四）类土时，人工乘以系数0.6（1.45）；挖湿土时，人工乘以系数1.18。

2）综合单价计算过程见表4-12。

99

表4-12　分部分项工程项目综合单价分析表

清单综合单价组成明细

序号	项目编码	项目名称	计量单位	定额编号	定额名称	定额单位	数量	单价(元) 定额人工费	单价 规费	单价 材料费	单价 机械费	合价(元) 定额人工费	合价 规费	合价 材料费	合价 机械费	合价 管理费	合价 利润	合价 风险费	综合单价(元)
1	010101003001	挖沟槽土方	m³	1-1-4	人工挖沟槽	100m³	0.02701	3129.51	625.90			84.53	16.91	0.00		19.26	11.67		
				1-1-15	人力车运土方(50m以内)	100m³	0.00222	1151.66	230.33			2.56	0.51	0.00		0.58	0.35		137.33
				1-1-16	人力车运土方(增加50m)	100m³	0.00222	277.68	55.54			0.62	0.12	0.00		0.14	0.09		
					小计							87.71	17.54	0.00		19.98	12.11		
2	010103001001	回填方(基础)	m³	1-1-146	人工填土夯实(沟槽)	100m³	0.04736	2990.93	598.19	9.21		141.65	28.33	0.44		32.27	19.56		222.25
					小计							141.65	28.33	0.44		32.27	19.56		
3	010103001002	回填方(室内)	m³	1-1-145	人工填土夯实(平地)	100m³	0.01000	2556.35	511.27	9.21		25.56	5.11	0.09		5.82	3.53		
				1-1-15	人力车运土方(50m以内)	100m³	0.01154	1151.66	230.33			13.29	2.66	0.00		3.03	1.84		65.95
				1-1-16	人力车运土方(增加50m)	100m³	0.01154	277.68	55.54			3.20	0.64	0.00		0.73	0.44		
					小计							42.05	8.41	0.09		9.58	5.81		

（7）分部分项工程费计算 分部分项工程量清单计价表见表 4-13。

表 4-13 分部分项工程量清单计价表

序号	项目编码	项目名称	项目特征描述	计量单位	工程量	金额（元）				
						综合单价	合价	其中		
								定额人工费	机械费	规费
1	010101003001	挖沟槽土方	1. 土壤类别：三类土 2. 挖土深度：1.7m 3. 弃土运距：6km	m³	43.42	137.33	5962.87	3807.93	0.00	761.59
2	010103001001	回填方（基础）	1. 填方材料品种：三类土 2. 填方来源、运距：场内人力车运100m	m³	19.77	222.25	4393.88	2800.42	0.00	560.08
3	010103001002	回填方（室内）		m³	7.02	65.95	462.97	295.26	0.00	59.04

【例 4-5】 某基槽深 3.6m，其中一、二类土的深度为 1.7m，三类土为 1.9m，试确定该土方工程的放坡起点深度和放坡系数 k。

【解】 根据《全国统一建筑工程基础定额》规定：沟槽土壤类别不同时，分别按其放坡起点深度和放坡系数，依不同土层厚度加权平均计算。

已知：一、二类土放坡起点为 1.2m，放坡系数为 0.5；三类土放坡起点为 1.5m，放坡系数为 0.33；则平均放坡起点深度

$$H = \left[(1.2 \times 1.7 + 1.5 \times 1.9) \div 3.6 \right] m = 1.36m$$

平均放坡系数

$$k = (0.5 \times 1.7 + 0.33 \times 1.9) \div 3.6 = 0.41$$

由于挖深 3.6m 大于平均放坡起点深度 1.36m，所以该土方工程应该放坡。

【例 4-6】 若已知例 4-5 中的基槽计算长度为 36.48m，混凝土基础（支模）底宽为 2.4m，试求人工挖土方定额量。

【解】 由已知条件：$L = 36.48m$，$a = 2.4m$，C 取 400mm，$k = 0.41$（由例 4-5 计算得到），$H = 3.6m$，代入式（4-3），得

$$V_d = \left[36.48 \times (2.4 + 2 \times 0.4 + 0.41 \times 3.6) \times 3.6 \right] m^3 = 614.09 m^3$$

【例 4-7】 某工程做钢筋混凝土独立基础 36 个，形状如图 4-5 所示。已知挖深（H）为 1.8m，三类土，混凝土基础（支模浇灌）底面积（ab）为 2.8m×2.4m，试求人工挖基坑土方定额量。

【解】 人工挖基坑土方定额量采用式（4-8），即

$$V_d = (a + 2c + kH)(b + 2c + kH) H + \frac{1}{3} k^2 H^3$$

由已知条件：挖土深度 $H=1.8\text{m}>1.5\text{m}$（三类土），式（4-8）适用。

将已知条件 $a=2.8\text{m}$，$b=2.4\text{m}$，$C=0.4\text{m}$，$k=0.33$，$H=1.8\text{m}$ 代入公式得（单个体积）

$$V_\text{d}=\Big[(2.8+2\times0.4+0.33\times1.8)\times(2.4+2\times0.4+0.33\times1.8)\times1.8+$$

$$\frac{1}{3}\times(0.33)^2\times(1.8)^3\Big]\text{m}^3$$

$$=\Big(4.194\times3.794\times1.8+\frac{1}{3}\times0.1089\times5.832\Big)\text{m}^3=28.86\text{m}^3$$

人工挖基坑土方定额量为

$$V=V_\text{d}\times36=(28.86\times36)\text{m}^3=1038.96\text{m}^3$$

【例 4-8】　某水厂制作钢筋混凝土圆形储水罐5个，外径为 3.6m，埋深 2.1m，土壤为三类土，罐体外壁要求做垂直防水层，试求挖基坑土方清单量、人工挖基坑土方定额量。

【解】　1）清单量计算。计算公式采用式（4-9），即

$$V_\text{q}=\pi R^2 H$$

式中，各变量取值为：$R=3.6\text{m}\div2=1.8\text{m}$，$\pi=3.1416$，$H=2.1\text{m}$，则（单个体积）

$$V_\text{q}=(3.1416\times1.8^2\times2.1)\text{m}^3=21.37\text{m}^3$$

挖基础土方清单量为

$$21.37\text{m}^3\times5=106.85\text{m}^3$$

2）定额量计算。圆形坑土方定额量计算公式采用式（4-10），即

$$V_\text{d}=\frac{1}{3}\pi H(R_1^2+R_2^2+R_1R_2)$$

罐体外壁要求做垂直防水层，查表 4-4，工作面宽 C 应取 1000mm，式中数据计算或取定为

$$R_1=R+C=(1.8+1.0)\text{m}=2.8\text{m}$$

$$R_2=R_1+kH=(2.8+0.33\times2.1)\text{m}=3.493\text{m}$$

代入公式，得（单个体积）

$$V_\text{d}=\Big[\frac{1}{3}\times3.1416\times2.1\times(2.8^2+3.493^2+2.8\times3.493)\Big]\text{m}^3$$

$$=65.58\text{m}^3$$

人工挖基坑土方定额量为

$$65.58\text{m}^3\times5=327.90\text{m}^3$$

【例 4-9】　在例 4-4 中，如果已知地下常水位在 -1.3m 处，其他条件不变，试分别求干、湿土定额量并计算挖沟槽的综合单价。

【解】　1）干、湿土定额量计算。分别求基槽干、湿土定额量，计算长度相同，关键问题在于分别求干、湿土的计算断面面积。先求总的断面面积，再求湿土断面面积，而以总的断面面积减去湿土断面面积就是干土断面面积。

由例 4-4 已知：$L_\text{中}=29.3\text{m}$，$L_\text{基底}=2.625\text{m}$，基底宽为 0.8m，工作面取 0.4m，挖土总

体积为 $V_{挖}=117.28\text{m}^3$。在本例中总挖深为 1.7m，则湿土高度为

$$H_{湿}=(2.0-1.3)\text{m}=0.7\text{m}$$

代入式（4-3），得湿土定额量为

$$V_{湿}=\left[(29.3+2.625)\times(0.8+2\times0.4+0.33\times0.7)\times0.7\right]\text{m}^3=40.92\text{m}^3$$

而干土定额量为

$$V_{干}=V_{挖}-V_{湿}=(117.28-40.92)\text{m}^3=76.36\text{m}^3$$

2）综合单价计算。与例 4-4 计算不同之处在于，干、湿土应分别套价，且湿土套干土定额时人工应乘以系数 1.18。由例 4-4 已知清单量 $V_q=43.42\text{m}^3$。套用表 4-10 中〔1-1-4〕的单价，本例采用列式计算方法。

① 干土综合单价计算，套用定额（1-1-4）。

$$人工费=(76.36\div100\div43.42\times3755.41)元/\text{m}^3=66.04\ 元/\text{m}^3$$
$$定额人工费=(76.36\div100\div43.42\times3129.51)元/\text{m}^3=55.04\ 元/\text{m}^3$$
$$规费=(76.36\div100\div43.42\times625.90)元/\text{m}^3=11.01\ 元/\text{m}^3$$
$$材料费=0$$
$$机械费=0$$
$$管理费=\left[(55.04+0\times8\%)\times22.78\%\right]元/\text{m}^3=12.54\ 元/\text{m}^3$$
$$利润=\left[(55.04+0\times8\%)\times13.81\%\right]元/\text{m}^3=7.60\ 元/\text{m}^3$$
$$综合单价=(66.04+0+0+12.54+7.60)元/\text{m}^3=86.18\ 元/\text{m}^3$$

② 湿土综合单价计算，套用定额（1-1-4）$_{换}$。

$$人工费=(40.92\div100\div43.42\times3755.41\times1.18)元/\text{m}^3=41.76\ 元/\text{m}^3$$
$$定额人工费=(40.92\div100\div43.42\times3129.51\times1.18)元/\text{m}^3=34.80\ 元/\text{m}^3$$
$$规费=(40.92\div100\div43.42\times625.90\times1.18)元/\text{m}^3=6.96\ 元/\text{m}^3$$
$$材料费=0$$
$$机械费=0$$
$$管理费=\left[(34.80+0\times8\%)\times22.78\%\right]元/\text{m}^3=7.93\ 元/\text{m}^3$$
$$利润=\left[(34.80+0\times8\%)\times13.81\%\right]元/\text{m}^3=4.81\ 元/\text{m}^3$$
$$综合单价=(41.76+0+0+7.93+4.81)元/\text{m}^3=54.5\ 元/\text{m}^3$$

③ 干、湿土合并综合单价为：$(86.18+54.5)元/\text{m}^3=140.68\ 元/\text{m}^3$

【例 4-10】 某工程基础如图 4-8 所示，土壤类别为二类土，地坪总厚度为 120mm，施工要求混凝土基础垫层（厚 100mm）须支模浇灌。试求场地平整、人工开挖基槽和室内回填土的定额量。

【解】 1）场地平整。按规则计算得

$$S_{场}=\left[(9+9+0.24\times2)\times(12+0.24\times2)\right]\text{m}^2=230.63\text{m}^2$$

2）人工挖基槽。场地为二类土，放坡起点深为 1.2m，挖土深度为

$$H=(1.6+0.1-0.45)\text{m}=1.25\text{m}>1.2\text{m}$$

因此，应放坡，且 $k=0.5$。

由于混凝土基础垫层为支模浇灌，查表 4-4，取 $C=150\text{mm}$。

该题应按式（4-3）计算，即

$$V_d = L(a+2C+kH)H$$

式中，计算长度（L）应为：外墙取中心线长度，由于墙厚为365mm，外墙轴线不居中，应进行调中后再计算外墙中心线长。偏中距为

$$\delta = (365 \div 2 - 125)\,mm = 57.5\,mm = 0.0575\,m$$

$$L_{中} = [(9+9+12) \times 2 + 0.0575 \times 8]\,m = 60.46\,m$$

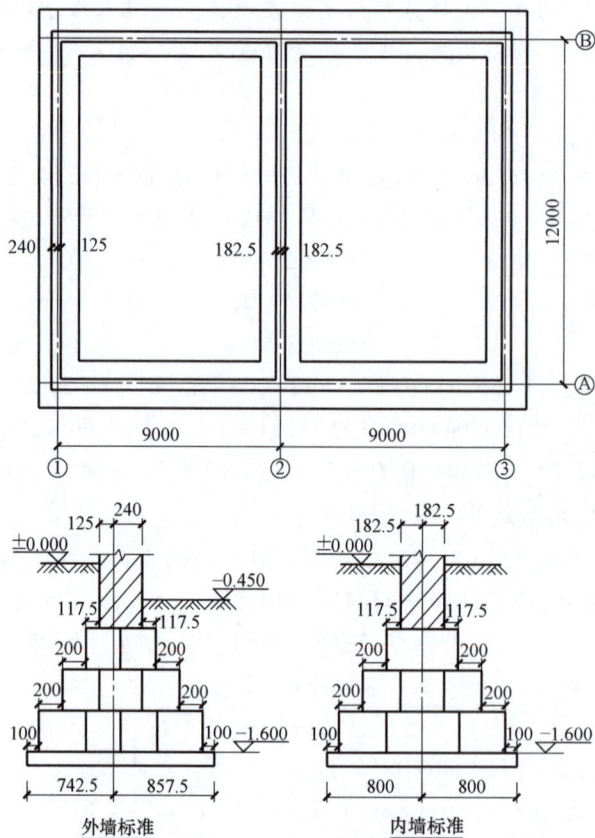

图 4-8　基础平面图与断面图

内墙用垫层净长线

$$L_{垫层} = (12 - 0.7425 \times 2)\,m = 10.515\,m$$

a 值应取垫层宽度，即

$$a = (0.742.5 + 0.8575)\,m = (0.8 + 0.8)\,m = 1.6\,m$$

代入式（4-3），得

$$V_d = [(60.46 + 10.515) \times (1.6 + 2 \times 0.15 + 0.5 \times 1.25) \times 1.25]\,m^3 = 224.01\,m^3$$

3）室内回填土。室内主墙间净面积为

$$S = [(12 - 0.125 \times 2) \times (9 - 0.125 - 0.1825) \times 2]\,m^2 = 204.27\,m^2$$

回填土厚为

$$h = (0.45 - 0.12)\,m = 0.33\,m$$

回填土体积为

$$V_{填} = (204.27 \times 0.33)\,\mathrm{m}^3 = 67.41\,\mathrm{m}^3$$

4.2　桩基础工程

4.2.1　桩基础种类与分项

1. 桩基的种类

桩基础是基础的一种类型，它主要由桩身和桩承台构成。桩的种类一般有预制钢筋混凝土桩（包括方桩和管桩）、现场灌注混凝土桩、钢管桩、钢板桩和木桩等。限于教材篇幅，本书仅介绍混凝土桩的内容。

2. 相关概念

（1）接桩　钢筋混凝土预制桩若过长，对桩的起吊运输等都将带来很多不便。所以如果桩的设计要求很长时，一般都是分段预制。打桩时先把前一段打至地下，再采取某种技术措施，把第二段与第一段连接牢固后继续向下打入土中，这种连接的过程称为接桩。接桩的方式一般有焊接法、粘接法和法兰连接法。

（2）送桩　打桩中要求将桩顶面打到低于桩架操作平台，或者设计要求将桩顶面打入自然地面以下时，打桩机的桩锤就不能直接触击到桩头，必须借助工具桩（一般长 2~3m，用硬木或金属制成），将其接到桩顶上以传递桩锤的力量，将桩打到规定位置，这个借助工具桩完成打桩的过程就称为送桩。

（3）复打桩　复打桩发生在灌注混凝土桩用钢管压桩尖成孔的施工中，为增加灌注单桩的承载能力，采用扩大灌注单桩截面的方法，即在第一次灌注的混凝土初凝前，在同一桩位将第二个桩尖再次压入，并二次灌注混凝土，二次（或三次）灌注混凝土的桩称为复打桩。

3. 清单分项

《计算规范》将桩基工程分为 11 项，具体分项见表 4-14、表 4-15。

表 4-14　打桩清单项目及计算规则

项目编码	项目名称	项目特征	计量单位	工程量计算规则	工作内容
010301001	预制钢筋混凝土方桩	1. 地层情况 2. 送桩深度、桩长 3. 桩截面 4. 桩倾斜度 5. 沉桩方式 6. 接桩方式 7. 混凝土强度等级	1. m 2. m³ 3. 根	1. 以米计量，按设计图示尺寸以桩长（包括桩尖）计算 2. 以立方米计量，按设计图示截面面积乘以桩长（包括桩尖）以实体积计算 3. 以根计量，按设计图示数量计算	1. 工作平台搭拆 2. 桩机竖拆、移位 3. 沉桩 4. 接桩 5. 送桩
010301002	预制钢筋混凝土管桩	1. 地层情况 2. 送桩深度、桩长 3. 桩外径、壁厚 4. 桩倾斜度 5. 沉桩方式 6. 桩尖类型 7. 混凝土强度等级 8. 填充材料种类 9. 防护材料种类			1. 工作平台搭拆 2. 桩机竖拆、移位 3. 沉桩 4. 接桩 5. 送桩 6. 桩尖制作安装 7. 填充材料、刷防护材料

（续）

项目编码	项目名称	项目特征	计量单位	工程量计算规则	工作内容
010301003	钢管桩	1. 地层情况 2. 送桩深度、桩长 3. 材质 4. 管径、壁厚 5. 桩倾斜度 6. 沉桩方式 7. 填充材料种类 8. 防护材料种类	1. t 2. 根	1. 以吨计量，按设计图示尺寸以质量计算 2. 以根计量，按设计图示数量计算	1. 工作平台搭拆 2. 桩机竖拆、移位 3. 沉桩 4. 接桩 5. 送桩 6. 切割钢管、精割盖帽 7. 管内取土 8. 填充材料、刷防护材料
010301004	截（凿）桩头	1. 桩类型 2. 桩头截面、高度 3. 混凝土强度等级 4. 有无钢筋	1. m³ 2. 根	1. 以立方米计量，按设计图示截面面积乘以桩头长度以体积计算 2. 以根计量，按设计图示数量计算	1. 截（切割）桩头 2. 凿平 3. 废料外运

表 4-15　灌注桩清单项目及计算规则

项目编码	项目名称	项目特征	计量单位	工程量计算规则	工作内容
010302001	泥浆护壁成孔灌注桩	1. 地层情况 2. 空桩深度、桩长 3. 桩径 4. 成孔方法 5. 护筒类型、长度 6. 混凝土种类、强度等级	1. m 2. m³ 3. 根	1. 以米计量，按设计图示尺寸以桩长（包括桩尖）计算 2. 以立方米计量，按不同截面在桩上范围内以体积计算 3. 以根计量，按设计图示数量计算	1. 护筒埋设 2. 成孔、固壁 3. 混凝土制作、运输、灌注、养护 4. 土方、废泥浆外运 5. 打桩场地硬化及泥浆池、泥浆沟
010302002	沉管灌注桩	1. 地层情况 2. 空桩深度、桩长 3. 复打长度 4. 桩径 5. 沉管方法 6. 桩尖类型 7. 混凝土种类、强度等级			1. 打（拔）钢管 2. 桩尖制作、安装 3. 混凝土制作、运输、灌注、养护
010302003	干作业成孔灌注桩	1. 地层情况 2. 空桩深度、桩长 3. 桩径 4. 扩孔直径、高度 5. 成孔方法 6. 混凝土种类、强度等级	1. m 2. m³ 3. 根	1. 以米计量，按设计图示尺寸以桩长（包括桩尖）计算 2. 以立方米计量，按不同截面在桩上范围内以体积计算 3. 以根计量，按设计图示数量计算	1. 成孔、扩孔 2. 混凝土制作、运输、灌注、振捣、养护

（续）

项目编码	项目名称	项目特征	计量单位	工程量计算规则	工作内容
010302004	挖孔桩土（石）方	1. 地层情况 2. 挖孔深度 3. 弃土（石）运距	m³	按设计图示尺寸（含护壁）截面面积乘以挖孔深度以立方米计算	1. 排地表水 2. 挖土、凿石 3. 基底钎探 4. 运输
010302005	人工挖孔灌注桩	1. 桩芯长度 2. 桩芯直径、扩底直径、扩底高度 3. 护壁厚度、高度 4. 护壁混凝土种类、强度等级 5. 桩芯混凝土种类、强度等级	1. m³ 2. 根	1. 以立方米计量，按桩芯混凝土体积计算 2. 以根计量，按设计图示数量计算	1. 护壁制作 2. 混凝土制作、运输、灌注、振捣、养护
010302006	钻孔压浆桩	1. 地层情况 2. 空钻长度、桩长 3. 钻孔直径 4. 水泥强度等级	1. m 2. 根	1. 以米计量，按设计图示尺寸以桩长计算 2. 以根计量，按设计图示数量计算	钻孔、下注浆管、投放骨料、浆液制作、运输、压浆
010302007	灌注桩后压浆	1. 注浆导管材料、规格 2. 注浆导管长度 3. 单孔注浆量 4. 水泥强度等级	孔	按设计图示以注浆孔数计算	1. 注浆导管制作、安装 2. 浆液制作、运输、压浆

4. 定额分项

"预算定额"将桩基础工程划分为预制桩和灌注桩两大类。

预制桩项目细分为预制钢筋混凝土方桩、预应力钢筋混凝土管桩、钢管桩、接桩、截（凿）桩头等子项。

灌注桩项目细分为回旋钻机成孔、旋挖钻机成孔、冲击式钻机成孔、沉管成孔、螺旋钻机成孔、灌注混凝土、静钻根植桩、挖孔桩土方、人工挖孔灌注混凝土、灌注桩埋管、灌注桩后压浆、埋设钢护筒、泥浆制作、泥浆制作运输等子项。

4.2.2 预制钢筋混凝土桩计算

1. 计算规则

（1）**清单规则** 预制钢筋混凝土桩清单量计算有三种方法，见表4-14。

1）以米计量，按设计图示尺寸以桩长（包括桩尖）计算。

2）以立方米计量，按设计图示截面面积乘以桩长（包括桩尖）以实体积计算。

3）以根计量，按设计图示数量计算。

（2）**定额规则**

1）打压预制钢筋混凝土桩，按设计桩长（包括桩尖，不扣除桩尖虚体积）乘以桩截面

107

面积以立方米计算。

2）预制钢筋混凝土管桩，当设计要求加注填充材料时应另行计算。

3）桩头灌芯按设计尺寸以灌注体积计算。

4）钢管桩按设计尺寸以桩体质量计算。

5）钢管桩内钻孔取土、填芯，按设计桩长（包括桩尖）乘以填芯截面面积以立方米计算。

6）陆上打桩时，按设计桩顶标高至打桩前的自然地坪标高另加 0.5m 以长度计算送桩工程量。支架上打桩时，以当地施工期间的最高潮水位增加 0.5m 为界限，按界限以下至设计桩顶标高之间的打桩实体积计算送桩工程量。

7）电焊接桩，按设计尺寸以接桩头的数量计算。

8）预制混凝土截桩按设计要求截桩的数量计算。截桩长度≤1m 时，不扣除相应桩的打桩工程量；截桩长度>1m 时，其超过部分按实扣减打桩工程量，但桩体材料费不扣除。

9）预制混凝土凿桩头按设计图示桩截面面积乘以凿桩头长度，以体积计算。凿桩头长度设计无规定时，桩头长度按桩体主筋直径 40 倍（主筋直径不同时取大值）计算。

2. 计算实例

【例 4-11】 图 4-9 所示为预制钢筋混凝土桩现浇承台基础（共 30 个），试计算打桩、送桩的工程量。

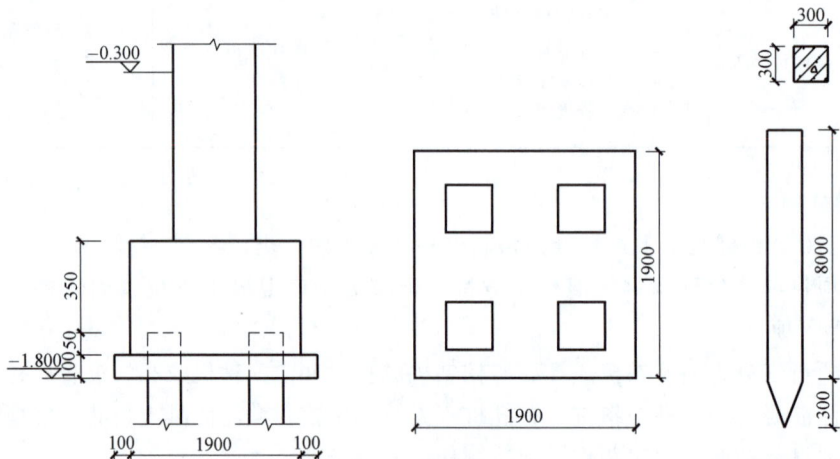

图 4-9 桩基示意图

【解】 1）清单量计算。本例按长度以 m 计算，工程量为

$$L = (8.0 + 0.3)\,\text{m} \times 4\,(根) \times 30\,(个) = 996\text{m}$$

2）定额量计算。

打桩工程量为

$$V_{打} = (996 \times 0.3 \times 0.3)\,\text{m}^3 = 89.64\text{m}^3$$

送桩工程量为

$$L_{送} = [(1.8 - 0.3 - 0.15 + 0.5) \times 4 \times 30]\,\text{m} = 222.00\text{m}$$

【例4-12】　根据例4-11的数据，试编制预制钢筋混凝土方桩分项的工程量清单，并以米为单位计算综合单价。

【解】　从表4-14所示的工作内容可以看出，一个预制钢筋混凝土方桩清单项应包括定额列出的"打、接、送"的全部工作内容，也就是综合单价应体现完成预制钢筋混凝土方桩分项施工过程（"打、接、送"）的全部费用。

（1）编制工程量清单　根据表4-14项目特征描述及工作内容的要求，结合设计图并考虑一般施工做法列出工程量清单，见表4-16。

表4-16　分部分项工程量清单（例4-12）

序号	项目编码	项目名称	项目特征	计量单位	工程数量
1	010301001001	预制钢筋混凝土方桩	1. 送桩深度、桩长：1.85m、单桩长 8.3m 2. 桩截面：300mm×300mm 3. 桩倾斜度：90° 4. 沉桩方式：履带式柴油打桩机打桩 5. 接桩方式：无 6. 混凝土强度等级：C30 预制混凝土、40mm 碎石、P. S42.5	m	996

注：现行的"预算定额"预制钢筋混凝土方桩都考虑采用成品桩，故不需要再讨论桩的制作、运输。

（2）选择计价依据　查某地"计价标准"相关定额子项的单位估价表，见表4-17、表4-18。

表4-17　预制桩相关定额单位估价表（一）　　　　　计量单位：10m³

定额编号					1-3-1	1-3-2	1-3-3	1-3-4
项目名称					打预制钢筋混凝土方桩			
					桩长≤12m		桩长≤25m	
					陆上	支架上	陆上	支架上
基价（元）					12073.37	12585.01	12360.22	12977.00
其中	人工费（元）				733.28	953.36	607.88	790.27
	其中	定额人工费（元）			611.07	794.47	506.56	658.56
		规费（元）			122.21	158.89	101.32	131.71
	材料费（元）				10182.98	10233.64	10182.98	10233.64
	机械费（元）				1157.11	1398.01	1569.36	1953.09
	名称		单位	单价（元）	数量			
人工	综合人工		工日	155.44	4.748	6.173	3.936	5.117
材料	预制钢筋混凝土方桩		m³	1003.21	10.100	10.100	10.100	10.100
	其他材料费		元	1.00	50.600	101.320	50.600	101.320
机械	履带式柴油打桩机 2t		台班	973.91	0.760	0.918	—	—
	履带式柴油打桩机 5t		台班	1944.34	—	—	0.630	0.784
	履带式起重机 25t		台班	906.40	0.460	0.556	0.380	0.473

表4-18 预制桩相关定额单位估价表（二）　　　计量单位：10m

定额编号			1-3-179	1-3-180	1-3-181
项目名称			送桩		
			桩截面		
			200mm×200mm	250mm×250mm	300mm×300mm
基价（元）			667.83	822.56	1048.16
其中	人工费（元）		463.47	576.99	772.51
	其中	定额人工费（元）	386.23	480.82	643.76
		规费（元）	77.24	96.17	128.75
	材料费（元）		21.22	24.13	27.12
	机械费（元）		183.14	221.44	248.53
名称	单位	单价（元）	数量		
人工　综合人工	工日	154.44	3.001	3.736	5.002

注：因材料和机械内容太多，且对计算费用无影响，本表省略。

（3）综合单价计算　本例采用列式计算法。

1）打桩套用表4-17中〔1-3-1〕，计算得

$$人工费=(89.64÷10÷996×733.28)元/m=6.60元/m$$
$$定额人工费=(89.64÷10÷996×611.07)元/m=5.50元/m$$
$$规费=(89.64÷10÷996×122.21)元/m=1.10元/m$$
$$材料费=(89.64÷10÷996×10182.98)元/m=91.65元/m$$
$$机械费=(89.64÷10÷996×1157.11)元/m=10.41元/m$$

2）送桩套用表4-18中〔1-3-181〕，计算得

$$人工费=(222÷10÷996×772.51)元/m=17.22元/m$$
$$定额人工费=(222÷10÷996×643.76)元/m=14.35元/m$$
$$规费=(222÷10÷996×128.75)元/m=2.87元/m$$
$$材料费=(222÷10÷996×27.12)元/m=0.60元/m$$
$$机械费=(222÷10÷996×248.53)元/m=5.54元/m$$

3）以上两项合计，计算得

$$人工费=(6.60+17.22)元/m=23.82元/m$$
$$定额人工费=(5.50+14.35)元/m=19.85元/m$$
$$规费=(1.10+2.87)元/m=3.97元/m$$
$$材料费=(91.65+0.60)元/m=92.25元/m$$
$$机械费=(10.41+5.54)元/m=15.95元/m$$
$$管理费=[(19.85+15.95×8\%)×22.78\%]元/m=4.81元/m$$
$$利润=[(19.85+15.95×8\%)×13.81\%]元/m=2.92元/m$$
$$综合单价=(23.82+92.25+15.95+4.81+2.92)元/m=139.75元/m$$

【例4-13】　如图4-9所示，混凝土承台浇灌前须凿桩头，试计算凿桩头的工程量及综

合单价。

【解】 1）清单工程量计算。从表4-14知，可以选择以根计量，得

$$桩头数量 = (4×30)根 = 120根$$

2）编制工程量清单。根据表4-14项目特征描述及工作内容的要求，结合设计图并考虑一般施工做法列出工程量清单，见表4-19。

表4-19 分部分项工程量清单（例4-13）

序号	项目编码	项目名称	项目特征	计量单位	工程数量
1	010201004001	截（凿）桩头	1. 桩类型：钢筋混凝土预制方桩 2. 桩头截面、高度：300mm×300mm，50mm 3. 混凝土强度等级：C30 4. 有无钢筋：有	根	120

3）定额工程量计算：

$$V = (0.3×0.3×0.05×120)\,m^3 = 0.54m^3$$

4）选择计价依据。查某地"计价标准"相关定额子项的单位估价表，见表4-20。

表4-20 预制桩相关定额单位估价表（三）   计量单位：$10m^3$

定额编号			1-3-58	1-3-59	1-3-60
项目名称			凿桩头		桩头钢筋整理
			预制桩	灌注桩	
			$10m^3$		10根
基价（元）			2755.94	2297.94	72.12
其中	其中	人工费（元）	2498.38	2113.97	72.12
		定额人工费（元）	2081.98	1761.65	60.10
		规费（元）	416.60	352.32	12.02
		材料费（元）	—	—	—
		机械费（元）	257.56	183.97	—
	名称	单位	单价（元）	数量	
人工	综合人工12	工日	154.44	16.177	13.688	0.467
机械	手持式风动凿岩机	台班	11.50	5.005	3.575	—
	电动空气压缩机，1m³/min	台班	39.96	5.005	3.575	—

5）综合单价计算。本例采用列式计算法。

凿桩头套用表4-20中［1-3-58］，计算得

$$人工费 = (0.54÷10÷120×2498.38)元/根 = 1.13元/根$$
$$定额人工费 = (0.54÷10÷120×2081.98)元/根 = 0.94元/根$$
$$规费 = (0.54÷10÷120×416.60)元/根 = 0.19元/根$$
$$材料费 = (0.54÷10÷120×0)元/根 = 0$$
$$机械费 = (0.54÷10÷120×257.56)元/根 = 0.12元/根$$

$$管理费=[(0.94+0.12\times8\%)\times22.78\%]元/根=0.22\ 元/根$$

$$利润=[(0.94+0.12\times8\%)\times13.81\%]元/根=0.13\ 元/根$$

$$综合单价=(1.13+0+0.12+0.22+0.13)元/根=1.60\ 元/根$$

【例4-14】 某工程采用静力压桩机压预制方桩80根，设计桩长32m（分四段预制），桩截面尺寸为250mm×250mm，桩顶标高为-1.3m，招标工程量清单见表4-21，试计算定额工程量及综合单价。

表4-21　分部分项工程量清单（例4-14）

序号	项目编码	项目名称	项目特征	计量单位	工程数量
1	010301001001	预制钢筋混凝土方桩	1. 送桩深度、桩长：1.8m、32m(分四段) 2. 桩截面：250mm×250mm 3. 桩倾斜度：90° 4. 沉桩方式：静力压桩机压桩 5. 接桩方式：电焊 6. 混凝土强度等级：C30预制混凝土、40mm碎石、P.S42.5	m	2560

【解】 1) 定额工程量计算。

压桩定额工程量为 $(2560\times0.25\times0.25)\ m^3=160m^3$

接桩定额工程量为 $(3\times80)\ 个=240\ 个$

送桩定额工程量为 $[(1.3+0.5)\times80]m=144m$

2) 选择计价依据。查某地"计价标准"相关定额子项的单位估价表，见表4-22、表4-23。

表4-22　预制桩相关定额单位估价表（四）　　　　　计量单位：10m³

定额编号				1-3-7	1-3-8	1-3-9	1-3-10
项目名称				压预制钢筋混凝土方桩(桩长 m)			
				≤12	≤25	≤45	>45
基价(元)				11578.66	11957.31	11759.06	11668.67
其中	人工费(元)			492.05	385.95	308.73	270.12
	其中	定额人工费(元)		410.04	321.62	257.27	225.10
		规费(元)		82.01	64.33	51.46	45.02
	材料费(元)			10192.02	10192.55	10193.13	10193.70
	机械费(元)			894.59	1378.81	1257.20	1204.85
	名称	单位	单价(元)	数量			
人工	综合人工12	工日	155.44	3.184	2.499	1.999	1.749
材料	预制钢筋混凝土方桩	m³	1003.21	10.100	10.100	10.100	10.100
	金属周转材料	kg	3.58	2.270	2.402	2.580	2.740
	垫木	m³	1240.32	0.030	0.030	0.030	0.030
	白棕绳	kg	15.96	0.900	0.900	0.900	0.900

（续）

	名称	单位	单价（元）	数量			
机械	静力压桩机压桩 900kN	台班	1261.31	0.510	—	—	—
	静力压桩机压桩 2000kN	台班	2944.38	—	0.400	—	—
	静力压桩机压桩 3000kN	台班	3431.34	—	—	0.320	—
	静力压桩机压桩 4000kN	台班	3752.70	—	—	—	0.280
	履带式起重机 15t	台班	837.73	0.300	0.240	0.190	—
	履带式起重机 25t	台班	906.40	—	—	—	0.170

表 4-23 预制桩相关定额单位估价表（五）　　　　计量单位：10 个

定额编号			1-3-48	1-3-49	1-3-50
项目名称			方桩接桩		
			硫磺胶泥	焊接	法兰
基价（元）			1935.42	1459.99	1881.15
其中	其中	人工费（元）	356.76	742.70	1291.12
		定额人工费（元）	297.30	618.92	1075.93
		规费（元）	59.46	123.78	215.19
		材料费（元）	736.76	600.76	507.65
		机械费（元）	841.90	116.53	82.38
	名称	单位	单价（元）	数量		
人工	综合人工 12	工日	154.44	2.310	4.809	8.360

注：因材料和机械内容太多，且对计算费用无影响，本表省略。

3）综合单价计算。本例采用列式计算法。

①压桩套用表 4-22 中［1-3-9］，计算得

$$人工费 = (160÷10÷2560×308.73)元/m = 1.93 元/m$$

$$定额人工费 = (160÷10÷2560×257.27)元/m = 1.61 元/m$$

$$规费 = (160÷10÷2560×51.46)元/m = 0.32 元/m$$

$$材料费 = (160÷10÷2560×10193.13)元/m = 63.71 元/m$$

$$机械费 = (160÷10÷2560×1257.20)元/m = 7.86 元/m$$

②接桩套用表 4-23 中［1-3-49］，计算得

$$人工费 = (240÷10÷2560×742.70)元/m = 6.96 元/m$$

$$定额人工费 = (240÷10÷2560×618.92)元/m = 5.80 元/m$$

$$规费 = (240÷10÷2560×123.78)元/m = 1.16 元/m$$

$$材料费 = (240÷10÷2560×600.76)元/m = 5.63 元/m$$

$$机械费 = (240÷10÷2560×116.53)元/m = 1.09 元/m$$

③送桩套用表 4-18 中［1-3-180］，计算得

$$人工费 = (144÷10÷2560×576.99)元/m = 3.25 元/m$$

$$定额人工费 = (144÷10÷2560×480.82)元/m = 2.70 元/m$$

113

$$规费=(144÷10÷2560×96.17)元/m=0.54元/m$$
$$材料费=(144÷10÷2560×24.13)元/m=0.14元/m$$
$$机械费=(144÷10÷2560×221.44)元/m=1.25元/m$$

④以上三项合计，计算得

$$人工费=(1.93+6.96+3.25)元/m=12.14元/m$$
$$定额人工费=(1.61+5.80+2.70)元/m=10.11元/m$$
$$规费=(0.32+1.16+0.54)元/m=2.02元/m$$
$$材料费=(63.71+5.63+0.14)元/m=69.48元/m$$
$$机械费=(7.86+1.09+1.25)元/m=10.20元/m$$
$$管理费=[(10.11+10.20×8\%)×22.78\%]元/m=2.49元/m$$
$$利润=[(10.11+10.20×8\%)×13.81\%]元/m=1.51元/m$$
$$综合单价=(12.14+69.48+10.20+2.49+1.51)元/m=95.82元/m$$

4.2.3 灌注混凝土桩计算

1. 计算规则

（1）清单规则 混凝土灌注桩清单量计算有三种方法，见表4-15。

1）以米计量，按设计图示尺寸以桩长（包括桩尖）计算。

2）以立方米计量，按不同截面在桩上范围以体积计算。

3）以根计量，按设计图示数量计算。

（2）定额规则

1）回旋桩、旋挖桩、螺旋桩、冲击式钻孔桩成孔工程量按打桩前自然地坪标高至设计桩底标高的成孔长度乘以设计桩径截面面积，以体积计算。

2）沉管成孔工程量按打桩前自然地坪标高至设计桩底标高（不包括预制桩尖）的成孔长度乘以设计外径截面面积，以体积计算。

3）回旋桩、旋挖桩、冲击式钻孔桩灌注混凝土工程量按设计桩径截面面积乘以设计桩长（包括桩尖）另加加灌长度，再乘以相应充盈系数，以体积计算。加灌长度设计有规定者，按设计要求计算，无规定者，按1m计算。灌注桩充盈系数见表4-24。

表4-24 灌注桩充盈系数表

序号	项目名称	充盈系数
1	冲击式钻孔桩	1.3
2	回旋桩、旋挖桩	1.25
3	螺旋桩	1.2
4	沉管桩	1.15

4）螺旋桩灌注混凝土工程量按设计桩径截面面积乘以设计桩长（包括桩尖）另加加灌长度，再乘以相应充盈系数，以体积计算。加灌长度设计有规定者，按设计要求计算，无规定者，按0.5m计算。

5）沉管桩灌注混凝土工程量按设计外径截面面积乘以设计桩长（不包括预制桩尖）另加加灌长度，再乘以相应充盈系数，以体积计算。加灌长度设计有规定者，按设计要求计算，无规定者，按 0.5m 计算。

6）人工挖孔桩土石方工程量按交付地坪至设计桩底标高的成孔长度乘以设计护壁外截面面积，以体积计算。

7）人工挖孔桩灌注混凝土护壁工程量按设计图示截面面积乘以设计桩长另加加灌长度，再乘以相应充盈系数，以体积计算。加灌长度设计有规定者，按设计要求计算，无规定者，按 0.15m 计算。

8）人工挖孔桩桩芯按设计图示截面面积乘以设计桩长，以体积计算。设计有超灌长度规定者，按设计要求计算。

9）人工挖孔桩挖淤泥、流砂及入岩增加费按设计或签证以体积计算。

10）钻（冲）孔灌注桩、人工挖孔桩，设计要求扩底的，其扩底工程量按设计尺寸，以体积计算，计入相应的工程量内。

11）泥浆护壁钻孔灌注桩工程中泥浆制作工程量按成孔体积乘以 0.7 以体积（m^3）计算，泥浆运输工程量按钻孔体积乘以 0.5 以体积（m^3）计算。

12）桩孔回填工程量按打桩前自然地坪标高至桩加灌长度的顶面乘以桩孔截面面积，以体积计算。

13）埋设钢护筒的高度、直径按审定的施工组织设计确定，无具体规定时高度按 2m 计算，直径按设计桩身直径加 200mm 计算。

14）若设计桩顶标高至交付地坪标高高差小于以上规定的加灌长度时，加灌长度按实际计算。

15）回旋桩、旋挖桩、冲击式钻孔桩、扩孔桩灌注混凝土凿桩头按设计超灌高度（设计有规定按设计要求，设计无规定按 1m）乘以桩身设计截面面积，以体积计算；沉管桩、螺旋桩灌注混凝土凿桩头按设计超灌高度（设计有规定按设计要求，设计无规定按 0.5m）乘以桩身设计截面面积，以体积计算。

16）桩头钢筋整理，按所整理的桩的数量计算。

17）引桩工程量按设计引孔深度以延长米计算。

2. 预制混凝土桩尖计算方法

预制混凝土桩尖如图 4-10 所示。

桩尖可按以实体积计算，公式为

$$V_{尖} = \pi r^2 h_1 + \frac{1}{3}\pi R^2 h_2 = 1.0472(3r^2 h_1 + R^2 h_2) \quad (4\text{-}17)$$

式中　$V_{尖}$——单个桩尖体积（m^3）；

　　　π——圆周率，取 3.1416 计算；

　　　r——圆柱部分半径（m）；

　　　h_1——圆柱部分高度（m）；

　　　R——圆锥部分半径（m）；

　　　h_2——圆锥部分高度（m）。

图 4-10　预制混凝土桩尖

3. 扩底挖孔桩计算方法

挖孔桩的桩身若设计要求扩底，其形状由圆柱体、圆台、球冠三部分构成，如图 4-11 所示。

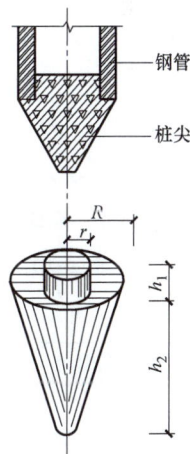

挖孔桩定额量（含挖孔、混凝土护壁及混凝土桩芯）按实际体积分段计算较合理，其计算公式为

$$V_1 = \pi r^2 h_1 \tag{4-18}$$

$$V_2 = \frac{1}{3}\pi h_2 (r^2 + R\,r + R^2) \tag{4-19}$$

$$V_3 = \frac{h_3}{6}\pi \left[\frac{3}{4}(2R)^2 + h_3^2 \right] \tag{4-20}$$

$$V_桩 = V_1 + V_2 + V_3 \tag{4-21}$$

式中　V_1——圆柱体部分体积（m^3）；

　　　V_2——圆台部分体积（m^3）；

　　　V_3——球冠部分体积（m^3）；

　　　π——圆周率，取 3.1416 计算；

　　　r——圆柱部分半径（m）；

　　　h_1——圆柱部分高度（m）；

　　　R——圆台扩大部分半径（m）；

　　　h_2——圆台部分高度（m）；

　　　h_3——球冠部分高度（m）。

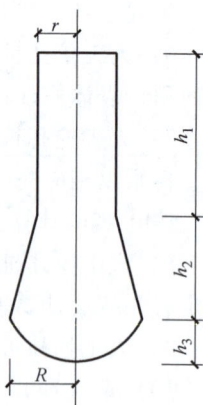

图 4-11　挖孔桩

【例 4-15】　某工程人工挖孔灌注混凝土桩（24 根）如图 4-11 所示，各部分设计尺寸为：$r = 0.8m$，$R = 1.2m$，$h_1 = 9.0m$，$h_2 = 3.0m$，$h_3 = 0.9m$，C20 预拌混凝土灌注护壁与桩芯，护壁厚 100mm，护壁高度为 9.0m，试计算相应工程量及该分项工程的综合单价。

【解】　（1）清单量计算　将设计尺寸代入式（4-18）~式（4-21）计算，得

$$V_1 = (3.1416 \times 0.8^2 \times 9.0)m^3 = 18.10m^3$$

$$V_2 = \left[\frac{1}{3} \times 3.1416 \times 3.0 \times (0.8^2 + 1.2 \times 0.8 + 1.2^2) \right] m^3 = 9.55m^3$$

$$V_3 = \frac{0.9m}{6} \times 3.1416 \times \left[\frac{3}{4} \times (2 \times 1.2)^2 + 0.9^2 \right] m^2 = 2.42m^3$$

$$V_桩 = V_清 = (18.10 + 9.55 + 2.42)m^3 \times 24 = 721.68m^3$$

根据表 4-15 项目特征描述及工作内容的要求，结合设计图并考虑一般施工做法列出工程量清单，见表 4-25。

表 4-25　分部分项工程量清单（例 4-15）

序号	项目编码	项目名称	项目特征	计量单位	工程数量
1	010302 004001	挖孔桩土（石）方	1. 地层情况：二类土 2. 挖孔深度：12.9m 3. 弃土（石）运距：12km	m^3	721.68
2	010302 005001	人工挖孔灌注桩	1. 桩芯长度：9m 2. 桩芯直径、扩底直径、扩底高度：1.6m，2.4m，0.9m 3. 护壁厚度、高度：100mm，9.0m 4. 护壁混凝土种类、强度等级：预拌混凝土，C25 5. 桩芯混凝土种类、强度等级：预拌混凝土，C30	m^3	721.68

（2）定额量计算

1）人工挖孔土方工程量。数量上等于清单量，$V_{挖} = V_{清} = 721.68\text{m}^3$。

2）混凝土护壁工程量。

$$V_4 = 18.10\text{m}^3 - [3.1416 \times (0.8 - 0.1)^2 \times 9.0]\text{m}^3 = 4.25\text{m}^3$$

$$V_{壁} = 4.25\text{m}^3 \times 24 = 102\text{m}^3$$

3）混凝土桩芯工程量。

$$V_{芯} = V_{挖} - V_{壁} = 721.68\text{m}^3 - 102\text{m}^3 = 619.68\text{m}^3$$

（3）选择计价依据　查某地"计价标准"相关定额子项的单位估价表，见表 4-26、表 4-27。

表 4-26　人工挖孔桩相关项目单位估价表（一）　　　　　计量单位：10m³

定额编号				1-3-147	1-3-148	1-3-149	1-3-150
项目名称				人工挖孔桩土方			
				桩径>1000mm,孔深/m			
				≤15	≤20	≤25	>25
基价（元）				1242.80	1489.97	1785.84	2140.50
其中	人工费（元）			1218.38	1462.08	1754.44	2105.17
	其中	定额人工费（元）		1015.31	1218.40	1462.03	1754.31
		规费（元）		203.07	243.68	292.41	350.86
	材料费（元）			—	—	—	—
	机械费（元）			24.42	27.89	31.40	35.33
名称		单位	单价（元）	数量			
人工	综合人工 12	工日	155.44	7.889	9.467	11.360	13.631
机械	轴流通风机,7.5kW	台班	30.75	0.794	0.907	1.021	1.149

表 4-27　人工挖孔桩相关项目单位估价表（二）　　　　　计量单位：10m³

定额编号				1-3-153	1-3-154	1-3-155
项目名称				人工挖孔桩灌注混凝土		
				护壁混凝土	桩芯	
					混凝土	毛石混凝土
基价（元）				4944.61	4660.43	4355.11
其中	人工费（元）			1280.31	583.78	526.95
	其中	定额人工费（元）		1066.92	486.49	439.12
		规费（元）		213.39	97.29	87.83
	材料费（元）			3664.30	3751.29	3410.36
	机械费（元）			—	325.36	417.80
名称		单位	单价（元）	数量		
人工	综合人工 12	工日	154.44	8.290	3.780	3.412
材料	预拌混凝土 C25	m³	361.00	10.100	—	—

（续）

	名称	单位	单价(元)	数量		
材料	预拌混凝土 C30	m³	369.00	—	10.100	8.588
	毛石(综合)	m³	79.78	—	—	2.720
	水	m³	5.94	2.285	3.930	3.930
	电	kW·h	0.47	6.916	1.560	1.560
	塑料薄膜	m²	0.12	11.50	2.700	2.700
机械	汽车式起重机,8t	台班	834.26	—	0.390	0.390
	机动翻斗车,1t	台班	237.02	—	—	0.390

（4）综合单价分析 本题用列式方法计算综合单价。

1）挖孔桩土方套用定额［1-3-147］得

$$人工费=(721.68\div10\div721.68\times1218.38)元/m^3=121.84\ 元/m^3$$

$$定额人工费=(721.68\div10\div721.68\times1015.31)元/m^3=101.53\ 元/m^3$$

$$规费=(721.68\div10\div721.68\times203.07)元/m^3=20.31\ 元/m^3$$

$$材料费=(721.68\div10\div721.68\times0)元/m^3=0$$

$$机械费=(721.68\div10\div721.68\times24.42)元/m^3=2.44\ 元/m^3$$

$$管理费=[(101.53+2.44\times8\%)\times22.78\%]元/m^3=23.17\ 元/m^3$$

$$利润=[(101.53+2.44\times8\%)\times13.81\%]元/m^3=14.05\ 元/m^3$$

$$综合单价=(121.84+0+2.44+23.17+14.05)元/m^3=161.50\ 元/m^3$$

2）人工挖孔灌注桩。

①灌注护壁混凝土套用定额［1-3-153］得

$$人工费=(102\div10\div721.68\times1280.31)元/m^3=18.10\ 元/m^3$$

$$定额人工费=(102\div10\div721.68\times1066.92)元/m^3=15.08\ 元/m^3$$

$$规费=(102\div10\div721.68\times213.39)元/m^3=3.02\ 元/m^3$$

$$材料费=(102\div10\div721.68\times3664.30)元/m^3=51.79\ 元/m^3$$

$$机械费=(102\div10\div721.68\times0)元/m^3=0$$

②灌注桩芯混凝土套用定额［1-3-154］得

$$人工费=(619.68\div10\div721.68\times583.78)元/m^3=51.13\ 元/m^3$$

$$定额人工费=(619.68\div10\div721.68\times486.49)元/m^3=41.77\ 元/m^3$$

$$规费=(619.68\div10\div721.68\times97.29)元/m^3=8.35\ 元/m^3$$

$$材料费=(619.68\div10\div721.68\times3751.29)元/m^3=322.11\ 元/m^3$$

$$机械费=(619.68\div10\div721.68\times325.36)元/m^3=27.94\ 元/m^3$$

③以上两项合计，计算得

$$人工费=(18.10+51.13)元/m^3=69.23\ 元/m^3$$

$$定额人工费=(15.08+41.77)元/m^3=56.85\ 元/m^3$$

$$规费=(3.02+8.35)元/m^3=11.37\ 元/m^3$$

$$材料费=(51.79+322.11)元/m^3=373.90\ 元/m^3$$

$$机械费=(0+27.94)元/m^3=27.94\ 元/m^3$$

$$管理费=[(63.23+27.94×8\%)×22.78\%]元/m^3=14.91\ 元/m^3$$

$$利润=[(63.23+27.94×8\%)×13.81\%]元/m^3=9.04\ 元/m^3$$

$$综合单价=(69.23+373.90+27.94+14.91+9.04)元/m^3=495.02\ 元/m^3$$

【例4-16】 某钢筋混凝土灌注桩工程,设计桩径为1500mm,设计桩长为30m(含桩尖高0.6m),数量为100根,C30预拌混凝土,设计桩顶标高低于自然地表1.5m,采用振动沉管孔。桩尖为成品混凝土桩尖,单价80元/个。招标工程量清单见表4-28。试计算相应定额工程量及沉管灌注桩综合单价。

表4-28 分部分项工程量清单 (例4-16)

序号	项目编码	项目名称	项目特征	计量单位	工程数量
1	010302 002001	沉管灌注桩	1. 空桩深度、桩长:30m 2. 桩径:1500mm 3. 沉管方法:振动式沉管 4. 桩尖类型:成品混凝土桩尖 5. 混凝土种类、强度等级:预拌混凝土,C30	m	3000

【解】 (1)定额工程量计算

1)成孔工程量。按定额规则计算,得

$$成孔工程量=成孔长度×设计外径截面面积$$
$$=[3000×(1.5÷2)^2×3.1416]m^3=5301.45m^3$$

2)灌注混凝土工程量。按设计外径截面面积乘以设计桩长(不包括预制桩尖)另加加灌长度,再乘以相应充盈系数计算,得

$$灌注混凝土工程量=外径截面面积×(设计桩长-桩尖高+加灌长度)×根数×充盈系数$$
$$=[(1.5÷2)^2×3.1416×(30-0.6+0.5)×100×1.15]m^3=6076.35m^3$$

3)成品桩尖数量:100个。

(2)选择计价依据 查某地计价标准相关定额子项的单位估价表,见表4-29、表4-30。

表4-29 灌注桩相关项目单位估价表 (一) 计量单位:10m³

	定额编号		1-3-122	1-3-123	1-3-124
	项目名称		振动式沉管成孔		
			桩长/m		
			≤12	≤25	>25
	基价(元)		1855.33	1445.05	1306.33
其中	其中	人工费(元)	868.42	675.37	605.25
		定额人工费(元)	723.68	562.81	504.38
		规费(元)	144.74	112.56	100.87
	材料费(元)		37.95	37.95	37.95
	机械费(元)		948.96	731.73	663.13

	名称	单位	单价（元）	数量		
人工	综合人工12	工日	154.44	5.623	4.373	3.919
材料	垫木	m³	1240.32	0.030	0.030	0.030
	其他材料费	元	1.00	0.740	0.740	0.740
机械	振动沉拔桩机，激振力400kN	台班	1143.33	0.830	0.640	0.580

表4-30 灌注桩相关项目单位估价表（二） 计量单位：10m³

定额编号			1-3-132	1-3-133	1-3-134	1-3-135
项目名称			灌注混凝土			
			回旋（旋挖）钻孔	冲击钻孔	沉管成孔	螺旋成孔
基价（元）			5095.46	5110.57	4189.10	4316.43
其中	人工费（元）		453.74	474.29	289.88	261.16
	其中	定额人工费（元）	378.12	395.24	241.57	217.63
		规费（元）	75.62	79.05	48.31	43.53
	材料费（元）		4512.10	4512.10	3764.17	3925.65
	机械费（元）		129.62	124.18	135.05	129.62

	名称	单位	单价/元	数量			
人工	综合人工12	工日	155.44	2.938	3.071	1.877	1.691
材料	预拌水下混凝土 C30	m³	442.32	10.100	10.100	—	—
	预拌混凝土 C30	m³	369.00	—	—	10.100	—
	预拌细石混凝土 C30	m³	384.83	—	—	—	10.100
	其他材料费	元	1.00	44.670	44.670	37.720	38.870
机械	履带式起重机，25t	台班	96.40	0.143	0.137	0.149	0.143

（3）综合单价分析 本题用列式方法计算综合单价。

1）沉管成孔套用定额［1-3-124］得

$$人工费 = (5301.45÷10÷3000×605.25)元/m = 106.96 元/m$$

$$定额人工费 = (5301.45÷10÷3000×504.38)元/m = 89.13 元/m$$

$$规费 = (5301.45÷10÷3000×100.87)元/m = 17.83 元/m$$

$$材料费 = (5301.45÷10÷3000×37.95)元/m = 6.71 元/m$$

$$机械费 = (5301.45÷10÷3000×663.13)元/m = 117.19 元/m$$

2）灌注混凝土套用定额［1-3-134］得

$$人工费 = (6076.35÷10÷3000×289.88)元/m = 58.71 元/m$$

$$定额人工费 = (6076.35÷10÷3000×241.57)元/m = 48.93 元/m$$

$$规费 = (6076.35÷10÷3000×48.31)元/m = 9.78 元/m$$

$$材料费 = (6076.35÷10÷3000×3764.17+100÷3000×80)元/m = 765.08 元/m$$

$$机械费 = (6076.35÷10÷3000×135.05)元/m = 27.35 元/m$$

3) 以上两项合计，计算得

$$人工费 = (106.96 + 58.71) 元/m = 165.67 元/m$$

$$定额人工费 = (89.13 + 48.93) 元/m = 138.06 元/m$$

$$规费 = (17.83 + 9.78) 元/m = 27.61 元/m$$

$$材料费 = (6.71 + 765.08) 元/m = 771.79 元/m$$

$$机械费 = (117.19 + 27.35) 元/m = 144.54 元/m$$

$$管理费 = [(138.06 + 144.54 \times 8\%) \times 22.78\%] 元/m = 34.08 元/m$$

$$利润 = [(138.06 + 144.54 \times 8\%) \times 13.81\%] 元/m = 20.66 元/m$$

$$综合单价 = (165.67 + 771.79 + 144.54 + 34.08 + 20.66) 元/m = 1136.74 元/m$$

4.3　砌体及混凝土基础

4.3.1　砌体基础分项与计算

砌体基础主要是砖基础和毛石基础，毛石基础在多山的地区使用普遍，砖基础在平原地区使用普遍，因为可以就地取材，经济适用。一般砌体基础多做成墙下条形基础（也称为带形基础）。

1. 清单分项及计算规则

《计算规范》将砌体基础项目划分为砖基础、石基础等2个子项目，其内容见表4-31。

表 4-31　砌体基础清单项目及计算规则

项目编码	项目名称	项目特征	计量单位	工程量计算规则	工作内容
010401001	砖基础	1. 砖品种、规格、强度等级 2. 基础类型 3. 砂浆强度等级 4. 防潮层材料种类	m^3	按设计图示尺寸以体积计算 包括附墙垛基础宽出部分体积，扣除地梁（圈梁）、构造柱所占体积，不扣除基础大放脚T形接头处的重叠部分及嵌入基础内的钢筋、铁件、管道、基础砂浆防潮层和单个面积 $\leq 0.3m^2$ 的孔洞所占体积，靠墙暖气沟的挑檐不增加 基础长度：外墙按中心线，内墙按净长线计算	1. 砂浆制作、运输 2. 砌砖 3. 防潮层铺设 4. 材料运输
010403001	石基础	1. 石料种类、规格 2. 基础类型 3. 砂浆强度等级	m^3	按设计图示尺寸以体积计算。 包括附墙垛基础宽出部分体积，不扣除基础砂浆防潮层及单个面积 $\leq 0.3m^2$ 的孔洞所占体积，靠墙暖气沟的挑檐不增加体积 基础长度：外墙按外墙中心线，内墙按净长计算	1. 砂浆制作、运输 2. 吊装 3. 砌石 4. 防潮层铺设 5. 材料运输

2. 定额分项及计算规则

（1）定额分项　"预算定额"将砌体基础项目划分为砖基础、毛石基础、粗料石基础等 3 个子项目，另外垫层和防潮层单独列项计算。垫层可划分为若干子项目，最常用的是干铺碎石垫层和混凝土基础垫层 2 个项目。防潮层可划分为平面防潮和立面防潮等项目。

（2）计算规则

1）砖基础、毛石基础为同一计算规则，均按体积以 m³ 计算。

基础长度：外墙按外墙基中心线长度计算，内墙按内墙基顶净长计算。

基础大放脚 T 形接头处的重叠部分及嵌入基础的钢筋、铁件、管道、基础砂浆防潮层及单个面积在 0.3m² 以内的孔洞所占体积不予扣除，靠墙暖气沟的挑檐也不增加。附墙垛基础宽出部分体积应并入基础工程量内。

2）垫层按图示尺寸以实际体积计算。

3）墙基防潮层，外墙长度按外墙基中心线，内墙按内墙基净长乘以宽度以平方米计算。

3. 基础与墙（柱）身的划分

1）基础与墙（柱）身使用同一种材料时，以设计室内地面（即 ±0.000）为界（有地下室者，以地下室室内设计地面为界），以下为基础，以上为墙（柱）身。

2）基础与墙（柱）身使用不同材料时，位于设计室内地面 ±300mm 以内时，以不同材料为分界线，超过 ±300mm 时，以设计室内地面为分界线。

3）砖、石围墙，以设计室外地坪为分界线，以下为基础，以上为墙身。

4. 计算方法

对比清单规则与定额规则，砌体基础工程量计算的规定是大同小异的。砌体所用材料价格相对而言要小，故计算并不追求精确解，主要体现在内外墙基交接的 T 形接头处，内墙按内墙基（顶）净长计算（详见图 4-3 中的 $L_{基}$），便会产生与外墙基的重叠计算，定额规则规定不予扣除。由于砌体基础多为条形基础，其计算公式可表达为

$$砌体条形基础工程量 = 计算长度 \times 基础断面面积 - 应扣体积 + 应并入体积$$

$$V_石 = (L_中 或 L_基) \times F_基 - V_扣 + V_并 \tag{4-22}$$

其中

$$L_基 = 内墙定位轴线长(L_{内中}) - 与内墙基相交的外墙基顶内侧宽度$$

【例 4-17】 按图 4-8 所示，计算内外墙毛石基础、砖基础、C10 混凝土垫层工程量，设毛石基础每层高度为 350mm，混凝土垫层厚 100mm。

【解】 （1）毛石基础计算（清单量与定额量相同） 在例 4-10 中已求得 $L_中 = 60.46$m。则外墙毛石基础断面面积为

$$F_外 = [(1.4+1.0+0.6) \times 0.35]m^2 = 1.05m^2$$

内墙基础顶面净长线为

$$L_{基顶} = [12 - (0.125+0.1175) \times 2]m = 11.52m$$

内墙毛石基础断面面积为

$$F_内 = F_外 = 1.05m^2$$

毛石基础工程量为

$$V_石 = L_中 F_外 + L_{基顶} F_内 = [(60.46+11.52) \times 1.05]m^3 = 75.58m^3$$

（2）砖基础计算 本例中砖基础在毛石基础之上，其高度 $H = (1.6 - 0.35 \times 3)$mm =

0.55m>0.3m，应按独立的砖基础计算（清单量与定额量相同）。

外墙中心线长为

$$L_{中} = [(9+9+12)\times 2 + 0.0575\times 8]m = 60.46m$$

外墙砖基础断面面积为

$$F_{外} = (0.55\times 0.365)m^2 = 0.20m^2$$

内墙基础顶面净长线（等于内墙净长）长度为

$$L_{内} = (12-0.125\times 2)m = 11.75m$$

内墙砖基础断面面积为

$$F_{内} = F_{外} = 0.20m^2$$

砖基础工程量为

$$V_{砖} = L_{中}\,F_{外} + L_{内}\,F_{内} = [(60.46+11.75)\times 0.20]m^3 = 14.44m^3$$

（3）混凝土垫层计算 混凝土垫层定额工程量应按实际体积计算，即外墙长度按中心线，内墙长度按垫层净长乘以垫层断面面积以立方米计算。

外墙中心线长为

$$L_{中} = [(9+9+12)\times 2 + 0.0575\times 8]m = 60.46m$$

外墙垫层断面面积为

$$F_{外} = [(0.7425+0.8575)\times 0.1]m^2 = 0.16m^2$$

内墙垫层净长线为

$$L_{垫} = (12-0.7425\times 2)m = 10.515m$$

内墙垫层断面面积为

$$F_{内} = [(0.8+0.8)\times 0.1]m^2 = 0.16m^2$$

垫层工程量为

$$V_{垫} = L_{中}\,F_{外} + L_{垫}\,F_{内} = [(60.46+10.515)\times 0.16]m^3 = 11.37m^3$$

（4）墙基防潮层计算 一般墙基水平防潮层设置在±0.000以下60mm的位置，其定额工程量按面积计算，即外墙长度按中心线，内墙按净长乘以墙厚以平方米计算。

外墙中心线长为

$$L_{中} = [(9+9+12)\times 2 + 0.0575\times 8]m = 60.46m$$

内墙净长线长为

$$L_{内} = (12-0.125\times 2)m = 11.75m$$

墙厚 $h=0.365m$，则防潮层工程量为

$$S_{潮} = [(60.46+11.75)\times 0.365]m^2 = 26.36m^2$$

【例4-18】 依据例4-17的计算结果编制工程量清单并计算各分项工程的综合单价。

【解】 （1）编制工程量清单 砌体基础工程量清单见表4-32。

表4-32 砌体基础工程量清单

序号	项目编码	项目名称	项目特征	计量单位	工程数量
1	010401001001	砖基础	1. 砖品种、规格、强度等级:普通黏土砖 2. 基础类型:条形基础 3. 砂浆强度等级:M5 水泥砂浆 4. 防潮层材料种类:1:2 水泥砂浆（加防水粉）	m³	14.44

（续）

序号	项目编码	项目名称	项目特征	计量单位	工程数量
2	010403001001	石基础	1. 石料种类、规格:平毛石 2. 基础类型:条形基础 3. 砂浆强度等级:M5 水泥砂浆 4. 垫层材料种类:C10 现浇混凝土,40mm 碎石,P.S32.5	m^3	75.58

注：工程量清单中不出现垫层及防潮层工程量。

（2）选择计价依据　查用某地"计价标准"中的单位估价表，见表 4-33。

表 4-33　砖石基础单位估价表

定额编号			1-4-1	1-4-63	1-5-1	1-9-108
项目名称			砖基础	石基础 毛料石	混凝土 基础垫层	防水砂浆 平面
			$10m^3$	$10m^3$	$10m^3$	$100m^2$
基价（元）			4510.16	3853.36	4086.52	2603.25
其中	其中	人工费（元）	1518.76	1342.08	571.74	2056.68
		定额人工费（元）	1265.64	1118.40	476.45	1713.90
		规费（元）	253.12	223.68	95.29	342.78
	材料费（元）		2923.20	2397.90	3514.78	480.50
	机械费（元）		68.20	113.38	—	66.07
名称	单位	单价（元）	数量			
人工	综合人工 12	工日	154.44	9.834	8.600	3.702	13.317
材料	干拌砌筑砂浆（M10）	m^3	375.74	2.399	3.987	—	—
	标准砖 240mm×115mm×53mm	千块	383.04	5.262	—	—	—
	水	m^3	5.94	1.050	0.790	3.95	3.80
	毛石（综合）	m^3	79.78	—	11.220	—	—
	预拌混凝土 C15	m^3	345.00	—	—	10.100	—
	电	kW·h	0.47	—	—	2.310	—
	塑料薄膜	m^2	0.12	—	—	47.775	—
	干拌防水砂浆（M20）	m^3	243.67	—	—	—	10.25
	素水泥浆	m^3	338.49	—	—	—	0.615
机械	砂浆搅拌机 20000L	台班	284.17	0.240	0.399	—	—
	砂浆搅拌机 200L	台班	244.70	—	—	—	0.270

（3）综合单价分析　本题用列式方法计算综合单价。

1）砖基础项目。

①砖基础套用定额［1-4-1］得

人工费 = （14.44÷10÷14.44×1518.76）元/m^3 = 151.88 元/m^3

定额人工费 $=(14.44\div10\div14.44\times1265.64)$ 元$/m^3=126.56$ 元$/m^3$

规费 $=(14.44\div10\div14.44\times253.12)$ 元$/m^3=25.31$ 元$/m^3$

材料费 $=(14.44\div10\div14.44\times2923.20)$ 元$/m^3=292.32$ 元$/m^3$

机械费 $=(14.44\div10\div14.44\times68.20)$ 元$/m^3=6.82$ 元$/m^3$

②防潮层套用定额［1-9-108］得

人工费 $=(26.36\div100\div14.44\times2056.68)$ 元$/m^3=37.54$ 元$/m^3$

定额人工费 $=(26.36\div100\div14.44\times1713.90)$ 元$/m^3=31.29$ 元$/m^3$

规费 $=(26.36\div100\div14.44\times342.78)$ 元$/m^3=6.25$ 元$/m^3$

材料费 $=(26.36\div100\div14.44\times480.50)$ 元$/m^3=8.77$ 元$/m^3$

机械费 $=(26.36\div100\div14.44\times66.07)$ 元$/m^3=1.21$ 元$/m^3$

③以上两项合计，计算得

人工费 $=(151.88+37.54)$ 元$/m^3=189.42$ 元$/m^3$

定额人工费 $=(126.56+31.29)$ 元$/m^3=157.85$ 元$/m^3$

规费 $=(25.31+6.25)$ 元$/m^3=31.56$ 元$/m^3$

材料费 $=(292.32+8.77)$ 元$/m^3=301.09$ 元$/m^3$

机械费 $=(6.82+1.21)$ 元$/m^3=8.03$ 元$/m^3$

管理费 $=[(157.85+8.03\times8\%)\times22.78\%]$ 元$/m^3=36.10$ 元$/m^3$

利润 $=[(157.85+8.03\times8\%)\times13.81\%]$ 元$/m^3=21.89$ 元$/m^3$

综合单价 $=(189.42+301.09+8.03+36.10+21.89)$ 元$/m^3=556.53$ 元$/m^3$

2）石基础项目。

①石基础套用定额［1-4-63］得

人工费 $=(75.58\div10\div75.58\times1342.08)$ 元$/m^3=134.21$ 元$/m^3$

定额人工费 $=(75.58\div10\div75.58\times1118.40)$ 元$/m^3=111.84$ 元$/m^3$

规费 $=(75.58\div10\div75.58\times223.68)$ 元$/m^3=22.37$ 元$/m^3$

材料费 $=(75.58\div10\div75.58\times2397.90)$ 元$/m^3=239.79$ 元$/m^3$

机械费 $=(75.58\div10\div75.58\times113.38)$ 元$/m^3=11.34$ 元$/m^3$

②垫层套用定额［1-5-1］得

人工费 $=(11.37\div10\div75.58\times571.74)$ 元$/m^3=8.60$ 元$/m^3$

定额人工费 $=(11.37\div10\div75.58\times476.45)$ 元$/m^3=7.17$ 元$/m^3$

规费 $=(11.37\div10\div75.58\times95.29)$ 元$/m^3=1.43$ 元$/m^3$

材料费 $=(11.37\div10\div75.58\times3514.78)$ 元$/m^3=52.88$ 元$/m^3$

机械费 $=(11.37\div10\div75.58\times0)$ 元$/m^3=0$

③以上两项合计，计算得

人工费 $=(134.21+8.60)$ 元$/m^3=142.81$ 元$/m^3$

定额人工费 $=(111.84+7.17)$ 元$/m^3=119.01$ 元$/m^3$

规费 $=(22.37+1.43)$ 元$/m^3=23.80$ 元$/m^3$

材料费 $=(239.79+52.88)$ 元$/m^3=292.67$ 元$/m^3$

机械费 $=(11.34+0)$ 元$/m^3=11.34$ 元$/m^3$

管理费 $=[(119.01+11.34\times8\%)\times22.78\%]$ 元$/m^3=27.32$ 元$/m^3$

125

$$利润 = \left[(119.01+11.34\times8\%)\times13.81\% \right] 元/m^3 = 16.56\ 元/m^3$$

$$综合单价 = (142.81+292.67+11.34+27.32+16.56)\ 元/m^3 = 490.70\ 元/m^3$$

4.3.2 混凝土基础分项与计算

1. 清单分项及计算规则

《计算规范》将混凝土基础项目划分为垫层、带形基础、独立基础、满堂基础、桩承台基础、设备基础等6个子项目，其内容见表4-34。

表4-34 混凝土基础清单项目及计算规则

项目编码	项目名称	项目特征	计量单位	工程量计算规则	工作内容
010501001	垫层	1. 混凝土种类 2. 混凝土强度等级	m³	按设计图示尺寸以体积计算。不扣除伸入承台基础的桩头所占体积	1. 模板及支撑制作、安装、拆除、堆放、运输及清理模内杂物、刷隔离剂等 2. 混凝土制作、运输、浇筑、振捣、养护
010501002	带形基础				
010501003	独立基础				
010501004	满堂基础				
010501005	桩承台基础				
010501006	设备基础	1. 混凝土种类 2. 混凝土强度等级 3. 灌浆材料及其强度等级			

2. 定额分项及计算规则

（1）定额分项 "预算定额"将混凝土基础项目划分为带形基础、独立基础、杯形基础、满堂基础、设备基础、桩承台基础等子项目，基础垫层单列计算。

（2）计算规则

1）混凝土基础按图示尺寸实体体积以立方米计算，不扣除构件内钢筋、预埋铁件（预埋件）所占体积。

2）带形混凝土基础，其肋高≤1.2m的按有肋带形基础计算；肋高>1.2m时，扩大顶面以下的基础部分按带形基础计算，扩大顶面以上部分按墙计算，如图4-12所示。

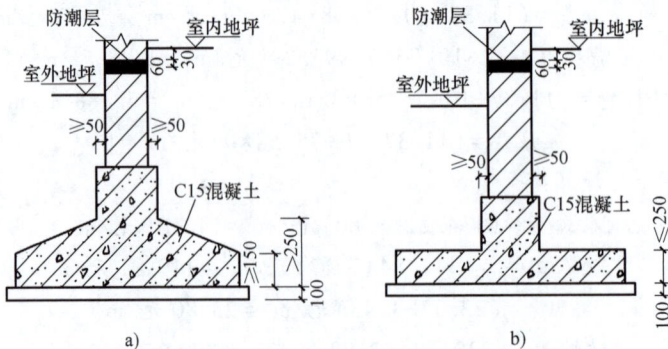

图4-12 带形混凝土基础
a）带肋锥形 b）带肋平板式

3）箱式满堂基础应分别按无梁式满堂基础、柱、墙、梁、板有关规定计算，套相应定额项目。箱式满堂基础如图4-13所示。

4）设备基础除块体以外，其他类型设备基础分别按基础、梁、柱、板、墙有关规定计算，套相应定额项目。

3. 计算方法

比较清单规则和定额规则，两者对混凝土基础工程量计算的规定是一致的，下面详细介绍常用混凝土基础的计算方法。

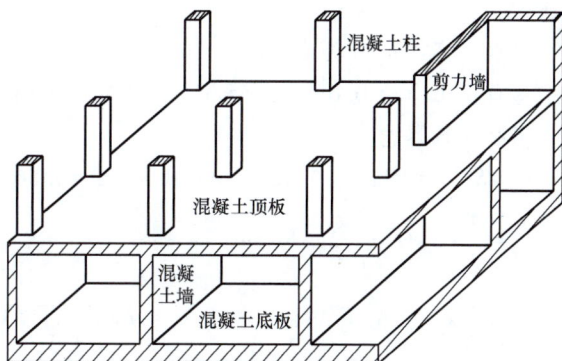

图4-13 箱式满堂基础

（1）**杯形基础** 杯形基础如图4-14所示，其形体可分解为一个立方体底座，加一个四棱台中台，再加一个立方体上座，扣减一个倒四棱台杯口。

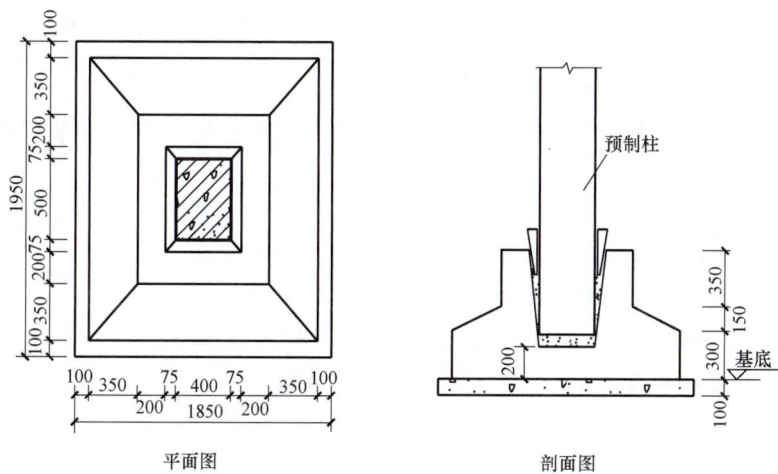

图4-14 杯形基础示意图

四棱台的计算公式为

$$V = \frac{1}{3}(S_上 + S_下 + \sqrt{S_上 \times S_下})h \tag{4-23}$$

式中　V——四棱台体积；

$S_上$——四棱台上表面积；

$S_下$——四棱台下底面积；

h——四棱台计算高度。

【例4-19】 某工程做杯形基础（见图4-14）6个，试求其混凝土工程量。

【解】 由图中条件知，该杯形基础由下到上可以分解为四个部分计算，其中第二和第四部分按四棱台计算，第一和第三部分按立方体计算。

各部分尺寸为：

底座：长（A）为1.75m，宽（B）为1.65m，面积为1.75m×1.65m，高（h_1）为0.3m。

上台：长（a）为1.05m，宽（b）为0.95m，面积为1.05m×0.95m，高（h_3）为0.35m。

中台：高（h_2）为0.15m。

杯口：上口为0.65m×0.55m，下口为0.5m×0.4m，深度（h_4）为0.6m。

用公式计算得：

$$V_1 = S_1 h_1 = ABh_1 = (1.75 \times 1.65 \times 0.3)\,m^3 = 0.866\,m^3$$

$$V_2 = \frac{1}{3}(S_1 + S_2 + \sqrt{S_1 \times S_2})h_2$$

$$= \frac{1}{3} \times (1.75 \times 1.65 + 1.05 \times 0.95 + \sqrt{1.75 \times 1.65 \times 1.05 \times 1.05})\,m^2 \times 0.15\,m = 0.279\,m^3$$

$$V_3 = S_2 h_3 = abh_3 = (1.05 \times 0.95 \times 0.35)\,m^3 = 0.349\,m^3$$

$$V_4 = \frac{1}{3}(S_{上} + S_{下} + \sqrt{S_{上} \times S_{下}})h_4$$

$$= \frac{1}{3} \times (0.65 \times 0.55 + 0.5 \times 0.4 + \sqrt{0.65 \times 0.55 \times 0.5 \times 0.4})\,m^2 \times 0.6\,m = 0.165\,m^3$$

$$V = (V_1 + V_2 + V_3 - V_4)n = (0.866 + 0.279 + 0.349 - 0.165)\,m^3 \times 6 = 7.97\,m^3$$

（2）带形基础 带形基础混凝土体积可按计算长度乘以断面面积计算，其计算公式表达为

$$V = LF \tag{4-24}$$

式中 L——计算长度，外墙按外墙中心线长度，内墙按净长度计算。

F——带形基础断面面积，按图示尺寸计算。

带形基础如图4-15所示，计算时可能有以下三种断面情况：

1）断面为矩形。如图4-15a所示，断面面积计算式为

$$F_1 = Bh \tag{4-25}$$

式中 B——基底宽度；

h——基础高度。

外墙长取外墙中心线长（$L_{中}$），内墙取基础底面之间净长度（$L_{基底}$），则外墙带形基础体积为

$$V_{外} = L_{中} F_1 = L_{中} Bh \tag{4-26}$$

内墙带形基础体积为

$$V_{内} = L_{基底} F_1 = L_{基底} Bh \tag{4-27}$$

2）断面为梯形。如图4-15b所示，断面面积计算式为

$$F_2 = (B+b)\frac{h_1}{2} + Bh_2 \tag{4-28}$$

式中 h_1——梯形部分高度；

h_2——矩形部分高度；

B——基底宽度；

b——基顶宽度。

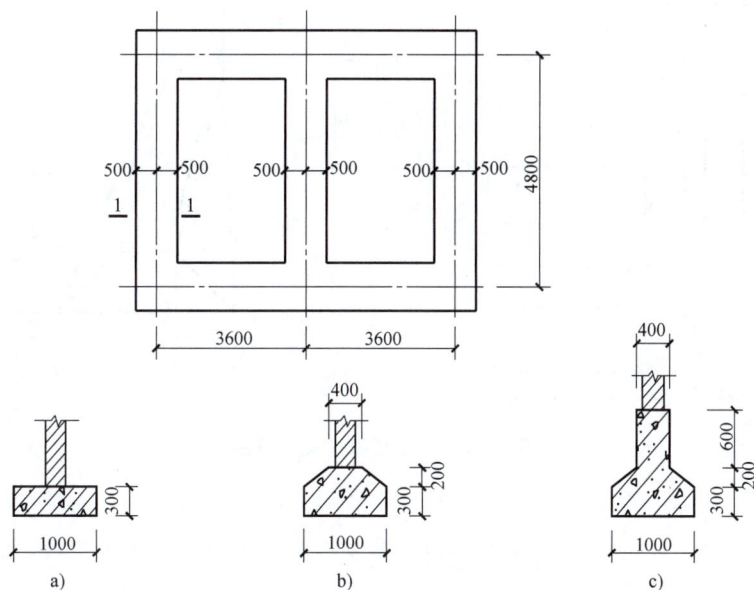

图 4-15　不同断面带形基础

a）矩形断面　b）梯形断面　c）带肋梯形断面

外墙长取外墙中心线长（$L_中$），则外墙带形基础体积为

$$V_外 = L_中 F_2 \tag{4-29}$$

内墙带形基础体积应先算净长部分体积，再加两端搭头体积，如图 4-16 所示。

$$V_内 = L_{基底} F_2 + 2V_{搭1} \tag{4-30}$$

其中

$$V_{搭1} = L_a h_1 \frac{B+2b}{6} \tag{4-31}$$

式中　L_a——内墙在 T 形搭头处斜面的水平投影长，若内外墙基础断面相同，则

$$L_a = \frac{B-b}{2} \tag{4-32}$$

3）断面为带肋梯形。如图 4-15c 以及图 4-16 所示，断面面积计算式为

$$F_3 = bH + (B+b)\frac{h_1}{2} + Bh_2 \tag{4-33}$$

式中　H——肋梁高度；

其余符号含义同前。

外墙长仍取外墙中心线长（$L_中$），则外墙带形基础体积为

$$V_外 = L_中 F_3 \tag{4-34}$$

内墙带形基础体积应按下式方法计算，即先算净长部分体积，再加两端搭头体积：

$$V_内 = L_{基底} F_3 + 2V_{搭2} \tag{4-35}$$

其中：

$$V_{搭2} = L_a \left(bH + h_1 \frac{B+2b}{6} \right) \tag{4-36}$$

129

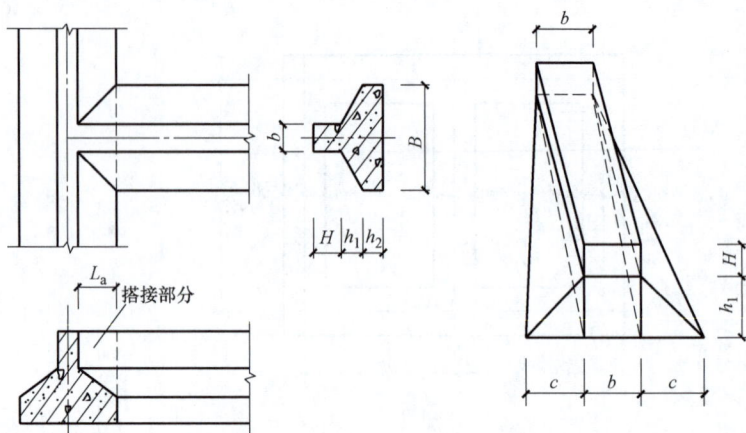

图 4-16　带形基础搭头示意图

【例 4-20】　计算图 4-15 所示带形混凝土基础在三种不同断面情况下的工程量。

【解】　1）矩形断面。

外墙中心线长度为

$$L_{中} = (3.6+3.6+4.8)\,\mathrm{m} \times 2 = 24\mathrm{m}$$

内墙基础之间净长度为

$$L_{基底} = (4.8-0.5\times2)\,\mathrm{m} = 3.8\mathrm{m}$$

基础断面面积为

$$F_1 = (1.0\times0.3)\,\mathrm{m}^2 = 0.30\mathrm{m}^2$$

带形基础工程量为

$$V_1 = \left[(24+3.8)\times0.30\right]\mathrm{m}^3 = 8.34\mathrm{m}^3$$

2）梯形断面。

外墙中心线长度为

$$L_{中} = 24\mathrm{m}$$

内墙基础之间净长度为

$$L_{基底} = 3.8\mathrm{m}$$

基础断面面积为

$$F_2 = \left[(1.0+0.4)\times\frac{0.2}{2}+1.0\times0.3\right]\mathrm{m}^2 = 0.44\mathrm{m}^2$$

搭头体积为

$$V_{搭1} = \left(\frac{1.0-0.4}{2}\times0.2\times\frac{1.0+2\times0.4}{6}\right)\mathrm{m}^3 = (0.3\times0.2\times0.3)\,\mathrm{m}^3 = 0.018\mathrm{m}^3$$

带形基础工程量为

$$V_2 = \left[(24+3.8)\times0.44+2\times0.018\right]\mathrm{m}^3 = 12.27\mathrm{m}^3$$

3）带肋梯形断面。

外墙中心线长度为

$$L_{中} = 24\text{m}$$

内墙基础之间净长度为

$$L_{基底} = 3.8\text{m}$$

基础断面面积为

$$F_3 = \left[0.6 \times 0.4 + (1.0 + 0.4) \times \frac{0.2}{2} + 1.0 \times 0.3 \right] \text{m}^2 = 0.68\text{m}^2$$

搭头体积为

$$V_{搭} = \left[\frac{1.0 - 0.4}{2} \times \left(0.6 \times 0.4 + \frac{1.0 + 2 \times 0.4}{6} \times 0.2 \right) \right] \text{m}^3$$

$$= \left[0.3 \times (0.24 + 0.3 \times 0.2) \right] \text{m}^3$$

$$= 0.09\text{m}^3$$

带形基础工程量为

$$V_3 = \left[(24 + 3.8) \times 0.68 + 2 \times 0.09 \right] \text{m}^3 = 19.08\text{m}^3$$

【例 4-21】　按图 4-9 所示, 代入具体尺寸, 计算承台基础的工程量。

【解】　承台基础工程量为

$$V_{承台} = \left[1.9 \times 1.9 \times (0.35 + 0.05) \times 30 \right] \text{m}^3 = 43.32\text{m}^3$$

【例 4-22】　依据例 14-19 的计算结果, 并结合常规做法, 编制杯形基础工程量清单并计算其分项工程综合单价。

【解】　1) 编制工程量清单。杯形基础工程量清单见表 4-35。

表 4-35　杯形基础工程量清单

序号	项目编码	项目名称	项目特征	计量单位	工程数量
1	010501003001	独立基础	1. 混凝土种类:预拌混凝土 2. 混凝土强度等级:C25 3. 垫层种类:C15 预拌混凝土	m^3	7.97

注: 工程量清单中不出现垫层工程量。

2) 选择计价依据。查用某地"计价标准"的单位估价表, 见表 4-36。

表 4-36　混凝土基础单位估价表　　　　　　　　　　计量单位:10m^3

定额编号			1-5-3	1-5-5	1-5-6	1-5-9
项目名称			带形基础	独立基础	杯形基础	桩承台
基价(元)			4182.26	4088.37	4098.55	4159.41
其中	其中	人工费(元)	527.57	432.59	442.32	503.63
		定额人工费(元)	439.64	360.49	368.60	419.69
		规费(元)	87.93	72.10	73.72	83.94
	材料费(元)		3654.69	3655.78	3656.23	3655.78
	机械费(元)		—	—	—	—

（续）

		单位	单价（元）	数量			
人工	综合人工 12	工日	154.44	3.416	2.801	2.864	3.261
材料	预拌混凝土 C25	m³	361.00	10.100	10.100	10.100	10.100
	电	kW·h	0.47	2.310	2.310	2.310	2.310
	水	m³	5.94	1.009	1.125	1.200	1.125
	塑料薄膜	m²	0.12	12.590	15.927	15.927	15.927

3）综合单价分析。由于前面没有计算混凝土垫层工程量，现计算如下：

$$V_{垫} = (1.95 \times 1.85 \times 0.1 \times 6) \text{m}^3 = 2.16 \text{m}^3$$

本题用列式方法计算综合单价。

① 杯形基础套用定额［1-5-6］得

$$人工费 = (7.97 \div 10 \div 7.97 \times 442.32) 元/\text{m}^3 = 44.23 \ 元/\text{m}^3$$

$$定额人工费 = (7.97 \div 10 \div 7.97 \times 368.60) 元/\text{m}^3 = 36.86 \ 元/\text{m}^3$$

$$规费 = (7.97 \div 10 \div 7.97 \times 73.72) 元/\text{m}^3 = 7.37 \ 元/\text{m}^3$$

$$材料费 = (7.97 \div 10 \div 7.97 \times 3656.23) 元/\text{m}^3 = 365.62 \ 元/\text{m}^3$$

$$机械费 = (7.97 \div 10 \div 7.97 \times 0) 元/\text{m}^3 = 0$$

② 垫层套用定额［1-5-1］得

$$人工费 = (2.16 \div 10 \div 7.97 \times 571.74) 元/\text{m}^3 = 15.50 \ 元/\text{m}^3$$

$$定额人工费 = (2.16 \div 10 \div 7.97 \times 476.45) 元/\text{m}^3 = 12.91 \ 元/\text{m}^3$$

$$规费 = (2.16 \div 10 \div 7.97 \times 95.29) 元/\text{m}^3 = 2.59 \ 元/\text{m}^3$$

$$材料费 = (2.16 \div 10 \div 7.97 \times 3514.78) 元/\text{m}^3 = 95.26 \ 元/\text{m}^3$$

$$机械费 = (2.16 \div 10 \div 7.97 \times 0) 元/\text{m}^3 = 0$$

③ 以上两项合计，计算得

$$人工费 = (44.23 + 15.50) 元/\text{m}^3 = 59.73 \ 元/\text{m}^3$$

$$定额人工费 = (36.86 + 12.91) 元/\text{m}^3 = 49.77 \ 元/\text{m}^3$$

$$规费 = (7.37 + 2.59) 元/\text{m}^3 = 9.96 \ 元/\text{m}^3$$

$$材料费 = (365.62 + 95.26) 元/\text{m}^3 = 460.88 \ 元/\text{m}^3$$

$$机械费 = 0 + 0 = 0$$

$$管理费 = [(49.77 + 0 \times 8\%) \times 22.78\%] 元/\text{m}^3 = 11.34 \ 元/\text{m}^3$$

$$利润 = [(49.77 + 0 \times 8\%) \times 13.81\%] 元/\text{m}^3 = 6.87 \ 元/\text{m}^3$$

$$综合单价 = (59.73 + 460.88 + 0 + 11.34 + 6.87) 元/\text{m}^3 = 538.82 \ 元/\text{m}^3$$

习题与思考题

1. 按图 4-17 所示条件计算：平整场地、人工挖基础（二类土）、毛石基础、砖基础、基础回填土、墙基防潮层等项目工程量并分析计算挖基础土方、回填土两个分项工程的综合单价。施工方案为：① 沟槽采用人工开挖；② 内墙槽边不能堆土，采用人力车场内运土，运距 100m。

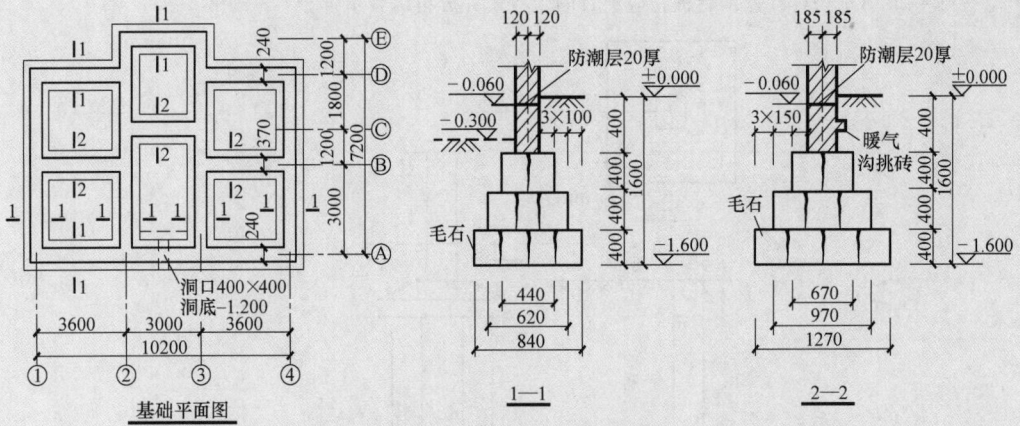

图 4-17　基础平面图、剖面图

2. 按图 4-18、图 4-19 所示条件计算：平整场地、人工挖基础（二类土）、毛石基础、砖基础、基础回填土、墙基防潮层等项目工程量并分析计算挖基础土方、回填土两个分项工程的综合单价。施工方案为：①沟槽采用人工开挖；②内墙槽边不能堆土，采用人力车场内运土，运距 100m。

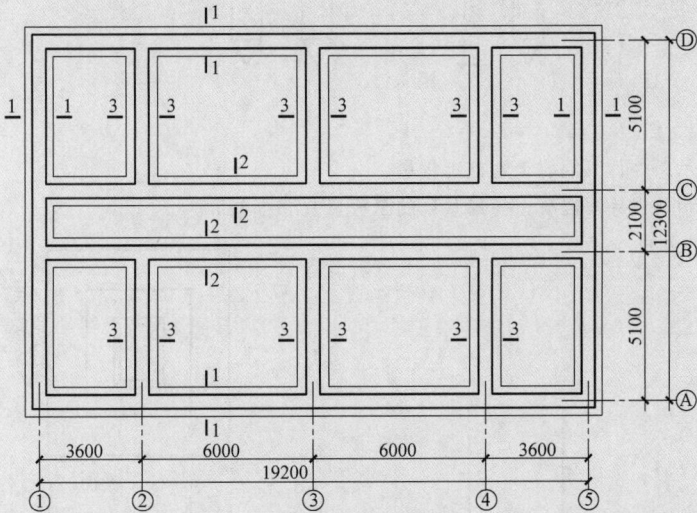

图 4-18　基础平面图

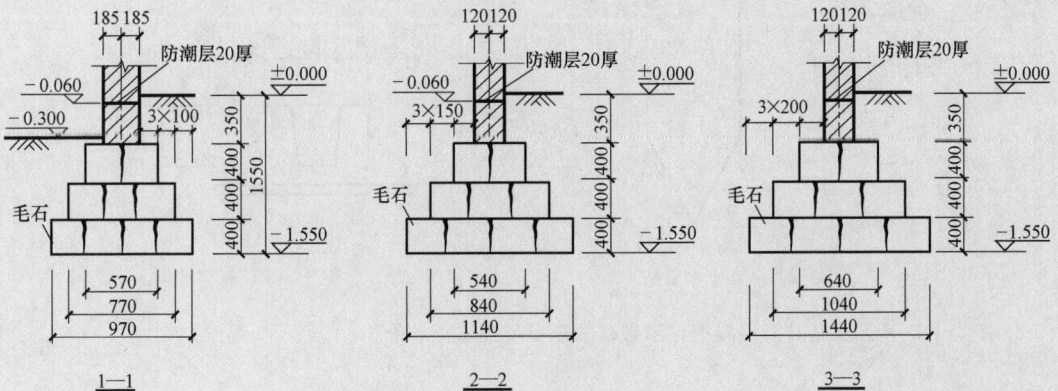

图 4-19　基础剖面图

3. 按图 4-20 所示条件计算预制桩相应项目的工程量并分析综合单价。

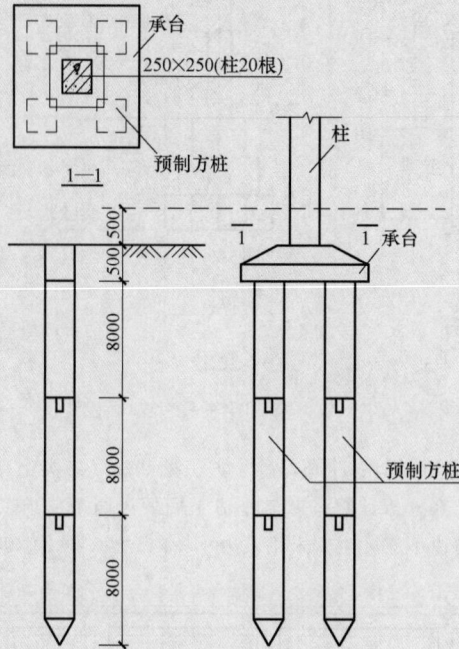

图 4-20 预制桩示意图

4. 按图 4-21 所示条件计算混凝土管桩工程量。

5. 按图 4-22 所示条件计算混凝土杯形基础的工程量及综合单价。

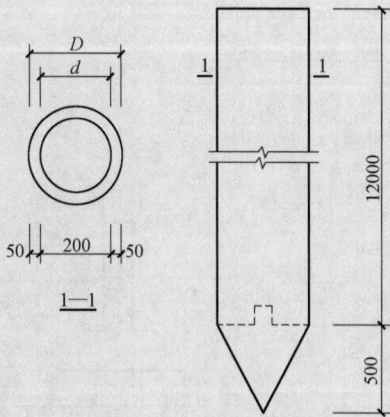

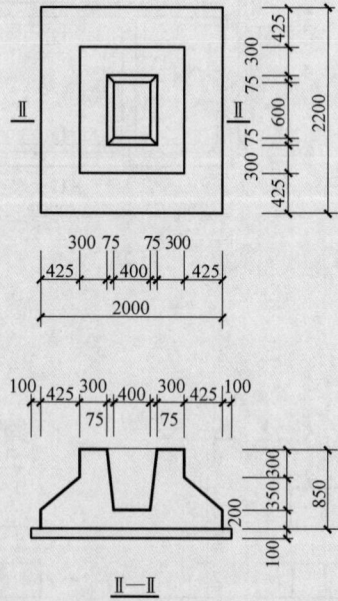

图 4-21 混凝土管桩   图 4-22 混凝土杯形基础（共 30 个）

6. 按图 4-23 所示条件计算混凝土杯形基础的工程量及综合单价。

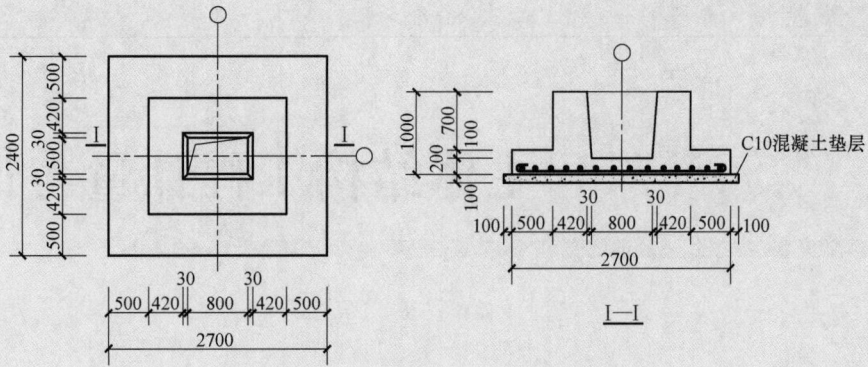

图 4-23　混凝土杯形基础

二维码形式客观题

微信扫描二维码，可自行做客观题，提交后可查看答案。

第4章
客观题

5 第 5 章 主体结构工程计量与计价

- 熟悉砌体工程、混凝土工程清单项目与定额划分的标准。
- 熟悉砌体工程、混凝土工程清单和定额工程量计算规则。
- 掌握常用砌体和混凝土构件工程量计算方法。

本章主要介绍构成建筑物主体结构的墙体及混凝土构件,主要是混凝土柱、梁、板、楼梯等分部分项工程计量与计价问题。

5.1 砖墙

5.1.1 项目划分

1. 清单分项

《计算规范》将砖墙常用项目分为实心砖墙、空斗墙、空花墙、填充墙等子项目,见表5-1、表5-2。

2. 定额分项

"预算定额"将墙体分为单面清水砖墙、混水砖墙、多孔砖墙、空花墙、砖墙勾凹缝、贴砌砖、轻骨料砌块墙、混凝土小型空心砌块墙、围墙等种类;单面清水砖墙、混水砖墙又按照墙体厚度的不同细分为1/2砖、3/4砖、1砖、1砖半、2砖及以上等项目;混凝土小型空心砌块墙细分厚120mm、厚190mm、厚240mm等项目;加气混凝土砌块墙分为厚150mm、厚200mm、厚300mm等项目。

砖柱分为普通砖清水方砖柱、多孔砖清水方砖柱、普通砖混水方砖柱、多孔砖混水方砖柱、圆形砖柱、半圆形砖柱、多边形砖柱等项目。

5.1.2 计量与计价

1. 墙体工程量计算

比较而言,墙体工程量计算的"清单规则"和"定额规则"表述是一致的。

表 5-1　砖砌体（编码：010401）

项目编码	项目名称	项目特征	计量单位	工程量计算规则	工作内容
010401003	实心砖墙	1. 砖品种、规格、强度等级 2. 墙体类型 3. 砂浆强度等级、配合比	m³	按设计图示尺寸以体积计算。扣除门窗、洞口、嵌入墙内的钢筋混凝土柱、梁、圈梁、挑梁、过梁及凹进墙内的壁龛、管槽、暖气槽、消火栓箱所占体积，不扣除梁头、板头、檩头、垫木、木楞头、沿椽木、木砖、门窗走头、砖墙内加固钢筋、木筋、铁件、钢管及单个面积 ≤ 0.3m² 的孔洞所占的体积。凸出墙面的腰线、挑檐、压顶、窗台线、虎头砖、门窗套的体积也不增加。凸出墙面的砖垛并入墙体体积内计算 　1. 墙长度：外墙按中心线，内墙按净长计算 　2. 墙高度： 　（1）外墙：斜（坡）屋面无檐口天棚者算至屋面板底；有屋架且室内外均有天棚者算至屋架下弦底另加 200mm；无天棚者算至屋架下弦底另加 300mm，出檐宽度超过 600mm 时按实砌高度计算；平屋面算至钢筋混凝土板底 　（2）内墙：位于屋架下弦者，算至屋架下弦底；无屋架者算至天棚底另加 100mm；有钢筋混凝土楼板隔层者算至楼板顶；有框架梁时算至梁底 　（3）女儿墙：从屋面板上表面算至女儿墙顶面（如有混凝土压顶时算至压顶下表面） 　（4）内、外山墙：按其平均高度计算 　3. 框架间墙：不分内外墙按墙体净体尺寸以体积计算 　4. 围墙：高度算至压顶上表面（如有混凝土压顶时算至压顶下表面），围墙柱并入围墙体积内	1. 砂浆制作、运输 2. 砌砖 3. 刮缝 4. 砖压顶砌筑 5. 材料运输
010401004	多孔砖墙				
010401005	空心砖墙				
010401006	空斗墙	1. 砖品种、规格、强度等级 2. 墙体类型 3. 砂浆强度等级、配合比	m³	按设计图示尺寸以空斗墙外形体积计算，墙角、内外墙交接处、门窗洞口立边、窗台砖、屋檐处的实砌部分体积并入空斗墙体积内	1. 砂浆制作、运输 2. 砌砖 3. 装填充料 4. 刮缝 5. 材料运输
010401007	空花墙			按设计图示尺寸以空花部分外形体积计算，不扣除空洞部分体积	
010401008	填充墙	1. 砖品种、规格、强度等级 2. 墙体类型 3. 填充材料种类及厚度 4. 砂浆强度等级、配合比		按设计图示尺寸以填充墙外形体积计算	
010401009	实心砖柱	1. 砖品种、规格、强度等级 2. 柱类型 3. 砂浆强度等级、配合比		按设计图示尺寸以体积计算。扣除混凝土及钢筋混凝土梁垫、梁头、板头所占体积	1. 砂浆制作、运输 2. 砌砖 3. 刮缝 4. 材料运输
010401010	多孔砖柱				

137

（续）

项目编码	项目名称	项目特征	计量单位	工程量计算规则	工作内容
010401012	零星砌砖	1. 零星砌砖名称、部位 2. 砖品种、规格、强度等级 3. 砂浆强度等级、配合比	1. m³ 2. m² 3. m 4. 个	1. 以立方米计量,按设计图示尺寸截面面积乘以长度计算 2. 以平方米计量,按设计图示尺寸水平投影面积计算 3. 以米计量,按设计图示尺寸长度计算 4. 以个计量,按设计图示数量计算	1. 砂浆制作、运输 2. 砌砖 3. 刮缝 4. 材料运输

表 5-2　砌块砌体（编码：010402）

项目编码	项目名称	项目特征	计量单位	工程量计算规则	工作内容
010402001	砌块墙	1. 砌块品种、规格、强度等级 2. 墙体类型 3. 砂浆强度等级	m³	按设计图示尺寸以体积计算 扣除门窗、洞口、嵌入墙内的钢筋混凝土柱、梁、圈梁、挑梁、过梁及凹进墙内的壁龛、管槽、暖气槽、消火栓箱所占体积,不扣除梁头、板头、檩头、垫木、木楞头、沿椽木、木砖、门窗走头、砌块墙内加固钢筋、木筋、铁件、钢管及单个面积≤0.3m² 的孔洞所占的体积。凸出墙面的腰线、挑檐、压顶、窗台线、虎头砖、门窗套的体积也不增加,凸出墙面的砖垛并入墙体体积内计算 1. 墙长度:外墙按中心线,内墙按净长计算 2. 墙高度: (1)外墙:斜(坡)屋面无檐口天棚者算至屋面板底;有屋架且室内外均有天棚者算至屋架下弦底另加 200mm;无天棚者算至屋架下弦底另加 300mm;出檐宽度超过 600mm 时按实砌高度计算;平屋面算至钢筋混凝土板底 (2)内墙:位于屋架下弦者,算至屋架下弦底;无屋架者算至天棚底另加100mm;有钢筋混凝土楼板隔层者算至楼板顶;有框架梁时算至梁底 (3)女儿墙:从屋面板上表面算至女儿墙顶面(如有混凝土压顶时算至压顶下表面) (4)内、外山墙:按其平均高度计算 3. 框架间墙:不分内外墙按墙体净尺寸以体积计算 4. 围墙:高度算至压顶上表面(如有混凝土压顶时算至压顶下表面),围墙柱并入围墙体积内	1. 砂浆制作、运输 2. 砌砖、砌块 3. 勾缝 4. 材料运输
010402002	砌块柱			按设计图示尺寸以体积计算 扣除混凝土及钢筋混凝土梁垫、梁头、板头所占体积	

墙体工程量应按墙体垂直面扣除门窗和洞口后的面积乘以墙体计算厚度以 m^3 计算，其计算公式为

$$V_墙 = (L_计 \ H - F_{门窗})\delta + V_{应增} - V_{应扣} \tag{5-1}$$

式中　$V_墙$——墙体工程量（m^3）；

$\quad\quad L_计$——墙体计算长度（m）；

$\quad\quad H$——墙体计算高度（m）；

$\quad F_{门窗}$——门窗洞口面积（m^2）；

$\quad\quad \delta$——墙体计算厚度（m）；

$\quad V_{应增}$——墙体应增加计算的体积（m^3）；

$\quad V_{应扣}$——墙体应扣减计算的体积（m^3）。

2. 墙体计算长度的确定

1）外墙长度按外墙中心线（$L_中$）计算。

2）内墙长度按内墙净长线（$L_净$）计算。

3. 墙体计算高度的确定

1）外墙墙身高度：斜（坡）屋面无檐口天棚者算至屋面板底，如图 5-1 所示；有屋架，且室内外均有天棚者，算至屋架下弦底面再加 20cm，如图 5-2 所示；无天棚者算至屋架下弦底面再加 30cm，如图 5-3 所示；出檐宽度超过 60cm 时，应按实砌高度计算；平屋面算至钢筋混凝土板底；有梁时算至梁底。

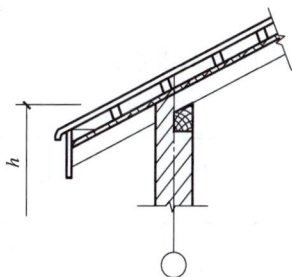

图 5-1　斜（坡）屋面无檐口天棚的外墙高度

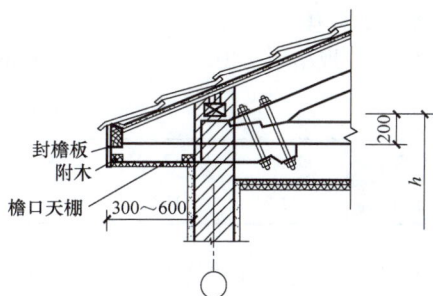

图 5-2　有屋架，且室内外均有天棚的外墙高度

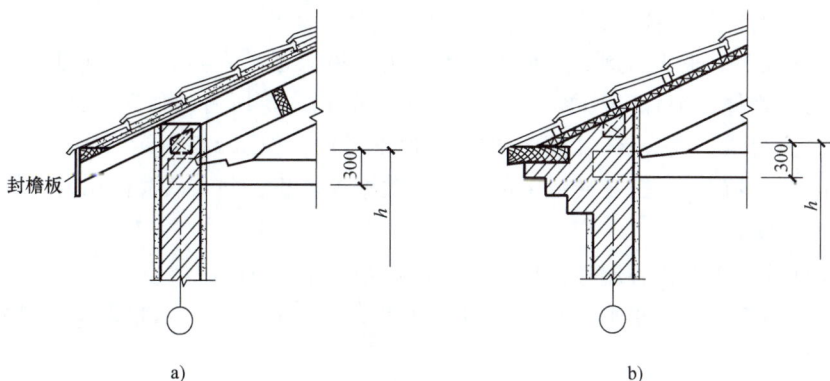

图 5-3　有屋架无天棚的外墙高度

a）椽木挑檐　b）砖挑檐

2）内墙墙身高度：位于屋架下弦者，其高度算至屋架底，如图5-4所示；无屋架者算至天棚底面再加100mm，如图5-5所示；有钢筋混凝土楼板隔层者算至板底，如图5-6所示。

3）女儿墙的高度：自外墙顶面至图示女儿墙顶面高度，区别不同墙厚并入墙体计算。

4）内、外山墙墙身高度按平均高度计算。

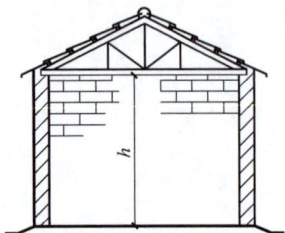

图5-4 位于屋架下内墙高　　图5-5 无屋架内墙高　　图5-6 混凝土板下内墙高

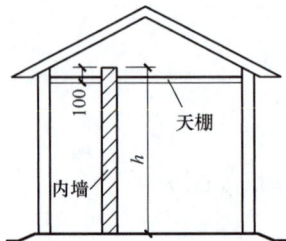

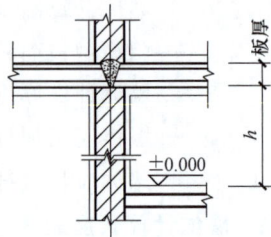

4. 基础与墙身的划分

1）基础与墙身使用同一种材料时，以设计室内地面（即±0.000）为界（有地下室者，以地下室室内设计地面为界），以下为基础，以上为墙身。

2）基础与墙身使用不同材料时，位于设计室内地面±300mm以内时，以不同材料为分界线；超过±300mm时，以设计室内地面为分界线。

3）砖、石围墙，以设计室外地坪为分界线，以下为基础，以上为墙身。

5. 砌体计算厚度

1）标准砖规格以240mm×115mm×53mm为准，其砌体计算厚度按表5-3计算。

表5-3 标准砖砌体计算厚度（δ）

墙厚砖数	1/4	1/2	3/4	1	1.5	2	2.5	3
计算厚度/mm	53	115	178	240	365	490	615	740

2）使用非标准砖时，其砌体厚度应按砖实际规格和砂浆设计厚度计算。

6. 砖墙计算中应扣应增的规定

1）计算砖墙体时，应扣除门窗、洞口、嵌入墙身的钢筋混凝土柱、梁、圈梁、挑梁、过梁及凹进墙内的壁龛、管槽、暖气槽、消火栓箱所占体积。

2）不扣除梁头、板头、檩头、垫木、木楞头、沿椽木、木砖、门窗走头、砖墙内的加固钢筋、木筋、铁件、钢管以及单个面积≤0.3m²的孔洞等所占的体积。凸出墙面的腰线、挑檐、压顶、窗台线、虎头砖、门窗套的体积也不增加，如图5-7所示。

3）凸出墙面的砖垛、三皮砖以上的腰线和挑檐等体积，并入墙身体积内计算。

7. 其他计算规定

1）框架间墙，不分内外墙按墙体净尺寸以体积（m³）计算。

2）空花墙按图示最小矩形面积乘以墙厚以体积（m³）计算，不扣除空花部分体积。其中实砌部分另行计算。

3）围墙高度算至压顶上表面（如果混凝土压顶时算至压顶下表面），围墙柱并入围墙体积内计算。

a)　　　　　　　b)　　　　　　　c)　　　　　　　d)

e)　　　　　　　　f)　　　　　　　　g)

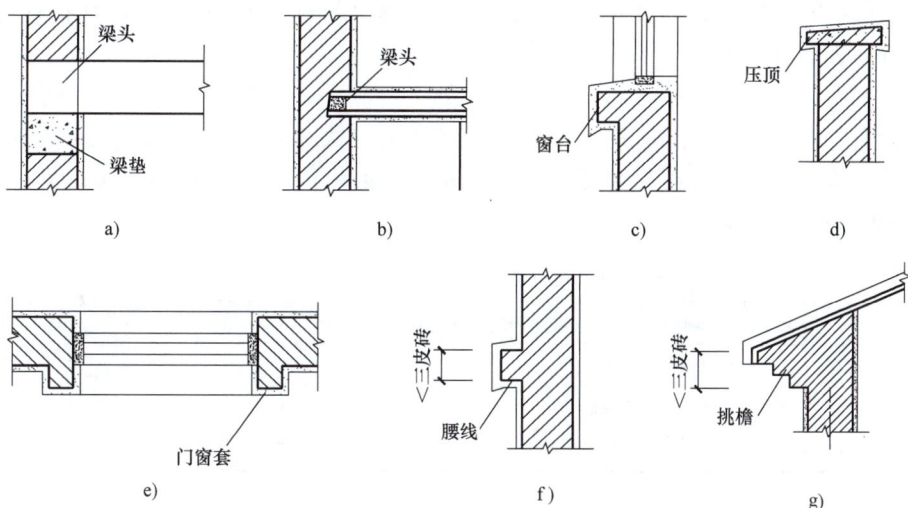

图 5-7　凸出墙面构件示意图

4）钢筋砖过梁按设计图示尺寸以体积（m³）计算，如设计无规定，按门窗洞口宽度两端共加 500mm，高度按 440mm 计算，如实际高度不足规定高度，按实际高度计算。

5）砖砌台阶（不包括梯带）按水平投影面积（包括最上层踏步边沿加 300mm）以 m² 计算。

6）厕所蹲台、小便池、水槽、灯箱、垃圾箱、台阶挡墙或梯带、花台、花池、地垄墙（图 5-8）及支撑地楞的砖墩、房上烟囱、屋面架空隔热层砖墩、毛石墙的门窗立边、窗台虎头砖等，以及单件体积在 0.3m³ 以内的实砌体积以 m³ 计算，套用零星砌体定额项目。

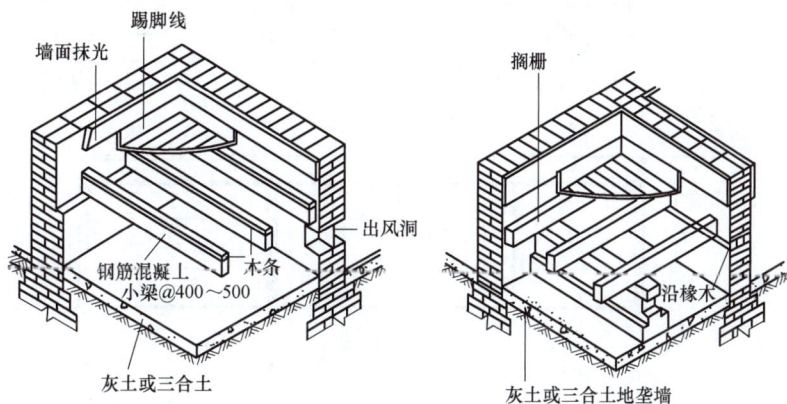

图 5-8　地垄墙示意图

7）砖、毛石砌地沟不分墙基、墙身合并以 m³ 计算。

8）轻质墙板按设计图示尺寸以 m² 计算。不扣除 0.3m² 以内孔洞所占面积。

8. 计算方法

在砖墙计算中：

1）框架梁或圈梁可在墙体计算高度中扣除。

2）框架柱或构造柱可在墙体计算长度中扣除。

3）当室内设计地面以下砖砌体高度≤300mm，而且与±0.000以上墙体为同一种类砂浆砌筑时，可并入墙身计算。

【例5-1】 某单层建筑物如图5-9所示，门窗数据见表5-4，试根据图示尺寸计算1砖内外墙工程量。图中板下设圈梁，圈梁高为300mm（含板厚）。门洞上设混凝土过梁，过梁断面高度为120mm，宽度与墙厚相同。

表5-4 门窗统计表

门窗名称	代号	洞口尺寸	数量（樘）	单樘面积/m²	合计面积/m²
单扇无亮无砂镶板门	M1	900mm×2000mm	4	1.8	7.2
双扇铝合金推拉窗	C1	1500mm×1800mm	6	2.7	16.2
双扇铝合金推拉窗	C2	2100mm×1800mm	2	3.78	7.56

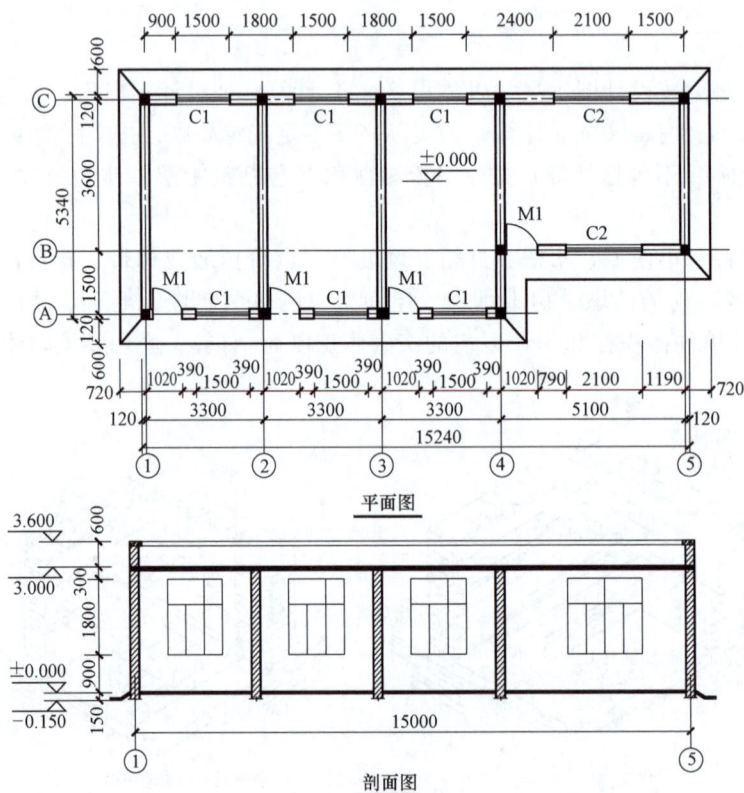

例5-1 讲解

图5-9 某单层建筑物示意图

【解】 外墙中心线长度为

$$L_中 = (3.3×3+5.1+1.5+3.6)m×2 = 40.2m$$

构造柱可在外墙长度中扣除，即

$$L'_中 = [40.2-(0.24+0.03×2)×11]m = 36.90m$$

式中 0.03——马牙槎的平均厚度（m）。

内墙净长线长度为

$$L_净 = \left[(1.5+3.6)\times2+3.6-(0.12+0.03)\times6\right]m = 12.90m$$

外墙高（扣圈梁）为

$$H_外 = (0.9+1.8+0.6)m = 3.3m \text{ 或}(3.6-0.3)m = 3.3m$$

内墙高（扣圈梁）为

$$H_内 = (0.9+1.8)m = 2.7m \text{ 或}(3.0-0.3)m = 2.7m$$

应扣门窗洞口面积，取表 5-4 中数据相加，得

$$F_{门窗} = (7.2+16.2+7.56)m^2 = 30.96m^2$$

墙厚（δ）按表 5-3 取定为 0.24m

应扣门洞混凝土过梁体积为

$$V_{GL} = \left[(0.9+0.25)\times0.24\times0.12\times4\right]m^3 = 0.133m^3$$

则内外墙体工程量

$$V_墙 = (L'_中 H_外 + L_净 H_内 - F_{门窗})\delta - V_{GL}$$
$$= \left[(36.90\times3.3+12.90\times2.7-30.96)\times0.24-0.133\right]m^3$$
$$= 30.02m^3$$

【例 5-2】　依据例 5-1 图示和计算出的工程量，编制工程量清单并计算该分项工程的综合单价。

【解】　1）依据《计算规范》编制工程量清单，见表 5-5。

表 5-5　分部分项工程量清单（一）

序号	项目编码	项目名称	项目特征	计量单位	工程数量
1	010401003001	实心砖墙	1. 砖品种：标准砖 2. 墙体类型：1 砖混水砖墙 3. 砂浆强度等级：M10 干混砌筑砂浆	m³	30.02

2）选择计价依据。某地计价标准中的混水砖墙的单位估价表见表 5-6。

表 5-6　混水砖墙相关项目单位估价表　　　　　　　　计量单位：10m³

定额编号			1-4-8	1-4-9	1-4-10
项目			混水砖墙		
			1/2 砖	3/4 砖	1 砖
基价（元）			5332.91	5268.85	4727.32
其中	人工费（元）		2382.24	2292.82	1737.60
	其中	定额人工费（元）	1985.20	1910.68	1448.00
		规费（元）	397.04	382.14	289.60
	材料费（元）		2894.40	2914.37	2924.93
	机械费（元）		56.27	61.66	64.79

（续）

	名称	单位	单价(元)	数量		
人工	综合工日 12	工日	154.44	15.425	14.846	11.251
材料	标准砖 240mm×115mm×53mm	千块	383.04	5.585	5.456	5.337
	M10 干混普通砌筑砂浆	m³	375.74	1.978	2.163	2.313
	水	m³	5.94	1.130	1.110	1.060
	其他材料费	元	1.00	5.200	5.240	5.260
机械	砂浆罐式搅拌机,20000L	台班	284.17	0.198	0.217	0.228

3）综合单价分析。套用表 5-6 中定额〔1-4-10〕,由于清单量与定额量相同,且项目组价内容单一,可用列式方法计算如下:

$$人工费 = (30.02 \div 10 \div 30.02 \times 1737.60)元/m^3 = 173.76 元/m^3$$

$$定额人工费 = (30.02 \div 10 \div 30.02 \times 1448.00)元/m^3 = 144.80 元/m^3$$

$$材料费 = (30.02 \div 10 \div 30.02 \times 2924.93)元/m^3 = 292.49 元/m^3$$

$$机械费 = (30.02 \div 10 \div 30.02 \times 64.79)元/m^3 = 6.48 元/m^3$$

$$管理费和利润 = [(144.80 + 6.48 \times 8\%) \times (22.78\% + 13.81\%)]元/m^3 = 53.17 元/m^3$$

$$综合单价 = (173.76 + 292.49 + 6.48 + 53.17)元/m^3 = 525.90 元/m^3$$

5.2 混凝土构件

5.2.1 项目划分

1. 清单分项

《计算规范》将混凝土构件项目划分为现浇混凝土柱、现浇混凝土梁、现浇混凝土墙、现浇混凝土板、现浇混凝土楼梯、现浇混凝土其他构件及预制混凝土构件等子项目,其内容见表 5-7~表 5-19。

表 5-7　现浇混凝土柱（编码：010502）

项目编码	项目名称	项目特征	计量单位	工程量计算规则	工作内容
010502001	矩形柱	1. 混凝土种类 2. 混凝土强度等级	m³	按设计图示尺寸以体积计算。不扣除构件内钢筋、预埋铁件所占体积 柱高: 1. 有梁板的柱高,应自柱基上表面(或楼板上表面)至上一层楼板上表面之间的高度计算 2. 无梁板的柱高,应自柱基上表面(或楼板上表面)至柱帽下表面之间的高度计算 3. 框架柱的柱高,应自柱基上表面至柱顶高度计算 4. 构造柱按全高计算,嵌接墙体部分(马牙槎)并入柱身体积 5. 依附柱上的牛腿和升板的柱帽,并入柱身体积计算	1. 模板及支架(撑)制作、安装、拆除、堆放、运输及清理模内杂物、刷隔离剂等 2. 混凝土制作、运输、浇筑、振捣、养护
010502002	构造柱				
010502003	异形柱	1. 柱形状 2. 混凝土种类 3. 混凝土强度等级			

表 5-8　现浇混凝土梁（编码：010503）

项目编码	项目名称	项目特征	计量单位	工程量计算规则	工作内容
010503001	基础梁	1. 混凝土种类 2. 混凝土强度等级	m³	按设计图示尺寸以体积计算。不扣除构件内钢筋、预埋铁件所占体积，伸入墙内的梁头、梁垫并入梁体积内 梁长： 1. 梁与柱连接时，梁长算至柱侧面 2. 主梁与次梁连接时，次梁长算至主梁侧面	1. 模板及支架（撑）制作、安装、拆除、堆放、运输及清理模内杂物、刷隔离剂等 2. 混凝土制作、运输、浇筑、振捣、养护
010503002	矩形梁				
010503003	异形梁				
010503004	圈梁				
010503005	过梁				
010503006	弧形、拱形梁				

表 5-9　现浇混凝土墙（编码：010504）

项目编码	项目名称	项目特征	计量单位	工程量计算规则	工作内容
010504001	直形墙	1. 混凝土种类 2. 混凝土强度等级	m³	按设计图示尺寸以体积计算。扣除门窗洞口及单个面积>0.3m²的孔洞所占体积，墙垛及凸出墙面部分并入墙体体积计算内	1. 模板及支架（撑）制作、安装、拆除、堆放、运输及清理模内杂物、刷隔离剂等 2. 混凝土制作、运输、浇筑、振捣、养护
010504002	弧形墙				
010504003	短肢剪力墙				
010504004	挡土墙				

表 5-10　现浇混凝土板（编码：010505）

项目编码	项目名称	项目特征	计量单位	工程量计算规则	工作内容
010505001	有梁板	1. 混凝土种类 2. 混凝土强度等级	m³	按设计图示尺寸以体积计算。不扣除构件内钢筋、预埋铁件及单个面积≤0.3m²的柱、垛以及孔洞所占体积 压形钢板混凝土楼板扣除构件内压形钢板所占体积 有梁板（包括主、次梁与板）按梁、板体积之和计算，无梁板按板和柱帽体积之和计算，各类板伸入墙内的板头并入板体积内计算，薄壳板的肋、基梁并入薄壳体积内计算	1. 模板、支架（撑）制作、安装、拆除、堆放、运输及清理模内杂物、刷隔离剂等 2. 混凝土制作、运输、浇筑、振捣、养护
010505002	无梁板				
010505003	平板				
010505004	拱板				
010505005	薄壳板				
010505006	栏板				
010505007	天沟（檐沟）、挑檐板			按设计图示尺寸以体积计算	
010505008	雨篷、悬挑板、阳台板			按设计图示尺寸以墙外部分体积计算。包括伸出墙外的牛腿和雨篷反挑檐的体积	
010505009	空心板			按设计图示尺寸以体积计算。空心板（GBF高强薄壁蜂巢芯板等）应扣除空心部分体积	
010505010	其他板			按设计图示尺寸以体积计算	

表 5-11　现浇混凝土楼梯（编码：010506）

项目编码	项目名称	项目特征	计量单位	工程量计算规则	工作内容
010506001	直形楼梯	1. 混凝土种类 2. 混凝土强度等级	1. m² 2. m³	1. 以平方米计量，按设计图示尺寸以水平投影面积计算。不扣除宽度≤500mm 的楼梯井，伸入墙内部分不计算 2. 以立方米计量，按设计图示尺寸以体积计算	1. 模板及支架（撑）制作、安装、拆除、堆放、运输及清理模内杂物、刷隔离剂等 2. 混凝土制作、运输、浇筑、振捣、养护
010506002	弧形楼梯				

表 5-12　现浇混凝土其他构件（编码：010507）

项目编码	项目名称	项目特征	计量单位	工程量计算规则	工作内容
010507001	散水、坡道	1. 垫层材料种类、厚度 2. 面层厚度 3. 混凝土种类 4. 混凝土强度等级 5. 变形缝填塞材料种类	m²	按设计图示尺寸以水平投影面积计算。不扣除单个≤0.3m² 的孔洞所占面积	1. 地基夯实 2. 铺设垫层 3. 模板及支撑制作、安装、拆除、堆放、运输及清理模内杂物、刷隔离剂等 4. 混凝土制作、运输、浇筑、振捣、养护 5. 变形缝填塞
010507002	室外地坪	1. 地坪厚度 2. 混凝土强度等级			
010507003	电缆沟、地沟	1. 土壤类别 2. 沟截面净空尺寸 3. 垫层材料种类、厚度 4. 混凝土种类 5. 混凝土强度等级 6. 防护材料种类	m	按设计图示以中心线长度计算	1. 挖填运土石方 2. 铺设垫层 3. 模板及支撑制作、安装、拆除、堆放、运输及清理模内杂物、刷隔离剂等 4. 混凝土制作、运输、浇筑、振捣、养护 5. 刷防护材料
010507004	台阶	1. 踏步高、宽 2. 混凝土种类 3. 混凝土强度等级	1. m² 2. m³	1. 以平方米计量，按设计图示尺寸以水平投影面积计算 2. 以立方米计量，按设计图示尺寸以体积计算	1. 模板及支撑制作、安装、拆除、堆放、运输及清理模内杂物、刷隔离剂等 2. 混凝土制作、运输、浇筑、振捣、养护
010507005	扶手、压顶	1. 断面尺寸 2. 混凝土种类 3. 混凝土强度等级	1. m 2. m³	1. 以米计量，按设计图示的中心线延长米计算 2. 以立方米计量，按设计图示尺寸以体积计算	1. 模板及支架（撑）制作、安装、拆除、堆放、运输及清理模内杂物、刷隔离剂等 2. 混凝土制作、运输、浇筑、振捣、养护
010507006	化粪池、检查井	1. 部位 2. 混凝土强度等级 3. 防水、抗渗要求	1. m³ 2. 座	1. 按设计图示尺寸以体积计算 2. 以座计量，按设计图示数量计算	
010507007	其他构件	1. 构件的类型 2. 构件规格 3. 部位 4. 混凝土种类 5. 混凝土强度等级	m³		

表 5-13　后浇带（编码：010508）

项目编码	项目名称	项目特征	计量单位	工程量计算规则	工作内容
010508001	后浇带	1. 混凝土种类 2. 混凝土强度等级	m³	按设计图示尺寸以体积计算	1. 模板及支架（撑）制作、安装、拆除、堆放、运输及清理模内杂物、刷隔离剂等 2. 混凝土制作、运输、浇筑、振捣、养护以及混凝土交接面、钢筋等的清理

表 5-14　预制混凝土柱（编码：010509）

项目编码	项目名称	项目特征	计量单位	工程量计算规则	工作内容
010509001	矩形柱	1. 图代号 2. 单件体积 3. 安装高度 4. 混凝土强度等级 5. 砂浆（细石混凝土）强度等级、配合比	1. m³ 2. 根	1. 以立方米计量，按设计图示尺寸以体积计算 2. 以根计量，按设计图示尺寸以数量计算	1. 模板制作、安装、拆除、堆放、运输及清理模内杂物、刷隔离剂等 2. 混凝土制作、运输、浇筑、振捣、养护 3. 构件运输、安装 4. 砂浆制作、运输 5. 接头灌缝、养护
010509002	异形柱				

表 5-15　预制混凝土梁（编码：010510）

项目编码	项目名称	项目特征	计量单位	工程量计算规则	工作内容
010510001	矩形梁	1. 图代号 2. 单件体积 3. 安装高度 4. 混凝土强度等级 5. 砂浆（细石混凝土）强度等级、配合比	1. m³ 2. 根	1. 以立方米计量，按设计图示尺寸以体积计算 2. 以根计量，按设计图示尺寸以数量计算	1. 模板制作、安装、拆除、堆放、运输及清理模内杂物、刷隔离剂等 2. 混凝土制作、运输、浇筑、振捣、养护 3. 构件运输、安装 4. 砂浆制作、运输 5. 接头灌缝、养护
010510002	异形梁				
010510003	过梁				
010510004	拱形梁				
010510005	鱼腹式吊车梁				
010510006	其他梁				

表 5-16　预制混凝土屋架（编码：010511）

项目编码	项目名称	项目特征	计量单位	工程量计算规则	工作内容
010511001	折线型	1. 图代号 2. 单件体积 3. 安装高度 4. 混凝土强度等级 5. 砂浆（细石混凝土）强度等级、配合比	1. m³ 2. 榀	1. 以立方米计量，按设计图示尺寸以体积计算 2. 以榀计量，按设计图示尺寸以数量计算	1. 模板及支撑制作、安装、拆除、堆放、运输及清理模内杂物、刷隔离剂等 2. 混凝土制作、运输、浇筑、振捣、养护 3. 构件运输、安装 4. 砂浆制作、运输 5. 接头灌缝、养护
010511002	组合				
010511003	薄腹				
010511004	门式刚架				
010511005	天窗架				

表 5-17　预制混凝土板（编码：010512）

项目编码	项目名称	项目特征	计量单位	工程量计算规则	工作内容
010512001	平板	1. 图代号 2. 单件体积 3. 安装高度 4. 混凝土强度等级 5. 砂浆（细石混凝土）强度等级、配合比	1. m³ 2. 块	1. 以立方米计量，按设计图示尺寸以体积计算。不扣除单个面积≤300mm×300mm的孔洞所占体积，扣除空心板空洞体积 2. 以块计量，按设计图示尺寸以数量计算	1. 模板制作、安装、拆除、堆放、运输及清理模内杂物、刷隔离剂等 2. 混凝土制作、运输、浇筑、振捣、养护 3. 构件运输、安装 4. 砂浆制作、运输 5. 接头灌缝、养护
010512002	空心板				
010512003	槽形板				
010512004	网架板				
010512005	折线板				
010512006	带肋板				
010512007	大型板				
010512008	沟盖板、井盖板、井圈	1. 构件尺寸 2. 安装高度 3. 混凝土强度等级 4. 砂浆强度等级	1. m³ 2. 块（套）	1. 以立方米计量，按设计图示尺寸以体积计算 2. 以块计量，按设计图示尺寸以数量计算	

表 5-18　预制混凝土楼梯（编码：010513）

项目编码	项目名称	项目特征	计量单位	工程量计算规则	工作内容
010513001	楼梯	1. 楼梯类型 2. 单件体积 3. 混凝土强度等级 4. 砂浆（细石混凝土）强度等级	1. m³ 2. 段	1. 以立方米计量，按设计图示尺寸以体积计算。扣除空心踏步板空洞体积 2. 以段计量按设计图示尺寸以数量计算	1. 模板制作、安装、拆除、堆放、运输及清理模内杂物、刷隔离剂等 2. 混凝土制作、运输、浇筑、振捣、养护 3. 构件运输、安装 4. 砂浆制作、运输 5. 接头灌缝、养护

表 5-19　其他预制构件（编码：010514）

项目编码	项目名称	项目特征	计量单位	工程量计算规则	工作内容
010514001	垃圾道、通风道、烟道	1. 单件体积 2. 混凝土强度等级 3. 砂浆强度等级	1. m³ 2. m² 3. 根（块、套）	1. 以立方米计量，按设计图示尺寸以体积计算。不扣除单个面积≤300mm×300mm的孔洞所占体积，扣除烟道、垃圾道、通风道的孔洞所占体积 2. 以平方米计量，按设计图示尺寸以面积计算。不扣除单个面积≤300mm×300mm的孔洞所占面积 3. 以根计量，按设计图示尺寸以数量计算	1. 模板制作、安装、拆除、堆放、运输及清理模内杂物、刷隔离剂等 2. 混凝土制作、运输、浇筑、振捣、养护 3. 构件运输、安装 4. 砂浆制作、运输 5. 接头灌缝、养护
010514002	其他构件	1. 单件体积 2. 构件的类型 3. 混凝土强度等级 4. 砂浆强度等级			

2. 定额分项

"预算定额"中的混凝土构件项目划分与清单分项大同小异，应注意以下的不同点：

1）混凝土柱划分为矩形柱、异形柱、构造柱、圆形柱、斜柱、钢管混凝土柱、劲性骨架混凝土柱等项目。矩形柱按截面周长不同细分为 1.6m 以内、2.4m 以内、3.6m 以内、3.6m 以外 4 个子目；圆形柱按截面直径不同细分为 0.5m 以内、0.5m 以外 2 个子目。

2）混凝土梁划分为基础梁、矩形梁、异形梁、悬臂（悬挑）梁、圈梁、过梁、弧形梁、拱形梁、斜梁、劲性骨架混凝土梁等项目。

3）混凝土墙按厚度不同细分为 100mm 以内、200mm 以内、500mm 以内、500mm 以外 4 个子目。

4）混凝土楼梯细分为直形、弧形、螺旋形 3 个子目。

5.2.2　计算规则

比较而言，混凝土构件工程量计算的清单规则和定额规则表述是一致的。一般规定：现浇、预制混凝土除注明者外，均按设计图示尺寸以 m^3 计算，不扣除钢筋、铁件、螺栓所占体积，扣除型钢混凝土中型钢所占体积。

1. 现浇混凝土柱

现浇混凝土柱工程量按设计图示截面面积乘以柱高以 m^3 计算，柱高按下列规定确定：

1）有梁板间的柱高，如图 5-10 所示，应自柱基上表面（或楼板上表面）至上一层楼板上表面之间的高度计算（柱连续不断，穿通有梁板）。

2）无梁板间的柱高，如图 5-11 所示，应自柱基上表面（或楼板上表面）至柱帽下表面之间的高度计算（柱被无梁板隔断）。

3）框架柱的高度，如图 5-12 所示，应自柱基上表面至柱顶高度计算（柱连续不断，穿通梁和板）。

4）构造柱按全高计算，嵌接墙体部分（马牙槎）并入柱身体积，如图 5-13 所示。

5）依附柱上的牛腿和升板的柱帽，并入柱身体积计算。

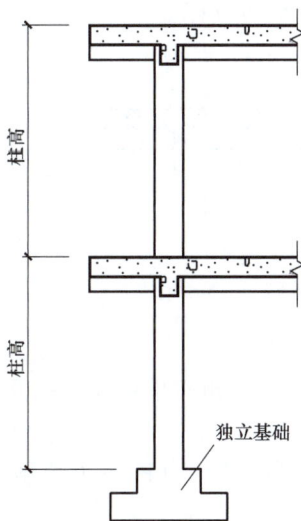

149

图 5-10　有梁板间柱高　　　　图 5-11　无梁板间柱高

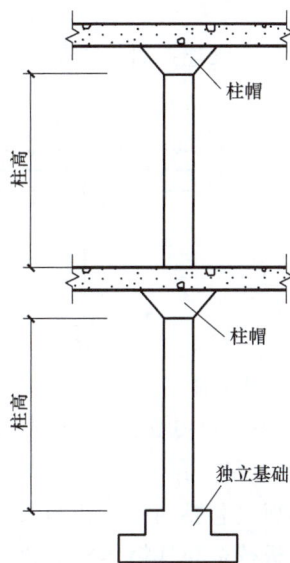

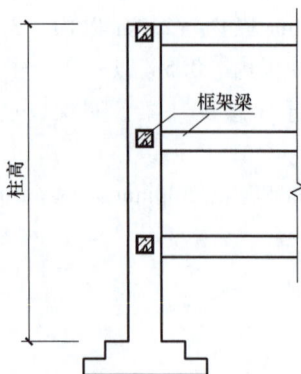

图 5-12 框架柱高

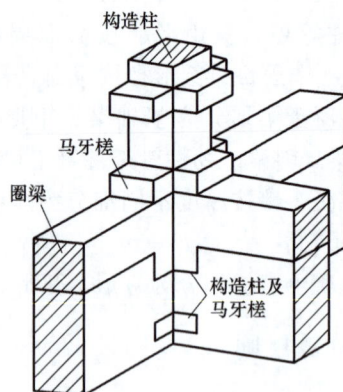

图 5-13 构造柱及马牙槎

2. 现浇混凝土梁

现浇混凝土梁按设计图示断面面积乘以梁长以 m^3 计算。伸入墙内的梁头、梁垫并入梁体积内计算。梁长按下列规定确定：

1）梁与柱连接时，梁长算至柱侧面，如图 5-14 所示。

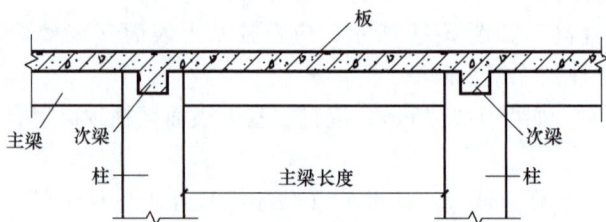

图 5-14 梁与柱连接

2）主梁与次梁连接时，次梁算至主梁侧面，如图 5-15 所示。

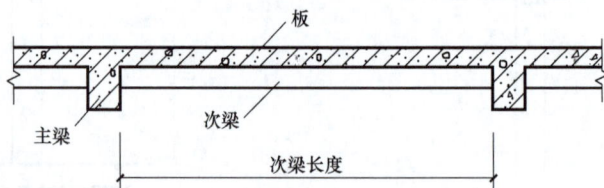

图 5-15 主梁与次梁连接

3. 现浇混凝土板

现浇混凝土板按设计图示面积乘以板厚以 m^3 计算，不扣除单个面积在 0.3 以内的柱、垛、扣洞所占体积。其中：

1）有梁板（包括主、次梁与板）按梁、板体积之和计算，如图 5-16 所示。

2）无梁板按板与柱帽体积之和计算。

3）平板按设计图示尺寸以体积计算。

4）各类板伸入墙内的板头并入板体积内计算。

4. 现浇混凝土墙

现浇混凝土墙按设计图示尺寸以体积计算，应扣除门窗洞口及 $0.3m^2$ 以外孔洞的体积，墙垛及凸出部分并入墙体积内计算。

5. 现浇混凝土楼梯

现浇混凝土楼梯（包括休息平台、平台梁、斜梁及楼梯的连接梁）按水平投影面积计算，不扣除宽度小于 500mm 的楼梯井，伸入墙内部分不计算。当整体楼梯与现浇楼板无梯梁连接时，以楼梯的最后一个踏步边缘加 300mm 为界，如图 5-17 所示。

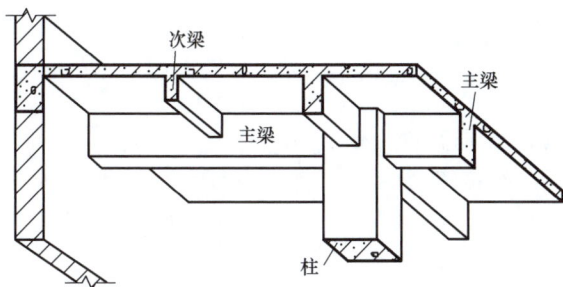

图 5-16　有梁板示意图

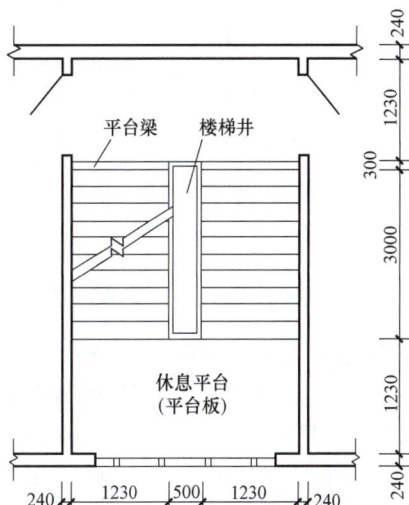

图 5-17　楼梯示意图

6. 其他现浇混凝土构件

1）雨篷、悬挑板、阳台板按设计图示尺寸以墙外部分体积计算，包括伸出墙外的牛腿和雨篷反挑檐的体积，如图 5-18、图 5-19 所示。

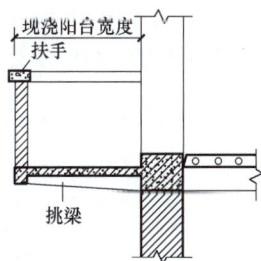

图 5-18　有挑梁的阳台

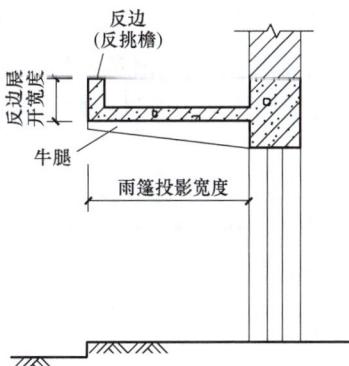

图 5-19　带反檐的雨篷

151

现浇雨篷、悬挑板、阳台板、天沟、挑檐板与屋面板、楼板连接时，以外墙外边线或梁外边线为分界线，外墙外边线或梁外边线以外为雨篷、悬挑板、阳台板、天沟、挑檐板。

2）构造柱在增加马牙槎后常用断面形式一般有4种，即L形转角、T形接头、十字形交叉和长墙中的一字形，如图5-20所示。

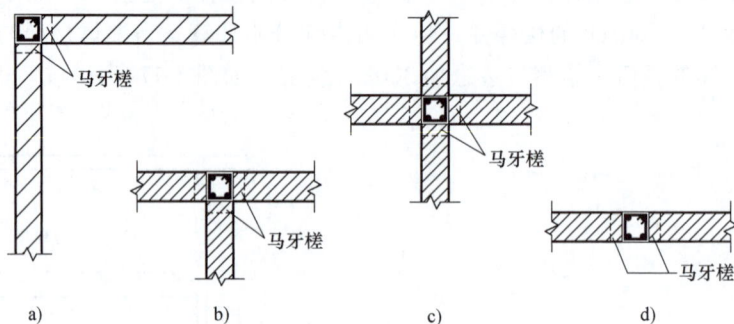

图5-20　构造柱的四种断面
a）L形转角　b）T形接头　c）十字形交叉　d）一字形

构造柱计算的难点在于马牙槎。一般马牙槎垂直面咬接高度为300mm，间距为300mm，水平咬接宽为60mm，如图5-21所示。为方便计算，马牙槎咬接宽按全高的平均宽度60mm的一半30mm计算，每个马牙槎咬接面积为柱截面宽度（墙厚）×0.03（m²）。

1砖墙（24墙）4种咬接形式的构造柱计算断面面积见表5-20。

构造柱混凝土工程量计算公式为

$$V = F_g H \qquad (5-2)$$

式中　F_g——构造柱计算断面面积；

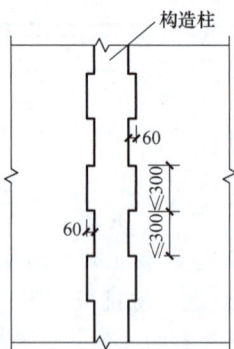

图5-21　构造柱马牙槎立面

H——构造柱全高，等于墙体计算高度。

3）过梁是指嵌入在墙体中门窗洞口上部悬空的梁，长度一般按门窗洞口宽度每边加250mm计算，截面宽度与墙厚相同，截面高度如设计图上有规定按图示尺寸计算，如图上无规定，嵌入在标准砖墙体中的过梁截面高度可按门窗洞口宽度的1/10估算，其截面高参考值见表5-21。

表5-20　构造柱计算断面面积（F_g）

咬接形式	咬接边数	柱芯部分断面面积	带马牙槎的柱断面面积/m²
一字形	2		0.0720
T形	3	0.24m×0.24m =0.0576m²	0.0792
L形	2		0.0720
十字形	4		0.0864

表 5-21　过梁截面高参考值

门窗洞口宽度(B)	过梁截面高(h)
$B \leqslant 1200\text{mm}$	120mm
$1200\text{mm} < B \leqslant 1800\text{mm}$	180mm
$1800\text{mm} < B \leqslant 2400\text{mm}$	240mm

4）混凝土台阶按图示混凝土水平投影面积以 m^2 计算，当图示不明确时，以台阶的最后一个踏步边缘加 300mm 计算。架空混凝土台阶按楼梯计算。

5）散水按设计图示尺寸以水平投影面积计算。

5.2.3　计算示例

【例 5-3】　如图 5-9 所示的某单层建筑物，假设图中现浇屋面板（厚 100mm）处设圈梁，圈梁高度（含板厚）为 300mm，其中窗洞上部为过梁。试计算现浇混凝土构造柱、过梁、圈梁、现浇屋面板工程量并按常规施工方法编制工程量清单。

【解】　1）现浇混凝土构造柱计算。该建筑物外墙上共有构造柱 11 根，若考虑有马牙槎，则 L 形有 5 根，T 形有 6 根。设基础顶标高为 -0.3m，构造柱计算高度为

$$H = (0.3 + 3.3)\text{m} = 3.6\text{m}$$

查表 5-20 中 F_g 数据，构造柱工程量为

$$V_{柱} = F_g H = [(0.072 \times 5 + 0.0792 \times 6) \times 3.6]\text{m}^3 = 3.00\text{m}^3$$

2）过梁计算。在该单层建筑中过梁有两种，一是与圈梁连接的窗洞上空过梁，截面尺寸同圈梁，过梁长度按窗宽加 500mm 计算，得

$$V_{窗过} = [(2.1 + 0.5) \times 0.3 \times 0.24 \times 2 + (1.5 + 0.5) \times 0.3 \times 0.24 \times 6]\text{m}^3 = 1.24\text{m}^3$$

二是门洞上的独立过梁，因门洞宽小于 1.2m，参照表 5-21，截面高度取 0.12m，则

$$V_{门过} = [(0.9 + 0.25) \times 0.24 \times 0.12 \times 4]\text{m}^3 = 0.133\text{m}^3$$

$$V_{过} = V_{窗过} + V_{门过} = (1.24 + 0.133)\text{m}^3 = 1.37\text{m}^3$$

3）圈梁计算。圈梁计算时，外墙取中心线长度，内墙取净长度线长度，计算出总体积后扣除窗洞上空过梁即为圈梁工程量。

$$L_{中} = [(3.3 \times 3 + 5.1 + 1.5 + 3.6) \times 2]\text{m} = 40.2\text{m}$$

$$L_{净} = [(1.5 + 3.6) \times 2 + 3.6 - 0.12 \times 6]\text{m} = 13.08\text{m}$$

$$V_{圈} = [(40.2 + 13.08) \times 0.3 \times 0.24 - 1.24]\text{m}^3 = 2.60\text{m}^3$$

4）现浇屋面板计算。现浇屋面板与圈梁连成整体但不能视为有梁板，应分开计算。现浇屋面板执行平板定额。计算得

$$\begin{aligned} V_{板} = &[(3.6 + 1.5 - 0.24) \times (3.3 - 0.24) \times 0.1 \times 3 + \\ &(5.1 - 0.24) \times (3.6 - 0.24) \times 0.1]\text{m}^3 \\ = &6.09\text{m}^3 \end{aligned}$$

5）工程量清单编制。依据工程量计算规范编制工程量清单，见表 5-22。

表 5-22　分部分项工程量清单（二）

序号	项目编码	项目名称	项目特征	计量单位	工程数量
1	010502002001	构造柱	1. 混凝土种类:预拌混凝土 2. 混凝土强度等级:C25	m³	3.00
2	010503004001	圈梁	1. 混凝土种类:预拌混凝土 2. 混凝土强度等级:C25	m³	2.60
3	010503005001	过梁	1. 混凝土种类:预拌混凝土 2. 混凝土强度等级:C25	m³	1.37
4	010505003001	平板	1. 混凝土种类:预拌混凝土 2. 混凝土强度等级:C25	m³	6.09

【例 5-4】　如图 5-17 所示尺寸，计算现浇混凝土楼梯工程量并编制工程量清单。

【解】　楼梯清单规则和定额规则相同，均按水平投影面积计算，不扣除宽度小于500mm 的楼梯井，则

$$S = [(1.23+3.0+0.3)\times(1.23+0.5+1.23)]m^2 = 13.41m^2$$

依据工程量计算规范编制工程量清单，见表 5-23。

表 5-23　分部分项工程量清单（三）

序号	项目编码	项目名称	项目特征	计量单位	工程数量
1	010506001001	直形楼梯	1. 混凝土种类:预拌混凝土 2. 混凝土强度等级:C25	m²	13.41

【例 5-5】　利用例 5-3 得出的结果计算相应分项工程的综合单价。

【解】　（1）选择计价依据　某地相关定额确定的单位估价表见表 5-24。

表 5-24　相关项目单位估价表　　　　　计量单位：10m³

定额编号				1-5-19	1-5-30	1-5-31	1-5-50
项目名称				构造柱	圈梁	过梁	平板
基价(元)				5510.53	5057.24	5315.51	4268.09
其中	人工费(元)			1864.40	1364.94	1570.04	542.55
	其中	定额人工费(元)		1553.67	1137.45	1308.36	452.12
		规费(元)		310.73	227.49	261.68	90.43
	材料费(元)			3646.13	3692.30	3745.47	3723.09
	机械费(元)			—	—	—	2.45
名称		单位	单价(元)	数量			
人工	综合工日12	工日	154.44	12.072	8.838	10.166	3.513
材料	预拌混凝土 C25	m³	361.00	9.797	10.100	10.100	10.100
	预拌水泥砂浆	m³	296.67	0.303	2.310	3.750	3.780
	电	kW·h	0.47	3.720	2.640	6.065	4.104
	水	m³	5.94	2.105	4.113	8.477	71.100
	土工布	m²	5.95	0.885	41.300	92.850	7.109
机械	混凝土抹平机,5.5kW	台班	17.51	—	—	—	0.140

（2）综合单价分析

1）构造柱套用定额［1-5-19］得

$$人工费 = (3.00÷10÷3.00×1864.40) 元/m^3 = 186.44 元/m^3$$

$$定额人工费 = (3.00÷10÷3.00×1553.67) 元/m^3 = 155.37 元/m^3$$

$$规费 = (3.00÷10÷3.00×310.73) 元/m^3 = 31.07 元/m^3$$

$$材料费 = (3.00÷10÷3.00×3646.13) 元/m^3 = 364.61 元/m^3$$

$$机械费 = (3.00÷10÷3.00×0) 元/m^3 = 0$$

$$管理费 = [(155.37+0×8\%)×22.78\%] 元/m^3 = 35.39 元/m^3$$

$$利润 = [(155.37+0×8\%)×13.81\%] 元/m^3 = 21.46 元/m^3$$

$$综合单价 = (186.44+364.61+0+35.39+21.46) 元/m^3 = 607.90 元/m^3$$

2）圈梁套用定额［1-5-30］得

$$人工费 = (2.60÷10÷2.60×1364.94) 元/m^3 = 136.49 元/m^3$$

$$定额人工费 = (2.60÷10÷2.60×1137.45) 元/m^3 = 113.75 元/m^3$$

$$规费 = (2.60÷10÷2.60×227.49) 元/m^3 = 22.75 元/m^3$$

$$材料费 = (2.60÷10÷2.60×3692.30) 元/m^3 = 369.23 元/m^3$$

$$机械费 = (2.60÷10÷2.60×0) 元/m^3 = 0$$

$$管理费 = [(113.75+0×8\%)×22.78\%] 元/m^3 = 25.91 元/m^3$$

$$利润 = [(113.75+0×8\%)×13.81\%] 元/m^3 = 15.71 元/m^3$$

$$综合单价 = (136.49+369.23+0+25.91+15.71) 元/m^3 = 547.34 元/m^3$$

3）过梁套用定额［1-5-31］得

$$人工费 = (1.37÷10÷1.37×1570.04) 元/m^3 = 157.00 元/m^3$$

$$定额人工费 = (1.37÷10÷1.37×1308.36) 元/m^3 = 130.84 元/m^3$$

$$规费 = (1.37÷10÷1.37×261.68) 元/m^3 = 26.17 元/m^3$$

$$材料费 = (1.37÷10÷1.37×3745.47) 元/m^3 = 374.55 元/m^3$$

$$机械费 = (1.37÷10÷1.37×0) 元/m^3 = 0$$

$$管理费 = [(130.84+0×8\%)×22.78\%] 元/m^3 = 29.81 元/m^3$$

$$利润 = [(130.84+0×8\%)×13.81\%] 元/m^3 = 18.07 元/m^3$$

$$综合单价 = (157.00+374.55+0+29.81+18.07) 元/m^3 = 579.43 元/m^3$$

4）平板套用定额［1-5-50］得

$$人工费 = (6.09÷10÷6.09×542.55) 元/m^3 = 54.26 元/m^3$$

$$定额人工费 = (6.09÷10÷6.09×452.12) 元/m^3 = 45.21 元/m^3$$

$$规费 = (6.09÷10÷6.09×90.43) 元/m^3 = 9.04 元/m^3$$

$$材料费 = (6.09÷10÷6.09×3723.09) 元/m^3 = 372.31 元/m^3$$

$$机械费 = (6.09÷10÷6.09×2.45) 元/m^3 = 0.25 元/m^3$$

$$管理费 = [(45.21+0.25×8\%)×22.78\%] 元/m^3 = 10.30 元/m^3$$

$$利润 = [(45.21+0.25×8\%)×13.81\%] 元/m^3 = 6.25 元/m^3$$

$$综合单价 = (54.26+372.31+0.25+10.30+6.25) 元/m^3 = 443.37 元/m^3$$

【例5-6】　五层框架结构观光塔，结构平面图如图5-22所示。每层层高3.6m，基础顶

标高为 -0.6m，柱顶标高为 18.0m，基础梁及框架梁截面尺寸为 300mm×600mm，现浇板厚 120mm。框架间外墙砌筑厚 240mm 小型空心砌块墙，外墙上有门洞（1500mm×2100mm）1樘，窗洞（1800mm×2100mm）19 樘，门洞上设置现浇过梁（2000mm×240mm×180mm），楼板上预留 1.8m×1.8m 观光电梯井洞。试根据《计算规范》列项并计算框架柱、基础梁、框架梁、过梁、现浇板、砌块墙的清单工程量。

【解】 本例解题过程见表 5-25。

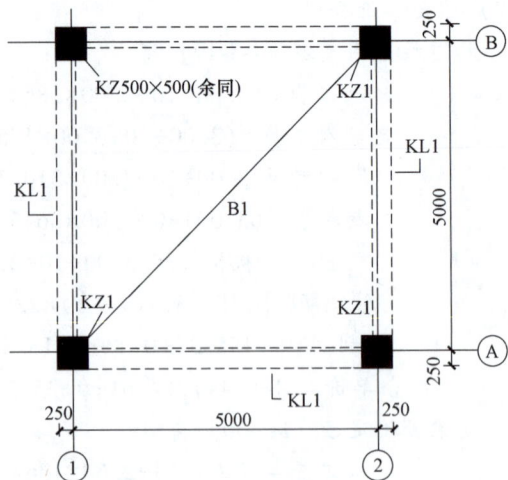

图 5-22 塔楼结构平面图

表 5-25 工程量计算表

项次	项目编码	项目名称	单位	工程量	计算式
1	010502001001	矩形柱	m³	18.60	框架柱：$[(18.0+0.6)\times0.5\times0.5\times4]$m³=18.60m³
2	010503001001	基础梁	m³	3.24	基础梁：$[(5.0-0.25\times2)\times4\times0.3\times0.6]$m³=3.24m³
3	010503005001	过梁	m³	0.086	过梁：$(2.0\times0.24\times0.18)$m³=0.086m³
4	010505001001	有梁板	m³	26.70	框架梁：$[(5.0-0.25\times2)\times4\times0.3\times0.6\times5]$m³=16.20m³ 现浇板：$[(5.0-0.25\times2)\times(5.0-0.25\times2)\times5-0.2\times0.2\times4\times5-1.8\times1.8\times4]$m²×0.12m=10.5m³ 注：$(0.2\times0.2$ 为柱洞) 两项合并为有梁板：$(16.20+10.50)$m³=26.70m³
5	010402001001	砌块墙	m³	46.72	应扣门窗洞口面积：$(1.5\times2.1+1.8\times2.1\times19)$m²=74.97m² 应扣独立过梁：0.086m³ 砌块墙：$[(5.0-0.25\times2)\times(3.6-0.6)\times4\times5-74.97]$m²×0.24m-0.086m³=46.72m³

5.3 钢结构构件

5.3.1 清单分项及规则

《计算规范》将金属结构工程分为 31 项，具体分项见表 5-26～表 5-32。

表 5-26 钢网架（编码：010601）

项目编码	项目名称	项目特征	计量单位	工程量计算规则	工作内容
010601001	钢网架	1. 钢材品种、规格 2. 网架节点形式、连接方式 3. 网架跨度、安装高度 4. 探伤要求 5. 防火要求	t	按设计图示尺寸以质量计算。不扣除孔眼的质量,焊条、铆钉等不另增加质量	1. 拼装 2. 安装 3. 探伤 4. 补刷油漆

表 5-27 钢屋架、钢托架、钢桁架、钢桥架（编码：010602）

项目编码	项目名称	项目特征	计量单位	工程量计算规则	工作内容
010602001	钢屋架	1. 钢材品种、规格 2. 单榀质量 3. 屋架跨度、安装高度 4. 螺栓种类 5. 探伤要求 6. 防火要求	1. 榀 2. t	1. 以榀计量，按设计图示数量计算 2. 以吨计量，按设计图示尺寸以质量计算。不扣除孔眼的质量，焊条、铆钉、螺栓等不另增加质量	1. 拼装 2. 安装 3. 探伤 4. 补刷油漆
010602002	钢托架	1. 钢材品种、规格 2. 单榀质量 3. 安装高度	t	按设计图示尺寸以质量计算。不扣除孔眼的质量，焊条、铆钉、螺栓等不另增加质量	1. 拼装 2. 安装 3. 探伤 4. 补刷油漆
010602003	钢桁架	4. 螺栓种类 5. 探伤要求 6. 防火要求			
010602004	钢桥架	1. 桥类型 2. 钢材品种、规格 3. 单榀质量 4. 安装高度 5. 螺栓种类 6. 探伤要求	t	按设计图示尺寸以质量计算。不扣除孔眼的质量，焊条、铆钉、螺栓等不另增加质量	1. 拼装 2. 安装 3. 探伤 4. 补刷油漆

表 5-28 钢柱（编码：010603）

项目编码	项目名称	项目特征	计量单位	工程量计算规则	工作内容
010603001	实腹钢柱	1. 柱类型 2. 钢材品种、规格 3. 单根柱质量	t	按设计图示尺寸以质量计算。不扣除孔眼的质量，焊条、铆钉、螺栓等不另增加质量，依附在钢柱上的牛腿及悬臂梁等并入钢柱工程量内	1. 拼装 2. 安装 3. 探伤 4. 补刷油漆
010603002	空腹钢柱	4. 螺栓种类 5. 探伤要求 6. 防火要求			
010603003	钢管柱	1. 钢材品种、规格 2. 单根柱质量 3. 螺栓种类 4. 探伤要求 5. 防火要求		按设计图示尺寸以质量计算。不扣除孔眼的质量，焊条、铆钉、螺栓等不另增加质量，钢管柱上的节点板、加强环、内衬管、牛腿等并入钢管柱工程量内	1. 拼装 2. 安装 3. 探伤 4. 补刷油漆

表 5-29 钢梁（编码：010604）

项目编码	项目名称	项目特征	计量单位	工程量计算规则	工作内容
010604001	钢梁	1. 梁类型 2. 钢材品种、规格 3. 单根质量 4. 螺栓种类 5. 安装高度 6. 探伤要求 7. 防火要求	t	按设计图示尺寸以质量计算。不扣除孔眼的质量，焊条、铆钉、螺栓等不另增加质量，制动梁、制动板、制动桁架、车挡并入钢吊车梁工程量内	1. 拼装 2. 安装 3. 探伤 4. 补刷油漆
010604002	钢吊车梁	1. 钢材品种、规格 2. 单根质量 3. 螺栓种类 4. 安装高度 5. 探伤要求 6. 防火要求			

表 5-30　钢板楼板、墙板（编码：010605）

项目编码	项目名称	项目特征	计量单位	工程量计算规则	工作内容
010605001	钢板楼板	1. 钢材品种、规格 2. 钢板厚度 3. 螺栓种类 4. 防火要求	m²	按设计图示尺寸以铺设水平投影面积计算。不扣除单个面积≤0.3m²柱、垛及孔洞所占面积	1. 拼装 2. 安装 3. 探伤 4. 补刷油漆
010605002	钢板墙板	1. 钢材品种、规格 2. 钢板厚度、复合板厚度 3. 螺栓种类 4. 复合板夹芯材料种类、层数、型号、规格 5. 防火要求		按设计图示尺寸以铺挂展开面积计算。不扣除单个面积≤0.3m²的梁、孔洞所占面积，包角、包边、窗台泛水等不另增加面积	

表 5-31　钢构件（编码：010606）

项目编码	项目名称	项目特征	计量单位	工程量计算规则	工作内容
010606001	钢支撑、钢拉条	1. 钢材品种、规格 2. 构件类型 3. 安装高度 4. 螺栓种类 5. 探伤要求 6. 防火要求	t	按设计图示尺寸以质量计算，不扣除孔眼的质量，焊条、铆钉、螺栓等不另增加质量	1. 拼装 2. 安装 3. 探伤 4. 补刷油漆
010606002	钢檩条	1. 钢材品种、规格 2. 构件类型 3. 单根质量 4. 安装高度 5. 螺栓种类 6. 探伤要求 7. 防火要求			
010606003	钢天窗架	1. 钢材品种、规格 2. 单榀质量 3. 安装高度 4. 螺栓种类 5. 探伤要求 6. 防火要求			
010606004	钢挡风架	1. 钢材品种、规格 2. 单榀质量 3. 螺栓种类 4. 探伤要求 5. 防火要求			
010606005	钢墙架				
010606006	钢平台	1. 钢材品种、规格 2. 螺栓种类 3. 防火要求			
010606007	钢走道				
010606008	钢梯	1. 钢材品种、规格 2. 钢梯形式 3. 螺栓种类 4. 防火要求			
010606009	钢护栏	1. 钢材品种、规格 2. 防火要求			

（续）

项目编码	项目名称	项目特征	计量单位	工程量计算规则	工作内容
010606010	钢漏斗	1. 钢材品种、规格 2. 漏斗、天沟形式 3. 安装高度 4. 探伤要求	t	按设计图示尺寸以质量计算，不扣除孔眼的质量，焊条、铆钉、螺栓等不另增加质量，依附漏斗或天沟的型钢并入漏斗或天沟工程量内	1. 拼装 2. 安装 3. 探伤 4. 补刷油漆
010606011	钢板天沟				
010606012	钢支架	1. 钢材品种、规格 2. 安装高度 3. 防火要求		按设计图示尺寸以质量计算，不扣除孔眼的质量，焊条、铆钉、螺栓等不另增加质量	
010606013	零星钢构件	1. 构件名称 2. 钢材品种、规格			

表 5-32　金属制品（编码：010607）

项目编码	项目名称	项目特征	计量单位	工程量计算规则	工作内容
010607001	成品空调金属百页护栏	1. 材料品种、规格 2. 边框材质	m^2	按设计图示尺寸以框外围展开面积计算	1. 安装 2. 校正 3. 预埋铁件及安螺栓
010607002	成品栅栏	1. 材料品种、规格 2. 边框及立柱型钢品种、规格			1. 安装 2. 校正 3. 预埋铁件 4. 安螺栓及金属立柱
010607003	成品雨篷	1. 材料品种、规格 2. 雨篷宽度 3. 晾衣杆品种、规格	1. m 2. m^2	1. 以米计量，按设计图示接触边以米计算 2. 以平方米计量，按设计图示尺寸以展开面积计算	1. 安装 2. 校正 3. 预埋铁件及安螺栓
010607004	金属网栏	1. 材料品种、规格 2. 边框及立柱型钢品种、规格	m^2	按设计图示尺寸以框外围展开面积计算	1. 安装 2. 校正 3. 安螺栓及金属立柱
010607005	砌块墙钢丝网加固	1. 材料品种、规格 2. 加固方式		按设计图示尺寸以面积计算	1. 铺贴 2. 铆固
010607006	后浇带金属网				

5.3.2　定额计算规则

1）金属结构构件制作工程量按设计图示尺寸以质量计算。不扣除单个面积 $\leqslant 0.3m^2$ 的孔洞质量，焊缝、铆钉、螺栓等不另增加质量。

2）金属结构构件安装工程量按成品构件的设计图示尺寸以质量计算。不扣除单个面积 $\leqslant 0.3m^2$ 的孔洞质量，焊缝、铆钉、螺栓等不另增加质量。

3）金属结构构件运输（指企业自有附属加工厂加工的金属结构构件）工程量等于制作工程量。使用的高强螺栓、花篮螺栓和剪力栓钉按设计图示数量以"套"计算。

159

5.3.3　计算示例

【例 5-7】　如图 5-23 所示，计算柱间钢支撑工程量。已知：角钢L 75×50×6 理论质量为 5.68kg/m，钢材理论质量为 7850kg/m³。

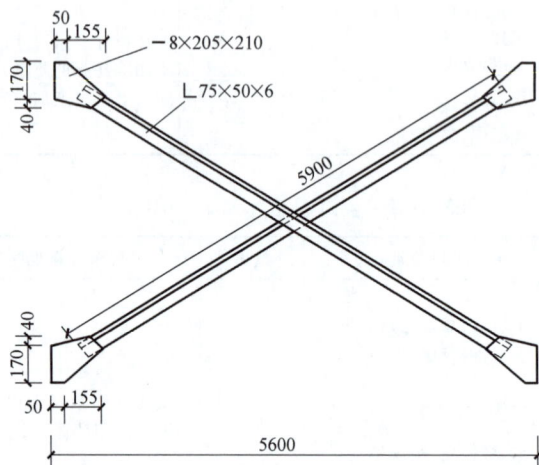

图 5-23　柱间支撑示意图

【解】　角钢质量：$(5.9×2×5.68)$kg $=67.02$kg

钢板面积：$[(0.05+0.155)×(0.17+0.04)×4]$m² $=0.1772$m²

钢板质量：$(0.1772×0.008×7850)$kg $=10.81$kg

或者，按图中引出线标明的 $(-8×205×210)$，也就是钢板厚 8mm，外接最小的矩形面积为 205mm×210mm，则多边形钢板的质量为

$$(0.008×0.205×0.210×4×7850)\text{kg}=10.81\text{kg}$$

柱间钢支撑工程量：$(67.02+10.81)$kg $=77.83$kg

【例 5-8】　例 5-7 中的钢支撑按常规施工方法编制工程量清单见表 5-33，试计算综合单价。

表 5-33　分部分项工程量清单（四）

序号	项目编码	项目名称	项目特征	计量单位	工程数量
1	010606001001	钢支撑	工厂制作；运输距离 5km；刷调和漆二道	t	0.078

【解】　1）查用某省"计价标准"相关单位估价表见表 5-34。

2）综合单位计算。本题用列式方法计算综合单价（油漆暂不计入）。

①钢支撑制作套用定额［1-6-24］得

$$\text{人工费}=(0.078÷10÷0.078×1300.38)\text{元/t}=130.04\text{ 元/t}$$

$$\text{定额人工费}=(0.078÷10÷0.078×1083.65)\text{元/t}=108.37\text{ 元/t}$$

规费=（0.078÷10÷0.078×216.72）元/t=21.67 元/t

材料费=（0.078÷10÷0.078×4373.67）元/t=437.37 元/t

机械费=（0.078÷10÷0.078×224.70）元/t=22.47 元/t

表 5-34　钢结构工程单位估价表

定额编号			1-6-24	1-6-48	1-6-86	1-14-139
项　目			钢支撑制作	Ⅱ类构件运输（5km 以内）	钢支撑安装	金属面油漆（调和漆二道）
			10t	10t	10t	100m²
基价（元）			5898.75	667.49	5507.02	1017.09
其中	人工费（元）		1300.38	154.44	436.91	389.16
	其中	定额人工费（元）	1083.65	128.70	364.09	324.30
		规费（元）	216.72	25.74	72.82	64.86
	材料费（元）		4373.67	77.41	4791.64	169.84
	机械费（元）		224.70	435.64	278.47	—

②钢支撑运输套用定额［1-6-48］得

人工费=（0.078÷10÷0.078×154.44）元/t=15.44 元/t

定额人工费=（0.078÷10÷0.078×128.70）元/t=12.87 元/t

规费=（0.078÷10÷0.078×25.74）元/t=2.57 元/t

材料费=（0.078÷10÷0.078×77.41）元/t=7.74 元/t

机械费=（0.078÷10÷0.078×435.64）元/t=43.56 元/t

③钢支撑安装套用定额［1-6-86］得

人工费=（0.078÷10÷0.078×436.91）元/t=43.69 元/t

定额人工费=（0.078÷10÷0.078×364.09）元/t=36.41 元/t

规费=（0.078÷10÷0.078×72.82）元/t=7.28 元/t

材料费=（0.078÷10÷0.078×4791.64）元/t=47.92 元/t

机械费=（0.078÷10÷0.078×278.47）元/t=27.85 元/t

④以上三项合计，计算得

人工费=（130.04+15.44+43.69）元/t=189.17 元/t

定额人工费=（108.37+12.87+36.41）元/t=157.65 元/t

规费=（21.67+2.57+7.28）元/t=31.52 元/t

材料费=（437.37+7.74+47.92）元/t=493.03 元/t

机械费=（22.47+43.56+27.85）元/t=93.88 元/t

管理费=［（157.65+93.88×8%）×22.78%］元/t=37.62 元/t

利润=［（157.65+93.88×8%）×13.81%］元/t=22.81 元/t

综合单价=（189.17+493.03+93.88+37.62+22.81）元/t=836.51 元/t

习题与思考题

1. 根据图 5-24、图 5-25 所示计算 1 砖厚内外墙工程量。图中：M1 为 900mm×2100mm，M2 为 1500mm×2700mm，M3 为 3000mm×3000mm，C1 为 1800mm×1800mm，C2 为 1500mm×1800mm。钢筋混凝土预制过梁断面为 240mm×180mm。每层设圈梁断面为 240mm×300mm，M3 上圈梁高增大为 600mm。±0.000 以下为混凝土基础，楼板、楼梯均为现浇混凝土。

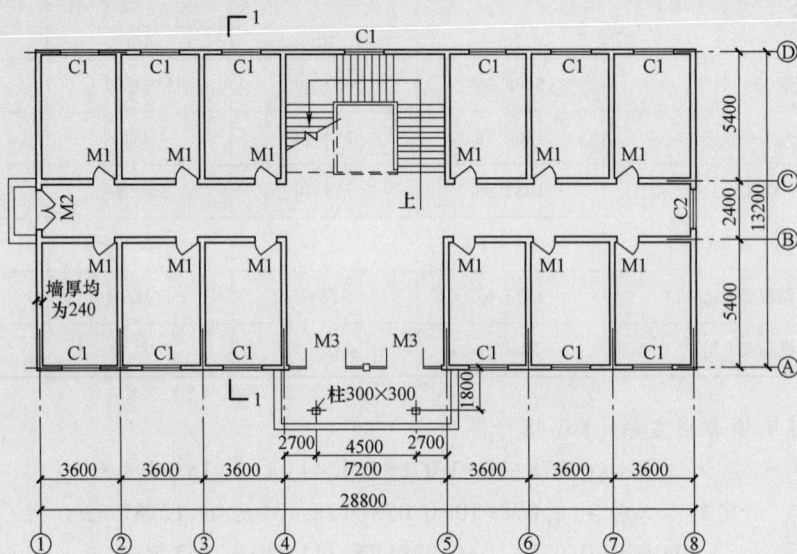

图 5-24 一层平面图

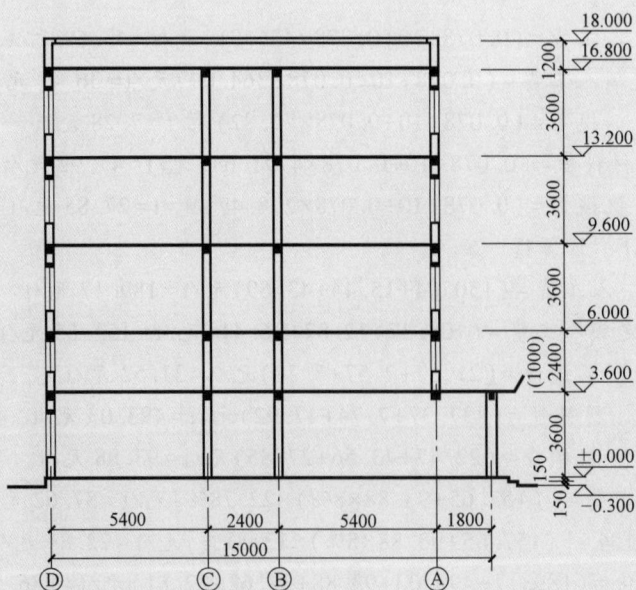

图 5-25 剖面图（一）

2. 按图 5-26 所示计算砖柱工程量

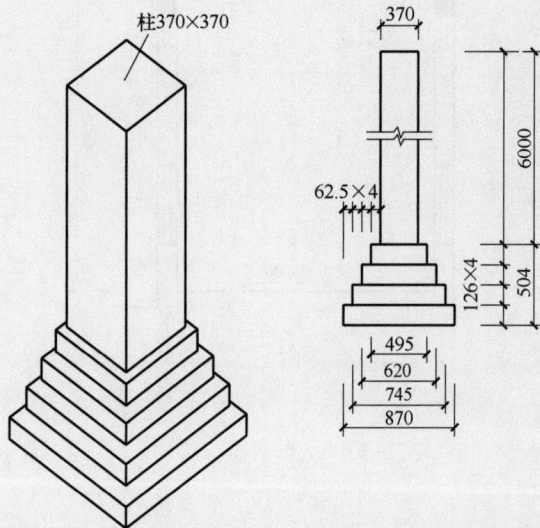

图 5-26　砖柱

3. 根据图 5-27、图 5-28 所示计算 1 砖半厚内外墙工程量。图中：M1 为 1500mm×2400mm，M2 为 900mm × 2100mm，C1 为 1800mm × 1500mm，C2 为 1800mm × 600mm。KJ1：柱 400mm × 400mm，梁 400mm×600mm。

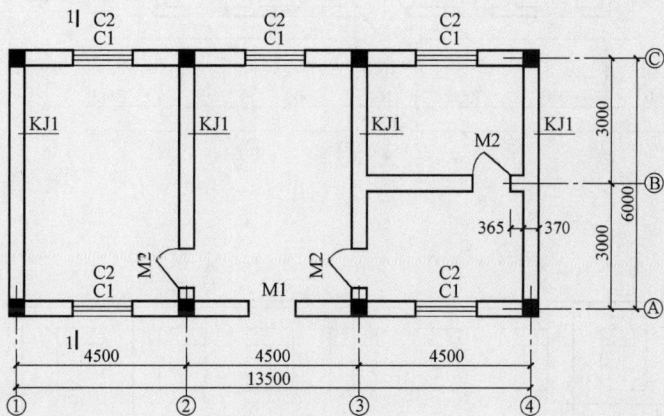

图 5-27　平面图（一）

4. 按图 5-29~图 5-31 所示条件尽可能多地列项计算本章所讨论过的工程量。（图中：M1 尺寸为 1500mm×2400mm；M2 尺寸为 900mm×2100mm；C1 尺寸为 1500mm×1500mm）

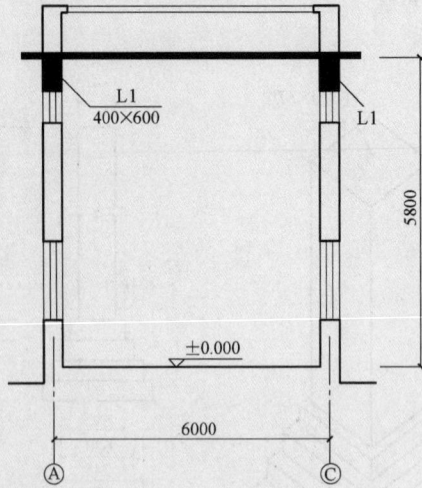

图 5-28 剖面图（二）

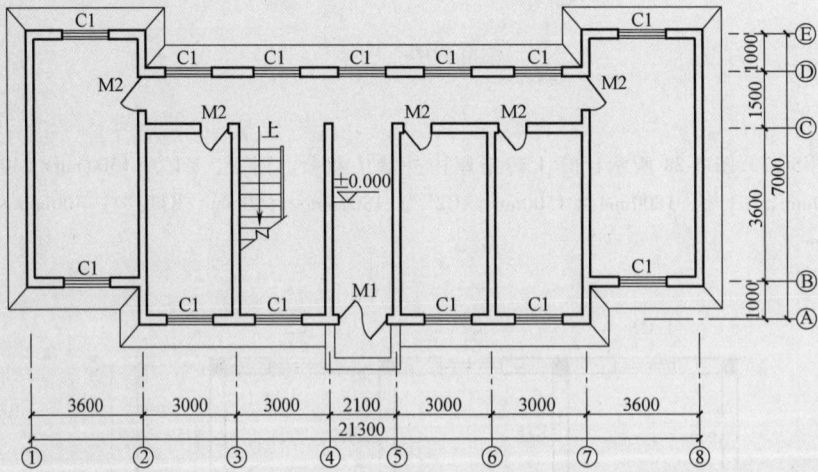

图 5-29 平面图（二）

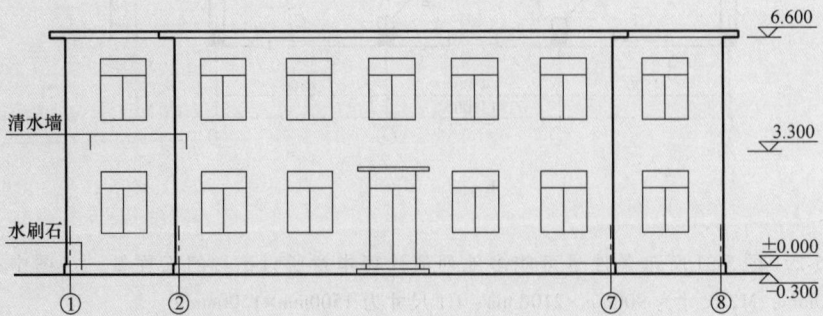

图 5-30 立面图

164

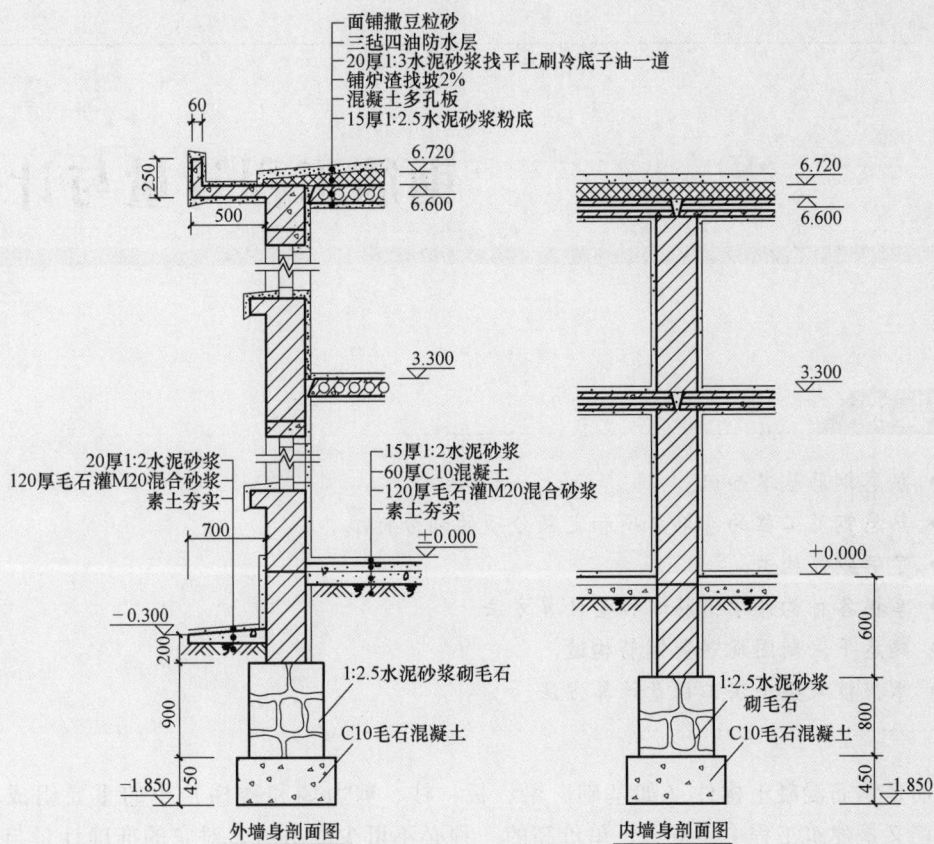

图 5-31　墙身剖面图

二维码形式客观题

微信扫描二维码，可自行做客观题，提交后可查看答案。

第5章
客观题

6

第6章
钢筋工程计量与计价

教学要求

- 熟悉钢筋基本知识。
- 熟悉钢筋工程的清单分项和定额分项的划分标准。
- 了解钢筋构造。
- 掌握各种构件中钢筋工程量计算方法。
- 熟悉平法制图规则和钢筋构造。
- 掌握框架梁平法工程量计算方法。

钢筋是钢筋混凝土构件（如基础、梁、板、柱、剪力墙和楼梯）中的重要组成材料，同时钢筋又是建筑工程中用量大、单价高的一种必不可少的材料，对它的准确计量与计价，对合理、有效控制工程造价意义重大。

6.1 钢筋计量与计价

6.1.1 钢筋基本知识

1. 构件中的钢筋分类

1）受力筋。受力筋又称为主筋，配置在梁、柱、板等构件的受弯、受拉、偏心受压或受拉区以承受拉力，如图6-1所示。

2）架立筋。架立筋又称为构造筋，一般不需要计算而按构造要求配置，如2Φ12，用来固定箍筋以形成钢筋骨架，一般配置在梁上部或悬挑梁的下部，如图6-1a所示。

3）箍筋。箍筋形状如一个箍，在梁和柱子中使用，它一方面起着抵抗剪切力的作用，另一方面起固定主筋和架立筋位置的作用。它垂直于主筋和架立筋设置，在梁中与受力筋、架立筋组成钢筋骨架，在柱中与受力筋组成钢筋骨架，如图6-1a、c所示。

4）分布筋。分布筋在板中垂直于受力筋布置，以固定受力筋位置并传递内力。它能将构件所受的外力分布于较广的范围，以改善受力情况，如图6-1b所示。

5）附加钢筋。附加钢筋是指因构件几何形状或受力情况变化而增加的钢筋，如吊筋、鸭筋等，如图6-2所示。

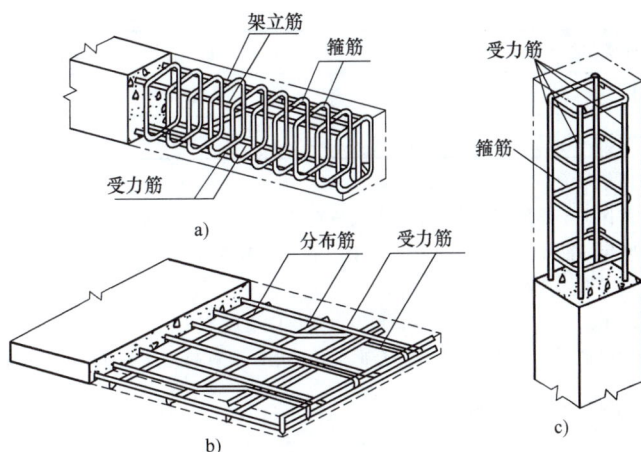

图 6-1　构件中钢筋分类示意图

a）梁筋　b）板筋　c）柱筋

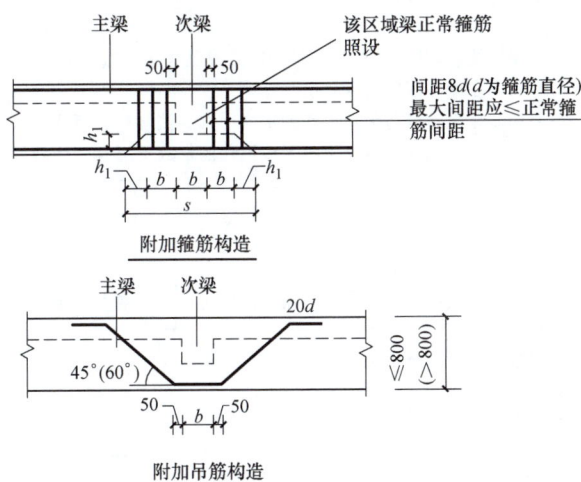

附加箍筋构造

附加吊筋构造

图 6-2　附加钢筋示意图

167

2. 钢筋的混凝土保护层

钢筋在混凝土中应有一定厚度的混凝土将其包住，以防钢筋锈蚀，钢筋外皮至最近的混凝土表面之间的混凝土层称为钢筋的混凝土保护层。一般构件钢筋的混凝土保护层厚度见表 6-1。

表 6-1　一般构件钢筋的混凝土保护层厚度（c 值）　　　　（单位：mm）

环境类别		板、墙	梁、柱
一		15	20
二	a	20	25
	b	25	35

（续）

环境类别		板、墙	梁、柱
三	a	30	40
	b	40	50

注：1. 此表适用于使用年限为50年的混凝土结构。

2. 构件中受力筋的保护层厚度不应小于钢筋的公称直径。

3. 使用年限为100年的混凝土结构，一类环境中，最外层钢筋的保护层厚度不应小于表中数值的1.4倍；二、三类环境中，应采取专业的有效措施。

4. 混凝土强度等级不大于C25时，表中保护层厚度数值应增加5。

5. 基础底面钢筋的保护层厚度，有混凝土垫层时应从垫层顶面算起，且不应小于40mm。

混凝土结构的环境类别见表6-2。

表6-2　混凝土结构的环境类别

环境类别	条件
一	1）室内干燥环境 2）无侵蚀性静水浸没环境
二 a	1）室内潮湿环境（指构件表面经常处于结露或湿润状态的环境） 2）非严寒和非寒冷地区的露天环境 3）非严寒和非寒冷地区与无侵蚀性的水或土壤直接接触的环境 4）严寒和寒冷地区的冰冻线以下与无侵蚀性的水或土壤直接接触的环境
二 b	1）干湿交替环境 2）水位频繁变动环境 3）严寒和寒冷地区的露天环境 4）严寒和寒冷地区的冰冻线以上与无侵蚀性的水或土壤直接接触的环境
三 a	1）严寒和寒冷地区冬季水位变动区环境 2）受除冰影响环境 3）海风环境
三 b	1）盐渍土环境 2）受除冰作用环境 3）海岸环境

3. 钢筋的弯钩

1）绑扎骨架的受力筋应在末端做弯钩，但是下列钢筋可以不做弯钩：

① 螺纹、人字纹等带肋钢筋，如图6-3所示。

② 焊接骨架和焊接网中的光圆钢筋。

③ 绑扎骨架中受压的光圆钢筋。

④ 梁、柱中的附加钢筋及梁的架立筋。

⑤板的分布筋。

2）钢筋弯钩的形式如图6-4所示。

图6-3　带肋钢筋示意图

168

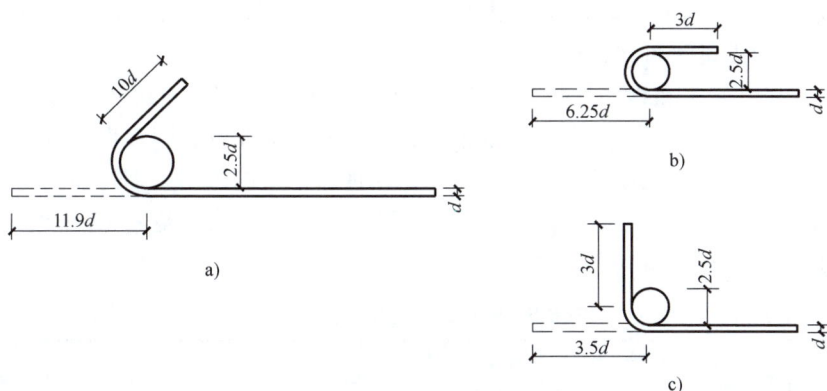

图 6-4　钢筋弯钩形式示意图

① 斜弯钩，如图 6-4a 所示。

② 带有平直部分的半圆弯钩，如图 6-4b 所示。

③ 直弯钩，如图 6-4c 所示。

预算中计算钢筋的工程量时，弯钩的长度可不扣加工时钢筋的延伸率。常用的弯钩计算长度见表 6-3（表中 d 为钢筋直径）。

表 6-3　常用的弯钩计算长度

弯钩角度		180°	90°	135°
增加长度	HPB 钢筋（光圆钢筋）	$6.25d$	$3.5d$	$11.9d$

注：箍筋弯钩的平直部分，一般结构不小于箍筋直径的 5 倍；有抗震要求的结构，不应小于箍筋直径的 10 倍。

4. 弯起钢筋的斜长增加值（ΔL）

弯起钢筋的常用弯起角度有 30°、45°、60° 三种，其斜长增加值是指斜长与水平投影长度之间的差值（ΔL），如图 6-5 所示。

弯起钢筋的斜长增加值（ΔL），可按弯起角度、弯起钢筋净高 h_0（$h_0 =$ 构件断面高度－两端保护层厚）计算。其计算值见表 6-4。

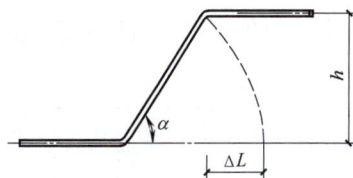

图 6-5　弯起钢筋的斜长增加值示意图

表 6-4　弯起钢筋斜长增加值计算

α	S	L	ΔL
30°	$2.00h_0$	$1.73h_0$	$0.27h_0$
45°	$1.41h_0$	$1.00h_0$	$0.41h_0$
60°	$1.15h_0$	$0.58h_0$	$0.57h_0$

注：梁高 $h \geq 0.8$m，用 60°；梁高 $h < 0.8$m，用 45°，板用 30°。$\Delta L = S - L$。

5. 钢筋加长连接

一般钢筋出厂时，为了便于运输，除小直径的盘圆钢筋外，直条钢筋每根长度多为 9m 定尺。在实际使用中，有时要求成型钢筋总长超过原材料长度，有时为了节约材料，需利用被剪断的剩余短料接长使用，这样就有了钢筋的连接接头。钢筋加长连接有如下方法。

169

1）焊接连接。钢筋的连接最好采用焊接，因为采用焊接受力可靠，便于布置钢筋，并且可以减少钢筋加工量和节约钢筋。

2）绑扎连接。它是在钢筋搭接部分的中心和两端共三处用钢丝绑扎，绑扎连接操作方便，但不结实，因此搭接要长一些，要多消耗钢材，所以除非没有焊接设备或操作条件不许可的情况，一般不采用绑扎连接。绑扎连接使用条件有一定的限制，即搭接处要可靠，必须有足够的搭接长度（L_d）。根据《混凝土结构工程施工质量验收规范》（GB 50204—2015），钢筋最小搭接长度应符合表 6-5 的规定。

表 6-5　钢筋最小搭接长度（L_d）

钢筋种类		混凝土等级强度			
		C15	C20～C25	C30～C35	≥C40
光圆钢筋	HPB300 级	45d	35d	30d	25d
带肋钢筋	HRB400 级	55d	45d	35d	30d
	HRB400E 级、RRB400 级	—	55d	40d	35d

注：1. 两根直径不同的钢筋的搭接长度，以较细钢筋的直径计算。
　　2. 当纵向受拉钢筋搭接接头面积百分率大于 25% 时，但不大于 50% 时，其最小搭接长度应按本表数值乘以系数 1.2 取用；当接头面积百分率大于 50% 时，应按本表数值乘以系数 1.35 取用。
　　3. 当带肋钢筋的直径大于 25mm 时，其最小搭接长度应再乘以系数 1.1 取用。
　　4. 在任何情况下，受拉钢筋的搭接长度不应小于 300mm。
　　5. 本书未提到的内容以规范为准。

3）钢筋加长连接除焊接连接和绑扎连接外，还有锥螺纹连接、直螺纹连接、冷挤压连接等连接方式。

6. 钢筋的单位理论质量

钢筋的单位理论质量是指每米长钢筋的理论质量，见表 6-6。

表 6-6　钢筋的单位理论质量

钢筋直径/mm	截面面积/mm²	单位理论质量/（kg/m）	钢筋直径/mm	截面面积/mm²	单位理论质量/（kg/m）
5	19.63	0.154	18	254.50	2.000
6	28.27	0.222	20	314.20	2.470
6.5	33.18	0.260	22	380.10	2.980
8	50.27	0.395	25	490.90	3.850
10	78.54	0.617	28	615.80	4.830
12	113.10	0.888	30	706.90	5.550
14	153.90	1.210	32	804.20	6.310
16	201.10	1.580	38	1134.00	8.900
17	227.00	1.780	40	1257.00	9.870

6.1.2　钢筋分项及计算规则

1. 清单分项及计算规则

《计算规范》将钢筋工程常用项目分为现浇构件钢筋、预制构件钢筋等子项目，见表 6-7。

表 6-7　钢筋工程清单项目及计算规则

项目编码	项目名称	项目特征	计量单位	工程量计算规则	工作内容
010515001	现浇构件钢筋	钢筋种类、规格	t	按设计图示钢筋(网)长度(面积)乘以单位理论质量计算	1. 钢筋制作、运输 2. 钢筋安装 3. 焊接(绑扎)
010515002	预制构件钢筋				
010515003	钢筋网片				
010515004	钢筋笼				
010515005	先张法预应力钢筋	1. 钢筋种类、规格 2. 锚具种类		按设计图示钢筋长度乘以单位理论质量计算	1. 钢筋制作、运输 2. 钢筋张拉
010515006	后张法预应力钢筋	(略)		(略)	(略)
010515007	预应力钢丝				
010515008	预应力钢绞线				
010515009	支撑钢筋(铁马)	钢筋种类、规格		按钢筋长度乘以单位理论质量计算	钢筋制作、焊接、安装
010516001	螺栓	1. 螺栓种类 2. 规格		按设计图示尺寸以质量计算	1. 螺栓、铁件制作、运输 2. 螺栓、铁件安装
010516002	预埋铁件	1. 钢筋种类 2. 规格 3. 铁件尺寸			
010516003	机械连接	1. 连接方式 2. 螺纹套筒种类 3. 规格	个	按数量计算	1. 钢筋套丝 2. 套筒连接

2. 定额分项及计算规则

(1) 定额项目划分

1) 现浇构件钢筋制作安装按圆钢(HPB300)和带肋钢(HRB400 以内、HRB400 以上)分项,再按 ≤ϕ10mm、≤ϕ18mm、≤ϕ25mm、≤ϕ32mm、≤ϕ40mm 细分子目。

2) 预制构件钢筋制作安装项目细分为冷拔丝 ≤ϕ5mm、圆钢 ≤ϕ10mm、圆钢 ≤ϕ18mm,带肋钢按 ≤ϕ10mm、≤ϕ18mm、≤ϕ25mm、≤ϕ32mm、≤ϕ40mm 细分子目。

3) 单列箍钢细分为 HPB300、HRB400 项目,再按 ≤ϕ5mm、≤ϕ10mm、>ϕ10mm 细分子目。

4) 钢筋接头细分为电渣压力焊接头 ≤ϕ18mm、≤ϕ32mm;气压力焊接头 ≤ϕ25mm、≤ϕ40mm;直(锥)螺纹钢筋接头 ≤ϕ16mm、≤ϕ20mm、≤ϕ25mm、≤ϕ32mm、≤ϕ40mm;冷挤压接头 ≤ϕ25mm、≤ϕ40mm 等子目。

5) 半成品钢筋运输细分为人装人卸载重汽车运输运距 1km 以内、运距每增 1km 等 2 个子目。

(2) 定额工程量计算规则

1) 钢筋工程量应区别现浇、预制构件、预应力、钢种和规格,按设计图示钢筋长度乘以单位理论质量以 t 计算。

2) 现浇钢筋混凝土中用于固定钢筋位置的支撑钢筋、双层钢筋用的"铁马"、伸出构件外的锚固钢筋按相应项目的钢筋工程量计算。如果设计未明确，结算时按现场签证数量计算。

3）钢筋电渣压力焊、气压力焊、机械连接接头、型钢混凝土结构中钢筋与型钢骨架的接头，以个计算。

4）钢筋连接设计无具体长度要求的，按以下规定计算：

① 通长钢筋，钢筋直径大于8mm不大于12mm的，按12m长计算一个接头。

② 通长钢筋，钢筋直径大于12mm的，按9m长计算一个接头。

6.1.3 钢筋计量方法

1. 钢筋工程量计算

钢筋工程量计算的基本表达式为

$$钢筋工程量(G)=钢筋图示长度×钢筋单位理论质量 \tag{6-1}$$

其中，钢筋单位理论质量可按表6-6查用，当手中无表可查时，也可以用以下简便公式计算：

$$钢筋单位理论质量(kg/m)=0.617d^2 \tag{6-2}$$

式中 d——钢筋直径（cm）；

0.617——计算系数。

【例6-1】 求ϕ12mm钢筋单位理论质量。

【解】 取d值为1.2cm，代入式（6-2），得

$$(0.617×1.2^2)kg/m=0.888kg/m$$

由于钢筋单位理论质量很容易确定，因而计算钢筋图示长度就变成了钢筋工程量计算的主要问题。本节以下的内容，主要讨论钢筋长度如何计算。工程预算中计算钢筋工程量的目的最终还是计算工程造价，而不是计算下料长度，因此应确立钢筋预算的基本原则：钢筋长度应按外包尺寸计算。

2. 一般直筋长度计算

一般直筋如图6-6所示，其计算式可表达为

$$直筋长度=构件长度-两端保护层厚+弯钩长度+其他增长值$$

或

$$A=L-2c+2×6.25d+L_{增} \tag{6-3}$$

式中 A——直筋长度；

L——构件长度；

c——混凝土保护层厚度，无特别规定时可按表6-1取用；

$2×6.25$——180°弯钩计算长，为计算方便，也可直接表达为12.5d；

$L_{增}$——其他增长值，如图6-6中下弯长度。

3. 弯起钢筋长度计算

弯起钢筋俗称元宝筋，计算时先将弯起钢筋投影成水平直筋，再加弯起部分斜长增加值而得。计算式可表达为

$$弯起钢筋长度=构件长度-两端保护层厚+弯钩+斜长增加值+其他增长值$$

或

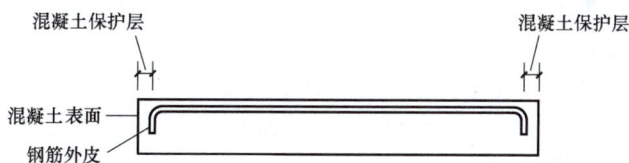

图 6-6　直筋示意图

$$B = L_{构} - 2c + 12.5d + \Delta L + L_{增} \tag{6-4}$$

式中　B——弯起钢筋长度；

　　　ΔL——斜长增加值，按表 6-4 计算；

其余符号含义同前。

4. 箍筋长度计算

箍筋一般按一定间距设置，如表达为Φ6@200 或其他。箍筋长度计算时应先算出单支箍长度，再乘以支数，最后求得箍筋总长度。其长度计算表达式为

$$箍筋长度 = 单支箍长度 \times 支数 \tag{6-5}$$

（1）单支箍长度计算　单支箍长度根据构件断面及箍筋配置情况的不同可有以下五种情形，并可推导出简便的计算方法（读者可据此方法举一反三）。

1）方形或矩形断面配置的封闭双肢箍，如图 6-7 所示。

封闭双肢箍的单支箍长度计算时应扣混凝土保护层厚度，增加两个 135° 弯钩长度。表达式（按外皮计算）为

$$L = 2(B + H) - 8c + 2 \times 11.9d \tag{6-6}$$

式中　L——单支箍长度；

$2(B+H)$——构件断面周长；

　　　c——混凝土保护层厚度；

　　　d——箍筋直径；

$11.9d$——135° 弯钩的长度。

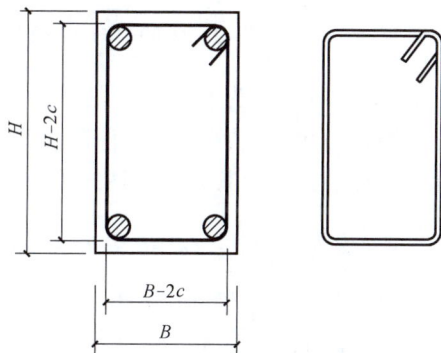

图 6-7　封闭双支箍示意图

2）拉筋，也称 S 形箍或一字箍，如图 6-8 所示。

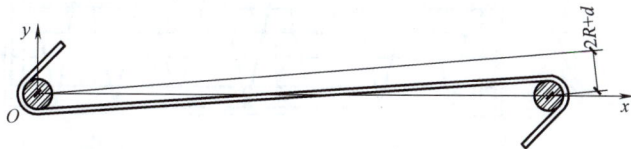

图 6-8　拉筋示意图

拉筋单支长度按构件断面宽度扣除保护层厚度，加两个 135° 弯钩长度计算。其长度计算表达式为

$$L = B - 2c + 2 \times 11.9d \tag{6-7}$$

式中　L——拉筋单支长度；

　　　B——构件断面宽度；

173

c——混凝土保护层厚度；

d——拉筋直径；

$2×11.9d$——两个135°弯钩的长度。

3）矩形断面的梁、柱配置的四肢箍，如图6-9所示。

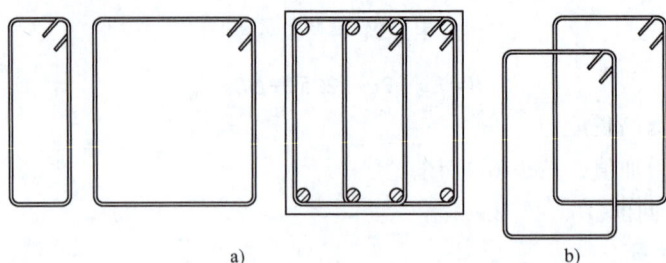

图6-9　四肢箍示意图

① 图6-9a所示为两个相套的箍筋，一个是环周边的封闭双肢箍，按式（6-6）计算。另一个套箍的宽度相当于1/3的构件断面宽度，高度可按构件断面高度减两个混凝土保护层厚度，其计算表达式为

$$L=\frac{1}{3}B×2+2(H-2c)+2×11.9d \qquad (6-8)$$

② 图6-9b所示为两个相同的箍筋，宽度相当于2/3的构件断面宽度，高度可按构件断面高度减去两个混凝土保护层厚度计算。其计算表达式为

$$L=\frac{2}{3}B×2+2(H-2c)+2×11.9d \qquad (6-9)$$

套箍和拉筋的应用如图6-10所示。

4）螺旋箍，如图6-11所示。

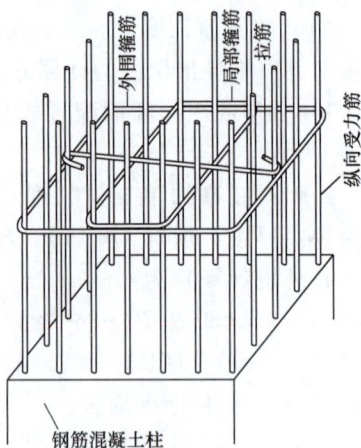

图6-10　套箍和拉筋应用示意图

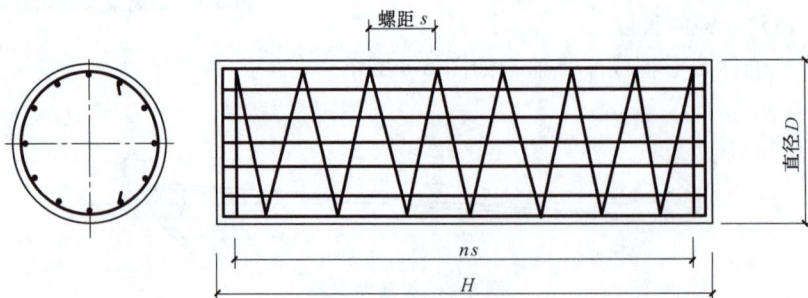

图6-11　螺旋箍示意图

螺旋箍是连续不断的，可按下式一次计算出螺旋箍总长度：

$$L=\frac{H}{s}\sqrt{s^2+(D-2c)^2\pi^2} \qquad (6-10)$$

式中　H——需配置螺旋箍的构件高或长；

s——螺旋箍螺距；

D——需配置螺旋箍的构件断面直径；

c——混凝土保护层厚度；

π——圆周率，取 3.1416。

5）圆形箍，如图 6-12 所示。圆形箍长度应按箍筋外皮圆周长，加钢筋搭接长度，再加两个 135°弯钩长度计算。其长度计算表达式为

$$L = (D-2c)\pi + L_d + 2 \times 11.9d \qquad (6\text{-}11)$$

式中 L——圆形箍单支长度；

D——构件断面直径；

c——混凝土保护层厚度；

π——圆周率，取 3.1416；

L_d——钢筋搭接长度；

d——圆形箍钢筋直径。

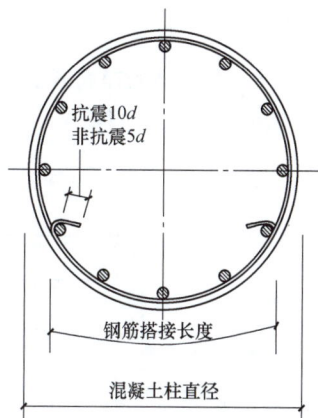

图 6-12　圆形箍示意图

【例 6-2】　如图 6-13 所示，计算钢筋混凝土梁内箍筋的单支长度（室内干燥环境，箍筋直径为 $\phi 6mm$）。

【解】　查表 6-1 知，混凝土保护层厚度 $c = 20mm$。

①号箍筋按式（6-6）计算，得

$$\begin{aligned} L &= 2(B+H) - 8c + 2 \times 11.9d \\ &= [2 \times (0.4+0.6) - 8 \times 0.02 + 2 \times \\ &\quad 11.9 \times 0.006]m \\ &= 1.98m \end{aligned}$$

②号箍筋按式（6-8）计算得

$$L = \frac{1}{3}B \times 2 + 2(h-2c) + 2 \times 11.9d$$

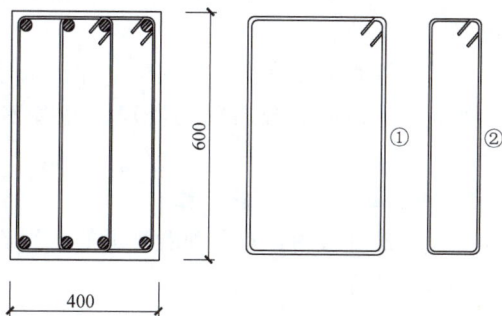

图 6-13　箍筋示意图

$$= \left[\frac{1}{3} \times 0.4 \times 2 + 2 \times (0.6 - 2 \times 0.02) + 2 \times 11.9 \times 0.006\right]m$$

$$= 1.53m$$

（2）**箍筋支数计算**　箍筋支数可划分为以下两种情况计算：

1）一般的简支梁，箍筋可布全梁端，但应扣减梁端保护层，其计算公式为

$$支数 = \frac{L-2c}{s} + 1 \qquad (6\text{-}12)$$

式中 L——梁的构件长度；

c——混凝土保护层厚度；

s——箍筋间距；

1——排列的箍筋最后加 1 支。

2）与柱整浇的框架梁，箍筋可布至支座边 50mm 处，无柱支座中可设 1 支箍筋，如图 6-14 所示。计算公式为

$$支数 = \frac{L_净 - 2 \times 0.05}{s} + 1 \tag{6-13}$$

式中 $L_净$——梁的净跨长，即支座间净长度；

其余符号含义同前。

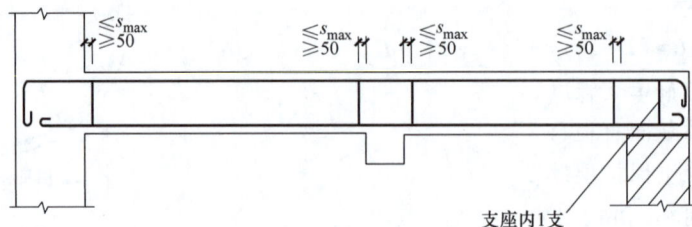

图 6-14   梁箍筋分布示意图

6.1.4   简单构件钢筋计算

本节所讨论简单构件是指简支梁、平板、独立基础、带形基础等。先学会这些构件中钢筋的计算，有助于了解结构设计图是如何表达钢筋配置的，也为进一步学习平法图集的钢筋计量奠定了基础。

钢筋计算时最好分钢种、规格，并按编号顺序进行计算。若图上未编号，可自行按受力筋、架立筋、箍筋和分布筋的顺序，并按钢筋直径大小顺序编号，最后按定额分项分别汇总。

1. 独立基础底板钢筋计算

独立基础底板均在双向配置受力筋，钢筋单支长度可按式（6-3）计算，钢筋支数可按式（6-12）计算。

【例 6-3】 按图 6-15 所示计算现浇混凝土杯形基础底板配筋工程量（共 24 个）。

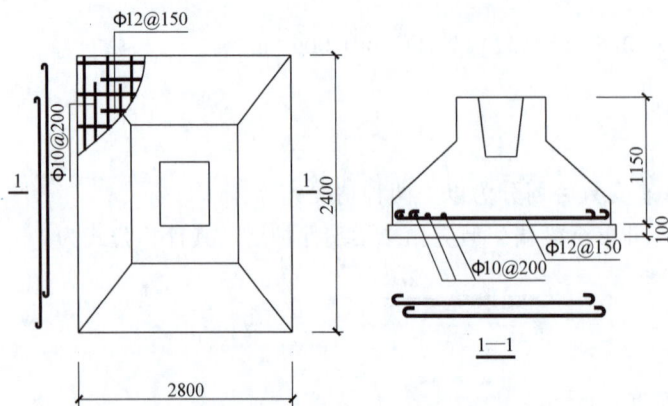

图 6-15   杯形基础底板配筋示意图

【解】　查表 6-1 可知，有垫层的基础混凝土保护层厚度取 40mm。

①号筋 φ12 @ 150（沿长边方向）。

$$单支长 = (2.8-2×0.04+12.5×0.012)m = 2.87m$$

$$支数 = \left(\frac{2.4-2×0.04}{0.15}+1\right)支 = 16.47 支 = 17 支$$

$$总长 = (2.87×17)m = 48.79m$$

查表 6-6 知，φ12 钢筋单位理论质量为 0.888kg/m。

$$钢筋质量 = (48.79×0.888×24)kg = 1040kg = 1.040t$$

②号筋 φ10 @ 200（沿短边方向）。

$$单支长 = (2.4-2×0.04+12.5×0.010)m = 2.45m$$

$$支数 = \left(\frac{2.8-2×0.04}{0.2}+1\right)支 = 14.6 支 = 15 支$$

$$总长 = (2.45×15)m = 36.75m$$

查表 6-6 知，φ10 钢筋单位理论质量为 0.617kg/m。

$$钢筋质量 = (36.75×0.617×24)kg = 544.19kg = 0.544t$$

2. 条形基础底板钢筋计算

条形基础（即带形基础）底板一般在短边方向配置受力筋，长边方向配置分布筋。在外墙转角及内外墙交接处，由于受力筋已双向配置（也会有其他配置方式），则不再配置分布筋，也就是说，分布筋在布置至外墙转角及内外墙交接处时只要与受力筋搭接即可，其道理同下一小节平板负筋构造，如图 6-16 所示。

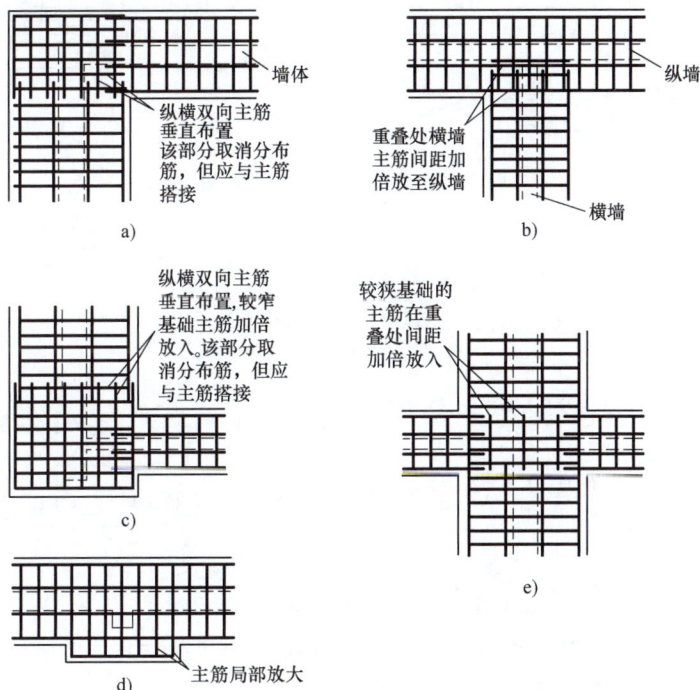

图 6-16　条形基础底板配筋示意图

条形基础底板受力筋单支长度可按式（6-3）计算，支数可按式（6-12）计算。分布筋支数可按式（6-12）计算，而长度要考虑与受力筋的有效搭接。由于受力筋长度在按基底宽度计算时扣减了保护层厚度，因此分布筋计算长度为

$$A = L_净 + 2(c + L_d) \tag{6-14}$$

式中　A——分布筋分段计算长度；

$\quad\quad L_基$——相邻两基础底边之间的净长度；

$\quad\quad c$——保护层厚度；

$\quad\quad L_d$——钢筋最小搭接长度，按表6-5取。

【例6-4】　如图6-17所示，计算现浇条形混凝土基础底板配筋工程量，假设本例设计要求受力主筋在内外墙交接处均布到边，混凝土强度等级为C25，钢筋采用HRB400级。

【解】　查表6-1可知，有垫层的基础混凝土保护层厚度取40mm。查表6-5可知，L_d应为$45d$。

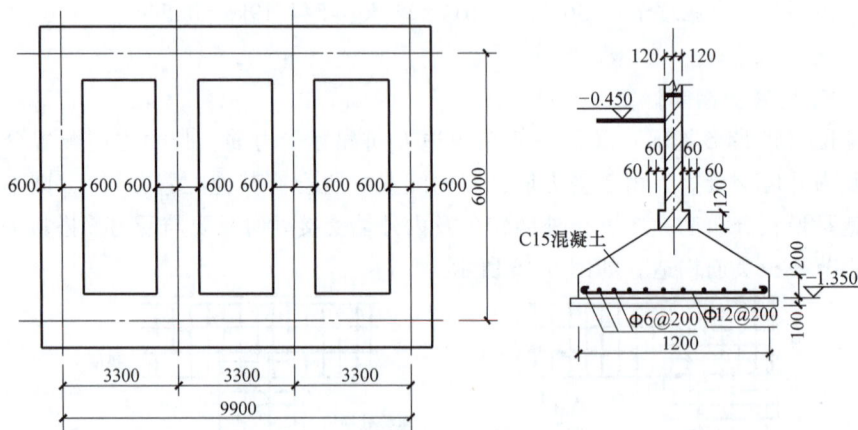

图 6-17　条形基础配筋示意图

本题计算过程如下：

①号筋为受力筋，Φ12@200（沿短向布置）。

$$单支长 = (1.2 - 2 \times 0.04 + 12.5 \times 0.012)\text{m} = 1.27\text{m}$$

支数：

$$纵向 = \left[\left(\frac{9.9 + 0.6 \times 2 - 2 \times 0.04}{0.2} + 1\right) \times 2\right]支 = (57 \times 2)支 = 114\ 支$$

$$横向 = \left[\left(\frac{6.0 + 0.6 \times 2 - 2 \times 0.04}{0.2} + 1\right) \times 4\right]支 = (37 \times 4)支 = 148\ 支$$

$$总支数 = (114 + 148)支 = 262\ 支$$

$$总长度 = (1.27 \times 262)\text{m} = 332.74\text{m}$$

$$钢筋质量 = (332.74 \times 0.888)\text{kg} = 295.47\text{kg} = 0.30\text{t}$$

②号筋为分布筋，Φ6@200（沿长向布置）。

分段长度：

$$纵向 = [3.3 - 1.2 + 2 \times (0.04 + 45 \times 0.006)]\,m = 2.72m$$

$$横向 = [6.0 - 1.2 + 2 \times (0.04 + 45 \times 0.006)]\,m = 5.42m$$

$$每段支数 = \left(\frac{1.2 - 2 \times 0.04}{0.2} + 1 \right) 支 = 7\,支$$

$$总长度 = (2.72 \times 7 \times 6 + 5.42 \times 7 \times 4)\,m = 266m$$

$$钢筋质量 = (266 \times 0.222)\,kg = 59.05kg = 0.059t$$

3. 平板钢筋计算

现浇平板多使用在砖混结构建筑中，如卫生间的现浇楼板，其四周支撑在砖墙上。板底双向配筋，板四周上部配置负弯矩筋，水平段从墙边伸入板内长度约为板净跨的 1/7 长。负弯矩筋应按构造要求配置分布筋，一般不在图上画出。负弯矩筋及分布筋布置如图 6-18 所示。

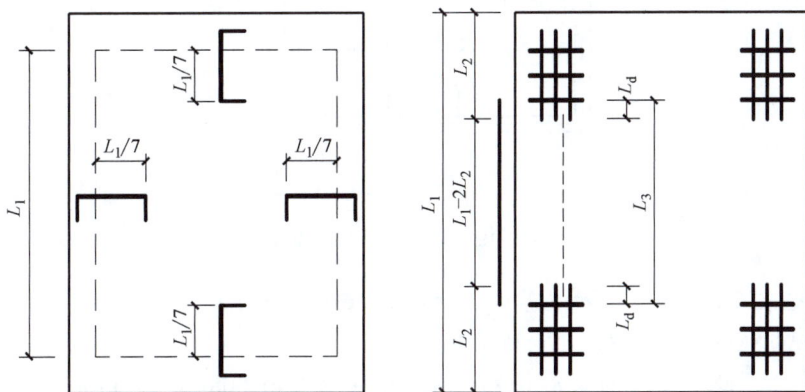

图 6-18　负弯矩筋及分布筋示意图

1）板底双向配筋单支长度可按式（6-3）计算，支数可按式（6-12）计算。

2）负弯矩筋支数按式（6-12）计算，长度计算式为

$$B = L_净 + \delta - c + 2(h - 2c) \tag{6-15}$$

式中　B——负弯矩筋计算长度；

$\quad\quad L_净$——负弯矩筋水平段从墙边伸入板内长度；

$\quad\quad \delta$——支承板的砖墙厚度；

$\quad\quad c$——板的保护层厚度；

$\quad\quad h$——板厚。

3）分布筋长度计算式为

$$L_3 = L_1 - 2L_2 + 2L_d \tag{6-16}$$

式中　L_3——分布筋长度；

$\quad\quad L_1$——板的长度；

$\quad\quad L_2$——负弯矩筋水平段长度，含到板边扣除的保护层厚度；

$\quad\quad L_d$——钢筋最小搭接长度，按表 6-5 取。

4）分布筋支数计算式为

179

$$支数 = \frac{L_2}{@} + 1 \qquad\qquad (6-17)$$

式中 L_2——负弯矩筋水平段长度

　　@——分布筋间距

【例6-5】 如图6-19所示，计算现浇C25混凝土平板双向板钢筋工程量（带钩为圆钢）。墙厚为240mm，板厚为120mm，负弯矩筋应按构造要求配置Φ6@250的分布筋。

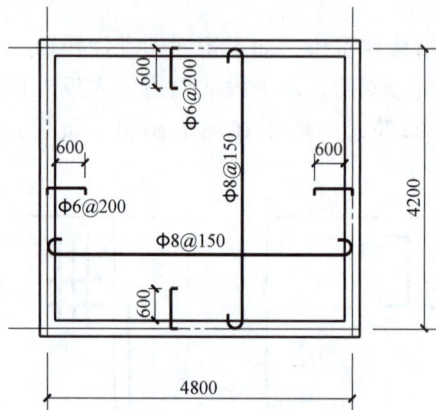

例6-5
讲解

图6-19 双向板配筋示意图

【解】 查表6-1可知，保护层厚度取15mm；查表6-5可知，L_d应为35d。

①号筋配Φ8@150（图中水平向钢筋）。

$$单支长度 = (4.8 + 0.24 - 2 \times 0.015 + 12.5 \times 0.008)\,m = 5.11\,m$$

$$支数 = \left(\frac{4.2 + 0.24 - 2 \times 0.015}{0.15} + 1\right)支 = 31\,支$$

$$总长度 = (5.11 \times 31)\,m = 158.41\,m$$

$$质量 = (158.41 \times 0.395)\,kg = 62.57\,kg = 0.063\,t$$

②号筋配Φ8@150（图中竖向钢筋）。

$$单支长度 = (4.2 + 0.24 - 2 \times 0.015 + 12.5 \times 0.008)\,m = 4.51\,m$$

$$支数 = \left(\frac{4.8 + 0.24 - 2 \times 0.015}{0.15} + 1\right)支 = 35\,支$$

$$总长度 = (4.51 \times 35)\,m = 157.85\,m$$

$$质量 = (157.85 \times 0.395)\,kg = 62.35\,kg = 0.062\,t$$

③号筋，负弯矩钢筋配Φ6@200（图中板四周上部配置）。

$$单支长度 = [0.6 + 0.24 - 0.015 + 2 \times (0.12 - 2 \times 0.015)]\,m = 1.005\,m$$

$$支数 = [(4.2 + 0.24 - 2 \times 0.015)/0.2 + 1 + (4.8 + 0.24 - 2 \times 0.015)/0.2 + 1]支 \times 2 = 98\,支$$

$$总长度 = (1.005 \times 98)\,m = 98.49\,m$$

$$质量 = (98.49 \times 0.222)\,kg = 21.86\,kg = 0.022\,t$$

④号筋，负弯矩钢筋的分布筋，配Φ6@250（图中未画出）。

$$单支长度：纵向 = (4.2 - 0.24 - 2 \times 0.6 + 2 \times 35 \times 0.006)\,m = 3.18\,m$$

$$横向 = (4.8-0.24-2\times0.6+2\times35\times0.006)m = 3.78m$$
$$每段支数 = [(0.24-0.015+0.6)/0.25+1]支 = 5支$$
$$总长度 = [(3.18+3.78)\times5\times2]m = 69.6m$$
$$质量 = (69.6\times0.222)kg = 15.45kg = 0.015t$$

4. 简支梁钢筋计算

现浇简支梁多使用在砖混结构中，以砖柱或砖墙为支撑，梁端部不出现或出现较小的负弯矩，受力筋配置在梁下，梁上部配置架立筋，箍筋平均分布，无加密区。

简支梁钢筋计算是最简单的一种，最能体现钢筋一般计量方法，是初学者学习掌握钢筋计量的切入点。

【例6-6】　如图6-20所示，计算C25现浇混凝土简支梁钢筋工程量。

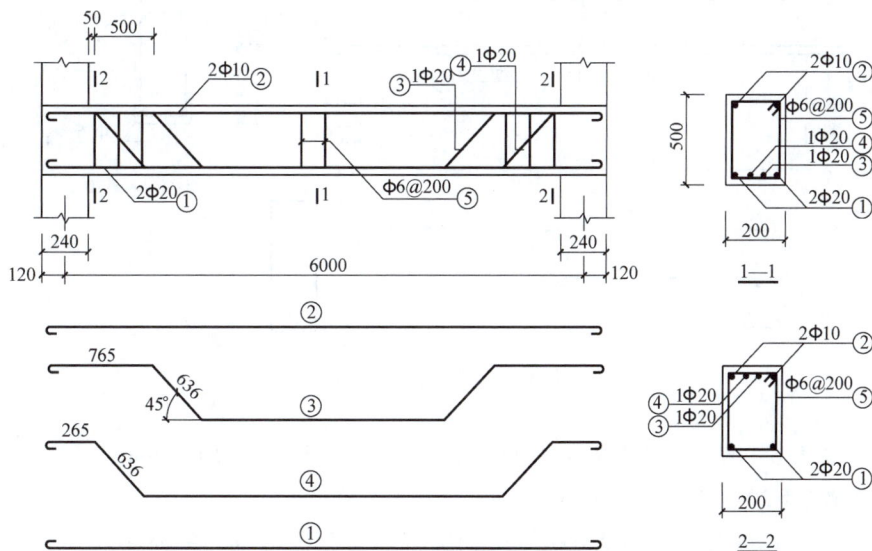

图 6-20　简支梁配筋图

【解】　查表6-1可知，保护层厚度取20mm（室内正常环境）。计算中若图上主筋画有弯钩，可判断为圆钢，以下同。

①号筋配2Φ20（梁下部受力筋，圆钢）。
$$单支长度 = (6.0+0.12\times2-2\times0.02+12.5\times0.02)m = 6.45m$$
$$总长度 = (6.45\times2)m = 12.90m$$
$$质量 = (12.90\times2.47)kg = 31.87kg = 0.032t$$

②号筋配2Φ10（梁上部架立筋，圆钢）。
$$单支长度 = (6.0+0.12\times2-2\times0.02+12.5\times0.01)m = 6.33m$$
$$总长度 = (6.33\times2)m = 12.66m$$
$$质量 = (12.66\times0.617)kg = 7.81kg = 0.008t$$

③号筋配1Φ20（弯起筋，圆钢）。梁高 $H=500mm$，起弯45°，$\Delta L = 0.414h_0$。
$$单支长度 = [6.0+0.12\times2-2\times0.02+2\times0.414\times(0.5-2\times0.02)+12.5\times0.02]m = 6.83m$$

$$质量 = (6.83 \times 2.47) \text{kg} = 16.87 \text{kg} = 0.017 \text{t}$$

④号筋配 1Φ20（弯起筋）。尽管起弯点与③号筋不一样，但计算长度相同。

$$质量 = (6.83 \times 2.47) \text{kg} = 16.87 \text{kg} = 0.017 \text{t}$$

⑤号筋配 Φ6@200（双肢箍，圆钢）。

$$单支长度 = [(0.2+0.5) \times 2 - 8 \times 0.02 + 2 \times 11.9 \times 0.006] \text{m} = 1.38 \text{m}$$

$$支数度 = [(6.0+0.24-2 \times 0.02)/0.2+1] 支 = 32 支$$

$$总长度 = (1.38 \times 32) \text{m} = 44.16 \text{m}$$

$$质量 = (44.48 \times 0.222) \text{kg} = 9.80 \text{kg} = 0.01 \text{t}$$

【例 6-7】 如图 6-21 所示，计算 C25 现浇混凝土花篮梁钢筋工程量。

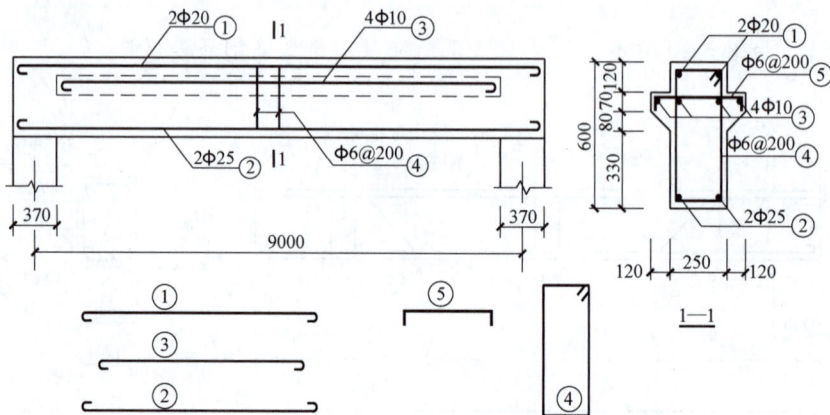

图 6-21 花篮梁配筋图

【解】 查表 6-1 可知，梁保护层厚度取 20mm，板保护层厚度取 15mm。

①号筋配 2Φ20（架立筋，圆钢）。

$$单支长度 = (9.0+0.37-2 \times 0.02+12.5 \times 0.02) \text{m} = 9.58 \text{m}$$

$$质量 = (9.58 \times 2 \times 2.47) \text{kg} = 47.33 \text{kg} \approx 0.047 \text{t}$$

②号筋配 2Φ25（受力筋，圆钢）。

$$单支长度 = (9.0+0.37-2 \times 0.02+12.5) \times 0.025 \text{m} = 9.64 \text{m}$$

$$质量 = (9.64 \times 2 \times 3.85) \text{kg} = 74.23 \text{kg} \approx 0.074 \text{t}$$

③号筋配 4Φ10（架立筋，圆钢）。

$$单支长度 = (9.0-0.37-2 \times 0.02+12.5 \times 0.010) \text{m} = 8.72 \text{m}$$

$$质量 = (8.72 \times 4 \times 0.617) \text{kg} = 21.52 \text{kg} \approx 0.022 \text{t}$$

④号筋配 Φ6@200（双肢箍，圆钢）。

$$单支长度 = 2(B+H) - 8c + 2 \times 11.9d$$

$$= [2 \times (0.25+0.6) - 8 \times 0.02 + 2 \times 11.9 \times 0.006] \text{m} = 1.68 \text{m}$$

$$支数 = [(9.0+0.37-2 \times 0.02)/0.2+1] 支 = 48 支$$

$$总长度 = (1.68 \times 48) \text{m} = 80.64 \text{m}$$

$$质量 = (80.64 \times 0.222) \text{kg} = 17.90 \text{kg} \approx 0.018 \text{t}$$

⑤号筋配Φ6@200（圆钢）。

$$单支长度 = [0.12 \times 2 + 0.25 - 2 \times 0.015 + 2 \times (0.07 - 2 \times 0.015)] \mathrm{m} = 0.54 \mathrm{m}$$

$$支数 = [(9.0 - 0.37 - 2 \times 0.015) \div 0.2 + 1] 支 = 44 支$$

$$总长度 = (0.54 \times 44) \mathrm{m} = 23.76 \mathrm{m}$$

$$质量 = (23.76 \times 0.222) \mathrm{kg} = 5.27 \mathrm{kg} \approx 0.005$$

【例6-8】 如图6-22所示，计算C30现浇混凝土灌注桩钢筋工程量。

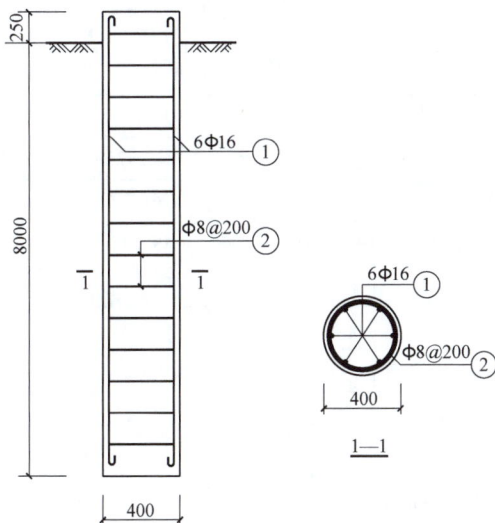

图6-22 灌注桩钢筋示意图

【解】 查表6-1可知，灌注桩处于室外潮湿环境，保护层厚度比照柱取25mm计算。

①号筋配6Φ16（主筋）。

$$单支长度 = (8.0 + 0.25 - 2 \times 0.025 + 12.5 \times 0.016) \mathrm{m} = 8.39 \mathrm{m}$$

$$质量 = (8.39 \times 6 \times 1.58) \mathrm{kg} = 79.54 \mathrm{kg} \approx 0.080 \mathrm{t}$$

②号筋配Φ8@200（螺旋箍筋）。

单支长度按式（6-10）计算得

$$L = \frac{H}{s}\sqrt{s^2 + (D - 2c)^2 \pi^2}$$

$$= \left(\frac{8.0 - 0.025}{0.2} \times \sqrt{0.2^2 + (0.4 - 2 \times 0.025)^2 \times 3.1416^2} \right) \mathrm{m} = 45.28 \mathrm{m}$$

$$质量 = (45.28 \times 0.395) \mathrm{kg} = 17.88 \mathrm{kg} \approx 0.018 \mathrm{t}$$

6.1.5 钢筋工程计价

从《计算规范》可以知道，钢筋工程应按现浇混凝土钢筋、预制构件钢筋分项计价，其中应包含钢筋制作、运输、安装的费用。从前面几章的介绍中可知，无论何种工程项目要计价，须有合适的预算定额及其基础上产生的单位估价表。

表 6-8～表 6-12 列出了某地"计价定额"中的现浇构件钢筋单位估价表,可供学习使用。

表 6-8　现浇构件钢筋单位估价表（一）　　　　　　计量单位：t

定额编号				1-5-185	1-5-186	1-5-187	1-5-188
项目名称				钢筋 HPB300			
				直径/mm			
				≤10	≤18	≤25	≤32
基价（元）				5593.35	5088.27	4832.30	4678.56
其中	其中	人工费（元）		1412.82	954.44	634.59	533.44
		定额人工费（元）		1177.35	795.37	528.83	444.53
		规费（元）		235.47	159.07	105.76	88.91
		材料费（元）		4161.39	4090.25	4163.41	4132.10
		机械费（元）		19.14	43.58	34.30	13.02
名称		单位	单价（元）	数量			
人工	综合人工 12	工日	154.44	9.148	6.180	40109	3.454
材料	热轧光圆钢筋 HPB300 φ10mm 以内	t	4030.00	1.02	—	—	—
	热轧光圆钢筋 HPB300 φ12mm～φ18mm	t	3940.00	—	1.02	—	—
	热轧光圆钢筋 HPB300 φ20mm～φ25mm	t	4026.48	—	—	1.02	—
	热轧光圆钢筋 HPB300 φ25mm 以上	t	4026.48	—	—	—	1.02
	镀锌钢丝 φ0.7mm	kg	5.70	8.910	3.456	1.370	0.870
	水	m³	5.94	—	0.144	0.093	—
	低合金钢焊条 E43 系列	kg	6.84	—	4.560	4.080	—
机械	钢筋调直机,直径 14mm	台班	32.77	0.240	0.080	—	—
	钢筋切断机,直径 40mm	台班	33.20	0.110	0.090	0.100	0.130
	钢筋弯曲机,直径 40mm	台班	21.79	0.350	0.230	0.180	0.180
	直流弧焊机,容量 32kV·A	台班	66.39	—	0.380	0.340	—
	对焊机,容量 75kV·A	台班	79.71	—	0.090	0.050	0.060
	电焊条烘干箱容量 45mm×35mm×45mm	台班	14.79	—	0.038	0.034	—

表 6-9　现浇构件钢筋单位估价表（二）　　　　　　计量单位：t

定额编号	1-5-189	1-5-190	1-5-191	1-5-192
项目名称	带肋钢筋 HRB400 以内			
	直径/mm			
	≤10	≤18	≤25	≤40
基价（元）	5448.72	5275.93	4804.57	4900.21

（续）

			1174.52	1011.58	694.98	568.03
其中		人工费（元）	1174.52	1011.58	694.98	568.03
	其中	定额人工费（元）	978.76	842.99	579.15	473.36
		规费（元）	195.76	168.59	115.83	94.67
		材料费（元）	4254.95	4216.70	4070.75	4326.36
		机械费（元）	19.25	47.65	38.84	5.82

	名称	单位	单价（元）	数量			
人工	综合人工12	工日	154.44	7.605	6.550	4.500	3.678
材料	热轧带肋钢筋 HRB400Eφ10mm 以内	t	4140.00	1.020	—	—	—
	热轧带肋钢筋 HRB400Eφ12mm ~ φ18mm	t	4056.67	—	1.020	—	—
	热轧带肋钢筋 HRB400Eφ20mm ~ φ25mm	t	3930.00	—	—	1.020	—
	热轧带肋钢筋 HRB400Eφ25mm 以上	t	4216.00	—	—	—	1.020
	镀锌钢丝 φ0.7mm	kg	5.70	5.640	3.650	1.600	0.870
	水	m³	5.94	—	0.144	0.093	—
	低合金钢焊条 E43 系列	kg	6.84	—	5.400	4.800	—
机械	钢筋调直机，直径 14mm	台班	32.77	0.270	—	—	—
	钢筋切断机，直径 40mm	台班	33.20	0.110	0.100	0.090	0.090
	钢筋弯曲机，直径 40mm	台班	21.79	0.310	0.230	0.180	0.130
	直流弧焊机，容量 32kV·A	台班	66.39	—	0.450	0.400	—
	对焊机，容量 75kV·A	台班	79.71	—	0.110	0.060	—
	电焊条烘干箱容量 45mm×35mm×45mm	台班	14.79	—	0.045	0.040	—

表 6-10 现浇构件钢筋单位估价表（三） 计量单位：t

定额编号			1-5-193	1-5-194	1-5-195	1-5-196
项目名称			带肋钢筋 HRB400 以上			
			直径/mm			
			≤10	≤18	≤25	≤40
基价（元）			5529.13	5466.66	4984.11	4981.05
其中		人工费（元）	1230.42	1059.00	726.49	593.20
	其中	定额人工费（元）	1025.35	882.50	605.40	494.34
		规费（元）	205.07	176.50	121.60	98.86
		材料费（元）	4254.95	4356.12	4216.83	4381.71
		机械费（元）	43.76	51.54	40.79	6.14

（续）

	名称	单位	单价(元)	数量			
人工	综合人工12	工日	154.44	7.967	6.857	4.704	3.841
材料	热轧带肋钢筋 HRB400Eφ10mm 以内	t	4140.00	1.020	—	—	—
	热轧带肋钢筋 HRB400Eφ12mm ~ φ18mm	t	4185.00	—	1.020	—	—
	热轧带肋钢筋 HRB400Eφ20mm ~ φ25mm	t	4065.00	—	—	1.020	—
	热轧带肋钢筋 HRB400Eφ25mm 以上	t	4270.00	—	—	—	1.020
	镀锌钢丝 φ0.7mm	kg	5.70	5.64	3.65	1.597	0.870
	水	m³	5.94	—	0.144	0.093	—
	低合金钢焊条 E43 系列	kg	6.84	—	6.552	5.928	—
机械	钢筋调直机,直径 14mm	台班	32.77	0.614	0.095	—	—
	钢筋切断机,直径 40mm	台班	33.20	0.426	0.105	0.095	0.095
	钢筋弯曲机,直径 40mm	台班	21.79	0.436	0.242	0.189	0.137
	直流弧焊机,容量 32kV·A	台班	66.39	—	0.473	0.420	—
	对焊机,容量 75kV·A	台班	79.71	—	0.095	0.063	—
	电焊条烘干箱容量 45mm×35mm×45mm	台班	14.79	—	0.047	0.042	—

表 6-11 现浇构件钢筋单位估价表（四）　　　　　计量单位：t

定额编号				1-5-215	1-5-216	1-5-217
项目名称				圆钢 HPB300 箍筋		
				直径/mm		
				≤5	≤10	>10
基价(元)				9157.21	6687.32	5368.23
其中	人工费(元)			4918.76	2475.83	1282.32
	其中	定额人工费(元)		4098.97	2063.19	1068.60
		规费(元)		819.79	4125.64	213.72
	材料费(元)			4199.92	4167.81	4064.83
	机械费(元)			38.53	43.68	21.08
	名称	单位	单价(元)	数量		
人工	综合人工12	工日	154.44	31.849	16.031	8.303
材料	热轧光圆钢筋 HPB300 φ10mm 以内	t	4030.00	1.020	1.020	—
	热轧光圆钢筋 HPB300 φ10mm 以外	t	3940.00	—	—	1.025
	镀锌钢丝 φ0.7mm	kg	5.70	15.67	10.037	4.620

（续）

名称		单位	单价(元)	数量		
机械	钢筋调直机,直径 14mm	台班	32.77	0.730	0.300	0.120
	钢筋切断机,直径 40mm	台班	33.20	0.440	0.160	0.090
	钢筋弯曲机,直径 40mm	台班	21.79	—	1.310	0.650

表 6-12　现浇构件钢筋单位估价表（五）　　　　　计量单位：t

定额编号				1-5-218	1-5-219	1-5-220	1-5-221
项目名称				带肋钢筋 HRB400 以内		带肋钢筋 HRB400 以上	
				箍筋直径/mm			
				≤10	>10	≤10	>10
基价(元)				6663.23	5549.50	6729.78	5718.40
其中	人工费(元)			2336.68	1343.01	2401.70	1379.61
	其中	定额人工费(元)		1947.23	1119.18	2001.41	1149.68
		规费(元)		389.45	223.83	400.29	229.93
	材料费(元)			4280.01	4185.42	4280.01	4315.06
	机械费(元)			46.54	22.07	48.07	22.83
名称		单位	单价(元)	数量			
人工	综合人工 12	工日	154.44	15.130	8.696	15.551	8.933
材料	热轧带肋钢筋 HRB400Eφ10mm 以内	t	4030.00	1.020	—	—	—
	热轧带肋钢筋 HRB400Eφ12mm~18mm	t	4056.67	—	1.020	—	—
	热轧带肋钢筋 HRB400φ10mm 以内	t	4140.40	—	—	1.020	—
	热轧带肋钢筋 HRB400φ12mm~φ18mm	t	4185.00	—	—	—	1.020
	镀锌钢丝 φ0.7mm	kg	5.70	10.037	4.620	10.037	4.620
机械	钢筋调直机,直径 14mm	台班	32.77	0.310	0.130	0.320	0.130
	钢筋切断机,直径 40mm	台班	33.20	0.190	0.090	0.200	0.100
	钢筋弯曲机,直径 40mm	台班	21.79	1.380	0.680	1.420	0.700

【例 6-9】　某工程计算出的钢筋工程量汇总见表 6-13,试编制钢筋工程量清单并计算钢筋分项工程的综合单价。

表 6-13　钢筋工程量汇总表

钢筋种类、规格	热轧光圆钢筋 HPB300 φ10mm 以内箍筋	热轧光圆钢筋 HPB300 φ12mm~φ18mm 直筋	热轧带肋钢筋 HRB400E φ20mm~φ25mm 直筋
工程数量	11.250t	23.750t	33.698t

【解】　1）编制钢筋工程分项工程量清单,见表 6-14。

表 6-14　钢筋工程分项工程量清单

序号	项目编码	项目名称	项目特征	计量单位	工程数量
1	010515001001	现浇混凝土钢筋(箍筋)	1. 钢筋种类:热轧光圆钢筋 HPB300 2. 规格:ϕ10mm 内	t	11.250
2	010515001002	现浇混凝土钢筋(圆钢)	1. 钢筋种类:热轧光圆钢筋 HPB300 2. 规格:ϕ12mm~ϕ18mm	t	23.750
3	010515001003	现浇混凝土钢筋(带肋钢筋)	1. 钢筋种类:热轧带肋钢筋 HRB400E 2. 规格:ϕ20mm~ϕ25mm	t	33.698

2) 综合单价计算。本例采用列式计算法,由于计算钢筋工程量的清单规则和定额规则相同,综合单价计算中的"数量"为1,故本例套价计算时,可以简化计算过程。

①箍筋套用定额 [1-5-216],综合单价计算得

综合单价 = [6687.32+(2063.19+43.68×8%)×(22.78%+13.81%)] 元/t = 7443.52 元/t

②圆钢套用定额 [1-5-186],综合单价计算得

综合单价 = [5088.27+(795.37+43.58×8%)×(22.78%+13.81%)] 元/t = 5380.57 元/t

③带肋钢筋套用定额 [1-5-191],综合单价计算得

综合单价 = [4804.57+(579.15+38.84×8%)×(22.78%+13.81%)] 元/t = 5017.62 元/t

6.2　平法钢筋计量

6.2.1　概述

平法是"混凝土结构施工图平面整体表示方法"的简称。

平法的表达形式,就是把结构构件的尺寸和配筋等,按照平面整体表示方法制图规则,整体直接表达在各类构件的结构平面布置图上,再与标准构造图相配合,构成一套新型完整的结构设计图示方法。它改变了传统的将构件从结构平面布置图中索引出来,再逐个绘制配筋详图的烦琐方法。可以说,不懂平法,看不懂平法所表达的意思,则无法顺利完成钢筋工程量的计算。

平法系列图集的适用范围如下:

1) 16G101-1 适用于现浇混凝土框架、剪力墙、梁、板。

2) 16G101-2 适用于现浇混凝土板式楼梯。

3) 16G101-3 适用于独立基础、条形基础、筏形基础和桩基承台。

学习平法及其钢筋计算,关键是掌握平法的整体表示方法与标准构造,并与传统的配筋图法建立联系,举一反三,多看多练。平法钢筋计算方法与前一节介绍的钢筋计算方法有很大的不同,读者需要从观念上改变。因篇幅受限,本书仅以框架梁、框架柱、楼梯为例进行

介绍，建议读者根据平法系列图集进一步学习。

6.2.2　梁平法图示、构造与计算

1. 梁钢筋平法图示

梁内配筋的平法表达，采用平面注写式和截面注写式，以平面注写式为主。

（1）平面注写式要点

1）在平面布置图中，将梁与柱、墙、板一起用适当比例绘制。

2）分别在不同编号的梁中各选择一根梁，在其上直接注写几何尺寸和配筋的具体数值。

3）平面注写包括集中标注与原位标注，集中标注表达梁的通用数值，原位标注表达梁的特殊数值，如图 6-23 所示。施工时，原位标注优先于集中标注。

以图 6-23 中 KL1 为例，引出线注明的是集中标注；KL1 是框架梁 1 的代号，"（2）"表示梁为两跨；300×550 表示梁截面的宽和高；Φ10@100/200（2）表示箍筋为圆钢，直径 10mm，加密区间距为 100mm，非加密区间距为 200mm，两肢箍；4Φ25 为梁上部贯通筋；7Φ25 2/5 为梁下部钢筋，分两排布置时上排 2 支，下排 5 支。原位标注在梁边，注在上面为梁上配筋，注在下面为梁下配筋。如图 6-23 中支座附近注明的 8Φ25 4/4 为梁上配筋，第一排 4 支，含贯通筋在内，第二排 4 支。N4Φ10 为在梁中部配置的抗扭钢筋，其中开头的字母"N"为抗扭，若以"G"开头则代表构造钢筋。

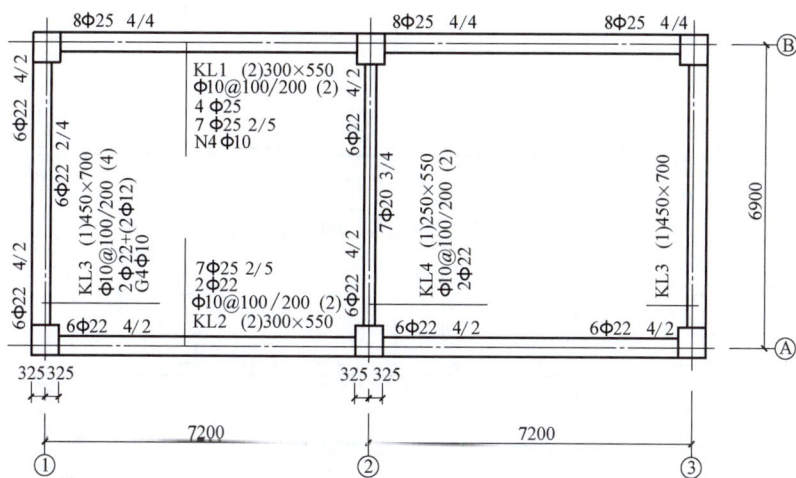

图 6-23　梁的平面注写示意图

（2）截面注写式要点

1）分别在不同编号的梁中各选择一根梁，在用剖面符号引出的截面配筋图上注写截面尺寸与配筋具体数值，如图 6-24 所示。

2）截面注写式既可单独使用，也可与平面注写式结合使用。

2. 梁钢筋平法构造

（1）梁纵筋构造　梁纵筋构造如图 6-25 所示。

从图 6-25 中看出如下构造特点：梁下部受力筋只在跨间布置，两端伸入支座计锚固长度，进入端支座弯锚，进入中间支座直锚；梁上部有贯通筋沿梁全长布置，至少 2 根，位置

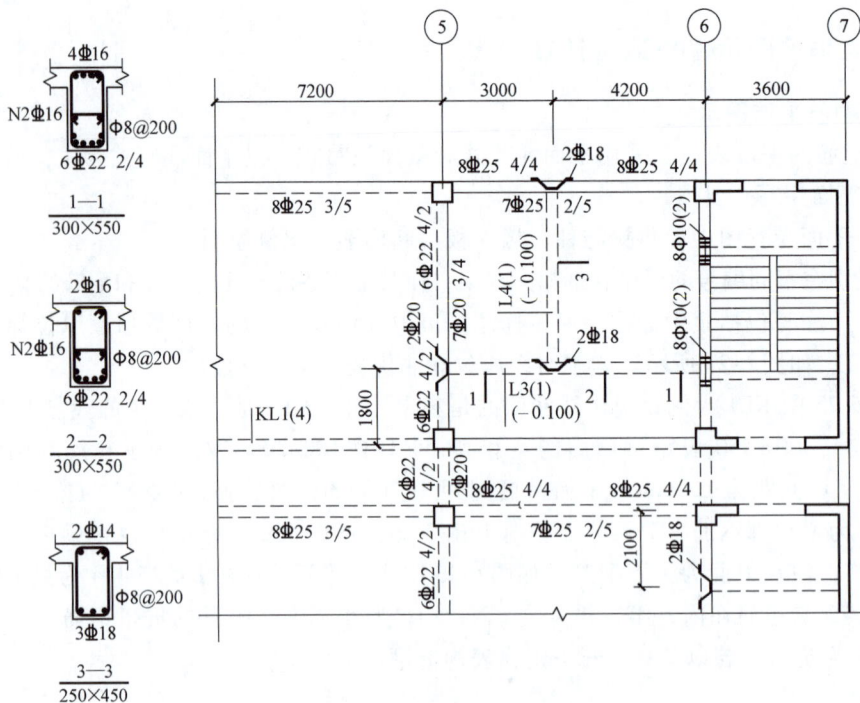

图 6-24　梁的截面注写示意图

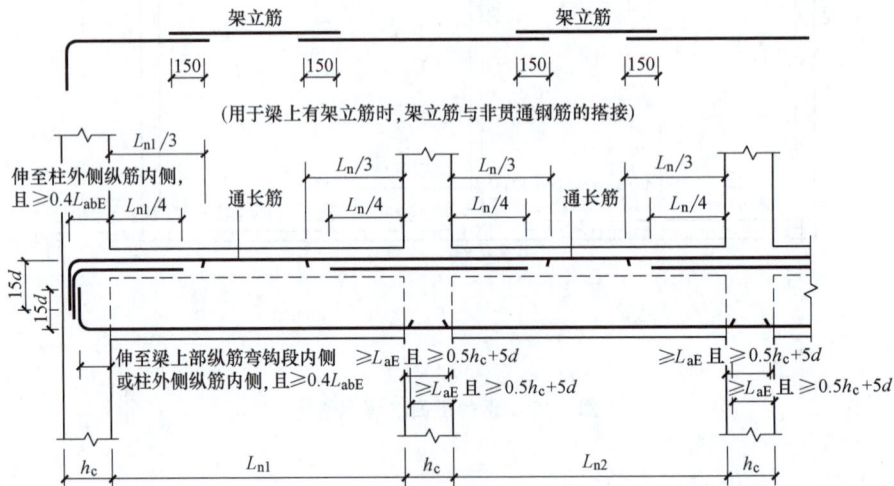

图 6-25　梁纵筋构造示意图

靠梁截面的上部角边，是形成钢筋骨架的支撑点，在梁两边端部向下弯锚；端支座上部加转角筋，进入支座弯锚，出支座第一排为净跨长的 1/3，第二排为净跨长的 1/4；中支座上部加直筋，出支座为净跨长的 1/3 或 1/4。

与前一节所不同的是，本节钢筋计算要引入"锚固长度"的概念，在图中代号为 L_{aE} 或 L_a。锚固长度与支座有关，"有支座才有锚固"，因而必须清楚谁是谁的"支座"。在框架结构中，基础为柱的支座，柱为梁的支座，梁为板的支座，这与力的传递路径是一致的。为使钢筋能在支座处受拉时不被拔出和滑动，就需要在钢筋进入支座后有足够长的锚固长度。锚固长度取值见表 6-15～表 6-17。

表 6-15　抗震设计时受拉钢筋基本锚固长度 L_{abE}

钢筋种类	抗震等级	混凝土强度等级								
		C20	C25	C30	C35	C40	C45	C50	C55	≥C60
HPB300	一、二级	$45d$	$39d$	$35d$	$32d$	$29d$	$28d$	$26d$	$25d$	$24d$
	三级	$41d$	$36d$	$32d$	$29d$	$26d$	$25d$	$24d$	$23d$	$22d$
	四级、非抗震	$39d$	$34d$	$30d$	$28d$	$25d$	$24d$	$23d$	$22d$	$21d$
HRB400 HRBF400 RRB400	一、二级	—	$46d$	$40d$	$37d$	$33d$	$32d$	$31d$	$30d$	$29d$
	三级	—	$42d$	$37d$	$34d$	$30d$	$29d$	$28d$	$27d$	$26d$
	四级、非抗震	—	$40d$	$35d$	$32d$	$29d$	$28d$	$27d$	$26d$	$25d$
HRB500 HRBF500	一、二级	—	$55d$	$49d$	$45d$	$41d$	$39d$	$37d$	$36d$	$35d$
	三级	—	$50d$	$45d$	$41d$	$38d$	$36d$	$34d$	$33d$	$32d$
	四级、非抗震	—	$48d$	$43d$	$39d$	$36d$	$34d$	$32d$	$31d$	$30d$

注：d 为钢筋直径。

表 6-16　受拉钢筋抗震锚固长度 L_{aE}（一）

钢筋种类	抗震等级	混凝土强度等级								
		C20	C25		C30		C35		C40	
		$d \leqslant 25$	$d \leqslant 25$	$d > 25$	$d \leqslant 25$	$d > 25$	$d \leqslant 25$	$d > 25$	$d \leqslant 25$	$d > 25$
HPB300	一、二级	$45d$	$39d$	—	$35d$	—	$32d$	—	$29d$	—
	三级	$41d$	$36d$	—	$32d$	—	$29d$	—	$26d$	—
HRB400 HRBF400	一、二级	—	$46d$	$51d$	$40d$	$45d$	$37d$	$40d$	$33d$	$37d$
	三级	—	$42d$	$46d$	$37d$	$41d$	$34d$	$37d$	$30d$	$34d$
HRB500 HRBF500	一、二级	—	$55d$	$61d$	$49d$	$54d$	$45d$	$49d$	$41d$	$46d$
	三级	—	$50d$	$56d$	$45d$	$49d$	$41d$	$45d$	$38d$	$42d$

注：d 为钢筋直径。

表 6-17　受拉钢筋抗震锚固长度 L_{aE}（二）

钢筋种类	抗震等级	混凝土强度等级							
		C45		C50		C55		C60	
		$d \leqslant 25$	$d > 25$	$d \leqslant 25$	$d > 25$	$d \leqslant 25$	$d > 25$	$d \leqslant 25$	$d > 25$
HPB300	一、二级	$28d$	—	$26d$	—	$25d$	—	$24d$	
	三级	$25d$	—	$24d$	—	$23d$	—	$22d$	—
HRB400 HRBF400	一、二级	$32d$	$36d$	$31d$	$35d$	$30d$	$33d$	$29d$	$32d$
	三级	$29d$	$33d$	$28d$	$32d$	$27d$	$30d$	$26d$	$39d$
HRB500 HRBF500	一、二级	$39d$	$43d$	$37d$	$40d$	$36d$	$39d$	$35d$	$38d$
	三级	$36d$	$39d$	$34d$	$37d$	$33d$	$36d$	$32d$	$35d$

注：d 为钢筋直径。受拉钢筋的锚固长度计算值不应小于 200mm。

（2）框架梁箍筋构造　箍筋构造如图 6-26 所示。

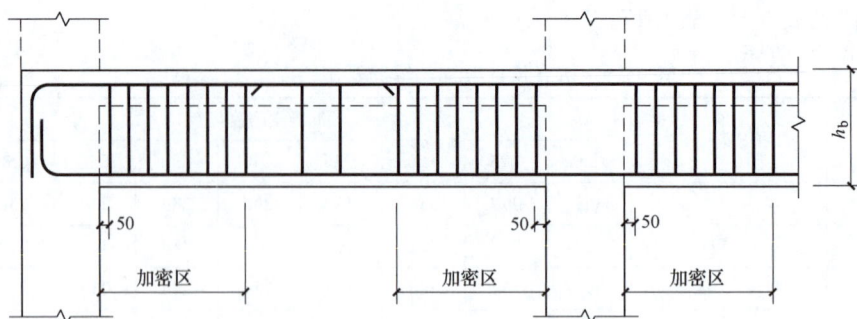

加密区：抗震等级为一级：$\geqslant 2.0 h_b$ 且 $\geqslant 500$
抗震等级为二～四级：$\geqslant 1.5 h_b$ 且 $\geqslant 500$

图 6-26　箍筋构造示意图

从图 6-26 中可以看到箍筋构造特点：由于是框架梁，箍筋自支座边 50mm 开始布置，靠支座一侧有一段加密区，加密区宽度既要 $\geqslant 2$ 倍或 1.5 倍的梁高（h_b），又要 $\geqslant 500mm$，两者比较取大值，中间部分按正常间距布筋。

（3）非框架梁钢筋构造　非框架梁钢筋构造如图 6-27 所示。

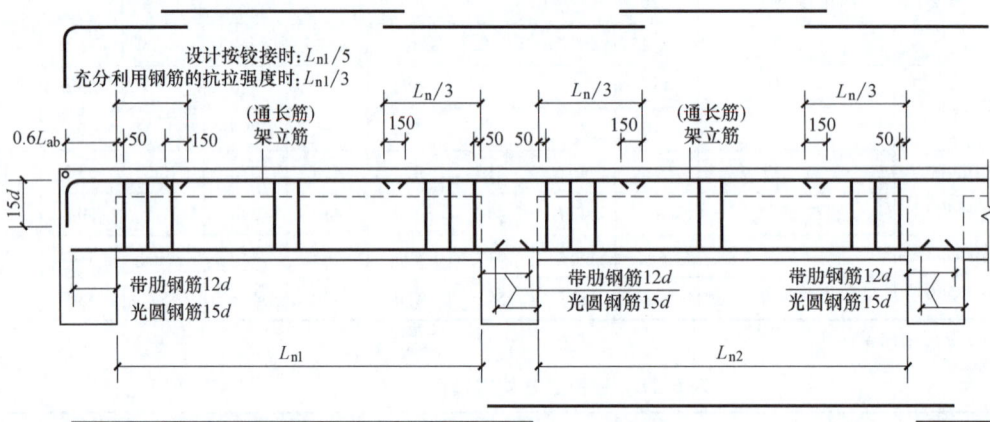

图 6-27　非框架梁钢筋构造

（4）附加钢筋构造　当主梁上支撑有次梁时，主梁上附加钢筋构造如图 6-28 所示。

（5）悬挑梁构造　悬挑梁构造如图 6-29 所示。

悬挑梁上部钢筋应从跨内钢筋延伸过来，但第一排在端部弯折方式不一样，至少两根角筋（一般是贯通筋）到顶弯锚 $\geqslant 12d$，其余的下弯至梁下；第二排出挑长为 0.75L；跨内下部纵筋进入支座应弯锚；悬挑梁下部钢筋作为构造筋，进入支座 12d；悬挑梁箍筋加密布置。

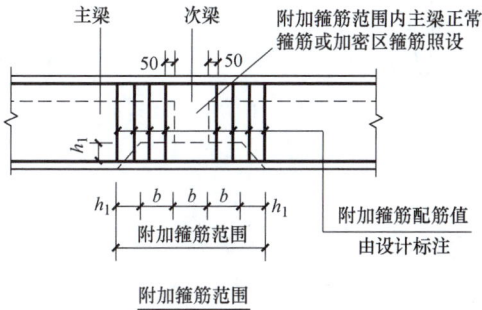

图 6-28　主梁上附加钢筋构造

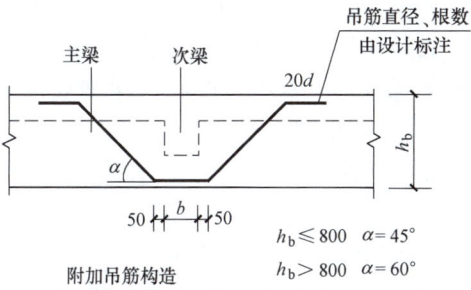

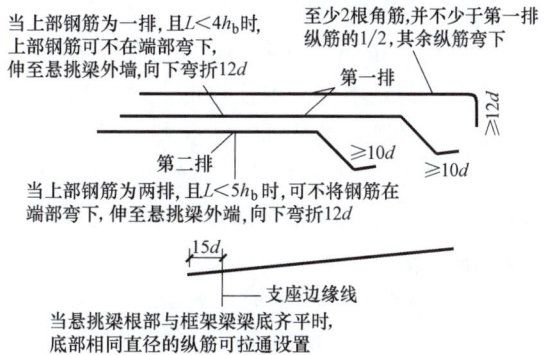

图 6-29　悬挑梁构造示意图

3. 平法钢筋计算方法

从以上构造可知，平法中钢筋布置的控制点与前一节内容有很大的不同，"净跨+锚固"是其钢筋计算的要诀。下面按不同位置的钢筋构造特点介绍钢筋工程量的计算方法。

（1）边跨梁下部纵筋计算　边跨梁是指一端为端支座，另一端为中间支座的梁。边跨梁下部纵筋如图 6-30 所示。

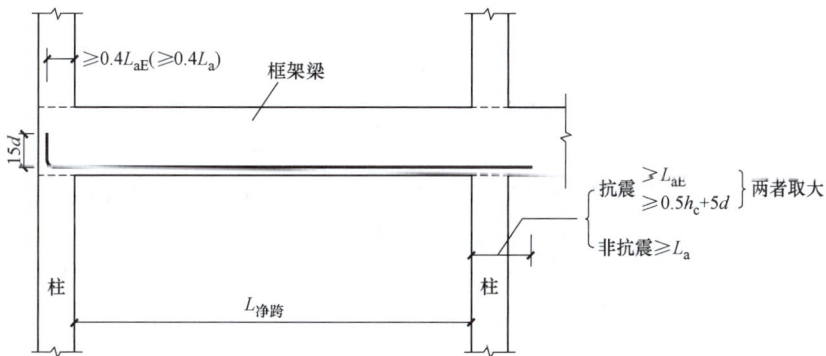

图 6-30　边跨梁下部纵筋示意图

从图 6-30 中可看出其构造特点是：钢筋在跨间部分以梁净跨为控制点；中间支座伸入长度应为 L_{aE} 且不小于 0.5 倍柱截面边长（h_C）加 5 倍钢筋直径，两者取大值；端支座处入支座弯锚（直锚需要较大的柱断面），其水平直段长度应 $\geq 0.4L_{aE}$，再加弯转 $15d$。在这其中，水平段长度 $0.4L_{aE}$ 是最小值，而到支座边减保护层厚度是最大值，取大值是钢筋预算的常规做法，这当中忽略了柱内钢筋的存在，故弯锚长度取 $h_c - c + 15d$。

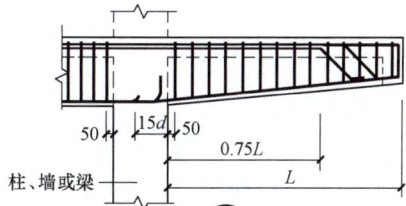

193

因此，边跨梁下部纵筋计算式为

$$钢筋计算长度 = 梁的净跨长度 + 弯锚长度 + 直锚长度$$

$$L = L_{净跨} + (h_c - c + 15d) + L_{aE} \qquad (6\text{-}18)$$

式中　L——钢筋计算长度；

$\quad L_{净跨}$——梁的净跨长度；

$\quad h_c$——柱截面沿框架梁方向宽度；

$\quad c$——混凝土柱保护层厚度；

$\quad d$——梁的钢筋直径；

$\quad L_{aE}$——锚固长度。

【讨论】　按照"同向钢筋不接触"的原则，在柱内受力主筋占边的情况下，梁内纵筋进入柱中弯锚是不可能到柱边的，现以图6-23为例，讨论KL2下部Φ25（带肋钢筋）在①轴支座中水平段长度计算。图6-23中，柱截面在沿框架梁方向宽度为650mm，梁的设计条件为二级抗震，混凝土强度等级为C30，L_{aE}取33d，保护层厚取30mm（箍筋在外直径10mm，按表6-1取保护层厚度为20mm，则受力主筋的保护层厚度为30mm），水平段长度可能有三种算法：

1）按最小值，即0.4L_{aE}计算得：水平段长度 = (0.4×33×25) mm = 330mm

2）按最大值，即到柱边扣保护层厚度计算得：水平段长度 = (650−30) mm = 620mm，最大值与最小值两者差值 = (620−330) mm = 290mm，也就是说，在柱的范围内，梁筋弯起有290mm的空间范围。

3）若按照"同向钢筋不接触"的原则，设柱内主筋直径为32mm，钢筋间留距30mm，这时水平段长度 = (650−30−32−30) mm = 558mm，与0.4L_{aE}差值 = (558−330) mm = 228mm。

这三种计算得到的结果若取第三种算法，则最小值之相差228mm；最大值与之相差62mm。

（2）中跨梁下部纵筋计算　中跨梁是指两端均为中间支座的梁。中跨梁下部纵筋如图6-31所示。

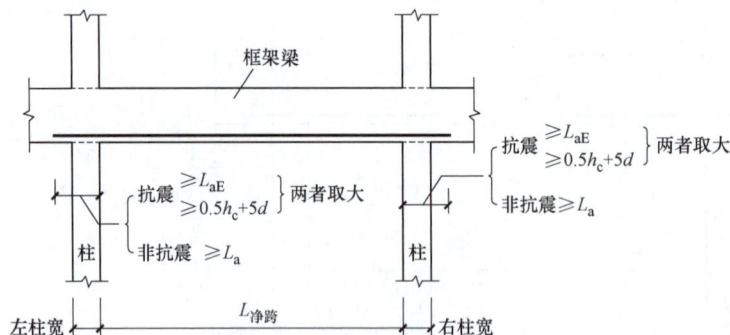

图6-31　中跨梁下部纵筋示意图

其计算式为

$$L = L_{净跨} + 2L_{aE} \qquad (6\text{-}19)$$

式中　L——钢筋计算长度；

$\quad L_{净跨}$——梁的净跨长度；

L_{aE}——锚固长度。

（3）**梁上部贯通筋计算**　梁上部贯通筋如图 6-32 所示。

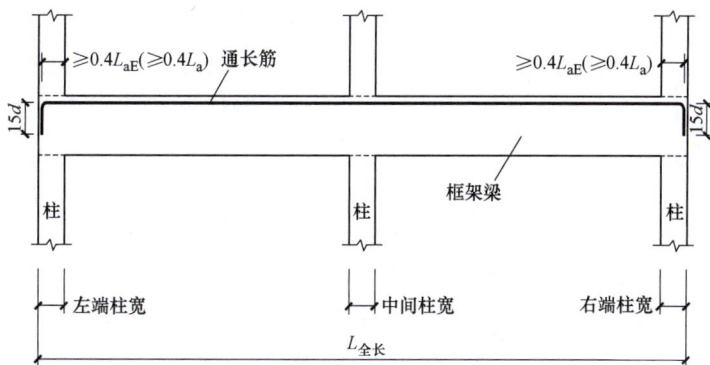

图 6-32　梁上部贯通筋示意图

其计算式为

$$钢筋计算长度 = 梁的全长 - 两端柱保护层厚度 + 两端 15d$$

$$L = L_{全长} - 2c + 2 \times 15d \tag{6-20}$$

式中　L——钢筋计算长度；

　　$L_{全长}$——梁的全长；

　　其余符号含义同前。

（4）**端支座梁上部转角筋计算**　端支座梁上部转角筋如图 6-33 所示。

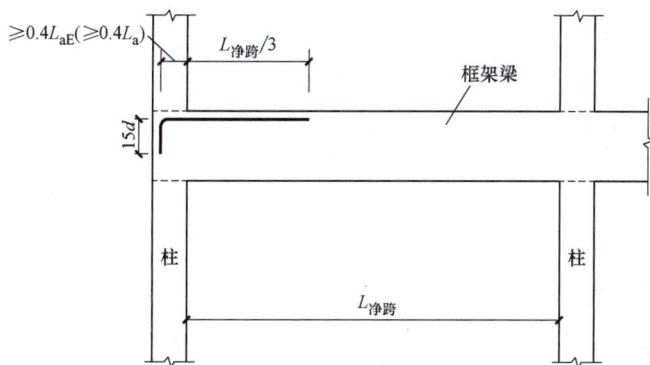

图 6-33　端支座梁上部转角筋示意图

其计算式为

$$L = \frac{L_{净跨}}{3} + (h_c - c + 15d) \tag{6-21}$$

式中　L——钢筋计算长度；

　　$L_{净跨}$——梁的净跨长度，第一排取 1/3，第二排取 1/4；

　　其余符号含义同前。

（5）**中间支座上部直筋计算**　中间支座上部直筋如图 6-34 所示。

其计算式为

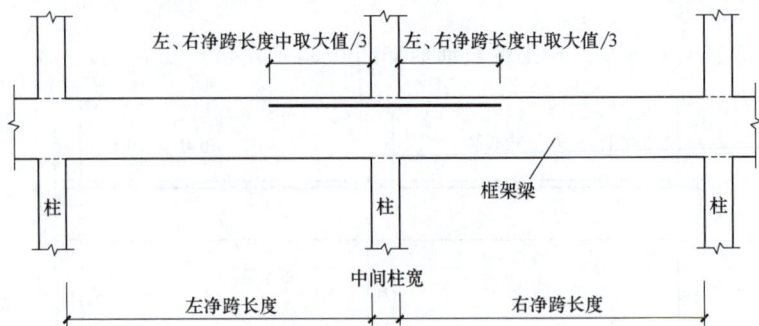

图 6-34　中间支座上部直筋示意图

$$L = 2 \times \frac{L_{净跨}}{3} + h_c \qquad (6\text{-}22)$$

式中　L——钢筋计算长度；

$L_{净跨}$——梁的净跨长度，取左右两跨较大者，第一排取 1/3，第二排取 1/4；

其余符号含义同前。

（6）箍筋计算　箍筋单支长度按式（6-6）计算，支数计算公式为

$$支数 = \frac{L_{净跨} - 2B_{jm}}{@} + \left(\frac{B_{jm} - 0.05}{s}\right) \times 2 + 1 \qquad (6\text{-}23)$$

式中　$L_{净跨}$——梁的净跨长度；

B_{jm}——加密区宽度，取 2 倍（或 1.5 倍）梁高或 500mm 中较大值；

@——非加密间距；

s——加密间距；

0.05——梁中两端最边的箍筋距支座边 50mm。

（7）梁中构造筋计算　以 G 开头的构造钢筋，其进入支座的锚固长度取 15d，长度计算公式为

$$L = L_{净跨} + 2 \times 15d \qquad (6\text{-}24)$$

式中　L——钢筋计算长度；

$L_{净跨}$——梁的净跨长度。

【例 6-10】　计算如图 6-35 所示框架梁 KL1（2）的钢筋工程量，一级抗震要求，C25 混凝土，图中受力主筋均为 HRB400 钢筋。

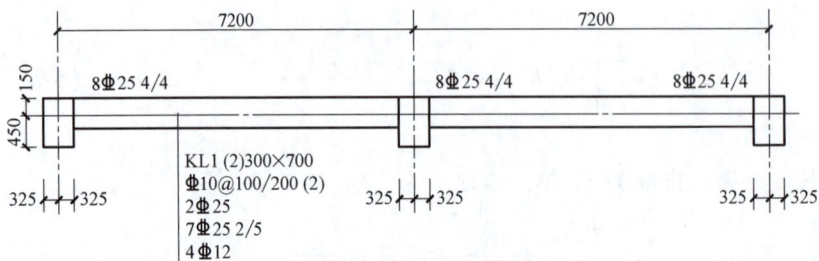

图 6-35　KL1 示意图

【解】 根据题给条件查表 6-16 L_{aE} 取 $46d$。查表 6-1，c 取 20mm。

1）上部贯通钢筋：2 Φ25（带肋钢筋）。

$$单支长度=(7.2\times2+0.325\times2-2\times0.02+2\times15\times0.025)m=15.76m$$

$$质量=(15.76\times2\times3.85)kg=121.35kg$$

2）边跨下纵筋：7 Φ25（带肋钢筋）2/5，两跨对称共 14 Φ25。

$$单支长度=[7.2-0.325\times2+(0.325\times2-0.02+15\times0.025)+46\times0.025]m=8.71m$$

$$质量=(8.71\times14\times3.85)kg=469.47kg$$

3）梁中构造筋：4 Φ12（光圆钢筋），两跨对称共 8 Φ12。

$$单支长度=(7.2-0.325\times2+2\times15\times0.012+12.5\times0.012)m=7.06m$$

$$质量=(7.06\times8\times0.888)kg=50.15kg$$

4）端支座角筋：8 Φ25（带肋钢筋）4/4，扣贯通筋后为 2/4，对称加倍。

$$第一排长度=\left[\frac{7.2-0.325\times2}{3}+(0.325\times2-0.02+15\times0.025)\right]m=3.18m$$

$$第二排长度=\left[\frac{7.2-0.325\times2}{4}+(0.325\times2-0.02+15\times0.025)\right]m=2.65m$$

$$质量=[(3.18\times4+2.65\times8)\times3.85]kg=130.59kg$$

5）中支座直筋：8 Φ25（带肋钢筋）4/4，扣贯通筋后为 2/4。

$$第一排长度=\left(\frac{7.2-0.325\times2}{3}\times2+0.325\times2\right)m=5.02m$$

$$第二排长度=\left(\frac{7.2-0.325\times2}{4}\times2+0.325\times2\right)m=3.93m$$

$$质量=[(5.02\times2+3.93\times4)\times3.85]kg=99.18kg$$

6）箍筋：Φ10@100/200（2）（光圆钢筋），两跨对称加倍。

$$单支长度=[(0.3+0.7)\times2-8\times0.02+2\times11.9\times0.01]m=2.08m$$

$$支数=\left(\frac{7.2-0.325\times2-2\times1.4}{0.2}+\frac{1.4-0.05}{0.1}\times2+1\right)支=47 支$$

$$质量=(2.08\times47\times2\times0.617)kg=120.64kg$$

6.2.3 柱平法图示、构造与计算

1. 柱平法钢筋图示

柱内配筋的平法表达，采用列表注写式（图 6-36）和截面注写式（图 6-37），以列表注写式为主。

2. 柱平法钢筋构造

（1）柱内纵筋构造 柱内纵筋构造如图 6-38 所示。

（2）柱内箍筋构造 柱内箍筋构造如图 6-39 所示。

（3）柱内基础插筋构造 柱内基础插筋构造如图 6-40 所示。

（4）中柱顶钢筋构造 中柱顶钢筋构造如图 6-41 所示。

（5）边、角柱顶钢筋构造 边、角柱顶钢筋构造如图 6-42 所示。

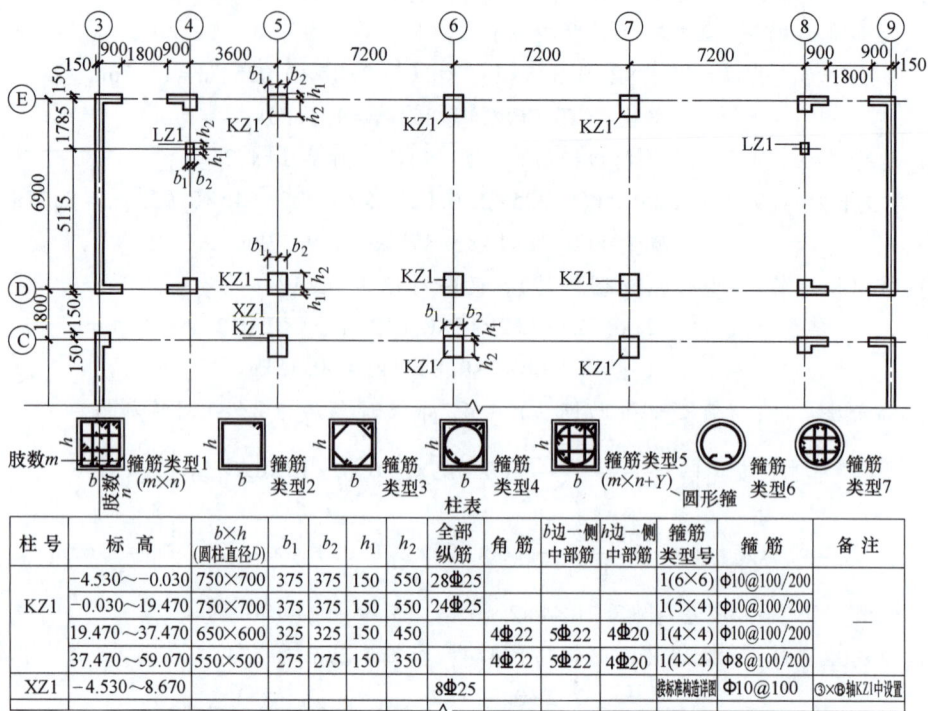

图 6-36 柱平法列表注写式示意图

柱表

柱号	标高	b×h (圆柱直径D)	b₁	b₂	h₁	h₂	全部纵筋	角筋	b边一侧中部筋	h边一侧中部筋	箍筋类型号	箍筋	备注
KZ1	-4.530~-0.030	750×700	375	375	150	550	28Φ25				1(6×6)	Φ10@100/200	
	-0.030~19.470	750×700	375	375	150	550	24Φ25				1(5×4)	Φ10@100/200	—
	19.470~37.470	650×600	325	325	150	450		4Φ22	5Φ22	4Φ20	1(4×4)	Φ10@100/200	
	37.470~59.070	550×500	275	275	150	350		4Φ22	5Φ22	4Φ20	1(4×4)	Φ8@100/200	
XZ1	-4.530~8.670						8Φ25				接标准构造详图 Φ10@100		③×Ⓑ轴KZ1中设置

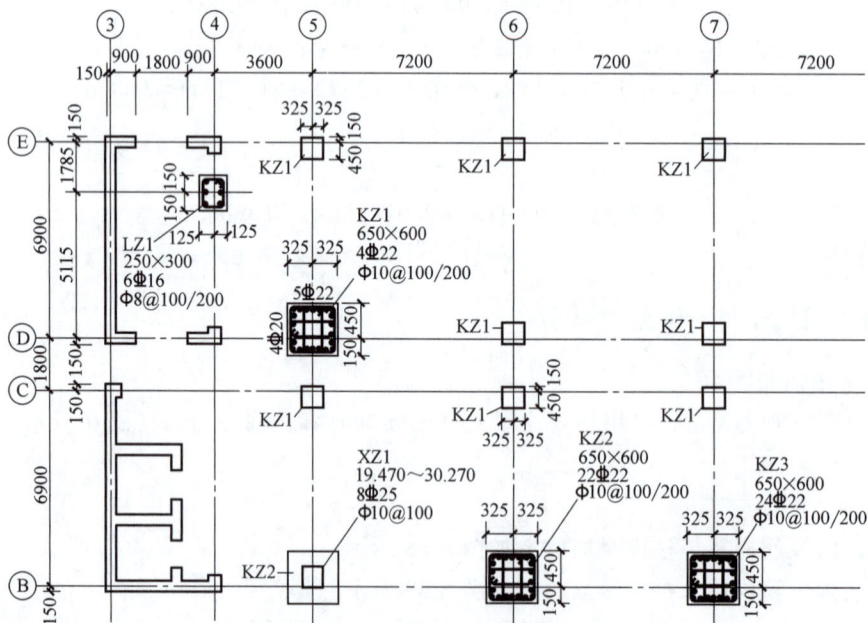

图 6-37 柱平法截面注写式示意图

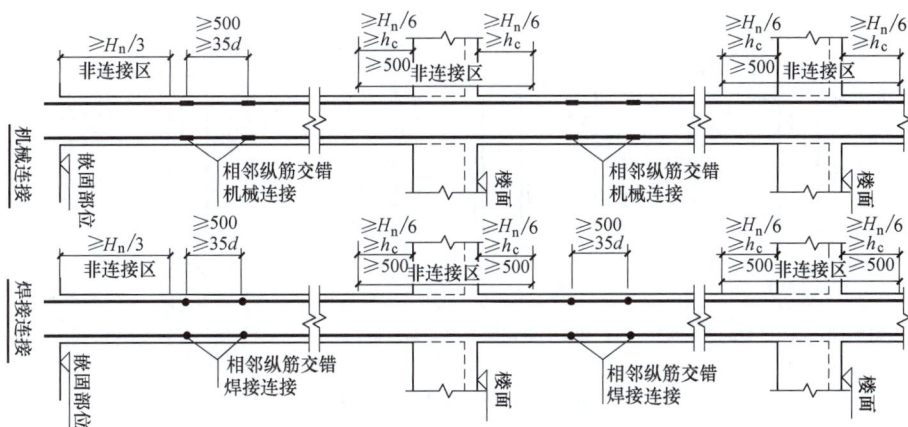

图 6-38　柱内纵筋构造

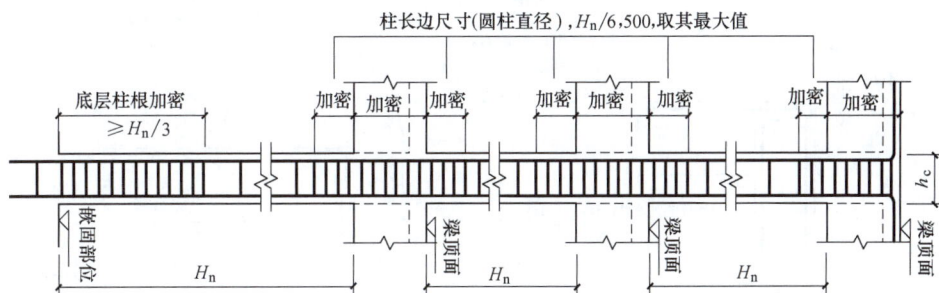

图 6-39　柱内箍筋构造

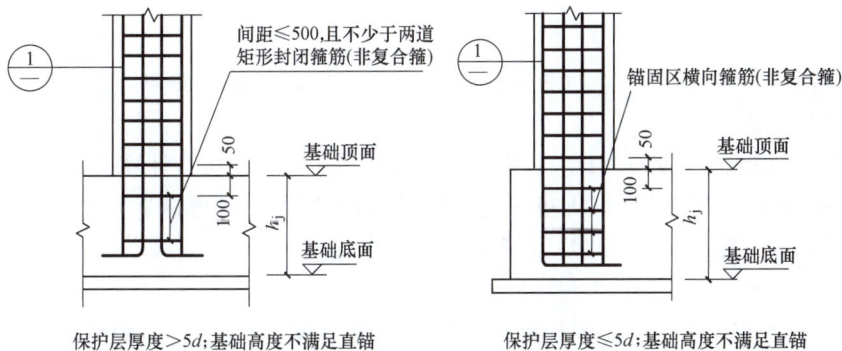

图 6-40　柱内基础插筋构造（图中折弯水平段长 150mm）

3. 柱平法钢筋计算要诀

从以上构造得知，柱中钢筋布置的控制点是分层配筋，故应分层计算。

1）以首层配筋按基础插筋构造计算基础插筋工程量，并应考虑按两批次断开。

2）首层配筋按首层纵筋连接构造计算钢筋工程量，并应考虑按两批次断开，同时应计算接头个数。

3）中间层配筋按中间层纵筋连接构造计算钢筋工程量，并应考虑按两批次断开，同时

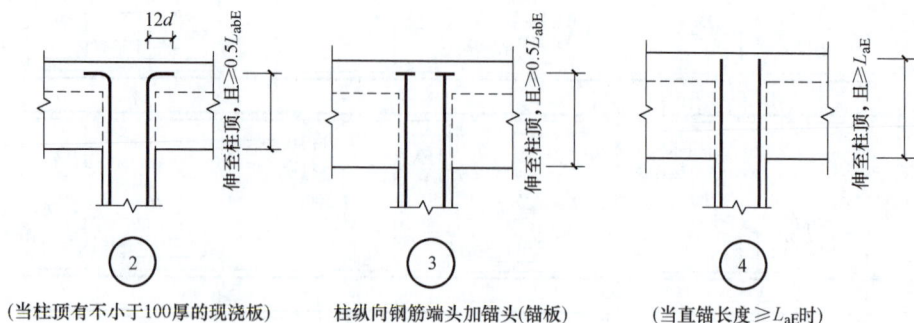

(当柱顶有不小于100厚的现浇板)　　柱纵向钢筋端头加锚头(锚板)　　(当直锚长度≥L_{aE}时)

图 6-41　中柱顶钢筋构造

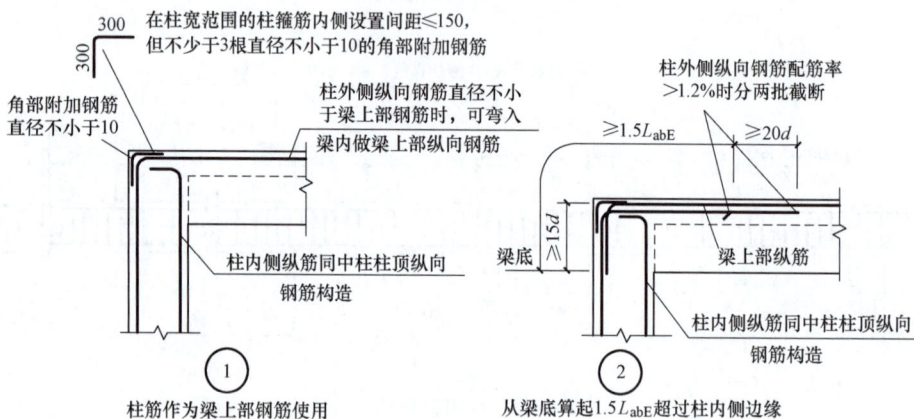

图 6-42　边、角柱顶钢筋构造

应计算接头个数。

4）顶层配筋按顶层纵筋连接构造计算钢筋工程量至 WKL 底，并应考虑按两批次断开，同时应计算接头个数。

5）顶层配筋进入柱顶或 WKL 应区别角柱、边柱、中柱不同构造计算钢筋工程量。

6）若柱每层配筋相同时，可从基底直接算至 WKL 底，再考虑区别角柱、边柱、中柱不同构造计算钢筋工程量。每层均应计算接头个数。

【例 6-11】　按图 6-43 计算 KZ1 配筋工程量。图中 KL 和 WKL 高 600mm，三级抗震，C30 混凝土，纵筋采用 HRB400，箍筋采用 HPB300，纵筋要求采用机械连接。

【解】　本例纵筋配置为角筋 4Φ22，B 边一侧双面共 10Φ22，H 边一侧双面共 8Φ20，截面配筋共 22 根纵筋。该柱为 7 层，每层均配置相同的纵筋，故可简化计算。根据题给条件查表 6-16 L_{aE} 取 37d。查表 6-1，柱保护层厚度 c 取 20mm，基础保护层厚度 c 取 40mm。

（1）纵筋接头　　（22×7）个 = 154 个。

（2）纵筋长度　　根据图 6-38、图 6-40 所示要求，长度计算与钢筋直径无关，则：

1）自基底（加弯折水平段，扣基础保护层厚度 40mm）算至 WKL 底的纵筋每根长度为

（1.2+4.5×3+4.2+3.6×3-0.04-0.6）m = 29.06m

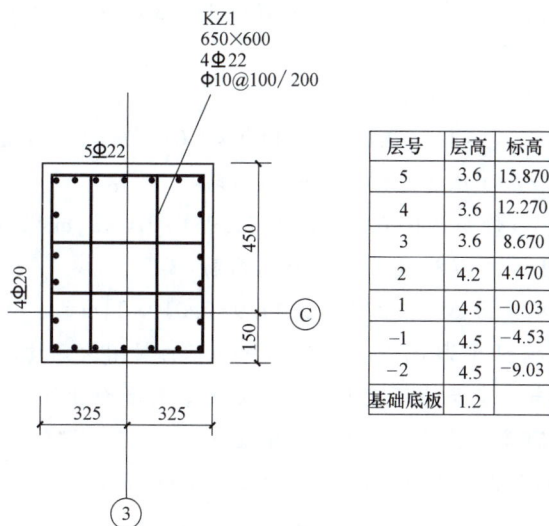

KZ1
650×600
4Φ22
Φ10@100/200

5Φ22

450

150

4Φ20

C

325 | 325

3

层号	层高	标高
5	3.6	15.870
4	3.6	12.270
3	3.6	8.670
2	4.2	4.470
1	4.5	−0.03
−1	4.5	−4.53
−2	4.5	−9.03
基础底板	1.2	

图 6-43　柱配筋示意图

注：框架柱分边柱、角柱、中柱。

2）进入 WKL 后弯折锚入柱端或 WKL 的纵筋长度应根据构造要求区分中柱、角柱或边柱计算，结果均不同。

①根据图 6-41 中当柱顶有不小于 100mm 厚混凝土现浇板时，采用图中②号大样构造，满足梁高 $600\mathrm{mm} \geqslant 0.5L_{\mathrm{abE}} = (0.5 \times 37 \times 25)\mathrm{mm} = 462.5\mathrm{mm}$ 的必要条件，故 22 根纵筋按（梁高 $-c+12d$）计算，则

8Φ20 长度：$(0.600-0.020+12 \times 0.020)\mathrm{m} \times 8 = 6.56\mathrm{m}$

14Φ22 长度：$(0.600-0.020+12 \times 0.022)\mathrm{m} \times 14 = 11.816\mathrm{m}$

②根据图 6-42 中②号大样构造，当该柱为角柱时，由于本例外侧纵向钢筋为 8Φ22+4Φ20，纵向钢筋配筋率为 $(8 \times 380.10+4 \times 314.20)/(650 \times 600) = 1.11\% < 1.20\%$，故外侧纵向钢筋只需按第一批截断计算其长度（注：钢筋截面面积可查表 6-6）。

外侧按第一批截断计算长度为 $1.5L_{\mathrm{abE}}$，取 $1.5 \times 37d$。

8Φ22 长度：$(1.5 \times 37 \times 0.022)\mathrm{m} \times 8 = 9.768\mathrm{m}$

4Φ20 长度：$(1.5 \times 37 \times 0.020)\mathrm{m} \times 4 = 4.440\mathrm{m}$

内侧纵筋按（梁高 $-c+12d$）计算，则

6Φ22 长度：$(0.600-0.020+12 \times 0.022)\mathrm{m} \times 6 = 5.064\mathrm{m}$

4Φ20 长度：$(0.600-0.020+12 \times 0.020)\mathrm{m} \times 4 = 3.376\mathrm{m}$

③根据图 6-42 中②号大样构造，当该柱为边柱时，由于本例外侧纵向钢筋为 5Φ22 或 4Φ20，纵向钢筋配筋率为 $(5 \times 380.10)/(650 \times 600) = 0.487\% < 1.20\%$，故外侧纵向钢筋只需按第一批截断计算其长度。

5Φ22 长度：$(1.5 \times 37 \times 0.022)\mathrm{m} \times 5 = 6.105\mathrm{m}$

4Φ20 长度：$(1.5 \times 37 \times 0.020)\mathrm{m} \times 4 = 4.440\mathrm{m}$

内侧纵筋按（梁高$-c+12d$）计算。

（3）箍筋长度 从图6-43看到，该柱截面$B=(325+325)\text{mm}=650\text{mm}$，$H=(150+450)\text{mm}=600\text{mm}$。箍筋有以下三种情形：

1）按截面最大计算的封闭箍筋：

单支长度$=[(0.65+0.6)\times2-8\times0.020+2\times11.9\times0.010]\text{m}=2.578\text{m}$

2）按B边一侧为1/2的B边宽计算的封闭箍筋：

单支长度$=[1/2\times0.65\times2+(0.6-0.020)\times2+11.9\times0.010\times2]\text{m}=2.048\text{m}$

3）按H边一侧为1/5的H边宽计算的封闭箍筋：

单支长$=[1/5\times0.6\times2+(0.65-0.020)\times2+11.9\times0.010\times2]\text{m}=1.738\text{m}$

（4）箍筋支数 根据图6-39构造，上述三种情形的封闭箍筋均有以下计算相同的支数。

而在平法中查到，当有多层地下室时，基础顶面、每层梁上下的加密区段应满足柱长边尺寸或$H_n/6$或500mm的最大值，该柱的$H_n/6$值为

-2层：$[(4.5-0.6+1.2-0.8)/6]\text{m}=0.717\text{m}$，取717mm。

-1层和1层：$[(4.5-0.6)/6]\text{m}=0.65\text{m}$，取650mm。

2层：$[(4.2-0.6)/6]\text{m}=0.6\text{m}$，取650mm。

3～5层：$[(3.6-0.6)/6]\text{m}=0.5\text{m}$，取650mm。

根据图6-40构造，基础内加两道箍筋。

$$\begin{aligned}
\text{箍筋支度}=&[2+(0.717-0.05)/0.1+(4.5-0.6+1.2-0.8-0.717\times2)/0.2+\\
&(0.717+0.6+0.65)/0.1+(4.5-0.65\times2)/0.2+\\
&(0.65+0.6+0.65)/0.1+(4.5-0.65\times2)/0.2+\\
&(0.65+0.6+0.65)/0.1+(4.2-0.65\times2)/0.2+\\
&(0.65+0.6+0.65)/0.1+(3.6-0.65\times2)/0.2+\\
&(0.65+0.6+0.65)/0.1+(3.6-0.65\times2)/0.2+\\
&(0.65+0.6+0.65)/0.1+(3.6-0.65\times2)/0.2+(0.65+0.6-0.2)/0.1+1]\text{支}\\
=&230.17\text{支}\approx231\text{支}
\end{aligned}$$

6.2.4 楼梯平法图示、构造与计算

1. 楼梯平法图示

楼梯平法图示如图6-44所示（AT型只是其中的一种情形，其他详见平法图集）。

2. 楼梯平法配筋构造

楼梯平法配筋构造如图6-45所示（AT型只是楼梯中的一种，其他详见平法图集）。

3. 楼梯平法钢筋计算要诀

根据以上构造，楼梯平法钢筋计算归纳如下：

1）凡有水平标注尺寸的，均可用水平标注尺寸乘以斜长比计算钢筋长度。

2）板底钢筋进入支座（梁），上下端均按$\geq5d$，且至少伸过支座中线计算。

3）上下端负筋进入支座（梁），按$\geq0.6L_{ab}+15d$计算钢筋长度。

4）负筋直角弯折段可按（梯板厚度-2个板保护层厚度）计算钢筋长度。

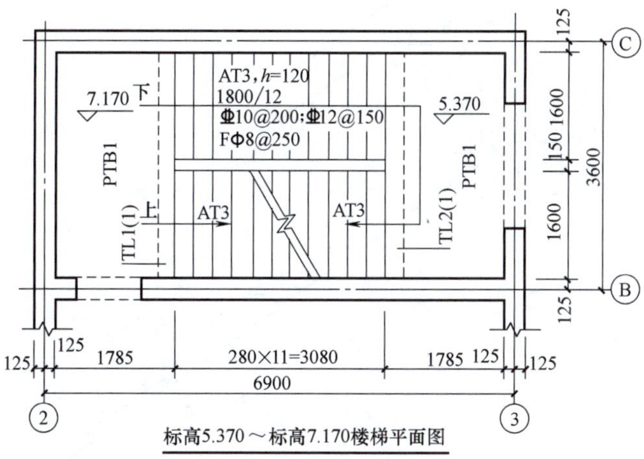

图 6-44 楼梯平法图示

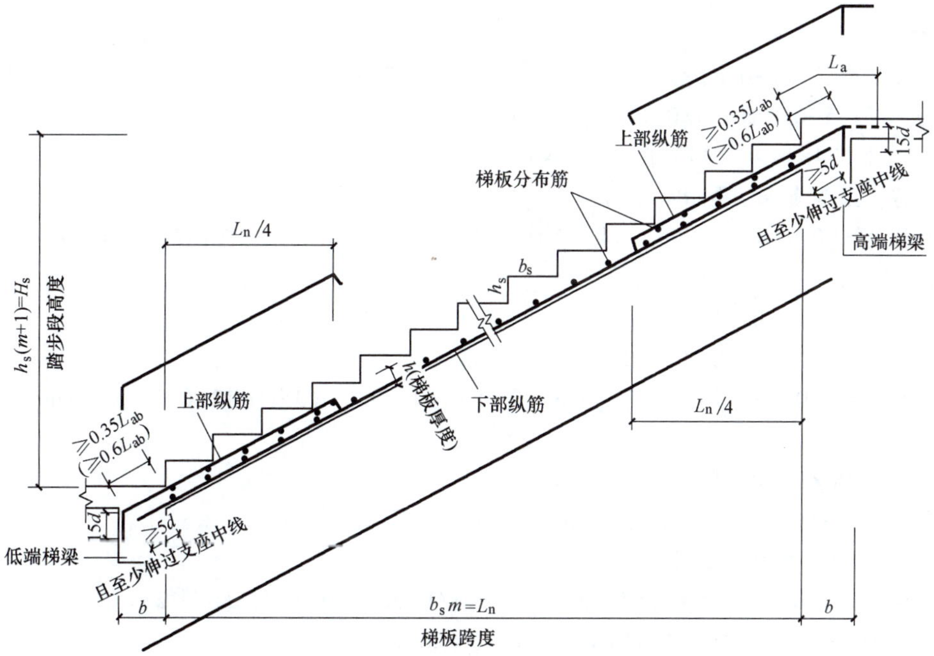

图 6-45 AT 型楼梯平法配筋构造

【例 6-12】 按图 6-46 所示计算楼梯钢筋工程量。C25 混凝土，钢筋采用 HRB400，梯段宽为 1.5m。

【解】 查表 6-15 L_{abE} 取 40d，查表 6-1 c 取 15mm。

斜长比计算。图中楼梯踏步 $b=220$mm，$h=195$mm，计算得 1.336。

①号筋，梯板底纵筋（Φ10@120）。

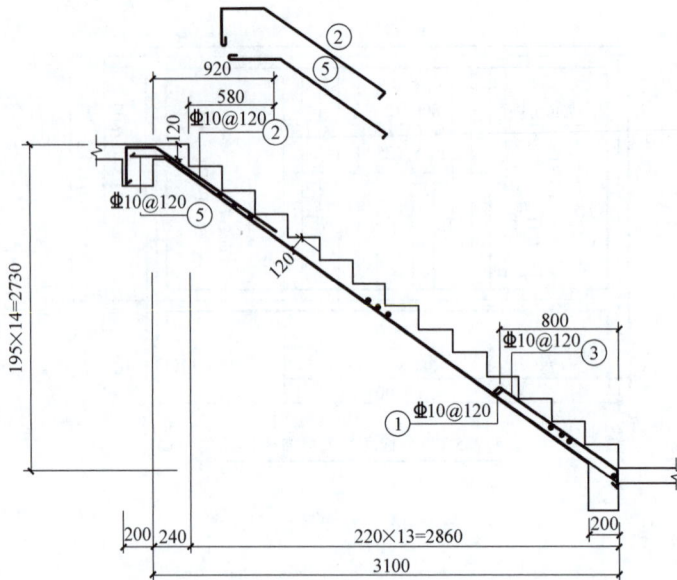

图 6-46 某楼梯配筋图

单支长度 = [（3.1-0.2）×1.336+0.2/2×2] m = 4.074m

支数 = [（1.5-0.015×2）/0.12+1] 支 = 14 支

质量 = （4.074×14×0.617） kg = 35.19kg

②号筋，上端负筋（Φ10@120）。

单支长度 = [0.92×1.336+0.6×40×0.010+15×0.010+（0.12-0.015×2）] m = 1.71m

支数 = 14 支

质量 = （1.71×14×0.617） kg = 14.77kg

③号筋，下端负筋（Φ10@120）。

单支长度 = [（0.8-0.2）×1.336+0.6×40×0.010+15×0.010+（0.12-0.015×2）] m = 1.28m

支数 = 14 支

质量 = （1.28×14×0.617） kg = 11.06kg

④号筋，图中未标注，可按Φ8@250（HPB）计算。

单支长度 = （1.5-0.015×2） m = 1.47m

支数 = [（3.1-0.2-0.05×2）×1.336/0.25+1+（0.92-0.05）×1.336/0.25+1+

（0.8-0.2-0.05）×1.336/0.25+1] 支 = 26 支

质量 = （1.47×26×0.395） kg = 15.1kg

习题与思考题

1. 按图 6-47 所示计算钢筋工程量。

2. 按图 6-48 所示计算钢筋工程量。

3. 按图 6-49 所示计算钢筋工程量。

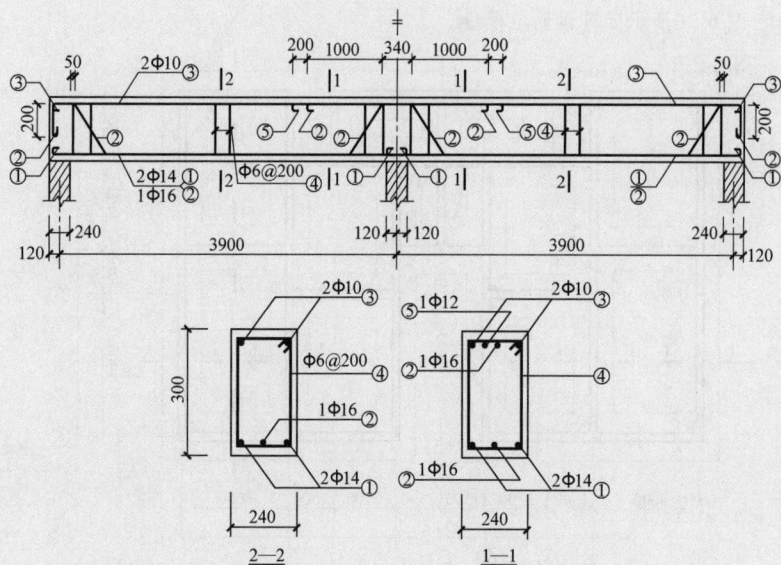

图 6-47　连系梁配筋示意图

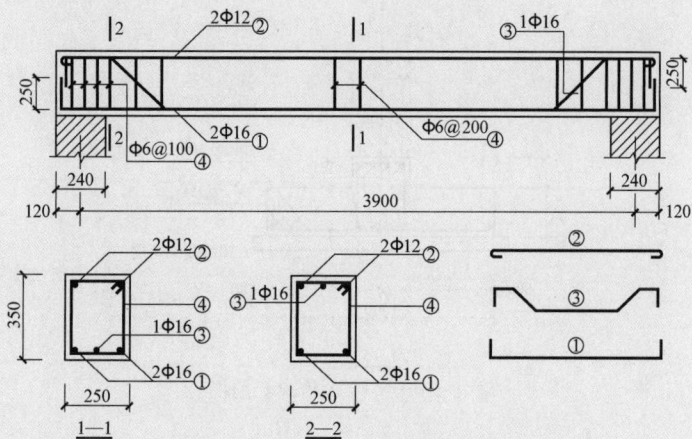

图 6-48　单梁配筋示意图

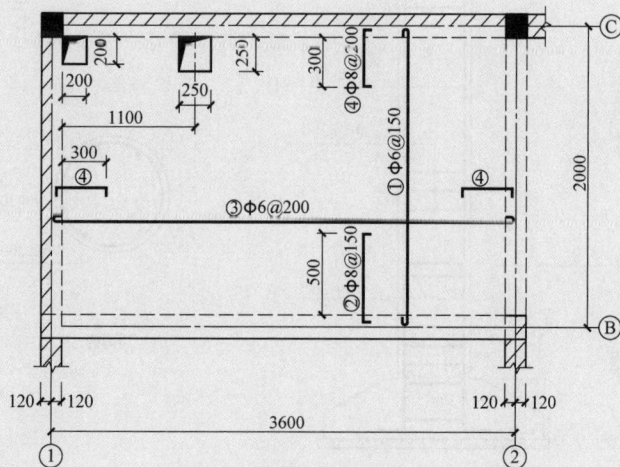

图 6-49　平板配筋示意图

4. 按图 6-50、图 6-51 所示计算钢筋工程量。

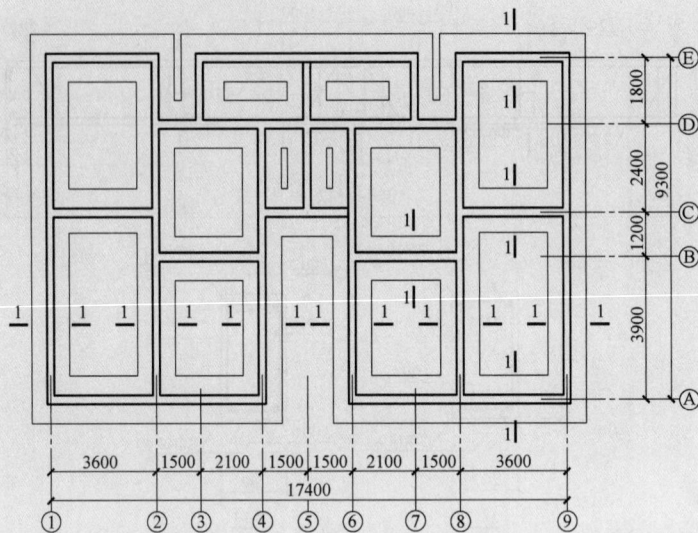

图 6-50 有梁式基础平面图

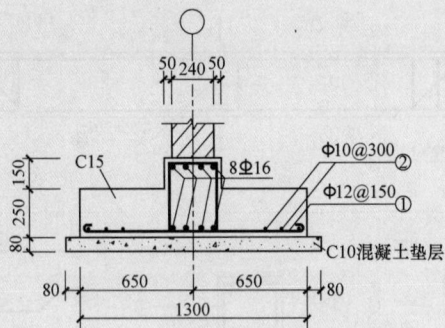

图 6-51 有梁式基础配筋图

5. 按图 6-52 所示计算钢筋工程量。

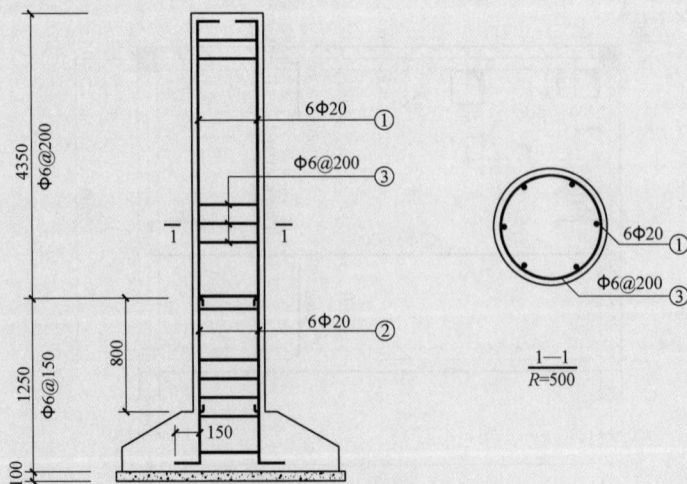

图 6-52 圆柱配筋图

二维码形式客观题

微信扫描二维码，可自行做客观题，提交后可查看答案。

第6章
客观题

7

第7章
屋面及防水保温工程计量与计价

教学要求

- 熟悉屋面及其防水、屋面排水管、楼地面防水及防潮、变形缝处理、屋面保温等项目清单分项的划分标准。
- 掌握屋面及其防水、屋面排水管、楼地面防水及防潮、变形缝处理、屋面保温等项目的工程量计算规则。
- 掌握屋面及其防水、屋面排水管、楼地面防水及防潮、变形缝处理、屋面保温等项目的综合单价分析计算方法。

本章主要讨论屋面及其防水、屋面排水管、楼地面防水及防潮、变形缝处理、屋面保温等工程的计量与计价。

7.1 屋面及防水工程

7.1.1 项目划分

1. 清单分项

《房屋建筑与装饰工程工程量计算规范》将屋面及防水工程划分为瓦、型材及其他屋面，屋面防水及其他，墙面防水、防潮等项目。具体分项见表7-1~表7-3。

表7-1　瓦、型材及其他屋面（编码：010901）

项目编码	项目名称	项目特征	计量单位	工程量计算规则	工作内容
010901001	瓦屋面	1. 瓦品种、规格 2. 黏结层砂浆的配合比	m²	按设计图示尺寸以斜面积计算 不扣除房上烟囱、风帽底座、风道、小气窗、斜沟等所占面积。小气窗的出檐部分不增加面积	1. 砂浆制作、运输、摊铺、养护 2. 安瓦、作瓦脊
010901002	型材屋面	1. 型材品种、规格 2. 金属檩条材料品种、规格 3. 接缝、嵌缝材料种类			1. 檩条制作、运输、安装 2. 屋面型材安装 3. 接缝、嵌缝

（续）

项目编码	项目名称	项目特征	计量单位	工程量计算规则	工作内容
010901003	阳光板屋面	1. 阳光板品种、规格 2. 骨架材料品种、规格 3. 接缝、嵌缝材料种类 4. 油漆品种、刷漆遍数		按设计图示尺寸以斜面积计算 不扣除屋面面积≤0.3m² 孔洞所占面积	1. 骨架制作、运输、安装、刷防护材料、油漆 2. 阳光板安装 3. 接缝、嵌缝
010901004	玻璃钢屋面	1. 玻璃钢品种、规格 2. 骨架材料品种、规格 3. 玻璃钢固定方式 4. 接缝、嵌缝材料种类 5. 油漆品种、刷漆遍数	m²		1. 骨架制作、运输、安装、刷防护材料、油漆 2. 玻璃钢制作、安装 3. 接缝、嵌缝
010901005	膜结构屋面	1. 膜布品种、规格 2. 支柱（网架）钢材品种、规格 3. 钢丝绳品种、规格 4. 锚固基座做法 5. 油漆品种、刷漆遍数		按设计图示尺寸以需要覆盖的水平投影面积计算	1. 膜布热压胶接 2. 支柱（网架）制作、安装 3. 膜布安装 4. 穿钢丝绳、锚头锚固 5. 锚固基座、挖土、回填 6. 刷防护材料、油漆

表 7-2　屋面防水及其他（编码：010902）

项目编码	项目名称	项目特征	计量单位	工程量计算规则	工作内容
010902001	屋面卷材防水	1. 卷材品种、规格 2. 防水层数 3. 防水层做法		按设计图示尺寸以面积计算 1. 斜屋顶（不包括平屋顶找坡）按斜面积计算，平屋顶按水平投影面积计算 2. 不扣除房上烟囱、风帽底座、风道、屋面小气窗和斜沟所占面积 3. 屋面的女儿墙、伸缩缝和天窗等处的弯起部分，并入屋面工程量内	1. 基层处理 2. 刷底油 3. 铺油毡卷材、接缝
010902002	屋面涂膜防水	1. 防水膜品种 2. 涂膜厚度、遍数 3. 增强材料种类	m²		1. 基层处理 2. 刷基层处理剂 3. 铺布、刷涂防水层
010902003	屋面刚性层	1. 刚性层厚度 2. 混凝土种类 3. 混凝土强度等级 4. 嵌缝材料种类 5. 钢筋规格、型号		按设计图示尺寸以面积计算。不扣除房上烟囱、风帽底座、风道等所占面积	1. 基层处理 2. 混凝土制作、运输、铺筑、养护 3. 钢筋制安
010902004	屋面排水管	1. 排水管品种、规格 2. 雨水斗、山墙出水口品种、规格 3. 接缝、嵌缝材料种类 4. 油漆品种、刷漆遍数	m	按设计图示尺寸以长度计算。如设计未标注尺寸，以檐口至设计室外散水上表面垂直距离计算	1. 排水管及配件安装、固定 2. 雨水斗、山墙出水口、雨水算子安装 3. 接缝、嵌缝 4. 油漆

（续）

项目编码	项目名称	项目特征	计量单位	工程量计算规则	工作内容
010902005	屋面排（透）气管	1. 排（透）气管品种、规格 2. 接缝、嵌缝材料种类 3. 油漆品种、刷漆遍数	m	按设计图示尺寸以长度计算	1. 排（透）气管及配件安装、固定 2. 铁件制作、安装 3. 接缝、嵌缝 4. 油漆
010902006	屋面（廊、阳台）泄（吐）水管	1. 吐水管品种、规格 2. 接缝、嵌缝材料种类 3. 吐水管长度 4. 油漆品种、刷漆遍数	根（个）	按设计图示数量计算	1. 水管及配件安装、固定 2. 接缝、嵌缝 3. 油漆
010902007	屋面天沟、檐沟	1. 材料品种、规格 2. 接缝、嵌缝材料种类	m²	按设计图示尺寸以展开面积计算	1. 天沟材料铺设 2. 天沟配件安装 3. 接缝、嵌缝 4. 刷防护材料
010902008	屋面变形缝	1. 嵌缝材料种类 2. 止水带材料种类 3. 盖缝材料 4. 防护材料种类	m	按设计图示以长度计算	1. 清缝 2. 填塞防水材料 3. 止水带安装 4. 盖缝制作、安装 5. 刷防护材料

表 7-3　墙面防水、防潮（编码：010903）

项目编码	项目名称	项目特征	计量单位	工程量计算规则	工作内容
010903001	墙面卷材防水	1. 卷材品种、规格、厚度 2. 防水层数 3. 防水层做法	m²	按设计图示尺寸以面积计算	1. 基层处理 2. 刷黏结剂 3. 铺防水卷材 4. 接缝、嵌缝
010903002	墙面涂膜防水	1. 防水膜品种 2. 涂膜厚度、遍数 3. 增强材料种类			1. 基层处理 2. 刷基层处理剂 3. 铺布、喷涂防水层
010903003	墙面砂浆防水（防潮）	1. 防水层做法 2. 砂浆厚度、配合比 3. 钢丝网规格			1. 基层处理 2. 挂钢丝网片 3. 设置分格缝 4. 砂浆制作、运输、摊铺、养护
010903004	墙面变形缝	1. 嵌缝材料种类 2. 止水带材料种类 3. 盖板材料 4. 防护材料种类	m	按设计图示以长度计算	1. 清缝 2. 填塞防水材料 3. 止水带安装 4. 盖缝制作、安装 5. 刷防护材料

2. 定额分项

"预算定额"将屋面及防水工程按工程部位划分为屋面工程、防水工程、变形缝三个部分。各部分又按使用的材料品种划分子项,其分类见表7-4。

表7-4 定额项目分类表

类别	按类型分	按材料分	包括的主要项目
屋面工程	块瓦屋面		平板瓦、小青瓦、异形瓦、合成树脂瓦
	沥青瓦屋面		沥青瓦
	金属板屋面		镀锌瓦楞钢板、单层彩钢板、彩钢夹芯板、金属压型板
	采光屋面		采光波纹瓦、阳光板、玻璃采光顶
	膜结构屋面		膜结构屋面
	屋面排水		铸铁排水管、塑料排水管、泄水管
	屋面排气		排气管、UPVC透气管、钢制透气管
防水工程	防水底层、隔离层		氯丁胶乳沥青、聚乙烯膜、防水透气膜、分隔缝、涂料
	卷材防水	改性沥青卷材	热熔法改性沥青卷材、冷粘法改性沥青卷材
		高分子卷材	聚氯乙烯卷材、高分子自粘胶膜卷材、氯乙烯丙纶防水卷材
	涂料防水		沥青玻璃纤维布、玛蹄脂玻璃纤维布、改性沥青防水涂料、高分子防水涂料
	防水保护层		涂料防水、防水板、膨润土防水毯、土工布过滤层、聚乙烯泡沫塑料板
	刚性防水		细石混凝土、普通防水砂浆、聚合物水泥防水砂浆
变形缝	填缝		油浸麻丝、岩棉板、沥青玛蹄脂、建筑油膏、沥青砂浆、油浸木丝板、泡沫塑料、聚乙烯泡沫塑料、聚氨酯密封膏、聚氯乙烯胶泥
	盖缝		木质、铝板、胶合板、不锈钢板、钢板、橡胶板
	止水带		橡胶、钢板、紫铜板、氯丁橡胶

7.1.2 计算规则

(1) 清单规则 详见表7-1~表7-3中的规定。

(2) 定额规则

1) 各种瓦屋面和型材屋面均按设计图示尺寸以面积计算(斜屋面按斜面积计算),不扣除房上烟囱、风帽底座、风道、屋面小气窗、斜沟和脊瓦等所占面积,小气窗出檐部分也不增加。

2) 采光板、玻璃采光顶屋面均按设计图示尺寸以面积计算,不扣除面积≤0.3m² 孔洞所占面积。

3) 膜结构屋面按设计图示尺寸以膜覆盖的水平投影面积计算。

4) 屋面防水按设计图示尺寸以面积计算(斜屋面按斜面积计算),不扣除房上烟囱、风帽底座、风道、屋面小气窗等所占面积,上翻部分也不另计算;屋面的女儿墙、伸缩缝和天窗等处的弯起部分,按设计图示尺寸以面积计算;弯起部分≤300mm 时,计入平面工程量内,弯起部分>300mm 时,计入立面工程量内;设计无规定时,女儿墙、伸缩缝和天窗的弯起部分按500mm 计算,计入立面工程量内。

5）屋面防水透气膜按铺贴位置的设计图示尺寸以面积计算。

6）楼地面防水、防潮层按设计图示尺寸以主墙间净面积计算，扣除凸出地面的构筑物、设备基础等所占面积，不扣除间壁墙以及单个面积≤0.3m² 柱、垛、烟囱和孔洞所占面积。平面与立面交接处，上翻高度≤300mm 时，按展开面积并入平面工程量内计算，高度>300mm 时，按立面防水层工程量计算。

7）墙基防水、防潮层，外墙按外墙中心线长度，内墙按墙体净长度乘以宽度，以面积计算。

8）墙的立面防水、防潮层，不论内墙、外墙，均按设计图示尺寸以面积计算。

9）基础底板的防水、防潮层，按设计图示尺寸以面积计算。不扣除桩头所占面积。

10）桩头处外包防水按桩头投影外扩300mm 以面积计算，地沟、电缆沟处防水按展开面积计算，均计入平面工程量。

11）水落管、镀锌钢板天沟、檐沟按设计图示尺寸以长度计算。

12）水斗、下水口、雨水口、弯头、短管等均按设计图示数量计算。

13）变形缝、止水带按设计图示尺寸以长度计算。

7.1.3 计算方法

斜面积可以按屋面水平投影面积（图 7-1）乘以屋面延尺系数（见表 7-5），以 m² 为单位计算。

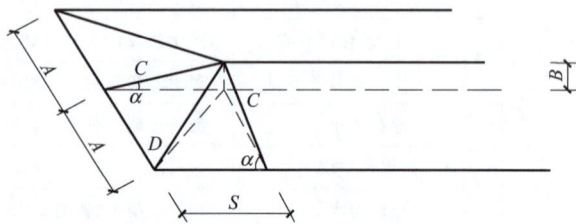

图 7-1 坡屋面示意图

表 7-5 屋面坡度系数表

坡度 B(A=1)	坡度 B/2A	坡度角度 α	延尺系数 C(A=1)	偶延尺系数 C(A=1)
1	1/2	45°	1.4142	1.7321
0.75		36°52′	1.2500	1.6008
0.7		35°	1.2207	1.5779
0.666	1/3	33°40′	1.2015	1.5620
0.65		33°01′	1.1926	1.5564
0.6		30°58′	1.1662	1.5362
0.577		30°	1.1547	1.5270
0.55		28°49′	1.1413	1.5170
0.5	1/4	26°34′	1.1180	1.5000
0.45		24°14′	1.0966	1.4839
0.4	1/5	21°48′	1.0770	1.4697
0.35		19°17′	1.0594	1.4569
0.30		16°42′	1.0440	1.4457
0.25		14°02′	1.0308	1.4362
0.20	1/10	11°19′	1.0198	1.4283
0.15		8°32′	1.0112	1.4221
0.125		7°8′	1.0078	1.4191
0.100	1/20	5°42′	1.0050	1.4177
0.083		4°45′	1.0035	1.4166
0.066	1/30	3°49′	1.0022	1.4157

7.1.4 计算示例

【例 7-1】 已知屋面坡度的高跨比 $B/2A = 1/3$，$\alpha = 33°40'$，计算如图 7-2 所示四坡水瓦屋面工程量。

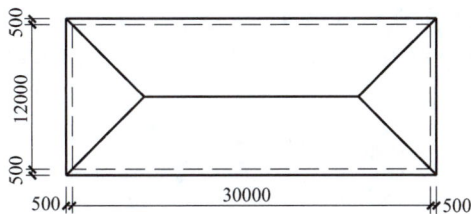

图 7-2 四坡水瓦屋面示意图

【解】 查表 7-5 知，屋面延尺系数 $C = 1.2015$，则
$$S = \left[(30+0.5×2)×(12+0.5×2)×1.2015 \right] \text{m}^2 = 484.21 \text{m}^2$$

【例 7-2】 计算如图 7-3 所示卷材屋面工程量。女儿墙与楼梯间出屋面墙交接处，卷材弯起高度取 250mm。

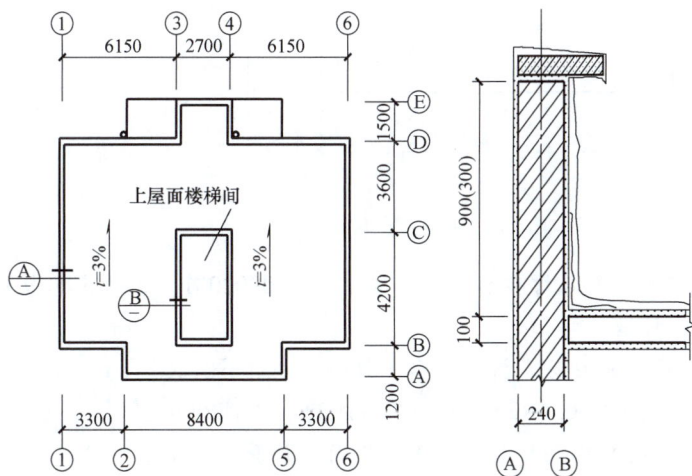

图 7-3 卷材屋面示意图

【解】 该屋面为平屋面，工程量按水平投影面积计算，弯起部分并入屋面工程量内。

1) 屋面水平投影面积为
$$\begin{aligned}
S_1 &= \left[(3.3×2+8.4-0.24)×(4.2+3.6-0.24)+(8.4-0.24)×1.2+ \right. \\
&\quad \left. (2.7-0.24)×1.5-(4.2+0.24)×(2.7+0.24) \right] \text{m}^2 \\
&= (14.76×7.56+8.16×1.2+2.46×1.5-4.44×2.94) \text{m}^2 \\
&= 112.01 \text{m}^2
\end{aligned}$$

2）屋面弯起部分面积为

$$S_2 = \{[(3.3+8.4+3.3-0.24)\times2+(1.2+4.2+3.6+1.5-0.24)\times2]\times0.25+$$
$$(4.2+0.24+2.7+0.24)\times2\times0.25\}\,m^2$$
$$=(12.51+3.69)\,m^2$$
$$=16.20\,m^2$$

3）楼梯间屋面水平及弯起部分面积为

$$S_3 = [(4.2-0.24)\times(2.7-0.24)+(4.2-0.24+2.7-0.24)\times2\times0.25]\,m^2$$
$$=(9.74+3.21)\,m^2$$
$$=12.95\,m^2$$

4）屋面卷材工程量为

$$S=S_1+S_2+S_3=(112.01+16.20+12.95)\,m^2=141.16\,m^2$$

【例7-3】　某屋面设计如图7-4所示，屋面防水采用冷贴法做改性沥青卷材防水，试计算屋面防水相应项目工程量，编制工程量清单并计算综合单价。

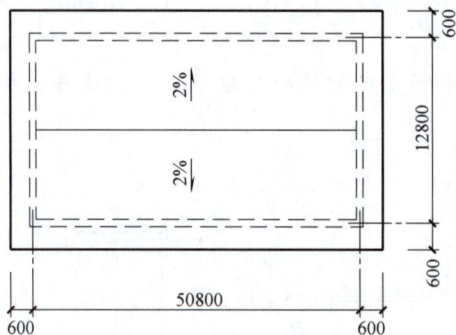

图7-4　屋面平面图

【解】　查表7-2知，可列屋面卷材防水，清单编码为010902001，工作内容包括基层处理、刷底油、铺油毡卷材、接缝。

1）清单工程量计算。屋面卷材防水按屋面水平投影面积计算，为

$$S_{清} = [(50.8+0.6\times2)\times(12.8+0.6\times2)]\,m^2=728\,m^2$$

2）定额工程量计算。卷材防水层按屋面水平投影面积计算，为

$$S_{卷} = [(50.8+0.6\times2)\times(12.8+0.6\times2)]\,m^2=728\,m^2$$

3）编制工程量清单，见表7-6。

表7-6　分部分项工程量清单（一）

序号	项目编码	项目名称	项目特征	计量单位	工程数量
1	010902001001	屋面卷材防水	1. 卷材品种、规格:改性沥青 2. 防水层数:二层 3. 防水层做法:冷贴法	m²	728

4）套用某省计价定额中的屋面防水相应项目单位估价表，见表7-7。

表 7-7　屋面防水单位估价表　　　　　　　　　　计量单位：100m²

定额编号			1-9-43	1-9-44	1-9-45	1-9-46
项目名称			改性沥青卷材			
			冷贴法一层		冷贴法每增一层	
			平面	立面	平面	立面
基价(元)			4710.64	5007.16	4483.66	4700.50
其中	人工费(元)		344.71	641.23	296.06	512.90
	其中	定额人工费(元)	287.26	534.36	246.72	427.41
		规费(元)	57.45	106.87	49.34	85.49
	材料费(元)		4365.93	4365.93	4187.60	4187.60
	机械费(元)		—	—	—	—
名称		单位	单价(元)	数量		
人工	综合工日 12	工日	154.44	2.323	4.152	1.917	3.321
材料	SBS 改性沥青卷材	m²	35.78	115.635	115.635	115.635	115.635
	SBS 弹性沥青防水胶	kg	6.00	28.920	28.920	—	—
	硅酸盐水泥 PC42.5	kg	0.33	59.230	59.230	59.230	59.230
	改性沥青嵌缝油膏	kg	5.93	5.977	5.977	5.165	5.165

5) 综合单价计算。本例采用列式计算法。

① 改性沥青卷材贴一层套用定额 [1-9-43]，计算得

$$人工费 = (728 \div 100 \div 728 \times 344.71) 元/m^2 = 3.45 元/m^2$$

其中：

$$定额人工费 = (728 \div 100 \div 728 \times 287.26) 元/m^2 = 2.87 元/m^2$$

$$材料费 = (728 \div 100 \div 728 \times 4365.93) 元/m^2 = 43.66 元/m^2$$

$$机械费 = 0$$

② 改性沥青卷材增贴一层套用定额 [1-9-45]，计算得

$$人工费 = (728 \div 100 \div 728 \times 296.06) 元/m^2 = 2.96 元/m^2$$

其中：

$$定额人工费 = (728 \div 100 \div 728 \times 246.72) 元/m^2 = 2.47 元/m^2$$

$$材料费 = (728 \div 100 \div 728 \times 4187.60) 元/m^2 = 41.88 元/m^2$$

$$机械费 = 0$$

③ 以上两项合计，得

$$人工费 = (3.45 + 2.96) 元/m^2 = 6.41 元/m^2$$

其中：

$$定额人工费 = (2.87 + 2.47) 元/m^2 = 5.34 元/m^2$$

$$材料费 = (43.66 + 41.88) 元/m^2 = 85.54 元/m^2$$

$$机械费 = 0$$

$$管理费和利润 = [(5.34 + 0 \times 8\%) \times (22.78\% + 13.81\%)] 元/m^2 = 1.95 元/m^2$$

$$综合单价 = (6.41 + 85.54 + 0 + 1.95) 元/m^2 = 93.90 元/m^2$$

7.2　屋面保温工程

7.2.1　项目划分

保温隔热适用于中温、低温及恒温要求的工业厂（库）房和一般建筑物的保温隔热工程。按照不同部位，保温隔热划分为屋面、天棚、墙体、楼地面和其他部位的保温隔热工程。保温隔热使用的材料有珍珠岩、聚苯乙烯塑料板、沥青软木、加气混凝土块、玻璃棉、矿渣棉、松散稻草等。材料同样是区分各部位保温隔热预算分项的依据。不另计算的只包括保温隔热材料的铺贴，不包括隔气防潮、保护墙和墙砖等。

限于篇幅，本书仅讨论屋面保温工程。

1. 清单分项

《房屋建筑与装饰工程工程量计算规范》将保温隔热工程划分为保温隔热屋面、保温隔热天棚等项目。保温隔热屋面见表7-8。

表7-8　隔热、保温（编码：011001）

项目编码	项目名称	项目特征	计量单位	工程量计算规则	工作内容
011001001	保温隔热屋面	1. 保温隔热材料品种、规格、厚度 2. 隔气层材料品种、厚度 3. 黏结材料种类、做法 4. 防护材料种类、做法	m²	按设计图示尺寸以面积计算。扣除面积大于0.3m²孔洞所占面积	1. 基层清理 2. 刷黏结材料 3. 铺粘保温层 4. 铺、刷（喷）防护材料

2. 定额分项

"预算定额"将屋面保温隔热工程划分为：干铺加气混凝土块、浆砌加气混凝土块、水泥蛭石块、干铺珍珠岩、水泥炉渣、水泥珍珠岩、沥青玻璃棉毡、沥青珍珠岩板、干铺岩棉板、粘贴岩棉板、金属波纹拱形屋盖聚氨酯喷涂保温、聚苯乙烯板、泡沫玻璃、无机轻骨料保温砂浆、聚苯颗粒保温砂浆、微孔硅酸钙、泡沫混凝土、陶粒混凝土等子目。

7.2.2　计算规则

1. 清单规则

清单工程量计算规则详见表7-8。

2. 定额规则

屋面保温隔热层工程量按设计图示尺寸以面积计算。扣除面积>0.3m²孔洞所占面积。其他项目按设计图示尺寸以定额项目规定的计量单位计算。

7.2.3　计算示例

【例7-4】　某屋面设计如图7-4所示，屋面保温干铺200mm厚加气混凝土块，试计算屋面保温相应项目工程量及综合单价。

【解】 查表7-8知，图示屋面保温工程列清单项目为保温隔热屋面，清单编码为011001001，工作内容包括基层处理、铺贴保温层、刷防护材料。

1) 清单工程量。按图示尺寸以面积计算，得

$$S_{清} = \left[(50.8 + 0.6 \times 2) \times (12.8 + 0.6 \times 2) \right] \text{m}^2 = 728 \text{m}^2$$

2) 定额工程量。200mm厚加气混凝土保温层工程量按图示尺寸以面积计算，得

$$S_{定} = \left[(50.8 + 0.6 \times 2) \times (12.8 + 0.6 \times 2) \right] \text{m}^2 = 728 \text{m}^2$$

3) 编制工程量清单，见表7-9。

表7-9 分部分项工程量清单（二）

序号	项目编码	项目名称	项目特征	计量单位	工程数量
1	011001001001	保温隔热屋面	保温隔热材料品种、规格、厚度：200mm厚加气混凝土块干铺	m²	728

4) 套用某省"计价定额"中的相应项目单位估价表，见表7-10。

表7-10 保温层单位估价表　　　　　　　　　　　　　计量单位：100m²

定额编号				1-10-1	1-10-2	1-10-3	1-10-4
项目名称				加气混凝土块			
				干铺厚度/mm		浆砌厚度/mm	
				180	每增减10	180	每增减10
基价（元）				6037.50	331.34	6898.51	394.26
其中	其中	人工费（元）		757.22	37.99	1075.06	53.75
		定额人工费（元）		631.02	31.66	895.88	44.79
		规费（元）		126.20	6.33	179.18	8.96
	材料费（元）			5280.28	293.35	5762.64	337.10
	机械费（元）			—	—	60.81	3.41
名称		单位	单价（元）	数量			
人工	综合工日12	工日	154.44	4.903	0.246	6.961	0.348
材料	加气混凝土块	m³	279.38	18.900	1.050	17.810	1.050
	干混地面砂浆	m³	362.98	—	—	2.140	0.119
	水	m³	5.94	—	—	1.700	0.095

5) 综合单价计算。

① 干铺加气混凝土块180mm厚套用定额［1-10-1］，计算得

$$人工费 = (728 \div 100 \div 728 \times 757.22) \text{元/m}^2 = 7.57 \text{元/m}^2$$

其中：　　　定额人工费 $= (728 \div 100 \div 728 \times 631.02) \text{元/m}^2 = 6.31 \text{元/m}^2$

$$材料费 = (728 \div 100 \div 728 \times 5280.28) \text{元/m}^2 = 52.80 \text{元/m}^2$$

$$机械费 = 0$$

② 干铺加气混凝土块加20mm厚套用定额［1-10-2］×2，计算得

$$人工费 = (728 \div 100 \div 728 \times 37.99 \times 2) \text{元/m}^2 = 0.76 \text{元/m}^2$$

其中：　　定额人工费 = $(728÷100÷728×31.66×2)$ 元/m² = 0.63 元/m²

材料费 = $(728÷100÷728×293.35×2)$ 元/m² = 5.87 元/m²

机械费 = 0

③以上两项合计，得

人工费 = $(7.57+0.76)$ 元/m² = 8.33 元/m²

其中：　　定额人工费 = $(6.31+0.63)$ 元/m² = 6.94 元/m²

材料费 = $(52.80+5.87)$ 元/m² = 58.67 元/m²

机械费 = 0

管理费和利润 = $[(6.94+0×8\%)×(22.78\%+13.81\%)]$ 元/m² = 2.54 元/m²

综合单价 = $(8.33+58.67+0+2.54)$ 元/m² = 69.54 元/m²

习题与思考题

根据图7-5、图7-6所示屋面做法，列项计算屋面防水及保温项目工程量并计算综合单价。

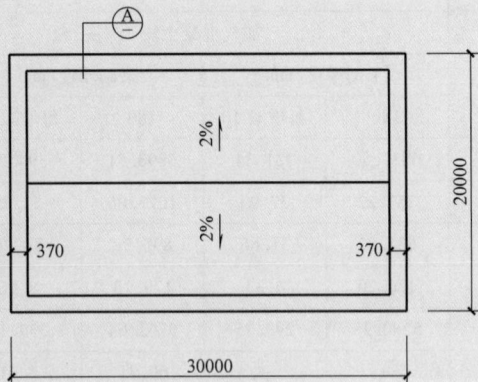

图 7-5　屋面平面图

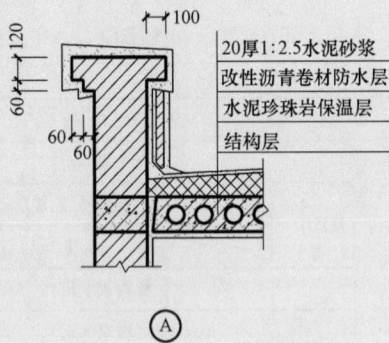

图 7-6　屋面构造大样图

二维码形式客观题

微信扫描二维码，可自行做客观题，提交后可查看答案。

第7章 客观题

8

第 8 章
装饰工程计量与计价

教学要求

- 熟悉装饰工程清单分项的项目划分标准。
- 熟悉装饰工程工程量计算规则。
- 掌握装饰工程工程量计算方法。
- 掌握装饰工程综合单价分析计算方法。

按照《房屋建筑与装饰工程工程量计算规范》的划分，装饰工程包括楼地面装饰工程，墙、柱面装饰与隔断、幕墙工程，天棚工程，门窗工程，油漆、涂料、裱糊工程等分部工程。

8.1 楼地面装饰工程

8.1.1 项目划分

1. 清单分项

《工程量计算规范》将楼地面装饰工程划分为整体面层及找平层、块料面层、橡塑面层、其他材料面层、踢脚线、楼梯面层、台阶装饰及零星装饰项目等，其中每个楼地面项目都包含了垫层、找平层的工作内容。

1）整体面层及找平层包括水泥砂浆楼地面、现浇水磨石楼地面、细石混凝土楼地面、菱苦土楼地面、自流坪楼地面、平面砂浆找平层。

2）块料面层包括石材楼地面、碎石材楼地面、块料楼地面。

3）橡塑面层包括橡胶板楼地面、橡胶板卷材楼地面、塑料板楼地面、塑料卷材楼地面。

4）其他材料面层包括地毯楼地面，竹、木（复合）地板，金属复合地板，防静电活动地板。

5）踢脚线包括水泥砂浆踢脚线、石材踢脚线、块料踢脚线、塑料板踢脚线、木质踢脚线、金属踢脚线、防静电踢脚线。

6）楼梯面层包括石材楼梯面层、块料楼梯面层、拼碎块料面层、水泥砂浆楼梯面层、现浇水磨石楼梯面层、地毯楼梯面层、木板楼梯面层、木板楼梯面层、橡胶板楼梯面层、塑料板楼梯面层。

7）台阶装饰包括石材台阶面、块料台阶面、拼碎块料台阶面、水泥砂浆台阶面、现浇水磨石台阶面、剁假石台阶面。

8）零星装饰项目包括石材零星项目、拼碎石材零星项目、块料零星项目、水泥砂浆零星项目。

具体分项见表 8-1~表 8-8。

表 8-1 整体面层及找平层（编码：011101）

项目编码	项目名称	项目特征	计量单位	工程量计算规则	工作内容
011101001	水泥砂浆楼地面	1. 找平层厚度、砂浆配合比 2. 素水泥浆遍数 3. 面层厚度、砂浆配合比 4. 面层做法要求	m²	按设计图示尺寸以面积计算。扣除凸出地面构筑物、设备基础、室内铁道、地沟等所占面积，不扣除间壁墙及 ≤0.3m² 柱、垛、附墙烟囱及孔洞所占面积。门洞、空圈、暖气包槽、壁龛的开口部分不增加面积	1. 基层清理 2. 抹找平层 3. 抹面层 4. 材料运输
011101002	现浇水磨石楼地面	1. 找平层厚度、砂浆配合比 2. 面层厚度、水泥石子浆配合比 3. 嵌条材料种类、规格 4. 石子种类、规格、颜色 5. 颜料种类、颜色 6. 图案要求 7. 磨光、酸洗、打蜡要求			1. 基层清理 2. 抹找平层 3. 面层铺设 4. 嵌缝条安装 5. 磨光、酸洗、打蜡 6. 材料运输
011101003	细石混凝土地面	1. 找平层厚度、砂浆配合比 2. 面层厚度、混凝土强度等级			1. 基层清理 2. 抹找平层 3. 面层铺设 4. 材料运输
011101004	菱苦土楼地面	1. 找平层厚度、砂浆配合比 2. 面层厚度 3. 打蜡要求			1. 基层清理 2. 抹找平层 3. 面层铺设 4. 打蜡 5. 材料运输
011101005	自流平楼地面	1. 找平层砂浆配合比、厚度 2. 界面剂材料种类 3. 中层漆材料种类、厚度 4. 面漆材料种类、厚度 5. 面层材料种类			1. 基层清理 2. 抹找平层 3. 涂界面剂 4. 涂刷中层漆 5. 打磨、吸尘 6. 镘自流平面漆（浆） 7. 拌和自流平浆料 8. 铺面层
011101006	平面砂浆找平层	找平层厚度、砂浆配合比		按设计图示尺寸以面积计算	1. 基层清理 2. 抹找平层 3. 材料运输

表8-2 块料面层（编码：011102）

项目编码	项目名称	项目特征	计量单位	工程量计算规则	工作内容
011102001	石材楼地面	1. 找平层厚度、砂浆配合比 2. 结合层厚度、砂浆配合比 3. 面层材料品种、规格、颜色 4. 嵌缝材料种类 5. 防护层材料种类 6. 酸洗、打蜡要求	m²	按设计图示尺寸以面积计算。门洞、空圈、暖气包槽、壁龛的开口部分并入相应的工程量内	1. 基层清理 2. 抹找平层 3. 面层铺设、磨边 4. 嵌缝 5. 刷防护材料 6. 酸洗、打蜡 7. 材料运输
011102002	碎石材楼地面				
011102003	块料楼地面				

表8-3 橡塑面层（编码：011103）

项目编码	项目名称	项目特征	计量单位	工程量计算规则	工作内容
011103001	橡胶板楼地面	1. 黏结层厚度、材料种类 2. 面层材料品种、规格、颜色 3. 压线条种类	m²	按设计图示尺寸以面积计算。门洞、空圈、暖气包槽、壁龛的开口部分并入相应的工程量内	1. 基层清理 2. 面层铺贴 3. 压缝条装钉 4. 材料运输
011103002	橡胶板卷材楼地面				
011103003	塑料板楼地面				
011103004	塑料卷材楼地面				

表8-4 其他材料面层（编码：011104）

项目编码	项目名称	项目特征	计量单位	工程量计算规则	工作内容
011104001	地毯楼地面	1. 面层材料品种、规格、颜色 2. 防护材料种类 3. 黏结材料种类 4. 压线条种类	m²	按设计图示尺寸以面积计算。门洞、空圈、暖气包槽、壁龛的开口部分并入相应的工程量内	1. 基层清理 2. 铺贴面层 3. 刷防护材料 4. 装钉压条 5. 材料运输
011104002	竹、木（复合）地板	1. 龙骨材料种类、规格、铺设间距 2. 基层材料种类、规格 3. 面层材料品种、规格、颜色 4. 防护材料种类			1. 基层清理 2. 龙骨铺设 3. 基层铺设 4. 面层铺贴 5. 刷防护材料 6. 材料运输
011104003	金属复合地板				
011104004	防静电活动地板	1. 支架高度、材料种类 2. 面层材料品种、规格、颜色 3. 防护材料种类			1. 清理基层 2. 固定支架安装 3. 活动面层安装 4. 刷防护材料 5. 材料运输

表8-5 踢脚线（编码：011105）

项目编码	项目名称	项目特征	计量单位	工程量计算规则	工作内容
011105001	水泥砂浆踢脚线	1. 踢脚线高度 2. 底层厚度、砂浆配合比 3. 面层厚度、砂浆配合比	1. m² 2. m	1. 以平方米计量，按设计图示长度乘以高度以面积计算 2. 以米计量，按延长米计算	1. 基层清理 2. 底层和面层抹灰 3. 材料运输

（续）

项目编码	项目名称	项目特征	计量单位	工程量计算规则	工作内容
011105002	石材踢脚线	1. 踢脚线高度 2. 粘贴层厚度、材料种类 3. 面层材料品种、规格、颜色 4. 防护材料种类	1. m² 2. m	1. 以平方米计量，按设计图示长度乘以高度以面积计算 2. 以米计量，按延长米计算	1. 基层清理 2. 底层抹灰 3. 面层铺贴、磨边 4. 擦缝 5. 磨光、酸洗、打蜡 6. 刷防护材料 7. 材料运输
011105003	块料踢脚线				
011105004	塑料板踢脚线	1. 踢脚线高度 2. 黏结层厚度、材料种类 3. 面层材料种类、规格、颜色			1. 基层清理 2. 基层铺贴 3. 面层铺贴 4. 材料运输
011105005	木质踢脚线	1. 踢脚线高度 2. 基层材料种类、规格 3. 面层材料品种、规格、颜色			
011105006	金属踢脚线				
011105007	防静电踢脚线				

表8-6 楼梯面层（编码：011106）

项目编码	项目名称	项目特征	计量单位	工程量计算规则	工作内容
011106001	石材楼梯面层	1. 找平层厚度、砂浆配合比 2. 黏结层厚度、材料种类 3. 面层材料品种、规格、颜色 4. 防滑条材料种类、规格 5. 勾缝材料种类 6. 防护材料种类 7. 酸洗、打蜡要求	m²	按设计图示尺寸以楼梯（包括踏步、休息平台及≤500mm的楼梯井）水平投影面积计算。楼梯与楼地面相连时，算至梯口梁内侧边沿；无梯口梁者，算至最上一层踏步边沿加300mm	1. 基层清理 2. 抹找平层 3. 面层铺贴、磨边 4. 贴嵌防滑条 5. 勾缝 6. 刷防护材料 7. 酸洗、打蜡 8. 材料运输
011106002	块料楼梯面层				
011106003	拼碎块料面层				
011106004	水泥砂浆楼梯面层	1. 找平层厚度、砂浆配合比 2. 面层厚度、砂浆配合比 3. 防滑条材料种类、规格			1. 基层清理 2. 抹找平层 3. 抹面层 4. 抹防滑条 5. 材料运输
011106005	现浇水磨石楼梯面层	1. 找平层厚度、砂浆配合比 2. 面层厚度、水泥石子浆配合比 3. 防滑条材料种类、规格 4. 石子种类、规格、颜色 5. 颜料种类、颜色 6. 磨光、酸洗、打蜡要求			1. 基层清理 2. 抹找平层 3. 抹面层 4. 贴嵌防滑条 5. 磨光、酸洗、打蜡 6. 材料运输

（续）

项目编码	项目名称	项目特征	计量单位	工程量计算规则	工作内容
011106006	地毯楼梯面层	1. 基层种类 2. 面层材料品种、规格、颜色 3. 防护材料种类 4. 黏结材料种类 5. 固定配件材料种类、规格	m²	按设计图示尺寸以楼梯（包括踏步、休息平台及 ≤500mm 的楼梯井）水平投影面积计算。楼梯与楼地面相连时，算至梯口梁内侧边沿；无梯口梁者，算至最上一层踏步边沿加 300mm	1. 基层清理 2. 铺贴面层 3. 固定配件安装 4. 刷防护材料 5. 材料运输
011106007	木板楼梯面层	1. 基层材料种类、规格 2. 面层材料品种、规格、颜色 3. 黏结材料种类 4. 防护材料种类			1. 基层清理 2. 基层铺贴 3. 面层铺贴 4. 刷防护材料 5. 材料运输
011106008	橡胶板楼梯面层	1. 黏结层厚度、材料种类 2. 面层材料品种、规格、颜色 3. 压线条种类			1. 基层清理 2. 面层铺贴 3. 压线条装钉 4. 材料运输
011106009	塑料板楼梯面层				

表 8-7　台阶装饰（编码：011107）

项目编码	项目名称	项目特征	计量单位	工程量计算规则	工作内容
011107001	石材台阶面	1. 找平层厚度、砂浆配合比 2. 黏结材料种类 3. 面层材料品种、规格、颜色 4. 勾缝材料种类 5. 防滑条材料种类、规格 6. 防护材料种类	m²	按设计图示尺寸以台阶（包括最上层踏步边沿加 300mm）水平投影面积计算	1. 基层清理 2. 抹找平层 3. 面层铺贴 4. 贴嵌防滑条 5. 勾缝 6. 刷防护材料 7. 材料运输
011107002	块料台阶面				
011107003	拼碎块料台阶面				
011107004	水泥砂浆台阶面	1. 找平层厚度、砂浆配合比 2. 面层厚度、砂浆配合比 3. 防滑条材料种类			1. 基层清理 2. 抹找平层 3. 抹面层 4. 抹防滑条 5. 材料运输
011107005	现浇水磨石台阶面	1. 找平层厚度、砂浆配合比 2. 面层厚度、水泥石子浆配合比 3. 防滑条材料种类、规格 4. 石子种类、规格、颜色 5. 颜料种类、颜色 6. 磨光、酸洗、打蜡要求			1. 清理基层 2. 抹找平层 3. 抹面层 4. 贴嵌防滑条 5. 打磨、酸洗、打蜡 6. 材料运输
011107006	剁假石台阶面	1. 找平层厚度、砂浆配合比 2. 面层厚度、砂浆配合比 3. 剁假石要求			1. 清理基层 2. 抹找平层 3. 抹面层 4. 剁假石 5. 材料运输

表 8-8 零星装饰项目（编码：011108）

项目编码	项目名称	项目特征	计量单位	工程量计算规则	工作内容
011108001	石材零星项目	1. 工程部位 2. 找平层厚度、砂浆配合比 3. 贴结合层厚度、材料种类 4. 面层材料品种、规格、颜色 5. 勾缝材料种类 6. 防护材料种类 7. 酸洗、打蜡要求	m²	按设计图示尺寸以面积计算	1. 清理基层 2. 抹找平层 3. 面层铺贴、磨边 4. 勾缝 5. 刷防护材料 6. 酸洗、打蜡 7. 材料运输
011108002	碎拼石材零星项目				
011108003	块料零星项目				
011108004	水泥砂浆零星项目	1. 工程部位 2. 找平层厚度、砂浆配合比 3. 面层厚度、砂浆厚度			1. 清理基层 2. 抹找平层 3. 抹面层 4. 材料运输

2. 定额分项

"预算定额"将楼地面工程划分为垫层、找平层、整体面层、块料面层、踢脚线、栏杆、扶手等项目，见表 8-9。

表 8-9 楼地面定额项目分类

构造分类	定额分类	包含内容
垫层	垫层	灰土、三合土、砂、砂石、毛石、碎砖、碎石、炉（矿）渣
找平层	找平层	平面砂浆、细石混凝土
面层	整体面层	水泥砂浆、自流平、金刚砂、水磨石、水泥豆石浆
	块料面层	石材、陶瓷地砖、激光玻璃、陶瓷锦砖、缸砖、水泥花砖、广场砖、木地板、复合地板、塑料、橡胶板、地毯、防静电活动地板
其他	踢脚线	水泥砂浆、水磨石、石材、塑料板、木制、金属、块料踢脚线
	栏杆、扶手	铝合金管、不锈钢管、塑料、钢管、硬木
	楼梯面	水泥砂浆、石材、木制、陶瓷地砖、地毯
	台阶面	水泥砂浆、石材、陶瓷地砖

3. 相关概念解释

1）楼地面是指除基层（混凝土楼板，夯实地基）以外的垫层（承受地面荷载并均匀传递给基层的构造层）、填充层（在建筑楼地面上起隔音、保温、找坡或敷设暗管、暗线等作用的构造层）、隔离层（起防水、防潮作用的构造层）、找平层（在垫层、楼板上或填充层上起找平、找坡或加强作用的构造层）、结合层（面层与下层相结合的中间层）、面层（直接承受各种荷载作用的表面层）等。

2）垫层是指混凝土垫层，砂石人工级配垫层，天然级配砂石垫层，灰，土垫层，碎石、碎砖垫层、三合土垫层、炉渣垫层等材料垫层。

3）找平层是指水泥砂浆找平层，有特殊要求的可采用细石混凝土等材料铺设。

4）隔离层是指卷材、防水砂浆、沥青砂浆或防水涂料等隔离层。

5）填充层是指轻质的松散材料（炉渣、膨胀蛭石、膨胀珍珠岩等）或块体材料（加气混凝土、泡沫混凝土、泡沫塑料、矿棉、膨胀珍珠岩、膨胀蛭石块和板材等）以及整体材料（沥青膨胀珍珠岩、沥青膨胀蛭石、水泥膨胀珍珠岩、膨胀蛭石等）填充层。

6）面层是指整体面层（水泥砂浆、现浇水磨石、细石混凝土等）、块料面层（石材，陶瓷地砖，橡胶，塑料，竹、木地板等）。

7）零星装饰适用于面积在 $0.5m^2$ 以内的少量分散的楼地面装饰。

8.1.2　计算规则

1. 清单规则

楼地面装饰工程的清单工程量计算规则见表 8-1~表 8-8。

2. 定额规则

1）垫层按设计图示尺寸以体积计算。

2）楼地面找平层及整体面层按设计图示尺寸以面积计算。扣除凸出地面构筑物、设备基础、室内铁道、地沟等所占面积，不扣除间壁墙及单个面积 $\leq 0.3m^2$ 柱、垛、附墙烟囱及孔洞所占面积。门洞、空圈、暖气包槽、壁龛的开口部分不增加面积。

3）块料面层按镶贴表面积计算。

4）木地板及复合地板面层按镶贴表面积计算。门洞、空圈、暖气包槽、壁龛的开口部分并入相应工程量内。

5）橡塑面层、其他材料面层按镶贴表面积计算。门洞、空圈、暖气包槽、壁龛的开口部分并入相应工程量内。

6）踢脚线按设计图示长度乘以高度以面积计算。楼梯靠墙踢脚线（含锯齿形部分）贴块料按设计图示面积计算。

7）楼梯面层按设计图示尺寸以楼梯（包括踏步、休息平台及 $\leq 500mm$ 宽的楼梯井）水平投影面积计算。楼梯与楼地面相连时，算至梯口梁内侧边沿；无梯口梁者，算至最上一层踏步边沿加 300mm。

8）台阶面层按设计图示尺寸以台阶（包括最上层踏步边沿加 300mm）水平投影面积计算。

9）零星项目按设计图示尺寸以面积计算。

10）防滑条工程量按设计图示尺寸以"延长米"计算。

11）酸洗、打蜡按设计图示尺寸以表面积计算。

8.1.3　计算示例

【例 8-1】　如图 8-1 所示建筑平面，室内地面做普通水磨石面层，普通水磨石踢脚线，踢脚线高 150mm。M1 外台阶长度为 7m，室外散水为 C10 混凝土，宽 800mm，厚 80mm，试分别计算普通水磨石面层、普通水磨石踢脚线和混凝土散水的清单工程量和定额工程量。

例8-1
讲解

【解】　1）普通水磨石面层工程量。普通水磨石面层在《计算规范》和定额中都被划为整体面层，工程量计算规则无差异，故清

225

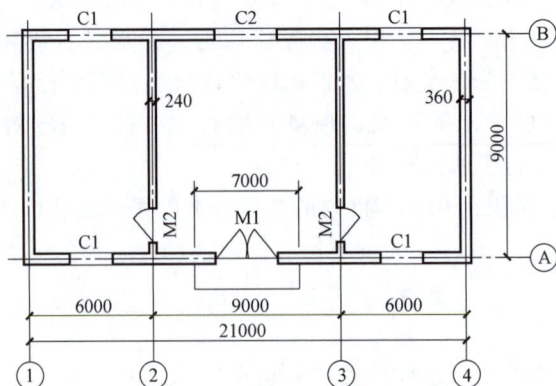

图 8-1　建筑平面示意图

单工程量、定额工程量均为主墙间净空面积。计算得

$$S_1 = \left[(9.0-0.36)\times(21.0-0.36-0.24\times2)\right]m^2 = 174.18m^2$$

2）普通水磨石踢脚线工程量。清单工程量、定额工程量均按设计图示长度乘以高度以面积计算，得

$$S_2 = \left[(6.0-0.18-0.12+9.0-0.36)\times2\times2+(9.0-0.24+9.0-0.36)\times2\right]m\times0.15m$$
$$= 13.824m^2$$

3）散水工程量计算（注：套价在混凝土分部）。散水的清单工程量、定额工程量，均按图示尺寸以 m^2 计算，得

$$S_3 = \left[(21.0+0.36+9.0+0.36)\times2+0.8\times4-7.0\right]m\times0.8m = 46.11m^2$$

【例 8-2】　图 8-2 所示为某建筑物大厅入口门前平台与台阶，试计算平台与台阶贴花岗石面层的工程量。

【解】　在计算台阶面层时，《计算规范》和定额均规定按台阶（包括踏步及最上一层踏步边沿 300mm）水平投影面积计算，故本例清单工程量、定额工程量一致。

1）平台花岗石面层工程量为

$$S_1 = \left[(6-0.3\times2)\times(3.5-0.3)\right]m^2 = 17.28m^2$$

2）台阶贴花岗石面层工程量为

$$S_2 = \left[(6+0.3\times4)\times0.3\times3+(3.5-0.3)\times0.3\times3\times2\right]m^2$$
$$= 12.24m^2$$

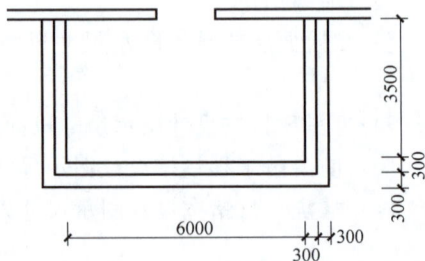

图 8-2　大厅入口台阶平面图

【例 8-3】　根据图 8-3 所示，计算某楼梯第一层（不等跑楼梯）石材面层的工程量及石材饰面板的消耗量。四周墙厚为 240mm。

【解】　1）楼梯面层工程量。楼梯面层工程量按楼梯的水平投影面积计算，清单规则与定额规则不存在任何差异。由于本例是不等跑楼梯，应按第一跑、休息平台和第二跑分别计算，其中第二跑须在最上一层踏步边沿加 300mm。

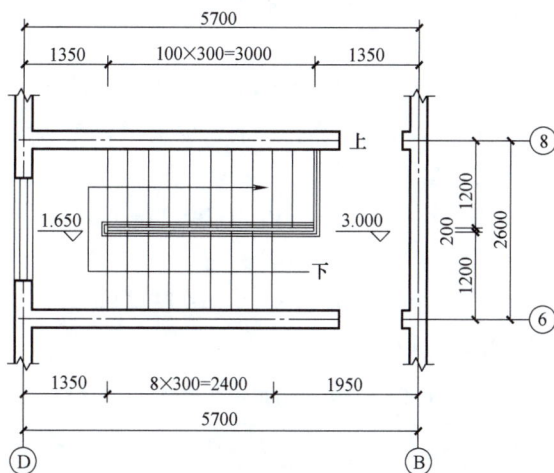

图 8-3 某楼梯第一层示意图

第一跑

$$S_1 = [3.0 \times (1.2 - 0.12 + 0.2)]\ \mathrm{m}^2 = 3.84\ \mathrm{m}^2$$

休息平台

$$S_2 = [(2.6 - 0.24) \times (1.35 - 0.12)]\ \mathrm{m}^2 = 2.90\ \mathrm{m}^2$$

第二跑

$$S_3 = [(2.4 + 0.3) \times (1.2 - 0.12)]\ \mathrm{m}^2 = 2.92\ \mathrm{m}^2$$

楼梯面层工程量

$$S = (3.84 + 2.90 + 2.92)\ \mathrm{m}^2 = 9.66\ \mathrm{m}^2$$

2）石材饰面板的消耗量。查某地"计价定额"中的［1-11-117］知：石材饰面板定额消耗量为 $156.88\ \mathrm{m}^2/100\ \mathrm{m}^2$。块料用量为

$$(9.66 \div 100 \times 156.88)\ \mathrm{m}^2 = 15.15\ \mathrm{m}^2$$

【例 8-4】 如图 8-1 所示建筑平面，室内石材地面做法为：80mm 厚 C15 混凝土垫层，20mm 厚干混地面砂浆（DS M20）找平层，20mm 厚干混地面砂浆（DS M20）结合层铺贴 800mm×800mm×20mm 石材饰面板面层，干混陶瓷砖黏结砂浆（DTA）嵌缝，要求酸洗、打蜡。M1 洞口宽为 1.80m，M1 外台阶挑出宽度为 0.9m，M2 洞口宽为 1.00m，试计算石材地面清单分项的综合单价。

【解】 1）清单工程量计算。石材地面清单分项只需计算石材面层清单工程量，不计算面层以下的其他项目工程量。按清单规则规定，因为门洞、空圈、暖气包槽、壁龛的开口部分增加面积，因而石材面层清单工程量就是室内实铺面积，按图计算，得

$$S_1 = [(9.0 - 0.36) \times (21.0 - 0.36 - 0.24 \times 2) + 1.8 \times 0.36 + 1.0 \times 0.24 \times 2]\ \mathrm{m}^2 = 175.31\ \mathrm{m}^2$$

M1 外台阶扣除边沿 300mm 按平台计，其工程量与室内地面合并，则

$$S_2 = [(7.0 - 0.3 \times 2) \times (0.9 - 0.3)]\ \mathrm{m}^2 = 3.84\ \mathrm{m}^2$$

$$S_{清} = (175.31 + 3.84)\ \mathrm{m}^2 = 179.15\ \mathrm{m}^2$$

2）定额工程量计算。定额规定石材面层工程量按设计图示以面积计算，门洞、空圈、

暖气包槽和壁龛的开口部分的工程量并入相应的面层工程量内，因而石材面层定额工程量就是室内实铺面积，则

$$S_{石材} = (175.31+3.84)\,\mathrm{m}^2 = 179.15\mathrm{m}^2$$

找平层的工程量按设计图示以面积计算，门洞、空圈、暖气包槽和壁龛的开口部分不计算，因而找平层定额工程量就是室内净面积，得

$$S_{找平层} = [(9.0-0.36)\times(21.0-0.36-0.24\times2)+3.84]\,\mathrm{m}^2 = 178.02\mathrm{m}^2$$

垫层按室内净面积乘以设计厚度以体积计算，得

$$V_{垫层} = 178.02\mathrm{m}^2 \times 0.08\mathrm{m} = 14.24\mathrm{m}^3$$

3）编制工程量清单，见表 8-10。

表 8-10　分部分项工程量清单（一）

序号	项目编码	项目名称	项目特征	计量单位	工程数量
1	011102001001	石材楼地面	1. 垫层种类、混凝土强度等级:80mm 厚 C15 混凝土垫层 2. 找平层厚度、砂浆配合比:20mm 厚干混地面砂浆 DS M20 3. 结合层厚度、砂浆配合比:20mm 厚干混地面砂浆 DS M20 4. 面层材料品种、规格、颜色:800mm×800mm×20mm 石材饰面板 5. 嵌缝材料种类:干混陶瓷砖黏结砂浆 DTA 6. 防护层材料种类:无 7. 酸洗、打蜡要求:做	m²	179.15

4）查用某地计价定额楼地面的单位估价表，见表 8-11~表 8-13。

表 8-11　楼地面相关项目单位估价表（一）　　　　　　　计量单位：100m²

定额编号				1-11-15	1-11-16
项目名称				平面砂浆找平层(厚 20mm)	
				在硬基层上	在填充材料上
基价(元)				2147.72	2610.29
其中	人工费(元)			1346.89	1609.85
	其中	定额人工费(元)		1122.41	1341.54
		规费(元)		224.48	268.31
	材料费(元)			742.86	927.98
	机械费(元)			57.97	72.46
	项目		单位	单价(元)	数量
人工	综合工日 19		工日	188.64	7.140　8.534
材料	干混地面砂浆 DS M20		m²	362.98	2.040　2.550
	水		m³	5.94	0.400　0.400
机械	干混砂浆罐式搅拌机 20000L		台班	284.17	0.204　0.255

表 8-12　楼地面相关项目单位估价表（二）　　　　　　　　计量单位：100m²

定额编号				1-11-40	1-11-41	1-11-42
项目名称				石材楼地面		
				每块面积/m²		
				0.36 以内	0.64 以内	0.64 以外
基价(元)				19870.57	21928.85	26867.56
其中	人工费(元)			3810.91	4280.43	4426.44
	其中	定额人工费(元)		3175.75	3567.03	3688.70
		规费(元)		635.16	713.40	737.74
	材料费(元)			16001.69	17590.45	22383.15
	机械费(元)			57.97	57.97	57.97
名称		单位	单价(元)	数量		
人工	综合人工 19	工日	188.64	20.202	22.691	23.465
材料	天然石材饰面板 600mm×600mm	m²	140.71	102.000	—	—
	天然石材饰面板 800mm×800mm	m²	156.35	—	102.000	—
	天然石材饰面板 1000mm×1000mm	m²	203.26	—	—	102.000
	干混地面砂浆 DS M20	m³	362.98	2.040	2.040	2.040
	电	kW·h	0.47	17.880	20.080	20.760
	水	m³	5.94	2.300	2.300	2.300
	棉纱	kg	7.56	1.000	—	—
	干混陶瓷砖黏结砂浆 DTA	m³	401.28	0.100	0.100	0.100
	锯木屑	m³	364.80	2.300	2.300	2.300
机械	干混砂浆罐式搅拌机 20000L	台班	284.17	0.204	0.204	0.204

表 8-13　楼地面相关项目单位估价表（三）　　　　　　　　计量单位：100m²

定额编号				1-11-139	1-11-140
项目名称				酸洗打蜡	
				楼地面上	楼梯台阶面上
基价(元)				817.80	1139.76
其中	人工费(元)			744.37	1035.63
	其中	定额人工费(元)		620.31	863.03
		规费(元)		124.06	172.60
	材料费(元)			73.43	104.13
	机械费(元)			—	—
项目		单位	单价(元)	数量	
人工	综合工日 19	工日	188.64	3.946	5.490
材料	地蜡,砂蜡	kg	8.66	2.650	3.760
	草酸	kg	1.46	1.000	1.420
	煤油	kg	7.30	4.000	5.680
	松节油	kg	18.24	0.530	0.750
	清油	kg	19.15	0.530	0.750

5）石材地面清单分项综合单价计算。

①地面垫层套用定额［1-5-1］（见表2-64），计算得

$$人工费 = (14.24 \div 10 \div 179.15 \times 571.74) 元/m^2 = 4.54 元/m^2$$

其中： 　定额人工费 $= (14.24 \div 10 \div 179.15 \times 476.45) 元/m^2 = 3.79 元/m^2$

　　　　材料费 $= (14.24 \div 10 \div 179.15 \times 3514.78) 元/m^2 = 27.94 元/m^2$

$$机械费 = 0$$

②找平层套用定额［1-11-15］，计算得

$$人工费 = (178.02 \div 100 \div 179.15 \times 1346.89) 元/m^2 = 13.38 元/m^2$$

其中： 　定额人工费 $= (178.02 \div 100 \div 179.15 \times 1122.41) 元/m^2 = 11.15 元/m^2$

　　　　材料费 $= (178.02 \div 100 \div 179.15 \times 742.86) 元/m^2 = 7.38 元/m^2$

　　　　机械费 $= (178.02 \div 100 \div 179.15 \times 57.97) 元/m^2 = 0.58 元/m^2$

③石材面层套用定额［1-11-41］，计算得

$$人工费 = (179.15 \div 100 \div 179.15 \times 4280.43) 元/m^2 = 42.80 元/m^2$$

其中： 　定额人工费 $= (179.15 \div 100 \div 179.15 \times 3567.03) 元/m^2 = 35.67 元/m^2$

　　　　材料费 $= (179.15 \div 100 \div 179.15 \times 17590.45) 元/m^2 = 175.90 元/m^2$

　　　　机械费 $= (179.15 \div 100 \div 179.15 \times 57.97) 元/m^2 = 0.58 元/m^2$

④酸洗、打蜡套用定额［1-11-139］，计算得

$$人工费 = (179.15 \div 100 \div 179.15 \times 744.37) 元/m^2 = 7.44 元/m^2$$

其中： 　定额人工费 $= (179.15 \div 100 \div 179.15 \times 620.31) 元/m^2 = 6.20 元/m^2$

　　　　材料费 $= (179.15 \div 100 \div 179.15 \times 73.43) 元/m^2 = 0.73 元/m^2$

$$机械费 = 0$$

⑤以上四项合计，得

$$人工费 = (4.54 + 13.38 + 42.80 + 7.44) 元/m^2 = 68.16 元/m^2$$

其中： 　定额人工费 $= (3.79 + 11.15 + 35.67 + 6.20) 元/m^2 = 56.81 元/m^2$

　　　　材料费 $= (27.94 + 7.38 + 175.90 + 0.73) 元/m^2 = 211.95 元/m^2$

　　　　机械费 $= (0 + 0.58 + 0.58 + 0) 元/m^2 = 1.16 元/m^2$

管理费和利润 $= [(56.81 + 1.16 \times 8\%) \times (22.78\% + 13.81\%)] 元/m^2 = 20.82 元/m^2$

综合单价 $= (68.16 + 211.95 + 1.16 + 20.82) 元/m^2 = 302.09 元/m^2$

8.2 墙、柱面装饰与隔断、幕墙工程

8.2.1 项目划分

1. 清单分项

《计算规范》将墙、柱面装饰与隔断、幕墙工程划分为墙面抹灰、柱（梁）面抹灰、零星抹灰、墙面块料面层、柱（梁）面镶贴块料、镶贴零星块料、墙饰面、柱（梁）饰面、幕墙工程、隔断等项目。

具体分项见表8-14～表8-23。

表 8-14　墙面抹灰（编码：011201）

项目编码	项目名称	项目特征	计量单位	工程量计算规则	工作内容
011201001	墙面一般抹灰	1. 墙体类型 2. 底层厚度、砂浆配合比 3. 面层厚度、砂浆配合比 4. 装饰面材料种类 5. 分格缝宽度、材料种类	m²	按设计图示尺寸以面积计算。扣除墙裙、门窗洞口及单个>0.3m²的孔洞面积,不扣除踢脚线、挂镜线和墙与构件交接处的面积,门窗洞口和孔洞的侧壁及顶面不增加面积。附墙柱、梁、垛、烟囱侧壁并入相应的墙面面积内 1. 外墙抹灰面积按外墙垂直投影面积计算 2. 外墙裙抹灰面积按其长度乘以高度计算 3. 内墙抹灰面积按主墙间的净长乘以高度计算 (1) 无墙裙的,高度按室内楼地面至天棚底面计算 (2) 有墙裙的,高度按墙裙顶至天棚底面计算 (3) 有吊顶天棚抹灰,高度算至天棚底 4. 内墙裙抹灰面按内墙净长乘以高度计算	1. 基层清理 2. 砂浆制作、运输 3. 底层抹灰 4. 抹面层 5. 抹装饰面 6. 勾分格缝
011201002	墙面装饰抹灰				
011201003	墙面勾缝	1. 勾缝类型 2. 勾缝材料种类			1. 基层清理 2. 砂浆制作、运输 3. 勾缝
011201004	立面砂浆找平层	1. 基层类型 2. 找平层砂浆厚度、配合比			1. 基层清理 2. 砂浆制作、运输 3. 抹灰找平

表 8-15　柱（梁）面抹灰（编码：011202）

项目编码	项目名称	项目特征	计量单位	工程量计算规则	工作内容
011202001	柱、梁面一般抹灰	1. 柱(梁)体类型 2. 底层厚度、砂浆配合比 3. 面层厚度、砂浆配合比 4. 装饰面材料种类 5. 分格缝宽度、材料种类	m²	1. 柱面抹灰:按设计图示柱断面周长乘以长度以面积计算 2. 梁面抹灰:按设计图示梁断面周长乘以长度以面积计算	1. 基层清理 2. 砂浆制作、运输 3. 底层抹灰 4. 抹面层 5. 勾分格缝
011202002	柱、梁面装饰抹灰				
011202003	柱、梁面砂浆找平	1. 柱(梁)体类型 2. 找平的砂浆厚度、配合比			1. 基层清理 2. 砂浆制作、运输 3. 抹灰找平
011202004	柱面勾缝	1. 勾缝类型 2. 勾缝材料种类		按设计图示柱断面周长乘以高度以面积计算	1. 基层清理 2. 砂浆制作、运输 3. 勾缝

表 8-16　零星抹灰（编码：011203）

项目编码	项目名称	项目特征	计量单位	工程量计算规则	工作内容
011203001	零星项目一般抹灰	1. 基层类型、部位 2. 底层厚度、砂浆配合比 3. 面层厚度、砂浆配合比 4. 装饰面材料种类 5. 分格缝宽度、材料种类	m²	按设计图示尺寸以面积计算	1. 基层清理 2. 砂浆制作、运输 3. 底层抹灰 4. 抹面层 5. 抹装饰面 6. 勾分格缝
011203002	零星项目装饰抹灰				
011203003	零星项目砂浆找平	1. 基层类型、部位 2. 找平的砂浆厚度、配合比			1. 基层清理 2. 砂浆制作、运输 3. 勾缝

表 8-17　墙面块料面层（编码：011204）

项目编码	项目名称	项目特征	计量单位	工程量计算规则	工作内容
011204001	石材墙面	1. 墙体类型 2. 安装方式 3. 面层材料品种、规格、颜色 4. 缝宽、嵌缝材料种类 5. 防护材料种类 6. 磨光、酸洗、打蜡要求	m²	按镶贴表面积计算	1. 基层清理 2. 砂浆制作、运输 3. 黏结层铺贴 4. 面层安装 5. 嵌缝 6. 刷防护材料 7. 磨光、酸洗、打蜡
011204002	碎拼石材墙面				
011204003	块料墙面				
011204004	干挂石材钢骨架	1. 骨架种类、规格 2. 防锈漆品种遍数	t	按设计图示尺寸以质量计算	1. 骨架制作、运输、安装 2. 刷漆

表 8-18　柱（梁）面镶贴块料（编码：011205）

项目编码	项目名称	项目特征	计量单位	工程量计算规则	工作内容
011205001	石材柱面	1. 柱截面类型、尺寸 2. 安装方式 3. 面层材料品种、规格、颜色 4. 缝宽、嵌缝材料种类 5. 防护材料种类 6. 磨光、酸洗、打蜡要求	m²	按镶贴表面积计算	1. 基层清理 2. 砂浆制作、运输 3. 黏结层铺贴 4. 面层安装 5. 嵌缝 6. 刷防护材料 7. 磨光、酸洗、打蜡
011205002	块料柱面				
011205003	拼碎石材柱面				
011205004	石材梁面	1. 安装方式 2. 面层材料品种、规格、颜色 3. 缝宽、嵌缝材料种类 4. 防护材料种类 5. 磨光、酸洗、打蜡要求			
011205005	块料梁面				

表 8-19　镶贴零星块料（编码：011206）

项目编码	项目名称	项目特征	计量单位	工程量计算规则	工作内容
011206001	石材零星项目	1. 基层类型、部位 2. 安装方式 3. 面层材料品种、规格、颜色 4. 缝宽、嵌缝材料种类 5. 防护材料种类 6. 磨光、酸洗、打蜡要求	m²	按镶贴表面积计算	1. 基层清理 2. 砂浆制作、运输 3. 面层安装 4. 嵌缝 5. 刷防护材料 6. 磨光、酸洗、打蜡
011206002	块料零星项目				
011206003	拼碎块零星项目				

表 8-20　墙饰面（编码：011207）

项目编码	项目名称	项目特征	计量单位	工程量计算规则	工作内容
011207001	墙面装饰板	1. 龙骨材料种类、规格、中距 2. 隔离层材料种类、规格 3. 基层材料种类、规格 4. 面层材料品种、规格、颜色 5. 压条材料种类、规格	m²	按设计图示墙净长乘以净高以面积计算。扣除门窗洞口及单个 >0.3m² 的孔洞所占面积	1. 基层清理 2. 龙骨制作、运输、安装 3. 钉隔离层 4. 基层铺钉 5. 面层铺贴
011207002	墙面装饰浮雕	1. 基层类型 2. 浮雕材料种类 3. 浮雕样式		按设计图示尺寸以面积计算	1. 基层清理 2. 材料制作、运输 3. 安装成型

表 8-21 柱（梁）饰面（编码：011208）

项目编码	项目名称	项目特征	计量单位	工程量计算规则	工作内容
011208001	柱（梁）面装饰	1. 龙骨材料种类、规格、中距 2. 隔离层材料种类 3. 基层材料种类、规格 4. 面层材料品种、规格、颜色 5. 压条材料种类、规格	m²	按设计图示饰面外围尺寸以面积计算。柱帽、柱墩并入相应柱饰面工程量内	1. 基层清理 2. 龙骨制作、运输、安装 3. 钉隔离层 4. 基层铺钉 5. 面层铺贴
011208002	成品装饰柱	1. 柱截面、高度尺寸 2. 柱材质	1. 根 2. m	1. 以根计量，按设计数量计算 2. 以米计量，按设计长度计算	柱运输、固定、安装

表 8-22 幕墙工程（编码：011209）

项目编码	项目名称	项目特征	计量单位	工程量计算规则	工作内容
011209001	带骨架幕墙	1. 骨架材料种类、规格、中距 2. 面层材料品种、规格、颜色 3. 面层固定方式 4. 隔离带、框边封闭材料品种、规格 5. 嵌缝、塞口材料种类	m²	按设计图示框外围尺寸以面积计算。与幕墙同种材质的窗所占面积不扣除	1. 骨架制作、运输、安装 2. 面层安装 3. 隔离带、框边封闭 4. 嵌缝、塞口 5. 清洗
011209002	全玻（无框玻璃）幕墙	1. 玻璃品种、规格、颜色 2. 黏结塞口材料种类 3. 固定方式		按设计图示尺寸以面积计算。带肋全玻幕墙按展开面积计算	1. 幕墙安装 2. 嵌缝、塞口 3. 清洗

表 8-23 隔断（编码：011210）

项目编码	项目名称	项目特征	计量单位	工程量计算规则	工作内容
011210001	木隔断	1. 骨架、边框材料种类、规格 2. 隔板材料品种、规格、颜色 3. 嵌缝、塞口材料品种 4. 压条材料种类	m²	按设计图示框外围尺寸以面积计算。不扣除单个≤0.3m²的孔洞所占面积；浴厕门的材质与隔断相同时，门的面积并入隔断面积内	1. 骨架及边框制作、运输、安装 2. 隔板制作、运输、安装 3. 嵌缝、塞口 4. 装钉压条
011210002	金属隔断				1. 骨架及边框制作、运输、安装 2. 隔板制作、运输、安装 3. 嵌缝、塞口
011210003	玻璃隔断	1. 边框材料种类、规格 2. 玻璃品种、规格、颜色 3. 嵌缝、塞口材料品种		按设计图示框外围尺寸以面积计算。不扣除单个≤0.3m²的孔洞所占面积	1. 边框制作、运输、安装 2. 玻璃制作、运输、安装 3. 嵌缝、塞口
011210004	塑料隔断	1. 边框材料种类、规格 2. 隔板材料品种、规格、颜色 3. 嵌缝、塞口材料品种			1. 骨架及边框制作、运输、安装 2. 隔板制作、运输、安装 3. 嵌缝、塞口
011210005	成品隔断	1. 隔板材料品种、规格、颜色 2. 配件品种、规格	1. m² 2. 间	1. 以平方米计量，按设计图示框外围尺寸以面积计算 2. 以间计量，按设计间的数量计算	1. 隔板制作、运输、安装 2. 嵌缝、塞口
011210006	其他隔断	1. 骨架、边框材料种类、规格 2. 隔板材料品种、规格、颜色 3. 嵌缝、塞口材料品种	m²	按设计图示框外围尺寸以面积计算。不扣除单个≤0.3m²的孔洞所占面积	1. 骨架及边框安装 2. 隔板安装 3. 嵌缝、塞口

2. 定额分项

"预算定额"将墙柱面工程划分为一般抹灰，装饰抹灰，镶贴块料面层，墙、柱面装饰，幕墙等部分，各部分具体内容为：

1）一般抹灰细分为水泥砂浆抹灰、混合砂浆抹灰、聚合物砂浆抹灰、珍珠岩砂浆抹灰。

2）装饰抹灰细分为水刷石抹灰、干粘石抹灰、斩假石（剁斧石）抹灰、拉条灰抹灰、甩毛灰抹灰。

3）镶贴块料面层细分为石材面层、陶瓷锦砖（玻璃马赛克）面层、瓷板面层、面砖面层、方块凸包石面层。

4）墙、柱面装饰细分龙骨、基层、面层、隔断、柱龙骨基层及饰面。

5）幕墙细分玻璃幕墙、铝板幕墙、全玻璃幕墙。

3. 相关概念解释

1）零星抹灰与镶贴块料是指面积在 $0.5m^2$ 以内的少量分散的抹灰和镶贴块料面层。

2）墙体类型指砖墙、石墙、混凝土墙、砌块墙以及内墙、外墙等。

3）底层、面层的厚度应根据设计规定（一般采用标准设计图）确定。

4）勾缝类型指清水砖墙、砖柱的加浆勾缝，如平缝或凹缝，石墙、石柱的勾缝，如平缝、平凹缝、平凸缝、半圆凹缝、半圆凸缝和三角凸缝等。

5）挂贴方式是对大规格的石材，如大理石、花岗石、青石等，使用先挂后灌浆的方式固定于墙、柱面。干挂方式包括直接干挂法，是指通过不锈钢膨胀螺栓、不锈钢挂件、不锈钢连接件、不锈钢钢针等，将外墙饰面板连接在外墙墙面的方法；间接干挂法，是指在墙、柱、梁上先固定龙骨，再通过各种挂件固定外墙饰面板于龙骨上。

6）嵌缝材料指嵌缝砂浆、嵌缝油膏、密封胶封水材料等。

7）防护材料指石材等防碱背涂处理剂和面层防酸涂剂等。

8）基层材料指面层内的底板材料，如木墙裙、木护墙、木板隔墙等，在龙骨上先粘贴或铺钉一层加强面层的底板。

8.2.2 计算规则

1. 清单规则

清单工程量计算规则详见表 8-14～表 8-23。

2. 定额规则

（1）墙面抹灰

1）内墙面、内墙裙抹灰按设计图示结构尺寸以面积计算，扣除门窗洞口和单个面积 $>0.3m^2$ 以上的孔洞所占面积，不扣除踢脚线、挂镜线及单个面积 $\leqslant 0.3m^2$ 孔洞和墙与构件交接处的面积，且门窗洞口、空圈、孔洞的侧壁面积也不增加，附墙柱侧面抹灰并入墙面、墙裙抹灰工程量内计算。

2）内墙面、内墙裙的抹灰长度以主墙间的图示净长计算，墙面抹灰高度按设计图示尺寸计算，图示不明时，无吊顶天棚算至结构板底，有吊顶的，高度算至天棚底加 100mm。

3）外墙抹灰面积，按其垂直投影面积计算，应扣除门窗洞口、外墙裙（墙面和墙裙抹灰种类相同者应合并计算）和单个面积 $>0.3m^2$ 孔洞所占面积，不扣除单个面积 $\leqslant 0.3m^2$ 的孔洞所占面积，门窗洞口及孔洞的侧壁面积也不增加，附墙柱侧面抹灰并入外墙面抹灰工程量内计算。

4）女儿墙（包括泛水、挑砖）内侧、阳台栏板（不扣除花格所占孔洞面积）内侧与阳台栏板外侧抹灰工程量按其垂直投影面积计算。女儿墙外侧抹灰并入外墙抹灰计算。

5）独立柱（梁）抹灰按设计图示尺寸以面积计算。

6）线条抹灰按设计图示尺寸以长度计算。

7）装饰抹灰分格嵌缝按抹灰面面积计算。

8）"零星项目"按设计图示尺寸以展开面积计算。

9）打底抹灰按其面层工程量计算。

（2）块料面层

1）墙面镶贴块料面层，按设计图示镶贴表面积计算；有吊顶天棚时，设计无规定的，高度算至天棚底加100mm。

2）独立柱（梁）镶贴块料面层按设计图示饰面外围尺寸乘以高度（长度）以面积计算。

（3）墙饰面、柱（梁）饰面

1）墙饰面项目龙骨、基层、面层按设计图示饰面尺寸以面积计算，扣除门窗洞口和单个面积>0.3m^2以上的孔洞所占面积，不扣除单个面积≤0.3m^2的孔洞所占面积，门窗洞口及孔洞的侧壁面积也不增加。

2）柱（梁）饰面的龙骨、基层、面层按设计图示饰面尺寸以面积计算，柱帽、柱墩并入相应柱饰面工程量内。

3）型钢龙骨按设计图示尺寸以质量计算。

（4）幕墙、隔断

1）玻璃幕墙、铝板幕墙按设计图示框外围尺寸以面积计算。半玻璃幕墙、全玻璃幕墙如有加强肋者，工程量按其展开面积计算。

2）隔断按设计图示框外围尺寸以面积计算。扣除门窗洞和单个面积>0.3m^2的孔洞所占面积。

3）幕墙项目中带骨架幕墙按设计图示框外围尺寸以面积计算，与幕墙同种材质的窗所占面积不扣除。全玻璃幕墙按设计图示尺寸以面积计算，带肋全玻璃幕墙按展开面积计算。

8.2.3 计算示例

【例8-5】 如图8-4所示某单层建筑物，室内净高2.8m，外墙高3.0m，M1尺寸为2400mm×2000mm，M2尺寸为2000mm×900mm，C1尺寸为1500mm×1500mm，试计算内墙、外墙水泥砂浆抹灰面层的工程量。

例8-5
讲解

【解】 从前述内容可知，一般抹灰工程量清单规则与定额规则无差别，因而以下计算出的工程量既是清单工程量，也是定额工程量。

1）内墙水泥砂浆面层工程量为

$$S_{内} = [(6.0-0.36÷2-0.24÷2+5.0-0.36)×2×2.8-2×0.9-1.5×1.5×4+$$
$$(3.0-0.36÷2-0.24÷2+5.0-0.36)×2×2.8-2.4×2-2×0.9-1.5×1.5]m^2$$
$$= 79.36m^2$$

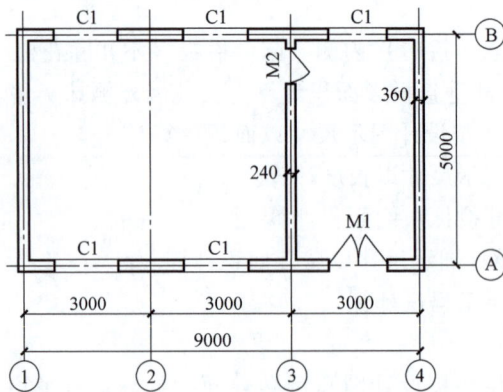

图 8-4 单层建筑物平面图

2）外墙水泥砂浆面层工程量为

$$S_{外}=[(9.0+0.36+5.0+0.36)\times2\times3-2.4\times2-1.5\times1.5\times5]\,\mathrm{m}^2$$
$$=72.27\mathrm{m}^2$$

【例 8-6】 某单层餐厅，室内净高 3.9m，窗台距地面高 0.9m，室内净面积为 35.76m× 20.76m，四周厚 240mm 的外墙上设 1.5m×2.7m 铝合金门 2 樘（型材框宽为 101.6mm，居中立樘），1.8m×2.7m 铝合金窗 14 樘（型材为 90 系列，框宽为 90mm，居中立樘），外墙内壁贴高 1.8m 瓷板（含结合层厚 13mm）墙裙，试求镶贴块料工程量并编制工程量清单。

【解】 按清单规则和定额规则，墙面贴块料面层均按镶贴表面积计算，也就是扣洞应增侧壁，且计算内墙净长和门窗洞的高度、宽度时应扣减装饰层厚度。

1）墙裙面积为

$$S_1=[(35.76-0.013\times2+20.76-0.013\times2)\times2\times1.8]\,\mathrm{m}^2=203.28\mathrm{m}^2$$

2）在群裙高 1.8m 范围内应扣

门洞面积

$$S_2=[(1.5-0.013\times2)\times1.8\times2]\,\mathrm{m}^2=5.31\mathrm{m}^2$$

窗洞面积

$$S_3=[(1.8-0.013\times2)\times(1.8-0.9-0.013)\times14]\,\mathrm{m}^2=22.03\mathrm{m}^2$$

3）应增门洞侧壁。

门洞侧壁宽为

$$b_1=[(0.24-0.1016)\div2+0.013]\,\mathrm{m}=0.082\mathrm{m}$$

门洞侧壁面积

$$S_4=(1.8\times2\times0.082\times2)\,\mathrm{m}^2=0.59\mathrm{m}^2$$

4）应增窗洞侧壁。

窗洞侧壁宽为

$$b_2=[(0.24-0.09)\div2+0.013]\,\mathrm{m}=0.088\mathrm{m}$$

窗洞侧壁面积

$$S_5=[(1.8-0.013\times2)+(1.8-0.9-0.013)\times2]\,\mathrm{m}\times0.088\mathrm{m}\times14=4.37\mathrm{m}^2$$

5）墙裙贴块料工程量为

$$S = S_1 - S_2 - S_3 + S_4 + S_5$$
$$= (203.28 - 5.31 - 22.03 + 0.59 + 4.37)\,\mathrm{m}^2$$
$$= 180.90\mathrm{m}^2$$

6）假设已知瓷板墙裙相关的构造及施工条件，编制的工程量清单见表 8-24。

表 8-24　分部分项工程量清单（二）

序号	项目编码	项目名称	项目特征	计量单位	工程数量
1	011204003001	块料墙面	1. 墙体类型：砖墙 2. 安装方式：8mm 厚干混普通抹灰砂浆 DP M20 3. 面层材料品种、规格、颜色：瓷砖 152mm×152mm×5mm 4. 缝宽、嵌缝材料种类：密缝、白水泥 5. 防护材料种类：无 6. 磨光、酸洗、打蜡要求：不做	m²	180.90

【例 8-7】　若套用某地的瓷板墙面单位估价表（见表 8-25），试计算例 8-6 中瓷板墙裙综合单价。

表 8-25　瓷板墙面相关项目单位估价表　　　　计量单位：100m²

定额编号				1-12-78	1-12-79
项目名称				瓷板墙面（每块面积 0.025m²）	
				干混预拌砂浆	粉状型建筑胶黏剂
基价（元）				9746.07	9741.49
其中	其中	人工费（元）		5152.14	5144.78
		定额人工费（元）		4293.45	4287.32
		规费（元）		858.69	857.46
	材料费（元）			4568.35	4568.01
	机械费（元）			25.58	28.70
	名称	单位	单价（元）	数量	
人工	综合人工 19	工日	188.64	27.312	27.273
材料	瓷砖 152mm×152mm	m²	41.04	102.000	102.000
	棉纱头	kg	7.56	1.050	1.050
	石材切割锯片	片	20.98	0.237	0.237
	干混普通抹灰砂浆 DP M20	m³	402.19	0.896	—
	粉状型建筑胶黏剂	kg	0.86	—	420.00
	电	kW·h	0.47	6.960	6.960
	水	m³	5.94	0.964	0.766
机械	干混砂浆罐式搅拌机 20000L	台班	284.17	0.090	0.101

237

【解】 砂浆粘贴瓷板墙面套用定额［1-12-78］，得

$$人工费=（180.90÷100÷180.90×5152.14）元/m^2=51.52 元/m^2$$

其中：　定额人工费$=（180.90÷100/180.90×4293.45）元/m^2=42.93 元/m^2$

$$材料费=（180.90÷100÷180.90×4568.35）元/m^2=45.68 元/m^2$$

$$机械费=（180.90÷100÷180.90×25.58）元/m^2=0.26 元/m^2$$

$$管理费和利润=［（42.93+0.26×8\%）×（22.78\%+13.81\%）］元/m^2=15.72 元/m^2$$

$$综合单价=（51.52+45.68+0.26+15.72）元/m^2=113.18 元/m^2$$

【例 8-8】　按图 5-22 及例 5-6 所给相关设计条件（设计室外地坪标高为-0.15m），试计算内外墙一般抹灰工程量（清单量与定额量规则相同）。

【解】　1）外墙一般抹灰工程量。按其垂直投影面积计算，应扣除门窗洞口面积。由例 5-6 计算知：

外墙高：　　　　　　　　　　　$18m+0.15m=18.15m$

外墙外边线长：　　　　　　$（5.0+0.25×2）m×4=22.00m$

门窗洞口面积：$74.97m^2$

则外墙抹灰工程量计算为

$$（22.00×18.15-74.97）m^2=324.33m^2$$

2）内墙一般抹灰工程量。按设计图示结构尺寸以面积计算，应扣除门窗洞口面积。由例 5-6 计算知：

内墙净长：　　　　　　$（5.0+0.25×2-0.24×2）m×4=20.08m$

内墙高：　　　　　　　　　$（3.6-0.6）m×5=15.0m$

框梁内侧净长：　　　　$（5.0+0.25×2-0.3×2）m×4=19.60m$

框梁内侧高：　　　　　　$（0.6-0.12）m×5=2.4m$

门窗洞口面积：$74.97m^2$

则外墙抹灰工程量计算为

$$（20.08×15.0+19.60×2.4-74.97）m^2=273.27m^2$$

8.3　天棚工程

8.3.1　项目划分

1. 清单分项

《计算规范》将天棚工程划分为天棚抹灰、天棚吊顶、采光天棚、天棚其他装饰等项目。

1）天棚抹灰包括基层清理、底层抹灰、抹面层等工作内容。

2）天棚吊顶细分为吊顶天棚、格栅吊顶、吊筒吊顶、藤条造型悬挂吊顶、织物软雕吊顶、装饰网架吊顶等项目。每个项目均含龙骨和面层。

3）天棚其他装饰包括灯带（槽）和送风口、回风口。

具体分项见表 8-26~表 8-29。

表 8-26 天棚抹灰（编码：011301）

项目编码	项目名称	项目特征	计量单位	工程量计算规则	工作内容
011301001	天棚抹灰	1. 基层类型 2. 抹灰厚度、材料种类 3. 砂浆配合比	m²	按设计图示尺寸以水平投影面积计算。不扣除间壁墙、垛、柱、附墙烟囱、检查口和管道所占的面积,带梁天棚的梁两侧抹灰面积并入天棚面积内,板式楼梯底面抹灰按斜面积计算,锯齿形楼梯底板抹灰按展开面积计算	1. 基层清理 2. 底层抹灰 3. 抹面层

表 8-27 天棚吊顶（编码：011302）

项目编码	项目名称	项目特征	计量单位	工程量计算规则	工作内容
011302001	天棚吊顶	1. 吊顶形式、吊杆规格、高度 2. 龙骨材料种类、规格、中距 3. 基层材料种类、规格 4. 面层材料品种、规格 5. 压条材料种类、规格 6. 嵌缝材料种类 7. 防护材料种类	m²	按设计图示尺寸以水平投影面积计算。天棚面中的灯槽及跌级、锯齿形、吊挂式、藻井式天棚面积不展开计算。不扣除间壁墙、检查口、附墙烟囱、柱垛和管道所占面积,扣除单个 > 0.3m² 的孔洞、独立柱及与天棚相连的窗帘盒所占的面积	1. 基层清理、吊杆安装 2. 龙骨安装 3. 基层板铺贴 4. 面层铺贴 5. 嵌缝 6. 刷防护材料
011302002	格栅吊顶	1. 龙骨材料种类、规格、中距 2. 基层材料种类、规格 3. 面层材料品种、规格、 4. 防护材料种类			1. 基层清理 2. 安装龙骨 3. 基层板铺贴 4. 面层铺贴 5. 刷防护材料
011302003	吊筒吊顶	1. 吊筒形状、规格 2. 吊筒材料种类 3. 防护材料种类		按设计图示尺寸以水平投影面积计算	1. 基层清理 2. 吊筒制作安装 3. 刷防护材料
011302004	藤条造型悬挂吊顶	1. 骨架材料种类、规格 2. 面层材料品种、规格			1. 基层清理 2. 龙骨安装 3. 铺贴面层
011302005	织物软吊顶				
011302006	装饰网架吊顶	网架材料品种、规格			1. 基层清理 2. 网架制作安装

表 8-28 采光天棚（编码：011303）

项目编码	项目名称	项目特征	计量单位	工程量计算规则	工作内容
011303001	采光天棚	1. 骨架类型 2. 固定类型、固定材料品种、规格 3. 面层材料品种、规格 4. 嵌缝、塞口材料品种	m²	按框外围展开面积计算	1. 基层清理 2. 面层制安 3. 嵌缝、塞口 4. 清洗

表 8-29　天棚其他装饰（编码：011304）

项目编码	项目名称	项目特征	计量单位	工程量计算规则	工作内容
011304001	灯带（槽）	1. 灯带型式、尺寸 2. 格栅片材料品种、规格 3. 安装固定方式	m²	按设计图示尺寸以框外围面积计算	安装、固定
011304002	送风口、回风口	1. 风口材料品种、规格 2. 安装固定方式 3. 防护材料种类	个	按设计图示数量计算	1. 安装、固定 2. 刷防护材料

2. 定额分项

"预算定额"将天棚工程划分为抹灰面层、天棚吊顶（按材料细分龙骨、基层和面层）、天棚饰面（含龙骨和饰面）等项目。

3. 相关说明

1）天棚抹灰是指在混凝土现浇板、预制混凝土板、木板条等基层上抹灰。

2）龙骨分为上人或不上人，以及平面、跌级、锯齿形、阶梯形、吊挂式、藻井式及矩形、圆弧形、拱形等类型。

3）基层材料指底板或面层背后的加强材料。

4）龙骨中距指相邻龙骨中线之间的距离。

5）天棚面层常用材料有：石膏板，如装饰石膏板、纸面石膏板、吸声穿孔石膏板、嵌装式装饰石膏、埃特板等；装饰吸声罩面板，如矿棉装饰吸声板、贴塑矿（岩）棉吸声板、膨胀珍珠岩石装饰吸声制品、玻璃棉装饰吸声板等；塑料装饰罩面板，如钙塑泡沫装饰吸声板、聚苯乙烯泡沫塑料装饰吸声板、聚氯乙烯塑料天花板等；纤维水泥加压板，如穿孔吸声石棉水泥板、轻质硅酸钙吊顶板等；金属装饰板，如铝合金罩面板、金属微孔吸声板、铝合金单体构件等；木质饰板，如胶合板、薄板、板条、水泥木丝板、刨花板等；玻璃饰面，如镜面玻璃、激光玻璃等。

6）格栅吊顶面层包括木格栅、金属格栅、塑料格栅等。

7）吊筒吊顶包括木（竹）质吊筒、金属吊筒、塑料吊筒以及圆形、矩形、扁钟形吊筒等。

8）灯带格栅有不锈钢格栅、铝合金格栅、玻璃类格栅等。

9）天棚检查孔、检修走道、灯槽包括在相应天棚清单项目中，不单独列项。

8.3.2　计算规则

1. 清单规则

清单工程量计算规则详见表 8-26～表 8-29。

2. 定额规则

（1）天棚抹灰　天棚抹灰按设计图示尺寸以展开面积计算，不扣除间壁墙、垛、柱、附墙烟囱、检查口和管道所占的面积。带梁天棚的梁两侧抹灰面积并入天棚面积内。板式楼梯底面抹灰面积（包括踏步、休息平台以及≤500mm 宽的楼梯井）按水平投影面积乘以1.15 计算。锯齿形楼梯底面抹灰面积（包括踏步、休息平台以及≤500mm 宽的楼梯井）按水平投影面积乘以 1.37 计算。

（2）天棚吊顶

1）天棚龙骨按主墙间水平投影面积计算，不扣除间壁墙、垛、柱、附墙烟囱、检查口和管道所占的面积，扣除单个>0.3m² 以上的孔洞、独立柱及与天棚相连的窗帘盒所占的面积。斜面龙骨按斜面积计算。

2）天棚吊顶基层和面层均按设计图示饰面尺寸以展开面积计算。天棚面中的灯槽及跌级、阶梯式、锯齿形、吊挂式天棚面积按展开面积计算。不扣除间壁墙、垛、柱、附墙烟囱、检查口和管道所占的面积，扣除单个>0.3m² 的孔洞、独立柱及与天棚相连的窗帘盒所占的面积。吊顶的基层和面层工程量应扣除灯箱所占面积。

3）格栅吊顶、藤条造型悬挂吊顶、织物软雕吊顶和装饰网架吊顶，按主墙间水平投影面积计算。吊筒吊顶以最大外围水平投影尺寸，按外接矩形面积计算。

4）挂片天棚吊顶按设计图示尺寸以面积计算。

5）铝扣板收口线、天棚装饰线抹灰，按设计图示尺寸以延长米计算。

6）天棚石膏板灯箱按设计图示尺寸以展开面积计算。

（3）其他　灯带（槽）按设计图示尺寸以框外围面积计算。

8.3.3　计算示例

【例 8-9】　如图 8-5 所示某单层建筑物安装吊顶，采用不上人 U 形轻钢龙骨及 400mm×600mm 的石膏板面层。其中小房间为平面吊顶，大房间为跌级吊顶，大房间剖面图如图 8-6 所示。试列项计算相应项目的工程量及综合单价。

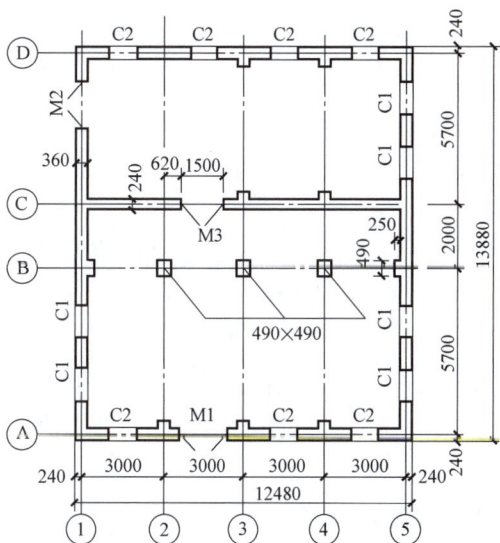

图 8-5　某单层建筑物平面图

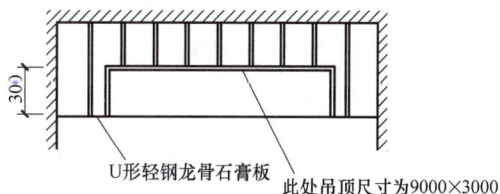

图 8-6　吊顶剖面图

【解】　（1）小房间天棚平面吊顶工程量　清单工程量按规则计算，得

$$S_{清小} = \left[(3.0 \times 4 - 0.12 \times 2) \times (5.7 - 0.12 \times 2) \right] m^2 = 64.21 m^2$$

定额工程量分别计算龙骨和面层。

1）U 形轻钢龙骨工程量按规则计算，得

$$S_{龙骨小} = \left[(3.0×4-0.12×2)×(5.7-0.12×2)\right] m^2 = 64.21m^2$$

2）石膏板面层工程量按规则计算，得

$$S_{面层小} = \left[(3.0×4-0.12×2)×(5.7-0.12×2)\right] m^2 = 64.21m^2$$

（2）大房间天棚跌级吊顶工程量　清单工程量按规则计算，应扣除独立柱所占面积，则

$$S_{清大} = \left[(3.0×4-0.12×2)×(5.7+2.0-0.12×2)-0.49×0.49×3\right] m^2$$
$$= 87.00m^2$$

定额工程量分别计算龙骨和面层。

1）U 形轻钢龙骨工程量按规则计算，应扣除独立柱所占面积，则

$$S_{龙骨大} = \left[(3.0×4-0.12×2)×(5.7+2.0-0.12×2)-0.49×0.49×3\right] m^2$$
$$= 87.00m^2$$

2）石膏板面层工程量按规则计算，应扣除独立柱所占面积，增加跌级侧立面，得

$$S_{面层大} = \left[87.00+(9×2+3×2)×0.3\right] m^2 = 94.21m^2$$

（3）编制工程量清单　分部分项工程量清单见表 8-30。

表 8-30　分部分项工程量清单（三）

序号	项目编码	项目名称	项目特征	计量单位	工程数量
1	011302001001	天棚吊顶（平面）	1. 吊顶形式、吊杆规格、高度:射钉安装吊杆、300mm 2. 龙骨材料种类、规格、中距:不上人 U 形轻钢龙骨，400mm×600mm 3. 基层材料种类、规格:纸面石膏板，3000mm×1200mm×9.5mm 4. 面层材料品种、规格:双飞粉 5. 压条材料种类、规格:无 6. 嵌缝材料种类:贴缝胶带、嵌缝膏 7. 防护材料种类:无	m²	64.21
2	011302001002	天棚吊顶（跌级）	1. 吊顶形式、吊杆规格、高度:射钉安装吊杆,600mm 2. 龙骨材料种类、规格、中距:不上人 U 形轻钢龙骨，400mm×600mm 3. 基层材料种类、规格:纸面石膏板，3000mm×1200mm×9.5mm 4. 面层材料品种、规格:双飞粉 5. 压条材料种类、规格:无 6. 嵌缝材料种类:贴缝胶带、嵌缝膏 7. 防护材料种类:无	m²	87.00

（4）查用单位估价表　套用某省"计价定额"中的相应项目单位估价表，见表 8-31～表 8-33。

表 8-31 天棚吊顶相关单位估价表（一）　　　　　　　　　　计量单位：100m²

定额编号				1-13-32	1-13-33	1-13-34	1-13-35
项目名称				装配式 U 形轻钢天棚龙骨(不上人型)			
				龙骨间距 300mm×600mm		龙骨间距 400mm×600mm	
				平面	跌级	平面	跌级
基价(元)				5770.98	6658.30	5431.38	6417.49
其中	人工费(元)			2653.60	2949.01	2422.89	2826.02
	其中	定额人工费(元)		2211.33	2457.51	2019.08	2355.01
		规费(元)		442.51	491.50	403.81	471.01
	材料费(元)			2970.51	3545.83	2874.53	3434.77
	机械费(元)			146.87	163.46	133.96	156.70
名称		单位	单价(元)	数量			
人工	综合工日 19	工日	188.64	14.067	15.633	12.844	14.981
材料	轻钢龙骨(平面)300mm×600mm	m²	27.00	105.000	—	—	—
	轻钢龙骨(平面)400mm×600mm	m²	26.00	—	—	105.000	—
	轻钢龙骨(跌级)300mm×600mm	m²	30.00	—	105.000	—	—
	轻钢龙骨(跌级)400mm×600mm	m²	29.00	—	—	—	105.000
	吊杆	kg	3.74	23.683	35.700	26.163	36.000
	杉木板	m³	2188.80	—	0.070	—	0.070
	电	kW·h	0.47	6.740	7.490	6.160	7.180
	方钢管 25mm×25mm×2.5mm	m	7.66	—	6.120	—	6.120
	铁件(综合)	t	5928.00	—	0.01	—	—
	低合金钢焊条 E43 系列	kg	6.84	2.100	2.580	2.240	2.580
	其他材料费	元	1.00	29.410	35.110	28.460	34.010
机械	交流弧焊机 32kV·A	台班	61.45	2.390	2.660	2.180	2.550

表 8-32 天棚吊顶相关单位估价表（二）　　　　　　　　　　计量单位：100m²

定额编号				1-13-88	1-13-89
项目名称				安装在型钢龙骨上	
				细木工板	纸面石膏板
基价(元)				6490.34	3441.74
其中	人工费(元)			1191.07	1317.84
	其中	定额人工费(元)		992.56	1098.20
		规费(元)		198.51	219.64
	材料费(元)			5257.93	2097.43
	机械费(元)			41.34	26.47
名称		单位	单价(元)	数量	
人工	综合工日 19	工日	188.64	6.314	6.986

	名称	单位	单价（元）	数量	
材料	细木工板,厚15mm	m²	42.86	105.00	—
	纸面石膏板,厚9mm	m²	12.76	—	105.00
	自攻螺钉,M4×16	百个	32.00	23.676	23.676
机械	电动空气压缩锤	台班	30.42	0.920	0.870
	木工圆锯机	台班	14.51	0.920	—

表 8-33　天棚吊顶相关单位估价表（三）　　　　　　　　计量单位：100m²

定额编号			1-14-217	1-14-218	1-14-219
项目名称			双飞粉、乳胶漆		板缝粘贴胶带
			墙面	天棚面	
基价（元）			774.65	802.79	902.17
其中	人工费（元）		283.90	311.07	746.26
	其中	定额人工费（元）	236.59	259.22	621.88
		规费（元）	47.31	51.85	124.38
	材料费（元）		490.75	491.72	155.91
	机械费（元）		—	—	—
	名称	单位	单价（元）	数量	
人工	综合工日19	工日	188.64	1.505	1.649	3.956
材料	苯丙清漆	kg	13.68	11.620	11.620	—
	苯丙乳胶漆（内墙用）	kg	11.86	27.810	27.810	—
	贴缝胶带	m	0.73	—	—	164.800
	嵌缝膏	kg	3.10	—	—	10.500
	其他材料费	元	1.00	1.960	2.930	2.060

（5）综合单价计算

1）平面吊顶。因为清单量和定额量相同，数量 = 64.21÷100÷64.21 = 0.0100，故本例直接用 0.0100 计算综合单价。

①轻钢龙骨套用定额［1-13-34］，计算得

$$人工费 = (0.0100×2422.89)元/m² = 24.23 元/m²$$

其中：　　　定额人工费 $= (0.0100×2019.08)元/m² = 20.19 元/m²$

材料费 $= (0.0100×2874.53)元/m² = 28.75 元/m²$

机械费 $= (0.0100×133.96)元/m² = 1.34 元/m²$

②石膏板面层套用定额［1-13-89］，计算得

$$人工费 = (0.0100×1317.84)元/m² = 13.18 元/m²$$

其中：　　　定额人工费 $= (0.0100×1098.20)元/m² = 10.98 元/m²$

材料费 $= (0.0100×2097.43)元/m² = 20.97 元/m²$

机械费 $= (0.0100×26.47)元/m² = 0.26 元/m²$

③双飞粉、乳胶漆套用定额［1-14-218］，计算得

$$人工费=(0.0100×311.07)元/m^2=3.11\ 元/m^2$$

其中：
$$定额人工费=(0.0100×259.22)元/m^2=2.59\ 元/m^2$$
$$材料费=(0.0100×491.72)元/m^2=4.92\ 元/m^2$$
$$机械费=0$$

④板缝粘贴胶带套用定额［1-14-219］，计算得
$$人工费=(0.0100×746.26)元/m^2=7.46\ 元/m^2$$

其中：
$$定额人工费=(0.0100×621.88)元/m^2=6.22\ 元/m^2$$
$$材料费=(0.0100×155.91)元/m^2=1.56\ 元/m^2$$
$$机械费=0$$

⑤以上四项合计，得
$$人工费=(24.23+13.18+3.11+7.46)元/m^2=47.98\ 元/m^2$$

其中：
$$定额人工费=(20.19+10.98+2.59+6.22)元/m^2=39.98\ 元/m^2$$
$$材料费=(28.75+20.97+4.92+1.56)元/m^2=56.20\ 元/m^2$$
$$机械费=(1.34+0.26+0+0)元/m^2=1.60\ 元/m^2$$
$$管理费和利润=[(39.98+1.60×8\%)×(22.78\%+13.81\%)]元/m^2=14.68\ 元/m^2$$
$$综合单价=(47.98+56.20+1.60+14.68)元/m^2=120.46\ 元/m^2$$

2）跌级吊顶。基层和面层清单量、定额量不相同。

①轻钢龙骨套用定额［1-13-35］，计算得
$$人工费=(87.0÷100÷87.0×2826.02)元/m^2=28.26\ 元/m^2$$

其中：
$$定额人工费=(87.0÷100÷87.0×2355.01)元/m^2=23.55\ 元/m^2$$
$$材料费=(87.0÷100÷87.0×3434.77)元/m^2=34.35\ 元/m^2$$
$$机械费=(87.0÷100÷87.0×156.70)元/m^2=1.57\ 元/m^2$$

②石膏板面层套用定额［1-13-89］，计算得
$$人工费=(94.21÷100÷87.0×1317.84)元/m^2=14.27\ 元/m^2$$

其中：
$$定额人工费=(94.21÷100÷87.0×1098.20)元/m^2=11.89\ 元/m^2$$
$$材料费=(94.21÷100÷87.0×2097.43)元/m^2=22.71\ 元/m^2$$
$$机械费=(94.21÷100÷87.0×26.47)元/m^2=0.29\ 元/m^2$$

③双飞粉、乳胶漆套用定额［1-14-218］，计算得
$$人工费=(94.21÷100÷87.0×311.07)元/m^2=3.37\ 元/m^2$$

其中：
$$定额人工费=(94.21÷100÷87.0×259.22)元/m^2=2.81\ 元/m^2$$
$$材料费=(94.21÷100÷87.0×491.72)元/m^2=5.32\ 元/m^2$$
$$机械费=0$$

④板缝粘贴胶带套用定额［1-14-219］，计算得
$$人工费=(94.21÷100÷87.0×746.26)元/m^2=8.08\ 元/m^2$$

其中：
$$定额人工费=(94.21÷100÷87.0×621.88)元/m^2=6.73\ 元/m^2$$
$$材料费=(94.21÷100÷87.0×155.91)元/m^2=1.69\ 元/m^2$$
$$机械费=0$$

⑤以上四项合计，得
$$人工费=(28.26+14.27+3.37+8.08)元/m^2=53.98\ 元/m^2$$

其中：

$$定额人工费 = (23.55+11.89+2.81+6.73)元/m^2 = 44.98 元/m^2$$
$$材料费 = (34.35+22.71+5.32+1.69)元/m^2 = 64.07 元/m^2$$
$$机械费 = (1.57+0.29+0+0)元/m^2 = 1.86 元/m^2$$
$$管理费和利润 = [(44.98+1.86×8\%)×(22.78\%+13.81\%)]元/m^2 = 16.51 元/m^2$$
$$综合单价 = (53.98+64.07+1.86+16.51)元/m^2 = 136.42 元/m^2$$

8.4 门窗工程

8.4.1 项目划分

1. 清单分项

《计算规范》将门窗工程划分为木门，金属门，金属卷帘（闸）门、厂库房大门、特种门，其他门，木窗，金属窗，门窗套，窗台板，窗帘、窗帘盒轨等项目。

具体分项见表 8-34 ~ 表 8-43。

表 8-34　木门（编码：010801）

项目编码	项目名称	项目特征	计量单位	工程量计算规则	工作内容
010801001	木质门	1. 门代号及洞口尺寸 2. 镶嵌玻璃品种、厚度	1. 樘 2. m²	1. 以樘计量，按设计图示数量计算 2. 以平方米计量，按设计图示洞口尺寸以面积计算	1. 门安装 2. 玻璃安装 3. 五金安装
010801002	木质门带套				
010801003	木质连窗门				
010801004	木质防火门				
010801005	木门框	1. 门代号及洞口尺寸 2. 框截面尺寸 3. 防护材料种类	1. 樘 2. m	1. 以樘计量，按设计图示数量计算 2. 以米计量，按设计图示框的中心线以延长米计算	1. 木门框制作安装 2. 运输 3. 刷防护材料
010801006	门锁安装	1. 锁品种 2. 锁规格	个（套）	按设计图示数量计算	安装

表 8-35　金属门（编码：010802）

项目编码	项目名称	项目特征	计量单位	工程量计算规则	工作内容
010802001	金属（塑钢）门	1. 门代号及洞口尺寸 2. 门框或扇外围尺寸 3. 门框、扇材质 4. 玻璃品种、厚度	1. 樘 2. m²	1. 以樘计量，按设计图示数量计算 2. 以平方米计量，按设计图示洞口尺寸以面积计算	1. 门安装 2. 五金安装 3. 玻璃安装
010802002	彩板门	1. 门代号及洞口尺寸 2. 门框或扇外围尺寸			
010802003	钢质防火门	1. 门代号及洞口尺寸 2. 门框或扇外围尺寸 3. 门框、扇材质			1. 门安装 2. 五金安装
010802004	防盗门				

表 8-36 金属卷（闸）门（编码：010803）

项目编码	项目名称	项目特征	计量单位	工程量计算规则	工作内容
010803001	金属卷帘(闸)门	1. 门代号及洞口尺寸 2. 门材质 3. 启动装置品种、规格	1. 樘 2. m²	1. 以樘计量，按设计图示数量计算 2. 以平方米计量，按设计图示洞口尺寸以面积计算	1. 门运输、安装 2. 启动装置、活动小门、五金安装
010803002	防火卷帘(闸)门				

表 8-37 厂库房大门、特种门（编码：010804）

项目编码	项目名称	项目特征	计量单位	工程量计算规则	工作内容
010804001	木板大门	1. 门代号及洞口尺寸 2. 门框或扇外围尺寸 3. 门框、扇材质 4. 五金种类规格 5. 防护材料种类	1. 樘 2. m²	1. 以樘计量，按设计图示数量计算 2. 以平方米计量，按设计图示洞口尺寸以面积计算	1. 门（骨架）制作、运输 2. 门、五金配件安装 3. 刷防护材料
010804002	钢木大门				
010804003	全钢板大门				
010804004	防护铁丝门			1. 以樘计量，按设计图示数量计算 2. 以平方米计量，按设计图示门框或扇以面积计算	
010804005	金属格栅门	1. 门代号及洞口尺寸 2. 门框或扇外围尺寸 3. 门框、扇材质 4. 启动装置品种、规格		1. 以樘计量，按设计图示数量计算 2. 以平方米计量，按设计图示洞口尺寸以面积计算	1. 门运输、安装 2. 启动装置、五金安装
010804006	钢质花饰大门	1. 门代号及洞口尺寸 2. 门框或扇外围尺寸 3. 门框、扇材质		1. 以樘计量，按设计图示数量计算 2. 以平方米计量，按设计图示门框或扇以面积计算	1. 门安装 2. 五金配件安装
010804007	特种门			1. 以樘计量，按设计图示数量计算 2. 以平方米计量，按设计图示洞口尺寸以面积计算	

表 8-38 其他门（编码：010805）

项目编码	项目名称	项目特征	计量单位	工程量计算规则	工作内容
010805001	电子感应门	1. 门代号及洞口尺寸 2. 门框或扇外围尺寸 3. 门框、扇材质 4. 玻璃品种、厚度 5. 启动装置品种、规格 6. 电子配件品种、规格	1. 樘 2. m²	1. 以樘计量，按设计图示数量计算 2. 以平方米计量，按设计图示洞口尺寸以面积计算	1. 门安装 2. 启动装置、五金电子配件安装
010805002	旋转门				

（续）

项目编码	项目名称	项目特征	计量单位	工程量计算规则	工作内容
010805003	电子对讲门	1. 门代号及洞口尺寸 2. 门框或扇外围尺寸 3. 门材质 4. 玻璃品种、厚度 5. 启动装置的品种、规格 6. 电子配件品种、规格	1. 樘 2. m²	1. 以樘计量,按设计图示数量计算 2. 以平方米计量,按设计图示洞口尺寸以面积计算	1. 门安装 2. 启动装置、五金电子配件安装
010805004	电动伸缩门				
010805005	全玻自由门	1. 门代号及洞口尺寸 2. 门框或扇外围尺寸 3. 框材质 4. 玻璃品种、厚度			1. 门安装 2. 五金安装
010805006	镜面不锈钢饰面门	1. 门代号及洞口尺寸 2. 门框或扇外围尺寸 3. 框、扇材质 4. 玻璃品种、厚度			
010805007	复合材料门				

表 8-39　木窗（编码：010806）

项目编码	项目名称	项目特征	计量单位	工程量计算规则	工作内容
010806001	木质窗	1. 窗代号及洞口尺寸 2. 玻璃品种、厚度	1. 樘 2. m²	1. 以樘计量,按设计图示数量计算 2. 以平方米计量,按设计图示洞口尺寸以面积计算	1. 窗安装 2. 五金、玻璃安装
010806002	木飘（凸）窗				
010806003	木橱窗	1. 窗代号 2. 框截面及外围展开面积 3. 玻璃品种、厚度 4. 防护材料种类		1. 以樘计量,按设计图示数量计算 2. 以平方米计量,按设计图示框外围展开面积计算	1. 窗制作、运输、安装 2. 五金、玻璃安装 3. 刷防护材料
010806004	木纱窗	1. 窗代号及框的外围尺寸 2. 窗纱材料品种、规格		1. 以樘计量,按设计图示数量计算 2. 以平方米计量,按框的外围尺寸以面积计算	1. 窗安装 2. 五金安装

表 8-40　金属窗（编码：010807）

项目编码	项目名称	项目特征	计量单位	工程量计算规则	工作内容
010807001	金属（塑钢、断桥）窗	1. 窗代号及洞口尺寸 2. 框、扇材质 3. 玻璃品种、厚度	1. 樘 2. m²	1. 以樘计量,按设计图示数量计算 2. 以平方米计量,按设计图示洞口尺寸以面积计算	1. 窗安装 2. 五金、玻璃安装
010807002	金属防火窗				
010807003	金属百叶窗				1. 窗安装 2. 五金安装

（续）

项目编码	项目名称	项目特征	计量单位	工程量计算规则	工作内容
010807004	金属纱窗	1. 窗代号及框的外围尺寸 2. 框材质 3. 窗纱材料品种、规格	1. 樘 2. m²	1. 以樘计量，按设计图示数量计算 2. 以平方米计量，按框的外围尺寸以面积计算	1. 窗安装 2. 五金安装
010807005	金属格栅窗	1. 窗代号及洞口尺寸 2. 框外围尺寸 3. 框、扇材质		1. 以樘计量，按设计图示数量计算 2. 以平方米计量，按设计图示洞口尺寸以面积计算	
010807006	金属（塑钢、断桥）橱窗	1. 窗代号 2. 框外围展开面积 3. 框、扇材质 4. 玻璃品种、厚度 5. 防护材料种类		1. 以樘计量，按设计图示数量计算 2. 以平方米计量，按设计图示尺寸以框外围展开面积计算	1. 窗制作、运输、安装 2. 五金、玻璃安装 3. 刷防护材料
010807007	金属（塑钢、断桥）飘（凸）窗	1. 窗代号 2. 框外围展开面积 3. 框、扇材质 4. 玻璃品种、厚度			
010807008	彩板窗			1. 以樘计量，按设计图示数量计算 2. 以平方米计量，设计图示洞口尺寸或框外围以面积计算	1. 窗安装 2. 五金、玻璃安装
010807009	复合材料窗	1. 窗代号及洞口尺寸 2. 框外围尺寸 3. 框、扇材质 4. 玻璃品种、厚度			

表 8-41　门窗套（编码：010808）

项目编码	项目名称	项目特征	计量单位	工程量计算规则	工作内容
010808001	木门窗套	1. 窗代号及洞口尺寸 2. 门窗套展开宽度 3. 基层材料种类 4. 面层材料品种、规格 5. 线条品种、规格 6. 防护材料种类	1. 樘 2. m² 3. m	1. 以樘计量，按设计图示数量计算 2. 以平方米计量，按设计图示尺寸以展开面积计算 3. 以米计量，按设计图示中心以延长米计算	1. 清理基层 2. 立筋制作、安装 3. 基层板安装 4. 面层铺贴 5. 线条安装 6. 刷防护材料
010808002	木筒子板				
010808003	饰面夹板筒子板	1. 筒子板宽度 2. 基层材料种类 3. 面层材料品种、规格 4. 线条品种、规格 5. 防护材料种类			

（续）

项目编码	项目名称	项目特征	计量单位	工程量计算规则	工作内容
010808004	金属门窗套	1. 窗代号及洞口尺寸 2. 门窗套展开宽度 3. 基层材料种类 4. 面层材料品种、规格 5. 防护材料种类	1. 樘 2. m² 3. m	1. 以樘计量，按设计图示数量计算 2. 以平方米计量，按设计图示尺寸以展开面积计算 3. 以米计量，按设计图示中心以延长米计算	1. 清理基层 2. 立筋制作、安装 3. 基层板安装 4. 面层铺贴 5. 刷防护材料
010808005	石材门窗套	1. 窗代号及洞口尺寸 2. 门窗套展开宽度 3. 黏结层厚度、砂浆配合比 4. 面层材料品种、规格 5. 线条品种、规格			1. 清理基层 2. 立筋制作、安装 3. 基层抹灰 4. 面层铺贴 5. 线条安装
010808006	门窗木贴脸	1. 门窗代号及洞口尺寸 2. 贴脸板宽度 3. 防护材料种类	1. 樘 2. m	1. 以樘计量，按设计图示数量计算 2. 以米计量，按设计图示尺寸以延长米计算	安装
010808007	成品木门窗套	1. 门窗代号及洞口尺寸 2. 门窗套展开宽度 3. 门窗套材料品种、规格	1. 樘 2. m² 3. m	1. 以樘计量，按设计图示数量计算 2. 以平方米计量，按设计图示尺寸以展开面积计算 3. 以米计量，按设计图示中心以延长米计算	1. 清理基层 2. 立筋制作、安装 3. 板安装

表 8-42　窗台板（编码：010809）

项目编码	项目名称	项目特征	计量单位	工程量计算规则	工作内容
010809001	木窗台板	1. 基层材料种类 2. 窗台面板材质、规格、颜色 3. 防护材料种类	m²	按设计图示尺寸以展开面积计算	1. 基层清理 2. 基层制作、安装 3. 窗台板制作、安装 4. 刷防护材料
010809002	铝塑窗台板				
010809003	金属窗台板				
010809004	石材窗台板	1. 黏结层厚度、砂浆配合比 2. 窗台板材质、规格、颜色			1. 基层清理 2. 抹找平层 3. 窗台板制作、安装

表 8-43　窗帘、窗帘盒、轨（编码：010810）

项目编码	项目名称	项目特征	计量单位	工程量计算规则	工作内容
010810001	窗帘	1. 窗帘材质 2. 窗帘高度、宽度 3. 窗帘层数 4. 带幔要求	1. m 2. m²	1. 以米计量，按设计图示尺寸以成活后长度计算 2. 以平方米计量，按设计图示尺寸以成活后展开面积计算	1. 制作、运输 2. 安装

（续）

项目编码	项目名称	项目特征	计量单位	工程量计算规则	工作内容
010810002	木窗帘盒	1. 窗帘盒材质、规格 2. 防护材料种类	m	按设计图示尺寸以长度计算	1. 制作、运输、安装 2. 刷防护材料
010810003	饰面夹板、塑料窗帘盒				
010810004	铝合金窗帘盒				
010810005	窗帘轨	1. 窗帘盒材质、规格 2. 轨的数量 3. 防护材料种类			

2. 定额分项

"预算定额"将门窗工程划分为普通木门、厂库房大门、特种门、普通木窗、铝合金门窗制作安装、不锈钢门窗安装、彩板组角钢门窗安装、塑料门窗安装、钢门窗安装、铝合金踢脚线及门锁安装等项目。

8.4.2 计算规则

1. 清单规则

门窗按清单规则计算应执行表8-34~表8-43中的规定。主要的规则归纳如下：

1）木门、金属门、卷帘门、其他门，木窗、金属窗均可按设计图示数量以樘或按设计图示门窗洞口面积以 m^2 计算。

2）门窗套可按樘、m^2 或 m 计算。

3）窗台板按设计图示尺寸展开面积以 m^2 计算。

4）窗帘盒、窗帘轨按设计图示尺寸以长度计算。

2. 定额规则

1）木门框按设计图示框的中心线长度以 m 计算。

2）木门扇按设计图示扇面积以 m^2 计算。

3）成品套装木门按设计图示数量计算。

4）木质防火门按设计图示洞口面积计算。

5）木窗按设计图示洞口面积计算。门连窗按设计图示洞口面积分别计算门、窗面积，其中门的宽度算至门框的外边线。

6）金属门窗、塑料门窗（飘窗、阳台封闭窗除外）按设计图示洞口面积计算。门连窗按设计图示洞口面积分别计算门、窗面积，其中门的宽度算至门框的外边线。

7）飘窗、阳台封闭窗按设计图示框型材外边线尺寸以展开面积计算。

8）纱门、纱窗扇按设计图示扇外围面积计算。

9）防盗窗按设计图示窗框外围面积计算。

10）金属卷帘（闸）门按设计图示卷帘门宽度乘以卷帘门高度（包括卷帘箱高度）以面积计算。依附于卷筒上的卷帘按设计高度计算，设计无要求的增加600mm计算。电动装置安装按设计图示套数计算。

11）全玻有框门扇按设计图示扇边框外边线尺寸以扇面积计算。

12）全玻无框（条夹）门扇按设计图示扇面积计算，高度算至条夹外边线、宽度算至玻璃外边线。

13）全玻无框（点夹）门扇按设计图示玻璃外边线尺寸以扇面积计算。

14）无框亮子按设计图示门框与横梁或立柱内边缘尺寸以玻璃面积计算。

15）全玻转门按设计图示数量计算。

16）不锈钢伸缩门按设计图示以长度计算。

17）传感和电动装置按设计图示套数计算。

18）固定无框玻璃窗制作安装按设计图示门窗洞口面积计算。

19）门钢架按设计图示尺寸以质量计算。

20）门钢架基层、面层按设计图示饰面外围尺寸展开面积计算。

21）门窗套（筒子板）龙骨、基层、面层均按设计图示饰面外围尺寸展开面积计算。

22）成品门窗套按设计图示饰面外围尺寸展开面积计算。

23）窗台板按设计图示长度乘以宽度以面积计算。图样未注明尺寸的，窗台板按窗的外围宽度两边共加 100mm 计算。窗台板凸出墙面的宽度按墙面外加 50mm 计算。设计有要求的按设计图示尺寸计算。

8.4.3 计算示例

【例 8-10】 某工程给出门窗统计表见表 8-44，试求门窗工程量并编制工程量清单。

表 8-44 门窗统计表

名称	编号	洞口尺寸		数量	备注
		宽/mm	高/mm		
门	M1	1000	2100	11	单扇成品套装木门
	M2	1200	2100	1	双扇木质防火门
	M3	1800	2700	1	塑钢双扇平开门
窗	C1	1800	1800	38	双扇塑钢推拉窗
	C2	1800	600	6	双扇塑钢平开窗

【解】 1）因门窗种类、规格不同，工程量应分别计算。清单量以设计数量按樘计算，定额量按数量或洞口面积计算。

M1：清单量 11 樘，定额量 11 樘。

M2：清单量 1 樘，定额量 $(1.2 \times 2.1 \times 1)\,m^2 = 2.52m^2$

M3：清单量 1 樘，定额量 $(1.8 \times 2.7 \times 1)\,m^2 = 4.86m^2$

C1：清单量 38 樘，定额量 $(1.8 \times 1.8 \times 38)\,m^2 = (3.24 \times 38)\,m^2 = 123.12m^2$

C2：清单量 6 樘，定额量 $(1.8 \times 0.6 \times 6)\,m^2 = 6.48m^2$

2）编制工程量清单，见表 8-45。

表8-45　分部分项工程量清单（四）

序号	项目编码	项目名称	项目特征	计量单位	工程数量
1	010801001001	木质门	1. 门代号及洞口尺寸：M1,1000mm×2100mm 2. 门类型：单扇成品套装木门	樘	11
2	010801001002	木质门	1. 门代号及洞口尺寸：M2,1200mm×2100mm 2. 门类型：双扇木质防火门	樘	1
4	010802001001	金属门	1. 门代号及洞口尺寸：M3,1800mm×2700mm 2. 门框或扇材质：塑钢双扇平开门	樘	1
4	010807001001	金属窗	1. 窗代号及洞口尺寸：C1,1800mm×1800mm 2. 框、扇材质：双扇塑钢推拉窗 3. 玻璃品种、厚度：白色平板玻璃,5mm 厚	樘	38
5	010807001002	金属窗	1. 窗代号及洞口尺寸：C2,1800mm×600mm 2. 框、扇材质：双扇塑钢平开窗 3. 玻璃品种、厚度：白色平板玻璃,5mm 厚	樘	6

【例8-11】　某省"计价定额"中门窗工程的单位估价表见表8-46～表8-50,试计算与例8-10工程量清单对应项目的综合单价。

表8-46　门窗工程单位估价表（一）

定额编号				1-8-1	1-8-2	1-8-6
项目名称				成品木门扇安装	成品木门框安装	木质防火门安装
				100m²	100m	100m²
基价（元）				56369.03	3149.25	57458.37
其中		人工费（元）		1811.74	732.51	3405.40
	其中	定额人工费（元）		1509.78	610.42	2837.84
		规费（元）		301.96	122.09	567.56
		材料费（元）		54557.29	2416.74	54052.97
		机械费（元）		—	—	—
名称			单位	单价（元）	数量	
人工	综合人工12		工日	154.44	11.731	4.743	22.050
材料	成品装饰门扇		m²	528.96	100.000		
	成品木门框		m	14.59	—	102.000	—
	木质防火门		m²	514.37	—	—	100.000

表8-47　门窗工程单位估价表（二）　　计量单位：10樘

定额编号	1-8-3	1-8-4	1-8-5
项目名称	成品套装木门安装		
	单扇门	双扇门	子母门
基价（元）	16241.51	42823.49	45548.06

（续）

其中		人工费（元）			568.80	835.37	823.94
	其中	定额人工费（元）			474.00	696.14	686.61
		规费（元）			94.80	139.23	137.33
	材料费（元）				15672.71	41988.12	44724.12
	机械费（元）				—	—	—
	名称		单位	单价（元）		数量	
人工	综合人工12		工日	154.44	3.683	5.409	5.335
材料	单扇套装平开实木门		樘	1504.80	10.000	—	—
	双扇套装平开实木门		樘	4104.00	—	10.000	—
	双扇套装子母对开实木门		樘	4377.60	—	—	10.000
	不锈钢合页		副	13.50	20.000	40.000	40.000

表 8-48　门窗工程单位估价表（三）　　　　　　计量单位：100m^2

定额编号				1-8-24	1-8-25	1-8-32
项目名称				铝合金窗安装		
				推拉窗	平开窗	推拉纱扇
基价（元）				63532.82	57884.54	10667.80
其中		人工费（元）		2785.48	3472.12	1547.80
	其中	定额人工费（元）		2321.23	2893.43	1289.83
		规费（元）		465.25	578.69	257.97
	材料费（元）			60747.34	54412.42	9120.00
	机械费（元）			—	—	—
	名称	单位	单价（元）		数量	
人工	综合人工12	工日	154.44	18.036	22.482	10.022
材料	铝合金推拉窗（含中空玻璃）	m^2	582.50	100.00	—	—
	铝合金平开窗（含中空玻璃）	m^2	516.96	—	100.00	—
	铝合金推拉纱窗扇	m^2	91.20	—	—	100.00

表 8-49　门窗工程单位估价表（四）　　　　　　计量单位：100m^2

定额编号			1-8-35	1-8-36	1-8-37
项目名称			塑钢门安装		
			推拉	平开	纱扇
基价（元）			27438.82	31160.49	4033.70
其中		人工费（元）	3172.66	3836.91	727.10
	其中	定额人工费（元）	2643.88	3197.42	605.92
		规费（元）	528.78	639.49	121.18
	材料费（元）		24266.16	27323.58	3306.60
	机械费（元）				

（续）

	名称	单位	单价（元）	数量		
人工	综合人工12	工日	154.44	20.543	24.844	4.708
材料	塑钢推拉门（含中空玻璃）	m²	228.00	100.00	—	—
	塑钢平开门（含中空玻璃）	m²	255.36	—	100.00	—
	塑钢门纱扇	m²	33.00	—	—	100.00

表8-50 门窗工程单位估价表（五） 计量单位：100m²

定额编号			1-8-40	1-8-41	1-8-44
项目名称			塑钢窗安装		
			推拉	平开	推拉纱扇
基价（元）			25776.34	26541.84	10611.80
其中	其中	人工费（元）	2296.83	2849.42	1547.80
		定额人工费（元）	1914.03	2374.52	1289.83
		规费（元）	382.80	474.90	257.97
	材料费（元）		23479.54	23692.42	9064.00
	机械费（元）		—	—	—
	名称	单位	单价（元）	数量		
人工	综合人工12	工日	154.44	14.872	18.450	10.022
材料	塑钢推拉窗（含5mm厚玻璃）	m²	191.52	100.00	—	—
	塑钢平开窗（含5mm厚玻璃）	m²	209.76	—	100.00	—
	塑钢推拉纱窗扇	m²	90.64	—	—	100.00

【解】 本例综合单价采用列式计算法。

1）木质门（M1）套用定额［1-8-3］，计算得

$$人工费 = (11 \div 10 \div 11 \times 568.80) 元/樘 = 56.88 元/樘$$

其中： $$定额人工费 = (11 \div 10 \div 11 \times 474.00) 元/樘 = 47.40 元/樘$$

$$材料费 = (11 \div 10 \div 11 \times 15672.71) 元/樘 = 1567.27 元/樘$$

$$机械费 = 0$$

$$管理费和利润 = [(47.40 + 0 \times 8\%) \times (22.78\% + 13.81\%)] 元/樘 = 17.34 元/樘$$

$$综合单价 = (56.88 + 1567.27 + 0 + 17.34) 元/樘 = 1641.49 元/樘$$

2）木质门（M2）套用定额［1-8-6］，计算得

$$人工费 = (2.52 \div 100 \div 1 \times 3405.40) 元/樘 = 85.82 元/樘$$

其中： $$定额人工费 = (2.52 \div 100 \div 1 \times 2837.84) 元/樘 = 71.51 元/樘$$

$$材料费 = (2.52 \div 100 \div 1 \times 54052.97) 元/樘 = 1362.13 元/樘$$

$$机械费 = 0$$

$$管理费和利润 = [(71.51 + 0 \times 8\%) \times (22.78\% + 13.81\%)] 元/樘 = 26.17 元/樘$$

$$综合单价 = (85.82 + 1362.13 + 0 + 26.17) 元/樘 = 1474.12 元/樘$$

3）金属门（M3）套用定额［1-8-36］，计算得

$$人工费=(4.86\div100\div1\times3836.91)元/樘=186.47 元/樘$$

其中：　　定额人工费$=(4.86\div100\div1\times3197.42)元/樘=155.39 元/樘$

材料费$=(4.86\div100\div1\times27323.58)元/樘=1327.93 元/樘$

$$机械费=0$$

管理费和利润$=[(155.39+0\times8\%)\times(22.78\%+13.81\%)]元/樘=56.86 元/樘$

综合单价$=(186.47+1327.93+0+56.86)元/樘=1571.26 元/樘$

4）金属窗（C1）套用定额 [1-8-40]，计算得

$$人工费=(123.12\div100\div38\times2296.83)元/樘=74.42 元/樘$$

其中：　　定额人工费$=(123.12\div100\div38\times1914.03)元/樘=62.01 元/樘$

材料费$=(123.12\div100\div38\times23479.54)元/樘=760.74 元/樘$

$$机械费=0$$

管理费和利润$=[(62.01+0\times8\%)\times(22.78\%+13.81\%)]元/樘=22.69 元/樘$

综合单价$=(74.42+760.74+0+22.69)元/樘=857.85 元/樘$

5）金属窗（C2）套用定额 [1-8-41]，计算得

$$人工费=(6.48\div100\div6\times2849.42)元/樘=30.77 元/樘$$

其中：　　定额人工费$=(6.48\div100\div6\times2374.52)元/樘=25.64 元/樘$

材料费$=(6.48\div100\div6\times23692.42)元/樘=255.88 元/樘$

$$机械费=0$$

管理费和利润$=[(25.64+0\times8\%)\times(22.78\%+13.81\%)]元/樘=9.38 元/樘$

综合单价$=(30.77+255.88+0+9.38)元/樘=296.03 元/樘$

8.5 油漆、涂料、裱糊工程

8.5.1 项目划分

1. 清单分项

《计算规范》将油漆、涂料、裱糊工程划分为门油漆，窗油漆，木扶手及其他板条、线条油漆、木材面油漆，金属面油漆，抹灰面油漆，喷刷涂料，裱糊等项目。具体分项见表 8-51～表 8-58。

表 8-51　门油漆（编码：011401）

项目编码	项目名称	项目特征	计量单位	工程量计算规则	工作内容
011401001	木门油漆	1. 门类型 2. 门代号及洞口尺寸 3. 腻子种类 4. 刮腻子遍数 5. 防护材料种类 6. 油漆品种、刷漆遍数	1. 樘 2. m²	1. 以樘计量，按设计图示数量计算 2. 以平方米计量，按设计图示洞口尺寸以面积计算	1. 基层清理 2. 刮腻子 3. 刷防护材料、油漆
011401002	金属门油漆				1. 除锈、基层清理 2. 刮腻子 3. 刷防护材料、油漆

表 8-52　窗油漆（编码：011402）

项目编码	项目名称	项目特征	计量单位	工程量计算规则	工作内容
011402001	木窗油漆	1. 窗类型 2. 窗代号及洞口尺寸 3. 腻子种类 4. 刮腻子遍数 5. 防护材料种类 6. 油漆品种、刷漆遍数	1. 樘 2. m²	1. 以樘计量，按设计图示数量计算 2. 以平方米计量，按设计图示洞口尺寸以面积计算	1. 基层清理 2. 刮腻子 3. 刷防护材料、油漆
011402002	金属窗油漆				1. 除锈、基层清理 2. 刮腻子 3. 刷防护材料、油漆

表 8-53　木扶手及其他板条、线条油漆（编码：011403）

项目编码	项目名称	项目特征	计量单位	工程量计算规则	工作内容
011403001	木扶手油漆	1. 断面尺寸 2. 腻子种类 3. 刮腻子遍数 4. 防护材料种类 5. 油漆品种、刷漆遍数	m	按设计图示尺寸以长度计算	1. 基层清理 2. 刮腻子 3. 刷防护材料、油漆
011403002	窗帘盒油漆				
011403003	封檐板、顺水板油漆				
011403004	挂衣板、黑板框油漆				
011403005	挂镜线、窗帘棍、单独木线油漆				

表 8-54　木材面油漆（编码：011404）

项目编码	项目名称	项目特征	计量单位	工程量计算规则	工作内容
011404001	木护墙、木墙裙油漆	1. 腻子种类 2. 刮腻子遍数 3. 防护材料种类 4. 油漆品种、刷漆遍数	m²	按设计图示尺寸以面积计算	1. 基层清理 2. 刮腻子 3. 刷防护材料、油漆
011404002	窗台板、筒子板、盖板、门窗套、踢脚线油漆				
011404003	清水板条天棚、檐口油漆				
011404004	木方格吊顶天棚油漆				
011404005	吸音板墙面、天棚面油漆				
011404006	暖气罩油漆				
011404007	其他木材面				
011404008	木间壁、木隔断油漆			按设计图示尺寸以单面外围面积计算	
011404009	玻璃间壁露明墙筋油漆				
011404010	木栅栏、木栏杆（带扶手）油漆				
011404011	衣柜、壁柜油漆			按设计图示尺寸以油漆部分展开面积计算	
011404012	梁柱饰面油漆				
011404013	零星木装修油漆				
011404014	木地板油漆			按设计图示尺寸以面积计算。空洞、空圈、暖气包槽、壁龛的开口部分并入相应的工程量内	
011404015	木地板烫硬蜡面	1. 硬蜡品种 2. 面层处理要求			1. 基层清理 2. 烫蜡

257

表 8-55 金属面油漆 （编码：011405）

项目编码	项目名称	项目特征	计量单位	工程量计算规则	工作内容
011405001	金属面油漆	1. 构件名城 2. 腻子种类 3. 刮腻子要求 4. 防护材料种类 5. 油漆品种、刷漆遍数	1. t 2. m²	1. 以吨计量，按设计图示尺寸以质量计算 2. 以平方米计量，按设计展开面积计算	1. 基层清理 2. 刮腻子 3. 刷防护材料、油漆

表 8-56 抹灰面油漆 （编码：011406）

项目编码	项目名称	项目特征	计量单位	工程量计算规则	工作内容
011406001	抹灰面油漆	1. 基层类型 2. 腻子种类 3. 刮腻子遍数 4. 防护材料种类 5. 油漆品种、刷漆遍数 6. 部位	m²	按设计图示尺寸以面积计算	1. 基层清理 2. 刮腻子 3. 刷防护材料、油漆
011406002	抹灰线条油漆	1. 线条宽度、道数 2. 腻子种类 3. 刮腻子遍数 4. 防护材料种类 5. 油漆品种、刷漆遍数	m	按设计图示尺寸以长度计算	
011406003	满刮腻子	1. 基层类型 2. 腻子种类 3. 刮腻子遍数	m²	按设计图示尺寸以面积计算	1. 基层清理 2. 刮腻子

表 8-57 喷刷涂料 （编码：011407）

项目编码	项目名称	项目特征	计量单位	工程量计算规则	工作内容
011407001	墙面喷刷涂料	1. 基层类型 2. 喷刷涂料部位 3. 腻子种类 4. 刮腻子要求 5. 涂料品种、刷喷遍数	m²	按设计图示尺寸以面积计算	1. 基层清理 2. 刮腻子 3. 刷、喷涂料
011407002	天棚喷刷涂料				
011407003	空花格、栏杆刷涂料	1. 腻子种类 2. 刮腻子遍数 3. 涂料品种、刷喷遍数		按设计图示尺寸以单面外围面积计算	
011407004	线条刷涂料	1. 基层清理 2. 线条宽度 3. 刮腻子遍数 4. 刷防护材料、油漆	m	按设计图示尺寸以长度计算	
011407005	金属构件刷防火涂料	1. 喷刷防火涂料构件名称 2. 防火等级要求 3. 涂料品种、刷喷遍数	1. m² 2. t	1. 以平方米计量，按设计图示展开面积计算 2. 以吨计量，按设计图示尺寸以质量计算	1. 基层清理 2. 刷防护材料、油漆
011407006	木材构件喷刷防火涂料		m²	按设计图示尺寸以面积计算	1. 基层清理 2. 刷防火涂料

表 8-58　裱糊（编码：011408）

项目编码	项目名称	项目特征	计量单位	工程量计算规则	工作内容
011408001	墙纸裱糊	1. 基层类型 2. 裱糊部位 3. 腻子种类 4. 刮腻子遍数 5. 黏结材料种类 6. 防护材料种类 7. 面层材料品种、规格、颜色	m²	按设计图示尺寸以面积计算	1. 基层清理 2. 刮腻子 3. 面层铺粘 4. 刷防护材料
011408002	织锦缎裱糊				

2. 定额分项

"预算定额"将油漆、涂料、裱糊工程划分为木材面油漆、金属面油漆、抹灰面油漆、喷塑、喷（刷）涂料与裱糊等项目。项目细分见表 8-59。

表 8-59　油漆、喷涂、裱糊工程项目划分表

按基层分	按漆种分	按油刷部位分
木材面油漆	调和漆、磁漆、清漆、醇酸磁漆、醇酸清漆、聚氨酯漆、硝基清漆、丙烯酸清漆、过氯乙烯漆、裂纹漆、熟桐油、防火涂料	单层木门、其他木材面、木扶手、木线条
金属面油漆	红丹防锈漆、调和漆、醇酸清漆、银粉漆、氟碳漆、环氧富锌底漆、环氧云铁中间漆、防火涂料	单层钢门窗、其他金属面
抹灰面油漆	真石漆、氟碳漆、乳胶漆、凹凸型涂料、丙烯酸酯涂料、胶砂喷涂、彩砂喷涂、抗碱封底涂料、调和漆、裂纹漆、过氯乙烯漆、防水防腐耐磨漆	墙柱天棚抹灰面、拉毛面
喷塑	一塑三油、仿木纹涂饰、仿石纹涂饰	墙柱面、天棚面
喷（刷）涂料	双飞粉、石灰油浆、白水泥、石灰浆、石灰大白浆、大白浆、普通水泥浆、可赛银浆、防霉涂料	抹灰墙柱面、装饰线条
裱糊	普通壁纸、金属壁纸、贴织锦缎	墙面、梁柱面、天棚面

8.5.2　计算规则

1. 清单规则

油漆、涂料、裱糊清单工程量计算规则应执行表 8-51～表 8-58 中的规定。主要的规则归纳如下：

1）门窗油漆按设计图示数量以"樘"或洞口面积以"m²"为单位计算。

2）木扶手及其他板条线条油漆按照设计图示尺寸以长度计算。

3）木材面油漆按设计图示尺寸以面积计算。

4）木地板油漆、木地板烫硬蜡面按设计图示尺寸以面积计算，空洞、空圈、暖气包槽、壁龛的开口部分并入相应的工程量内。

5）金属面油漆按设计图示尺寸以质量为单位计算。

6）抹灰面油漆按设计图示尺寸以面积计算。

7）喷塑、涂料、裱糊按设计图示尺寸以面积计算。

8）空花格、栏板刷白水泥，空花格、栏板刷石灰油浆，空花格、栏板刷乳胶漆按设计图示尺寸以单面外围面积计算。

9）线条刷白水泥浆、石灰油浆、红土子浆、乳胶漆等按照设计图示尺寸以长度计算。

2. 定额规则

（1）木材面、单层钢门窗的油漆工程量　按表8-60～表8-64中相应的计算规则分别计算。

表 8-60　执行单层木门定额油漆工程量系数表

项目名称	系数	工程量计算规则
单层木门	1.00	单面洞口面积
单层半玻门	0.85	
单层全玻门	0.75	
半截百叶门	1.50	
全百叶门	1.70	
厂库房大门	1.10	
纱门扇	0.80	
特种门（包括冷藏门）	1.00	
装饰门扇	0.90	扇外围尺寸面积
间壁、隔断	1.00	单面外围面积
玻璃间壁露明墙筋	0.80	
木栅栏、木栏杆（带扶手）	0.90	

注：多面油漆按单面计算工程量。

表 8-61　执行木扶手定额油漆工程量系数表

项目名称	系数	工程量计算规则
木扶手（不带托板）	1.00	延长米
木扶手（带托板）	2.50	
封檐板、顺水板	1.70	
黑板框、生活园地框	0.50	

表 8-62　执行其他木材面定额油漆工程量系数表

项目名称	系数	工程量计算规则
木板、胶合板天棚	1.00	长×宽
木护墙、木墙裙、木踢脚线	0.83	
窗台板、窗帘盒	0.83	
清水板条檐口天棚	1.10	
出入口盖板、检查口	0.87	
吸音板（墙面或天棚）	0.87	
屋面板带檩条	1.10	斜长×宽
壁橱	0.83	展开面积
木屋架	1.77	跨度（长）×中高×1/2
以上未包括的其余木材面油漆	0.83	展开面积
木地板	1.00	设计图示尺寸的面积

表 8-63 执行木线条定额油漆工程量系数表

项目名称	系数	工程量计算规则
木线条	1.00	设计图示尺寸的中心线长度

表 8-64 执行单层钢门窗定额油漆工程量系数表

项目名称	系数	工程量计算规则
单层钢门窗	1.00	单面洞口面积
双层(一玻一纱)钢门窗	1.48	
钢百叶钢门	2.74	
半截百叶钢门	2.22	
满钢门或全包铁皮门	1.63	
钢折叠门	2.30	
射线防护门	2.96	框(扇)外围面积
厂库房平开、推拉门	1.70	
钢丝网大门	0.81	
间壁	1.85	长×宽
平板屋面	0.74	斜长×宽
瓦垄板屋面	0.89	
排水、伸缩缝盖板	0.78	展开面积
吸气罩	1.63	水平投影面积

（2）金属面油漆、涂料项目 其工程量按设计图示尺寸以展开面积计算。质量在 500kg 以内的单个金属构件，可参考表 8-65 中相应的系数，将质量（t）折算为面积（m^2）。

表 8-65 金属构件质量折算油漆面积系数表

序号	项目	折算系数
1	钢栅栏门、栏杆、窗栅	64.98
2	钢爬梯	44.84
3	踏步式钢护梯	39.90
4	轻钢屋架	53.20
5	零星铁件	58.00

（3）抹灰面油漆、涂料工程

1）抹灰面油漆、涂料（另做说明的除外）按设计图示尺寸以面积计算。

2）踢脚线刷耐磨漆按设计图示尺寸以长度计算。

3）槽形底板、混凝土折瓦板、有梁板底、密肋梁板底、井字梁板底刷油漆、涂料按设计图示尺寸以展开面积计算。

4）墙面及天棚面刷石灰油浆、白水泥、石灰浆、石灰大白浆、普通水泥浆、可赛银浆、大白浆等涂料工程量按抹灰面积工程量计算规则计算。

5）混凝土花格窗刷（喷）油漆、涂料按设计图示尺寸以窗洞口面积计算。

6）混凝土栏杆、花饰刷（喷）油漆、涂料按设计图示尺寸以垂直面投影面积计算。

7）天棚、墙、柱面基层板缝粘贴胶带纸按相应天棚、墙、柱面基层板面积计算。

（4）裱糊工程　墙面、天棚面裱糊按设计图示尺寸以面积计算。

8.5.3　计算方法

套用木材面、单层钢门窗油漆定额的工程量计算方法可以表达为

$$油漆工程量 = 被油刷对象的工程量 × 相应系数$$

也就是说，油漆工程量计算没有特别规则，也无须专门计算，只要被油刷对象的工程量计算出来后，在表8-60~表8-64中找到相应系数相乘就是油漆工程量。

【例8-12】　如图8-5所示某单层建筑物，室内墙、柱面刷乳胶漆。试计算墙、柱面乳胶漆工程量。考虑室内有吊顶，乳胶漆涂刷高度按3.2m计算。

【解】　（1）墙面乳胶漆工程量

1）大房间室内乳胶漆墙面工程量。

室内周长

$$L_{内1} = \left[(12.48 - 0.36 × 2 + 5.7 + 2.0 - 0.12 × 2) × 2 + 0.25 × 10 \right] \text{m} = 40.94 \text{m}$$

扣除面积

$$\begin{aligned} S_{扣1} &= S_{M1} + S_{M3} + S_{C1} × 4 + S_{C2} × 3 \\ &= (2.1 × 2.4 + 1.5 × 2.4 + 1.5 × 1.8 × 4 + 1.2 × 1.8 × 3) \text{m}^2 \\ &= 25.92 \text{m}^2 \end{aligned}$$

$$S_{墙面1} = (40.94 × 3.2 - 25.92) \text{m}^2 = 105.09 \text{m}^2$$

2）小房间室内乳胶漆墙面工程量。

室内周长

$$L_{内2} = \left[(12.48 - 0.36 × 2 + 5.7 - 0.12 × 2) × 2 + 0.25 × 8 \right] \text{m} = 36.44 \text{m}$$

扣除面积

$$\begin{aligned} S_{扣2} &= S_{M2} + S_{M3} + S_{C1} × 2 + S_{C2} × 4 \\ &= (1.2 × 2.7 + 1.5 × 2.4 + 1.5 × 1.8 × 2 + 1.2 × 1.8 × 4) \text{m}^2 \\ &= 20.88 \text{m}^2 \end{aligned}$$

$$S_{墙面2} = (36.44 × 3.2 - 20.88) \text{m}^2 = 95.73 \text{m}^2$$

3）墙面乳胶漆工程量合计为

$$S_{墙面} = S_{墙面1} + S_{墙面2} = (105.09 + 95.73) \text{m}^2 = 200.82 \text{m}^2$$

（2）柱面乳胶漆工程量

截面周长为

$$L = 0.49 \text{m} × 4 = 1.96 \text{m}$$

则柱面乳胶漆工程量为

$$S_{柱} = (1.96 × 3.2 × 3) \text{m}^2 = 18.82 \text{m}^2$$

按照《计算规范》可知，墙面与柱面乳胶漆均为抹灰面油漆项目，因此将两项工程量合并得到抹灰面油漆工程量为（200.82 + 18.82）m² = 219.64m²。

【例8-13】　某餐厅室内装修，地面净面积为14.76m×11.76m，四周240mm厚砖墙上有

单层钢窗（C1，1.8m×1.8m）8 樘，单层木门（M1，1.0m×2.1m）2 樘，单层全玻门（M2，1.5m×2.7m）2 樘，门向外开。木墙裙高 1.2m，木质窗帘盒（断面尺寸 200mm×150mm，比窗洞每边宽 100mm），木方格吊顶天棚，以上项目均刷调和漆。试求相应项目油漆的定额工程量。

【解】 各个项目的工程量按各分部规则计算后乘以表 8-60～表 8-64 中相应系数即得油漆工程量。

1）单层钢窗（8 樘）油漆工程量为

$$(1.8×1.8×8×1.00)m^2 = 25.92m^2$$

2）单层木门（2 樘）油漆工程量为

$$(1.0×2.1×2×1.00)m^2 = 4.2m^2$$

3）单层全玻门（2 樘）油漆工程量为

$$(1.5×2.7×2×0.75)m^2 = 6.08m^2$$

4）木墙裙油漆工程量。木墙裙高 1.2m，应扣减在高 1.2m 范围内的门窗洞口。门向外开，应计算洞口侧壁，在没有给出门框宽度的情况下，一般按木门框宽 90mm 计算，木门框靠外侧立樘。窗下墙一般高 900mm，则在墙裙高 1.2m 的范围内，窗洞口应扣高度为300mm。钢窗居中立樘，框宽 40mm。

墙裙长（扣门洞）

$$[(14.76+11.76)×2-1.0×2-1.5×2]m = 48.04m$$

应扣窗洞面积为

$$(1.8×0.3×8)m^2 = 4.32m^2$$

窗洞侧壁宽度为

$$(240-40)mm÷2 = 100mm = 0.1m$$

应增加窗洞侧壁面积为

$$(1.8+0.3×2)m×0.1m×8 = 1.92m^2$$

门洞侧壁宽度为

$$240mm-90mm = 150mm = 0.15m$$

应增加门洞侧壁面积为

$$[1.2×2×0.15×(2+2)]m^2 = 1.44m^2$$

则墙裙油漆面积工程量为

$$(48.04×1.2-4.32+1.92+1.44)m^2×0.83 = 47.05m^2$$

5）木质窗帘盒油漆工程量为

$$(1.8+0.1×2)m×8×0.83 = 13.28m$$

习题与思考题

1. 试计算如图 8-7 所示住宅室内水泥砂浆（厚 20mm）地面的工程量。

2. 如图 8-8 所示，试计算门厅地面镶贴石材地面面层工程量、门厅镶贴石材踢脚线工程量（设踢脚线高为 150mm）、台阶镶贴石材面层工程量。

3. 图 8-9 所示为某五层住宅楼梯设计图，楼梯井宽 $C = 300mm$，楼梯面层设计为普通水磨石面层，试计算水磨石楼梯面层工程量。

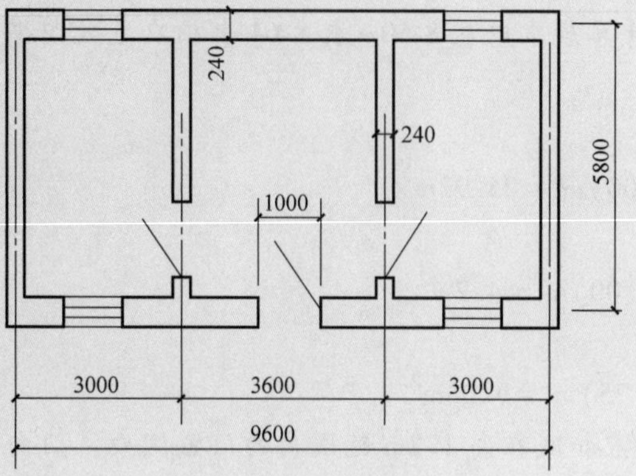

图 8-7 某住宅平面图

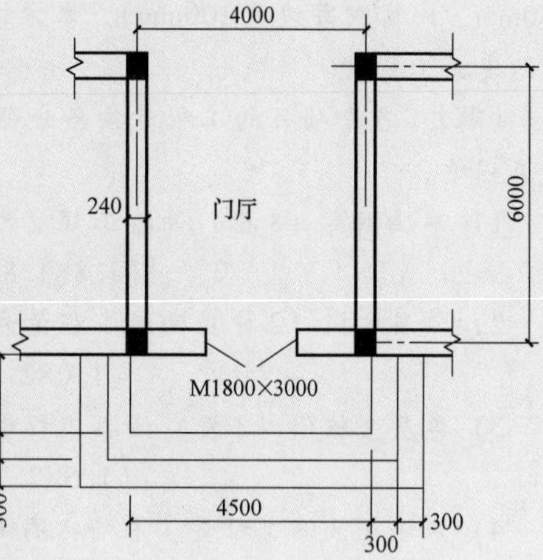

图 8-8 门厅平面图

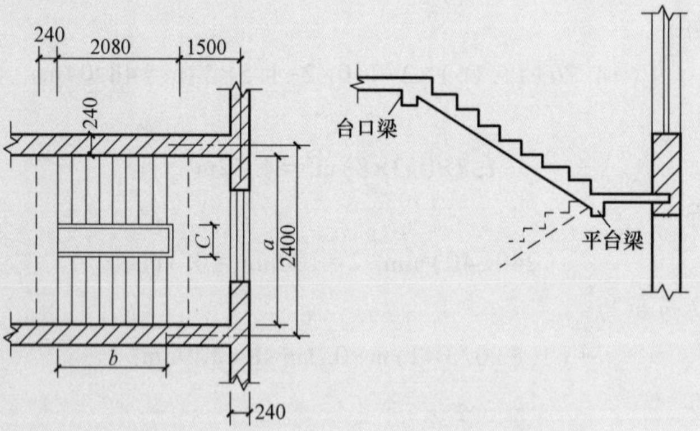

图 8-9 某五层住宅楼梯设计图
a）平面图 b）剖面图

4. 某建筑物平、立、剖面图如图 8-10 所示。墙厚均为 240mm；层高均为 3.6m；楼屋面板厚 100mm；铝合金（90系列）平开门 1 樘，洞口尺寸（宽×高）为 2.1m×2.4m；铝合金（90系列）推拉窗 7 樘，洞口尺寸为 1.8m×1.8m。试计算以下装饰工程的工程量：

1）C15 混凝土地坪垫层（厚 80mm）。

2）水泥砂浆找平层。

3）现浇水磨石楼地面面层。

4）现浇水磨石踢脚线（踢脚线高 150mm）。

5）外墙抹灰。

6）外墙镶贴面砖。

7）内墙抹灰。

8）内墙刮双飞粉。

9）铝合金平开门。

10）铝合金推拉窗。

11）天棚面抹灰。

12）室内高 1.5m 油漆墙裙。

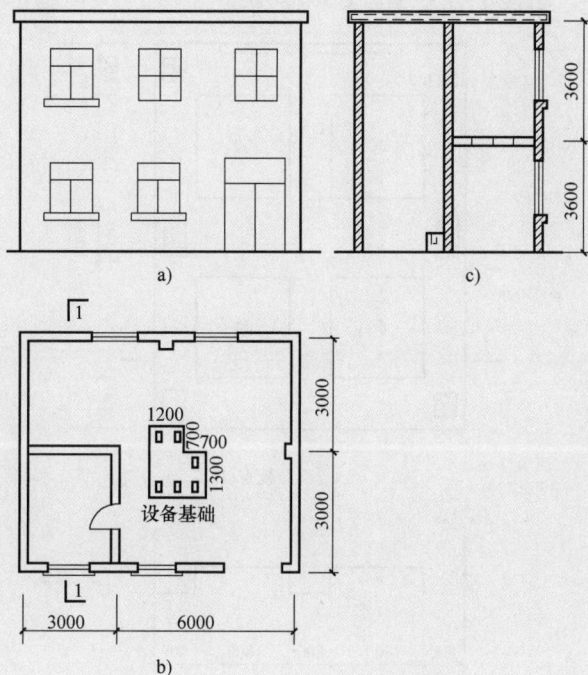

图 8-10　某建筑平、立、剖面图
a）立面图　b）平面图　c）剖面图

5. 根据图 8-11 所示尺寸，计算从底层到二层的楼梯面层和楼梯底面抹灰工程量。

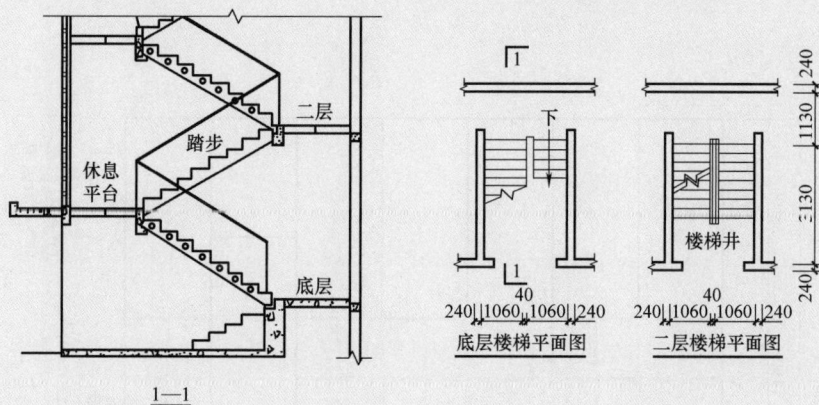

图 8-11　楼梯图

6. 按图 8-12 所示计算吊顶工程量。

7. 按图 8-13 所示计算墙饰面工程量。

8. 按图 8-14 所示计算柱面镶贴石材面层工程量并计价（石材厚 20mm）。

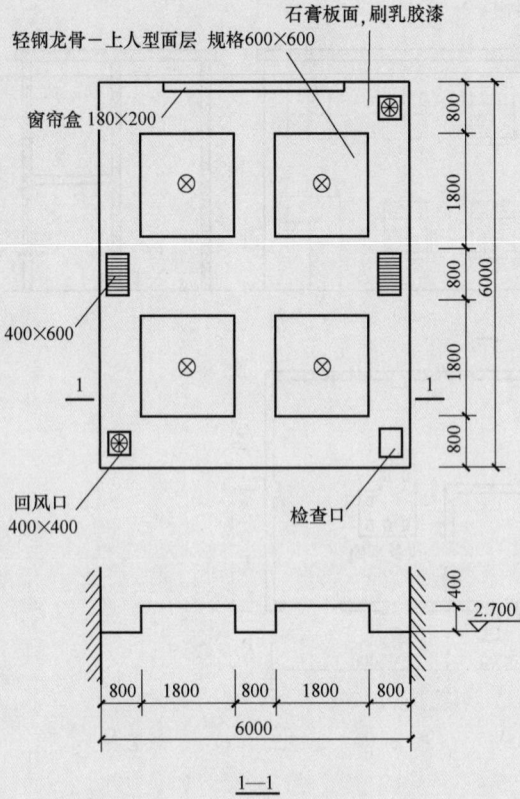

图 8-12 吊顶

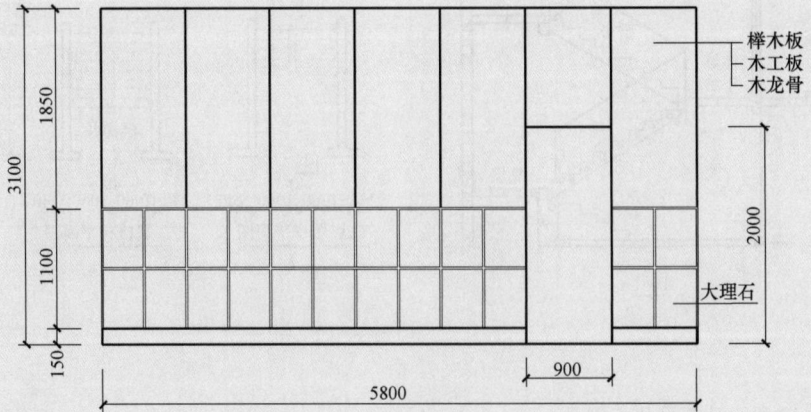

图 8-13 墙饰面

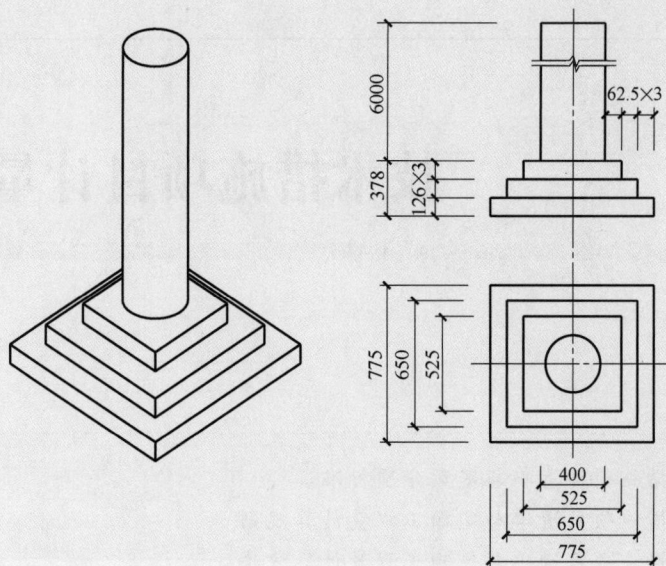

图 8-14　圆柱及基础

二维码形式客观题

微信扫描二维码，可自行做客观题，提交后可查看答案。

第8章
客观题

第 9 章
技术措施项目计量与计价

- 熟悉技术措施项目清单与定额分项标准。
- 熟悉技术措施项目清单与定额工程量计算规则。
- 掌握技术措施项目清单与定额工程量计算方法。
- 掌握技术措施项目综合单价分析计算方法。

技术措施项目包括脚手架、混凝土模板及支架、垂直运输、超高施工增加、大型机械进出场及安拆等项目，可采用依据"招标工程量清单"计算"综合单价"的方式进行计价。计价表格见 2.3 节。

9.1　脚手架

9.1.1　项目划分

1. 脚手架及其分类

建筑物和构筑物施工中，若在离地面一定高度的位置进行工作，需要搭设不同形式、不同高度的操作平台，这就是脚手架，如图 9-1 所示。

图 9-1　脚手架示意图

脚手架的分类见表 9-1。

表 9-1　脚手架的分类

类别	脚手架名称
按材料分类	木架、竹架、钢管架
按构造形式分类	多立杆式架、门式架、桥式架、悬吊式架、挂式架、悬挑式架
按搭设形式分类	单排架、双排架
按使用功能分类	外脚手架、里脚手架、满堂脚手架、浇灌运输道、悬空脚手架、挑脚手架、依附斜道、安全网、电梯井字架、架空运输道、烟囱(水塔)脚手架、外墙面装饰脚手架、防护架

2. 清单分项

《计算规范》将脚手架工程划分为 8 个项目，见表 9-2。

表 9-2　脚手架工程（编码：011701）

项目编码	项目名称	项目特征	计量单位	工程量计算规则	工作内容
011701001	综合脚手架	1. 建筑结构形式 2. 檐口高度	m²	详见表 9-3	1. 场内、外材料搬运 2. 搭、拆脚手架、斜道、上料平台 3. 安全网的铺设 4. 选择附墙点与主体连接 5. 测试电动装置、安全锁等 6. 拆除脚手架后材料的堆放
011701002	外脚手架	1. 搭设方式 2. 搭设高度 3. 脚手架材质			1. 场内、外材料搬运 2. 搭、拆脚手架、斜道、上料平台 3. 安全网的铺设 4. 拆除脚手架后材料的堆放
011701003	里脚手架				
011701004	悬空脚手架	1. 搭设方式 2. 悬挑宽度 3. 脚手架材质			
011701005	挑脚手架		m		
011701006	满堂脚手架	1. 搭设方式 2. 搭设高度 3. 脚手架材质			
011701007	整体提升架	1. 搭设方式及启动装置 2. 搭设高度	m²		1. 场内、外材料搬运 2. 选择附墙点与主体连接 3. 搭、拆脚手架、斜道、上料平台 4. 安全网的铺设 5. 测试电动装置、安全锁等 6. 拆除脚手架后材料的堆放
011701008	外装饰吊篮	1. 升降方式及启动装置 2. 搭设高度及吊篮型号			1. 场内、外材料搬运 2. 吊篮的安装 3. 测试电动装置、安全锁、平衡控制器等 4. 吊篮的拆卸

注：1. 使用综合脚手架时，不再使用外脚手架、里脚手架等单项脚手架。

　　2. 同一建筑物有不同檐高时，按建筑物竖向切面分别按不同檐高编列清单项目。

3. 定额分项

1）落地式脚手架（属于外脚手架）。按单排或双排并按高度的不同细分为 5m 以内、9m 以内、15m 以内、20m 以内、24m 以内、30m 以内、50m 以内、70m 以内、90m 以内、110m 以内以及高度 50m 内每增加一排等项目。

2）型钢悬挑脚手架（属于外脚手架）。按高度的不同细分为 20m 以内、40m 以内、60m 以内、80m 以内、100m 以内、120m 以内、140m 以内、160m 以内、180m 以内、200m 以内、220m 以内、240m 以内、260m 以内、280m 以内、300m 以内、320m 以内、340m 以内、360m 以内等项目。

3）满堂脚手架。细分为基本层、增加层项目。

4）浇灌运输道。按架子高度的不同细分为 1m 以内、3m 以内、6m 以内、9m 以内等项目。

5）安全网。细分为平挂式、钢管挑出 30m 以内、钢管挑出 50m 以内等项目。

6）电梯井字架。按搭设高度的不同细分为 20m 以内、30m 以内、40m 以内、50m 以内、60m 以内、80m 以内、100m 以内、120m 以内、140m 以内、160m 以内、180m 以内、200m 以内、220m 以内、240m 以内、260m 以内、280m 以内、300m 以内、320m 以内、340m 以内、360m 以内等项目。

7）内墙粉饰脚手架。按高度的不同细分为 3.6~6m、10m 以内、20m 以内等项目。

8）外墙面装饰脚手架。按单排或双排并按高度的不同细分为 5m 以内、9m 以内、15m 以内、20m 以内、24m 以内、30m 以内、50m 以内、70m 以内、90m 以内、110m 以内等项目。

9）独立斜道。按高度的不同细分为 5m 以内、15m 以内、30m 以内等项目。

10）依附斜道。按高度的不同细分为 5m 以内、15m 以内、24m 以内、30m 以内、50m 以内、70m 以内、90m 以内、110m 以内等项目。

11）单列了附着式升降脚手架、里脚手架、悬空脚手架、挑脚手架、外装饰吊篮、架空运输道、水平防护架、垂直防护架等项目。

9.1.2　计算规则

1）脚手架工程量计算的清单规则和定额规则见表 9-3。

表 9-3　脚手架工程量计算规则

序号	清单项目	清单规则	定额项目	定额规则
1	综合脚手架	按建筑面积计算	—	—
2	外脚手架	按所服务对象的垂直投影面积计算	外脚手架	按图示结构外墙外边线乘以外墙高度以平方米计算,不扣除门窗洞口、空圈洞口等所占面积
3	里脚手架		里脚手架	按墙面垂直投影面积计算,不扣除门窗洞口、空圈洞口所占积
4	悬空脚手架	按搭设的水平投影面积计算	悬空脚手架	按搭设水平投影面积以平方米计算
5	挑脚手架	按搭设长度乘以搭设层数以延长米计算	挑脚手架	按搭设长度乘以搭设层数以长度计算
6	满堂脚手架	按搭设的水平投影面积计算	满堂脚手架	按室内主墙间净面积计算,不扣除垛、柱所占的面积

（续）

序号	清单项目	清单规则	定额项目	定额规则
7	整体提升架	按所服务对象的垂直投影面积计算	—	—
8	外装饰吊篮		—	—
9	—	—	浇灌运输道	用于基础施工时,按所浇灌基础的实浇底面外围水平投影面积以平方米计算 现浇钢筋混凝土板时,按板(包括与板连接的梁、现浇楼梯、阳台、雨篷)的外围水平投影面积计算
10	—	—	依附斜道	区别不同高度,按建筑物结构外围周长每150m 一座计算,增加长度以 60m 为界,增加长度小于 60m 时舍弃不计
11	—	—	安全网	1. 外脚手架架体内架设的安全网区分首层网、层间网、随层网,按外墙外边线每边各加0.85m 乘以网宽 1.8m 以面积计算 2. 满堂脚手架架体内架设的安全网,工程量计算与满堂脚手架相同
12	—	—	电梯井脚手架	区别不同高度按单孔以座计算
13	—	—	架空运输道	按搭设长度以延长米计算
14	—	—	水平防护架	按所搭设的长度乘以宽度以平方米计算
15	—	—	垂直防护架	按自然地坪至最上层横杆之间的搭设高度乘以实际搭设长度以平方米计算

2）建筑物脚手架高度按以下规定确定：

① 建筑物外墙高度以室外设计地坪为起点算至屋面墙顶结构上表面；屋顶带女儿墙算至女儿墙顶上表面；坡屋面、曲屋面顶按平均高度计算；与外墙同时施工的屋顶装饰架、建筑小品，算至装饰架、建筑小品顶面；地下建筑物高度按垫层上表面至室外设计地坪间的高度计算。

② 高低联跨建筑物高度不同或同一建筑物墙面高度不同时，按建筑物竖向切面分别计算并执行相应高度定额。

③ 围墙、地上挡墙按室外设计地坪至墙本体结构上表面间的高度计算。

④ 地下挡墙按自然地坪至挡墙基础底面间的高度计算。

9.1.3 相关规定

1）脚手架按不同用途列项计算。适用于一般工业与民用建筑、构筑物的新建、扩建、改建以及独立承包的二次装饰装修工程的脚手架搭拆。

2）脚手架中的钢管、底座、扣件按租赁编制。租赁材料往返运输所需人工、机械已含在定额内，与实际不同时不作调整。

3）落地式脚手架定额中，除高度 9m 以内的外，其余项目均综合了依附斜道、上料平台、护身栏杆。型钢悬挑脚手架定额均不含依附斜道。

4）建筑物需要搭设多排脚手架时按"高度 50m 内每增加一排"子目计算，其中高度不大于 15m 时，定额乘以系数 0.7，高度不大于 24m 时，定额乘以系数 0.75。

5）满堂脚手架适用于室内净高 3.6m 以上的天棚抹灰、涂料、油漆、吊顶工程。定额按基本层（净高在 3.6~5.2m）和增加层（每增加 1.2m）分列子项。增加高度大于或等于 0.6m 且不大于 1.2m 时，按一个增加层计算，增加高度小于 0.6m 时舍去不计。计算满堂脚手架后，高度大于 3.6m 的墙面抹灰工程不再计算脚手架，只按每 $100m^2$ 墙面垂直投影面积（不扣除门窗洞口所占面积）增加改架人工 1.28 工日。

【例 9-1】 某工程设计室内地坪至天棚底面净高为 9.2m，其满堂脚手架增加层应计取多少层？

【解】 [(9.2-5.2)÷1.2]层 = 3.33 层

取整为 3 个增加层，余 0.33 相当于 1.2m 时的 0.4m，可舍弃不计。

9.1.4 列项与计算

在工程预算中，要有效地进行脚手架费用计算。首先应针对工程的施工需要列出脚手架项目（见表 9-4），然后根据脚手架工程量计算规则逐一进行各类脚手架的工程量计算。

表 9-4 脚手架列项参考

项目		适用条件
落地式脚手架		1. 外墙总高度在 50m 以内的建筑物，执行落地式外脚手架相应定额
		2. 外墙总高度在 50m 以上且结构外形不适宜采用附着式升降脚手架施工的建筑物，三层以内执行落地式外脚手架定额
		3. 外墙总高度在 50m 以上的建筑物，标准层层数占层数的 80% 以上者，三层以内执行落地式外脚手架定额
	单排架	1. 砖混结构外墙砌筑高度在 15m 以内者执行单排外脚手架定额
		2. 砌筑高度在 3.6m 以外的砖内墙，执行单排外脚手架定额，租赁材料量乘以系数 0.19
		3. 砖砌的围墙、挡土墙、砖柱，砌筑高度大于 3.6m 时，执行单排外脚手架定额，租赁材料量乘以系数 0.19
	双排架	1. 砌筑高度在 15m 以外或砌筑高度虽不足 15m，但外墙门窗洞口面积与外墙装饰面积之和大于外墙面积 60% 以上者执行双排外脚手架定额
		2. 砌筑高度在 15m 以外或砌筑高度不足 15m 的毛石外墙、空心砖外墙、砌块外墙执行双排外脚手架定额
		3. 现浇混凝土地下室外墙执行相应高度的双排外脚手架定额，租赁材料量乘以系数 1.3
		4. 现浇混凝土及毛石混凝土挡土墙、现浇混凝土内墙（含在架子工程中不区分柱或墙的短肢剪力墙）、现浇混凝土独立柱、现浇混凝土单梁、连续梁浇筑，执行相应高度的双排外脚手架定额，租赁材料量乘以系数 0.19
		5. 钢结构工程的外墙板安装彩板脚手架按所安装的墙板面积，执行相应高度的双排外脚手架定额，租赁材料量乘以系数 0.19
		6. 砌筑高度在 3.6m 以外的砌块及空心砌块内墙，执行相应高度的双排外脚手架定额，租赁材料量乘以系数 0.19

（续）

项目		适用条件
落地式脚手架	双排架	7. 高度超过3.6m的轻质内隔墙安装,执行相应高度的双排外脚手架定额,租赁材料量乘以系数0.1
		8. 砌块及空心砌块围墙、挡土墙、石柱,砌筑高度大于3.6m时,执行相应高度的双排外脚手架,租赁材料量乘以系数0.19
		9. 石砌的围墙、挡土墙、柱,砌筑高度在1.2m以外时,执行双排外脚手架,租赁材料量乘以系数0.19
		10. 大型设备基础自垫层上表面高度在1.2m以外时,执行双排外脚手架,租赁材料量乘以系数0.3
		11. 架空通廊执行双排外脚手架,租赁材料量乘以系数1.6
型钢悬挑脚手架		外墙总高度在50m以上且结构外形不适宜采用附着式升降脚手架施工的建筑物,三层以上执行型钢悬挑脚手架定额
附着式升降脚手架（全钢装配式）		外墙总高度在50m以上的建筑物,标准层层数占层数的80%以上者,三层以上执行附着式升降脚手架定额
里脚手架		1. 砌筑高度不大于3.6m的内墙
		2. 砌筑高度大于1.2m、小于3.6m的砖、砌块（含空心砌块）围墙、挡土墙、砖柱
		3. 砌筑高度大于1.2m、小于3.6m的管沟墙及砖基础
满堂脚手架		适用于高度大于3.6m的室内天棚抹灰、涂料、油漆、满批腻子、吊顶工程
浇灌脚手架		1. 现浇混凝土和钢筋混凝土基础的混凝土浇灌
		2. 现浇混凝土和钢筋混凝土板的混凝土浇灌
悬空脚手架		适用于有露明屋架的屋面板勾缝、油漆或喷浆等部位的施工
挑脚手架		适用于外檐挑檐等部位的局部施工
外装饰吊篮		适用于独立发承包的外粉饰施工。用于幕墙施工时,定额乘以系数1.7
平挂式安全网		适用于外脚手架、满堂脚手架、电梯井脚手架等架体水平安全防护用的水平兜网。平挂式安全网包括首层网、层间网、随层网。随层网在套用平挂式安全网定额时,安全网材料量乘以系数0.07,用于满堂脚手架中的平挂式安全网,套用定额时安全网材料量乘以系数0.16
粉饰脚手架		适用于内墙面粉饰3.6m以上,又不能计算满堂脚手架时

【例 9-2】 某单位砖砌围墙,长度经计算为382m,当围墙高2.5m或围墙高4m时,试列项并计算围墙的脚手架工程量。

【解】 由表9-4中的规定可知:

1) 当围墙高2.5m时,执行里脚手架定额。脚手架工程量为围墙的垂直投影面积,计算得

$$S_1 = (2.5 \times 382) \, \text{m}^2 = 955 \text{m}^2$$

2) 当围墙高4m时,执行单排外脚手架（5m以内）定额。工程量为围墙的垂直投影面积,计算得

$$S_2 = (4 \times 382) \, \text{m}^2 = 1528 \text{m}^2$$

【例9-3】 某地新编落地式外脚手架定额见表9-5。某两层临街商铺，建筑檐高7.5m，外墙外边线长210.96m，外墙门窗洞口面积与外墙装饰面积之和大于外墙面积60%以上，需搭设外脚手架完成砌墙工作，试计算外脚手架费用。

表9-5 某地新编外脚手架定额节录　　　　计量单位：100m²

定额编号				1-18-1	1-18-2	1-18-3	1-18-4
项目名称				落地式外脚手架			
				5m以内		9m以内	
				单排	双排	单排	双排
基 价/元				1172.06	1604.32	1347.59	1957.62
其中	人工费(元)			575.75	815.13	667.34	944.86
	其中	定额人工费(元)		479.79	679.28	556.11	787.39
		规费(元)		95.96	135.85	111.23	157.47
	材料费(元)			528.06	716.07	607.13	934.76
	机械费(元)			68.25	73.12	73.12	78.00
名称		单位	单价(元)	数量			
人工	综合工日12	工日	154.44	3.728	5.278	4.321	6.118
材料	脚手架钢管φ48mm×3.6mm	t·天	3.43	37.776	57.172	55.686	94.030
	扣件	100套·天	1.40	118.295	162.770	169.785	265.310
	脚手架钢管底座	100套·天	1.40	15.508	16.787	10.154	14.950
	木脚手架	m²	1732.80	0.060	0.084	0.050	0.070
	挡脚板	m²	1732.80	0.007	0.007	0.007	0.007
	镀锌钢丝φ4.0mm	kg	4.65	8.600	8.900	4.100	4.550
	以下计价材省略	—	—	—	—	—	—
机械	载重汽车,装载6t	台班	487.48	0.140	0.150	0.150	0.160

【解】 1) 查表9-3，外脚手架清单和定额计算规则表述虽然不一致，但工程量均按"图示结构外墙外边线乘以外墙高度以平方米计算，不扣除门窗洞、空圈洞口等所占面积"，则工程量计算为

$$(210.96×7.5)m^2 = 1582.20m^2$$

2) 根据表9-2的要求，编制"工程量清单"见表9-6。

表9-6 外脚手架项目工程量清单

序号	项目编码	项目名称	项目特征	计量单位	工程数量
1	011701002001	外脚手架	1. 搭设方式:双排外脚手架 2. 搭设高度:7.5m 3. 脚手架材质:钢管	m²	1582.20

3) 根据题给要求和表9-4中规定，套用表9-5中9m以内双排外脚手架定额[1-18-4]，计算得

$$人工费 = (1582.20 \div 100 \div 1582.20 \times 944.86) 元/m^2 = 9.45 元/m^2$$

其中：　　定额人工费 $= (1582.20 \div 100 \div 1582.20 \times 787.39) 元/m^2 = 7.87 元/m^2$

$$材料费 = (1582.20 \div 100 \div 1582.20 \times 934.76) 元/m^2 = 9.35 元/m^2$$

$$机械费 = (1582.20 \div 100 \div 1582.20 \times 78.00) 元/m^2 = 0.78 元/m^2$$

$$管理费和利润 = [(7.87 + 0.78 \times 8\%) \times (22.78\% + 13.81\%)] 元/m^2 = 2.90 元/m^2$$

$$综合单价 = (9.45 + 9.35 + 0.78 + 2.90) 元/m^2 = 22.48 元/m^2$$

【例9-4】　按图5-22及例5-6所给相关设计条件（设计室外地坪标高为-0.15m），试计算外脚手架工程量（清单量与定额量规则相同）。

【解】　查表9-4，本工程应列计双排外脚手架。工程量按其垂直投影面积计算，不扣除门窗洞口面积。由例5-6计算知：

外墙外边线长：　　　　　$(5.0 + 0.25 \times 2)m \times 4 = 22.00m$

外墙高：　　　　　　　　$18m + 0.15m = 18.15m$

门窗洞口面积：$74.97m^2$

则双排外脚手架工程量计算为

$$22.00m \times 18.15m = 399.30m^2$$

9.2 混凝土模板及支架

9.2.1 项目划分

1. 清单分项

《计算规范》将混凝土模板及支架（撑）工程划分为32个项目，见表9-7。

表9-7　混凝土模板及支架（撑）（011702）

项目编码	项目名称	项目特征	计量单位	工程量计算规则	工作内容
011702001	基础	基础类型	m²	详见表9-8	1. 模板制作 2. 模板安装、拆除、整理堆放及场外运输 3. 清理模板粘结物及模内杂物、刷隔离剂等
011702002	矩形柱				
011702003	构造柱				
011702004	异形柱	柱截面形状			
011702005	基础梁	梁截面形状			
011702006	矩形梁	支撑高度			
011702007	异形梁	1. 梁截面形状 2. 支撑高度			
011702008	圈梁				
011702009	过梁				
011702010	弧形、拱形梁	1. 梁截面形状 2. 支撑高度			

（续）

项目编码	项目名称	项目特征	计量单位	工程量计算规则	工作内容
011702011	直形墙				
011702012	弧形墙				
011702013	短肢剪力墙、电梯井壁				
011702014	有梁板				
011702015	无梁板				
011702016	平板				
011702017	拱板	支撑高度			
011702018	薄壳板				
011702019	空心板				
011702020	其他板				
011702021	栏板		m²	详见表9-8	1. 模板制作 2. 模板安装、拆除、整理堆放及场外运输 3. 清理模板黏结物及模内杂物、刷隔离剂等
011702022	天沟、檐沟	构件类型			
011702023	雨篷、悬挑板、阳台板	1. 构件类型 2. 板厚度			
011702024	楼梯	类型			
011702025	其他现浇构件	构件类型			
011702026	电缆沟、地沟	1. 沟类型 2. 沟截面			
011702027	台阶	台阶踏步宽			
011702028	扶手	扶手断面尺寸			
011702029	散水				
011702030	后浇带	后浇带部位			
011702031	化粪池	1. 化粪池部位 2. 化粪池规格			
011702032	检查井	1. 检查井部位 2. 检查井规格			

注：1. 原槽浇灌的混凝土基础，不计算模板。
　　2. 混凝土模板及支撑（架）项目，只适用于以 m² 计量，按模板与混凝土构件的接触面积计算。以 m³ 计量的模板及支撑（支架），按混凝土及钢筋混凝土实体项目执行，其综合单价中应包含模板及支撑（支架）。
　　3. 采用清水模板时，应在特征中注明。
　　4. 若现浇混凝土梁、板支撑高度超过 3.6m 时，项目特征应描述支撑高度。

2. 定额分项

1）单列基础垫层复合模板项目。

2）基础。按采用组合钢模板或复合模板细分为毛石混凝土带形基础、无肋式混凝土及钢筋混凝土带形基础、有肋式混凝土及钢筋混凝土带形基础、毛石混凝土独立基础、混凝土及钢筋混凝土独立基础、杯形基础、无肋式满堂基础、有肋式满堂基础、设备基础、电梯坑、集水坑等项目。

3）柱。按采用组合钢模板或复合模板细分为矩形柱、构造柱、异形柱、圆形柱、柱模板支撑超高等项目。

4）梁。按采用组合钢模板或复合模板或木模板细分为基础梁、矩形梁、异形梁、圈梁、过梁、拱形梁、弧形梁、斜梁、悬挑梁、梁模板支撑超高等项目。

5）墙。按采用组合钢模板或复合模板或木模板细分为直形墙、弧形墙、短肢剪力墙、电梯井壁、混凝土墙、墙模板支撑超高等项目。

6）板。按采用组合钢模板或复合模板细分为有梁板、无梁板、平板、斜板、坡屋面板、拱板、薄壳板、预应力空心板、复合空心板、栏板、挂板、雨篷板、挑檐板、阳台板、板模板支撑超高等项目。

7）楼梯。按采用复合模板细分为直形楼梯、弧形楼梯、螺旋形楼梯等项目。

8）其他构件。细分为电缆沟、排水沟、池槽、框架梁柱接头、混凝土线条、小型构件、门窗框、扶手压顶、台阶、场馆看台板等项目。

9）混凝土后浇带。按采用组合钢模板或复合模板细分为基础、梁、板、墙等项目。

10）单列人工挖孔桩护壁模板项目。

预制混凝土构件模板本书省略。

9.2.2 计算规则

模板工程量计算的清单规则和定额规则见表9-8。

表9-8 工程量计算规则

序号	清单项目	清单规则	定额项目	定额规则
1	基础		基础	1. 基础模板区别基础类型按模板与混凝土的接触面积以 m^2 计算 2. 框架式设备基础、箱形基础、地下室分别按基础、柱、墙、梁、板的有关规定计算 3. 杯形模板按包括杯形侧面积、中部杯口棱台体杯内、杯外的模板与混凝土的接触面积以 m^2 计算
2	柱	按模板与现浇混凝土构件的接触面积计算 1. 现浇混凝土墙、板单孔面积≤ $0.3m^2$ 的孔洞不予扣除，洞侧壁模板也不增加；单孔面积＞ $0.3m^2$ 时应予扣除，洞侧壁模板面积并入墙、板工程量内计算 2. 现浇框架分别按梁、板、柱有关规定计算；附墙柱、暗梁、暗柱并入墙内工程量内计算 3. 柱、梁、墙、板相互连接的重叠部分，均不计算模板面积 4. 构造柱按图示外露部分计算模板面积	柱	按模板与现浇混凝土构件的接触面积计算 1. 柱高从柱基上表面或楼板上表面算至上一层楼板上表面或柱顶上表面，无梁板柱算至柱帽下表面 2. 构造柱按图示外露部分计算模板面积。槎接部分按槎接宽度乘以柱高计算 3. 梁与混凝土柱相连接时，梁长算至柱和墙的侧面；主梁与次梁相交时，次梁算至主梁侧面；圈梁与过梁连接时，过梁长度按门窗洞口宽度每边加 25cm 计算 4. 墙、电梯井壁、板模板不扣除单孔面积≤ $0.3m^2$ 的孔洞面积，孔洞侧壁模板也不增加；扣除单孔面积＞ $0.3m^2$ 的孔洞面积，孔洞侧壁模板面积并入墙模板工程量内计算
3	各种梁		各种梁	
4	各种墙		各种墙	
5	各种板		各种板	

（续）

序号	清单项目	清单规则	定额项目	定额规则
6	天沟、檐沟	按模板与现浇混凝土构件的接触面积计算	天沟、檐沟	按混凝土实体项目的体积以 m³ 为单位计算。挑檐、天沟与板（包括屋面板、楼板）连接时，以外墙外边线为界计算
7	雨篷板、悬挑板、阳台板	按图示外挑部分尺寸的水平投影面积计算，挑出墙外的悬臂梁及板边不另计算	雨篷板、悬挑板、阳台板	按图示外挑部分尺寸的水平投影面积计算，挑出墙外的悬臂梁及板边不另计算
8	楼梯	按楼梯（包括休息平台、平台梁、斜梁和楼层板的连接梁）的水平投影面积计算，不扣除宽度≤500mm的楼梯井所占面积，楼梯踏步、踏步板、平台梁等侧面模板不另计算，伸入墙内部分也不增加	楼梯	按包括休息平台、平台梁、斜梁和楼层板的连接梁的水平投影面积计算，不扣除宽度≤500mm的楼梯井所占面积，楼梯踏步、踏步板、平台梁等侧面模板不另计算，伸入墙内部分也不增加。若整体楼梯与现浇楼板无梯梁连接，以楼梯的最后一个踏步边缘加300mm为界计算
9	台阶	按图示台阶水平投影面积计算，台阶端头两侧不另计算模板面积。架空式混凝土台阶，按现浇楼梯计算	台阶	按图示台阶尺寸的水平投影面积计算。若图示尺寸不明确，以台阶的最后一个踏步边缘加300mm为界计算。台阶端头两侧不另计算模板面积。架空式混凝土台阶按楼梯计算
10	其他现浇构件	按模板与现浇混凝土构件的接触面积计算	其他现浇构件	现浇混凝土栏板、栏杆、门窗框、梁柱接头、压顶、池槽、电缆沟、排水沟、线条、后浇带按混凝土实体项目的延长米或体积计算

9.2.3　相关规定

定额中现浇钢筋混凝土柱、墙、梁、板的模板支撑高度是按3.60m以内编制的，当高度超过3.60m时，超过部分另按模板支撑超高项目计算。模板支撑超高高度不小于0.5m，且不大于1m时，按每增1m定额计算，超高高度小于0.5m时舍去不计。现浇板的模板支撑如图9-2所示。

现浇混凝土柱、墙、梁、板的模板支撑超高高度规定如下：

1）底层以设计室外地坪（带地下室者以地下室底板上表面为起点）至板或梁底，楼层以楼板上表面至上一层板或梁底。

图 9-2　有梁板模板支撑示意图

2）有梁板的模板支撑高度以板底为准，按梁板的模板面积之和执行板支撑超高定额。

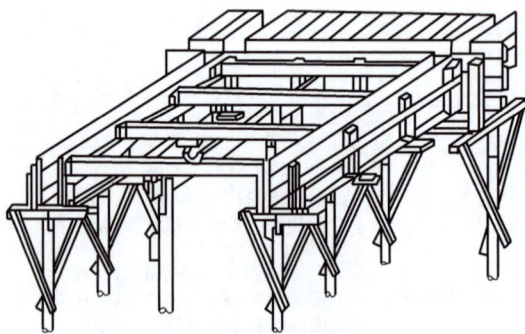

9.2.4　计算方法

各种模板与现浇混凝土构件的接触面如图9-3所示。

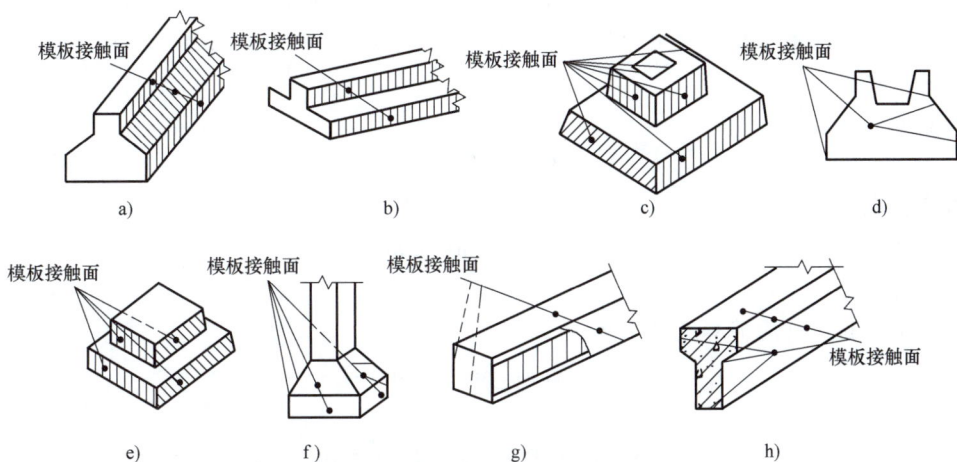

图 9-3　模板与现浇混凝土构件的接触面示意图

【例 9-5】　某杯形基础如图 4-14 所示，试计算杯形基础模板工程量。

【解】　模板工程量计算规则规定：杯形基础模板按包括杯形侧面积、中部杯口棱台体杯内、杯底、杯外的模板与混凝土的接触面积以 m² 计算。

1）底台四周侧面积（F_1）。

$$F_1 = \left[(1.95 - 0.1 \times 2 + 1.85 - 0.1 \times 2) \times 2 \times 0.3 \right] \text{m}^2 = 2.04 \text{m}^2$$

2）中台四周斜面积（F_2）。

$$h = \sqrt{0.35^2 + 0.15^2} \text{m} = 0.381 \text{m}$$

$$F_2 = \left[(1.75 + 1.05) \times 0.381 \div 2 \times 2 + (1.65 + 0.95) \times 0.381 \div 2 \times 2 \right] \text{m}^2 = 2.06 \text{m}^2$$

3）上台四周侧面积（F_3）。

$$F_3 = \left[(0.2 + 0.075 + 0.5 + 0.075 + 0.2 + 0.2 + \right.$$
$$\left. 0.075 + 0.4 + 0.075 + 0.2) \times 2 \times 0.35 \right] \text{m}^2$$
$$= 1.40 \text{m}^2$$

4）杯口内四周斜面积（F_4）。

$$杯口深 = \left[(0.3 + 0.15 + 0.35) - 0.2 \right] \text{m} = 0.6 \text{m}$$

$$h = \sqrt{0.6^2 + 0.075^2} = 0.605 \text{m}$$

$$F_4 = \left[(0.65 + 0.5) \times 0.605 \div 2 \times 2 + (0.55 + 0.4) \times 0.605 \div 2 \times 2 \right] \text{m}^2 = 1.27 \text{m}^2$$

5）杯底面积（F_5）。

$$F_4 = (0.5 \times 0.4) \text{m}^2 = 0.2 \text{m}^2$$

6）杯形基础模板工程量为

$$F_{杯基} = F_1 + F_2 + F_3 + F_4 + F_5 = (2.04 + 2.06 + 1.40 + 1.27 + 0.2) \text{m}^2 = 6.97 \text{m}^2$$

【例 9-6】　某带形基础如图 4-15 所示，试计算模板工程量。

【解】　从前述模板工程量计算规则规定和图 9-3a 可知，带形基础需要计算多个模板与混凝土的接触面积。

1）对于图 4-15a 所示情形，模板与混凝土的接触面为带形基础两侧面，按一般的计算规则推导：外墙基础可按外墙中心线长计算，内墙基础可按内墙基底净长计算，T 形接头处重叠部分面积应扣除。

外墙中心线长为

$$(3.6+3.6+4.8)\text{m}\times2=24\text{m}$$

内墙基底净长为

$$4.8\text{m}-1.0\text{m}=3.8\text{m}$$

侧面高度为 0.3m。

每个 T 形接头处重叠部分面积为

$$1.0\text{m}\times0.3\text{m}=0.3\text{m}^2$$

则模板工程量为

$$[(24+3.8)\times0.3\times2-0.3\times2]\text{m}^2=16.08\text{m}^2$$

2）对于图 4-15b 所示情形，模板与混凝土的接触面为带形基础的底层和中层的两侧面，按一般的计算规则推导：外墙基础可按外墙中心线长计算，内墙基础可按内墙基底净长计算，T 形接头处重叠部分面积应扣除，还应增加模板由内墙基础伸入外墙基础的搭接部分面积。

要特别注意中层的计算高度为斜面长（h），本例中斜面图示高为 0.2m，斜面图示宽为 $(1.0-0.4)\text{m}/2=0.3\text{m}$，则斜面长（$h$）为

$$h=\sqrt{0.3^2+0.2^2}\text{ m}=0.361\text{m}$$

外墙中心线长 24m，内墙基底净长 3.8m，每个 T 形接头处底层重叠部分面积为 0.6m^2，中层重叠部分面积如图 4-16 所示。

由图 4-16 可知，每个中层 T 形接头处外墙基础上应扣除的重叠部分为梯形面积，计算得

$$(1.0+0.4)\text{m}\times0.361\text{m}\div2=0.253\text{m}^2$$

而每个中层 T 形接头处由内墙基础伸入外墙基础的搭接部分为两个三角形面积，计算得

$$[(1.0-0.4)\div2\times0.361\div2\times2]\text{m}^2=0.108\text{m}^2$$

则图 4-15b 所示情形的模板工程量为

$$[(24+3.8)\times(0.3+0.361)\times2-0.3\times2-0.253\times2+0.108\times2]\text{m}^2=35.86\text{m}^2$$

3）对于图 4-15c 所示情形，模板与混凝土的接触面为带形基础的底层、中层和肋的两侧面，按一般的计算规则推导：外墙基础可按外墙中心线长计算，内墙基础可按内墙基底净长计算，T 形接头处重叠部分面积应扣除，还应增加模板由内墙基础伸入外墙基础的搭接部分面积。

由图 4-16 可知，每个中层有肋 T 形接头处外墙基础上应扣除的重叠部分为梯形面积加矩形面积，计算得

$$[(1.0+0.4)\times0.361\div2+0.4\times0.6]\text{m}^2=0.493\text{m}^2$$

而每个中层 T 形接头处由内墙基础伸入外墙基础的搭接部分为两个三角形面积加两个矩形面积，计算得

$$[(1.0-0.4)\div2\times0.361\div2\times2+(1.0-0.4)\div2\times0.6\times2]\text{m}^2=0.468\text{m}^2$$

则图 4-15c 所示情形的模板工程量为

$$[(24+3.8)\times(0.3+0.361+0.6)\times2-0.3\times2-0.493\times2+0.468\times2]m^2 = 69.46m^2$$

【例9-7】 某地新编混凝土模板定额见表9-9。如图4-15所示的基础，若断面选择图4-15c，在例9-6中已经计算出模板工程量为69.46m²，假设施工方案确定基础采用组合钢模板，试计算模板工程的费用。

表9-9 某地新编混凝土模板定额节录　　　　　　计量单位：100m²

	定额编号			1-18-112	1-18-113	1-18-114	1-18-115
				带形基础			
	项目名称			钢筋混凝土无肋式		钢筋混凝土有肋式	
				组合钢模板	复合模板	组合钢模板	复合模板
	基价（元）			4604.22	5784.54	4895.96	6191.53
其中		人工费（元）		2917.68	2880.61	2922.93	2767.26
	其中		定额人工费（元）	2431.40	2400.51	2435.78	2306.05
			规费（元）	486.28	480.10	487.15	461.21
	材料费（元）			1272.34	2489.73	1674.23	3047.48
	机械费（元）			414.20	414.20	298.80	376.79
	名称	单位	单价（元）	数量			
人工	综合工日12	工日	154.44	18.892	18.652	19.926	17.918
材料	组合钢模板	m²·天	0.20	668.947	—	777.158	—
	焊接钢管 φ48mm×3.6mm	t·天	3.43	14.849	14.849	38.047	38.047
	直角扣件	100套·天	1.40	22.183	22.183	56.838	56.838
	对接扣件	100套·天	1.40	4.121	4.121	10.560	10.560
	回转扣件	100套·天	1.40	1.273	1.273	3.261	3.261
	底座	100套·天	1.60	0.673	0.673	1.724	1.724
	水泥砂浆,1:2	m³	317.77	0.012	0.012	0.012	0.012
	复合木模板	m²	62.93	—	24.675	—	24.675
	模板板枋材	m³	1353.00	0.144	0.208	0.014	0.208
	木支撑	m³	1550.40	0.239	0.230	0.423	0.423
	其余计价材省略	—	—	—	—	—	—
机械	载重汽车,装载6t	台班	487.48	0.510	0.510	0.350	0.510
	汽车式起重机,8t	台班	834.26	0.198	0.198	0.153	0.153
	木工圆锯机	台班	14.51	0.028	0.028	0.037	0.037

【解】 1）根据表9-7的要求，编制"工程量清单"，见表9-10。

表9-10 外脚手架项目工程量清单

序号	项目编码	项目名称	项目特征	计量单位	工程数量
1	011702001001	基础	基础类型:带形	m²	69.46

2）模板工程综合单价计算。

套用表9-9中定额 [1-18-114]，计算得：

$$人工费 = (69.46 \div 100 \div 69.46 \times 2922.93) 元/m^2 = 29.23 元/m^2$$
$$定额人工费 = (69.46 \div 100 \div 69.46 \times 2435.78) 元/m^2 = 24.36 元/m^2$$
$$材料费 = (69.46 \div 100 \div 69.46 \times 1674.23) 元/m^2 = 16.74 元/m^2$$
$$机械费 = (69.46 \div 100 \div 69.46 \times 298.80) 元/m^2 = 2.99 元/m^2$$
$$管理费 = [(24.36 + 2.99 \times 8\%) \times 22.78\%] 元/m^2 = 5.60 元/m^2$$
$$利润 = [(24.36 + 2.99 \times 8\%) \times 13.81\%] 元/m^2 = 3.40 元/m^2$$
$$综合单价 = (29.23 + 16.74 + 2.99 + 5.60 + 3.40) 元/m^2 = 57.96 元/m^2$$

3）模板工程费用计算得

$$69.46 m^2 \times 57.96 元/m^2 = 4025.90 元$$

【例9-8】　按图5-22及例5-6所给相关设计条件，试计算框架柱、基础梁、有梁板的模板工程量（清单量与定额量规则相同）。

【解】　由例5-6计算知：柱高为18.6m，柱截面尺寸为500mm×500mm，基础梁和框架梁长为4.5m，梁截面尺寸为300mm×600mm，现浇板厚为120mm。

1）框架柱模板工程量（F_1）。

$$\begin{aligned} F_1 = & [18.6 \times (0.5 + 0.5) + (18.6 - 0.12 \times 5) \times (0.5 + 0.5) - \\ & 0.3 \times 0.6 \times 2 - 0.3 \times (0.6 - 0.12) \times 2 \times 5] m^2 \times 4 \\ = & 139.2 m^2 \end{aligned}$$

2）基础梁模板工程量（F_2）。

$$F_2 = [4.5 \times (0.6 + 0.3 + 0.6) \times 4] m^2 = 27.0 m^2$$

3）有梁板模板工程量（F_3）。

①框架梁模板（F_4）。板下梁高 $= (0.6 - 0.12) m = 0.48 m$。

$$F_4 = [4.5 \times (0.6 + 0.3 + 0.48) \times 4 \times 5] m^2 = 124.20 m^2$$

②现浇板模板（F_5）。

$$\begin{aligned} F_5 = & [(5.0 + 0.25 \times 2 - 0.3 \times 2) \times (5.0 + 0.25 \times 2 - 0.3 \times 2) - \\ & 0.2 \times 0.2 \times 4] m^2 \times 5 \\ = & 119.25 m^2 \end{aligned}$$

③有梁板模板为框架梁模板与现浇板模板之和，得

$$F_3 = F_4 + F_5 = (124.20 + 119.25) m^2 = 243.45 m^2$$

9.3　垂直运输

9.3.1　项目划分

1. 清单分项

《计算规范》将垂直运输划分为1个项目，见表9-11。

表 9-11 垂直运输（011703）

项目编码	项目名称	项目特征	计量单位	工程量计算规则	工作内容
011703001	垂直运输	1. 建筑物建筑类型及结构形式 2. 地下室建筑面积 3. 建筑物檐口高度、层数	1. m² 2. 天	详见表 9-13	1. 垂直运输机械的固定装置、基础制作、安装 2. 行走式垂直运输机械轨道的铺设、拆除、摊销

注：1. 建筑物檐口高度是指设计室外地坪至檐口滴水的高度（平屋顶系指屋面板底高度），凸出主体建筑物屋顶的电梯机房、楼梯出入口、水箱间、瞭望塔、排烟机房等不计入檐口高度。

2. 垂直运输指施工工程在合理工期内所需垂直运输机械。

2. 定额分项

1）建筑物垂直运输设计室外地坪以下项目。按建筑物带地下室细分为一层、二层以内、三层以内、四层以内、五层以内等子目；独立地下室细分为一层、二层以内、三层以内等子目。

2）建筑物垂直运输设计室外地坪以上、20m（6 层）以内项目，民用建筑按选择卷扬机或是塔式起重机的不同细分为砖混结构、现浇框架、现浇剪力墙、其他结构等子目；工业厂房按单层或多层的不同细分为砖混结构、现浇框架、预制混凝土结构等子目。

3）建筑物垂直运输设计室外地坪以上、20m（6 层）以上项目，按结构类型、檐高或层数的不同细分子目。自 30m（10 层）以内开始，区分度是每增 10m（或 3 层）编列 1 个子目。民用建筑现浇剪力墙结构最大到 140m（39 层），现浇框架结构最大到 140m（39 层），超高层建筑从 150m（42 层）起最大到 360m（100 层）。

4）装饰装修垂直运输项目。按建筑物檐高的不同并按垂直运输高度每 20m 一段划分定额项目，檐高最高到 360m。其划分方法见表 9-12。

表 9-12 装饰工程的垂直运输定额编排分组   （单位：m）

建筑物檐口高度（以内）	20	40	60	80	100
定额编排分组 （每 20m 一段）	20 以内	20 以内	20 以内	20 以内	20 以内
	—	20~40	20~40	20~40	20~40
	—	—	40~60	40~60	40~60
	—	—	—	60~80	60~80
	—	—	—	—	80~100
	—	—	—	—	…

9.3.2 计算规则

垂直运输工程量计算的清单规则和定额规则见表 9-13。

表 9-13 垂直运输项目工程量计算规则

清单项目	清单规则	定额项目	定额规则
垂直运输	1）按建筑面积计算 2）按施工工期日历天数计算	建筑物垂直运输	区别建筑物结构类型、檐高或层数，设计室外地坪以下、以上，按建筑面积以 m² 计算
		装饰装修工程垂直运输	根据装饰装修的楼层不同，区别建筑物檐高、垂直运输高度，分别按不同垂直运输高度的定额人工费以万元为单位计算

9.3.3 相关规定

1. 建筑物垂直运输

1) 工作内容包括单位工程在合理工期内完成全部工程项目所需的垂直运输机械台班，但不包括大型机械的场外往返运输、一次安拆及路基铺垫和轨道铺拆的费用。

2) 定额将垂直运输按建筑物的功能、结构类型、檐高、层数等划分项目。其中以檐高和层数两个指标同时界定的项目，当檐高达到上限而层数未达时以檐高为准，当层数达到上限而檐高未达时以层数为准。

3) 檐高指设计室外地坪至檐口滴水的高度（平屋顶指屋面板底高度），凸出主体建筑物屋顶的电梯机房、楼梯出入间、水箱间、瞭望塔、排烟机房等不纳入檐口高度计算（此规定与清单规范相同）。层数指建筑物层高不小于 2.2m 的自然分层数，地下室高（深）度、层数不纳入层数计算。

4) 同一建筑物上下层结构类型不同时，按不同结构类型分别计算建筑面积套用相应定额，檐高或层数以该建筑物的总檐高或总层数为准。同一建筑物檐高不同时，按建筑物的不同檐高做纵向分割，分别计算建筑面积，执行不同檐高的相应定额。

5) 建筑物带地下室者，以室内设计地坪为界分别执行"设计室外地坪"以上及以下相应定额。

6) 设计室外地坪以上，垂直运输高度 3.6m 以下的单层建筑物不计算垂直运输费用。

7) 层高 2.2m 以下的设备管道层、技术层、架空层等按围护结构外围水平投影面积乘 0.5 系数并入相应垂直运输高度的面积内计算。

8) 定额中的现浇框架结构适用于现浇框架、筒体结构；其他结构适用于除砖混结构、现浇框架、框剪、筒体、剪力墙结构、型钢混凝土结构、钢结构及预制混凝土以外的结构。

2. 装饰工程的垂直运输

1) 装饰装修工程垂直运输适用于独立承包的装饰装修工程或二次装饰装修工程。

2) 工作内容包括在合理工期内完成装饰装修工程范围所需的垂直运输机械台班，不包括机械场外往返运输、一次安拆等费用。

3) 装饰装修工程中建筑物檐高、层数的判定与建筑物垂直运输相同。

4) 同一建筑物檐高不同时，按不同檐高做纵向分割，分别执行不同檐高的相应定额。

5) 独立发承包全部室内及室外的装饰装修工程，檐高以该建筑物的总檐高为准，分别执行不同垂直运输高度定额；独立分层发承包的室内装饰装修工程，檐高以所施工的最高楼层地面结构标高为准，执行所在高度的垂直运输定额；独立发承包的外立面装饰装修工程，檐高以所施工的高度为准，分别执行不同高度的垂直运输定额。

6) 地下室装饰装修垂直运输执行檐高 20m 以内定额。

7) 设计室外地坪以上高度 3.6m 内的建筑物，地下室室内结构地坪标高至设计室外地坪间高度小于 3.6m 的单层地下室，不计算垂直运输费。

9.3.4 计算示例

【例 9-9】 某现浇框架结构综合楼如图 9-4 所示，室外设计地坪标高为 ±0.000，图中

①~⑩轴线部分为地上9层，地下1层，每层建筑面积1000m²，其中地下室及1~4层为商场，5~9层为住宅。⑪~⑮轴线部分地上1层、2层为商场，3~5层为住宅，每层建筑面积为500m²。若现场采用塔式起重机进行垂直运输，试计算垂直运输工程量及综合单价。

【解】（1）清单工程量计算　根据表9-13中所列计算规则，清单工程量计算得

$$S_{清} = (1000 \times 10 + 500 \times 5) \text{m}^2 = 12500 \text{m}^2$$

（2）定额工程量计算　根据表9-13中所列计算规则，定额工程量计算得

地下室部分建筑面积：1000m²。

设计室外地坪以上20m以内部分建筑面积：(500×5)m² = 2500m²

设计室外地坪以上20m以外部分建筑面积：(1000×9)m² = 9000m²

（3）查用单位估价表　某省"计价定额"中的垂直运输相关项目单位估价表见表9-14~表9-16。

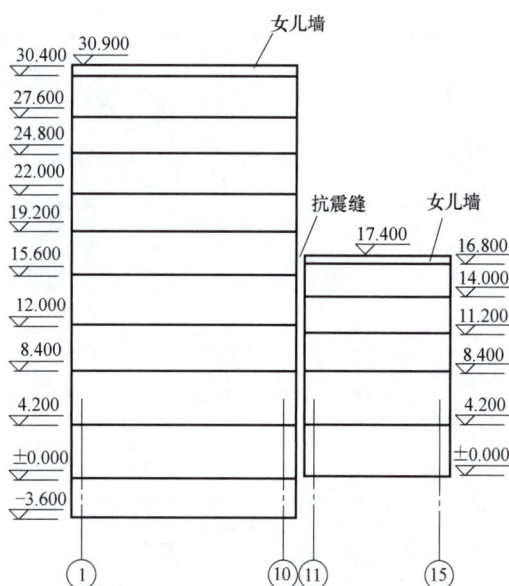

图 9-4　某现浇框架结构综合楼示意图

表 9-14　垂直运输项目单位估价表（一）　　　计量单位：100m²

定额编号				1-18-357	1-18-358	1-18-359	1-18-360
项目名称				设计室外地坪以下（层数）			
				1 层	2 层以内	3 层以内	4 层以内
基价（元）				3339.79	2862.58	2067.53	1781.60
其中	人工费（元）			531.39	455.38	329.00	283.35
	其中	定额人工费（元）		442.83	379.49	274.17	236.12
		规费（元）		88.56	75.89	54.83	47.23
	材料费（元）			—	—	—	—
	机械费（元）			2808.40	2407.20	1738.53	1497.81
名称			单位	单价（元）	数量		
人工	综合工日 02		工日	112.44	4.726	4.050	2.926	2.520
机械	自升式塔式起重机 600kN·m		台班	594.37	4.726	4.050	2.926	2.520

表 9-15　垂直运输项目单位估价表（二）　　　计量单位：100m²

定额编号	1-18-369	1-18-370	1-18-371	…
项目名称	设计室外地坪以上,20m（6层）以内			
	塔式起重机施工			
	砖混结构	现浇框架	现浇剪力墙	…
基价（元）	2608.28	3305.68	2468.80	…

（续）

其中		人工费（元）		252.32	319.78	238.82	…
	其中	定额人工费（元）		210.26	266.48	199.02	…
		规费（元）		42.06	53.30	39.80	…
	材料费（元）			—	—	—	…
	机械费（元）			2355.96	2985.90	2229.98	…

	名称	单位	单价（元）	数量			
人工	综合工日 02	工日	112.44	2.244	2.844	2.124	…
机械	自升式塔式起重机 400kN·m	台班	571.33	2.244	2.844	2.124	…
	电动单筒快速卷扬机 50kN	台班	287.14	3.740	4.740	3.540	…

表 9-16　垂直运输项目单位估价表（三）　　　　　　　计量单位：100m²

定额编号				1-18-393	1-18-394	1-18-395	1-18-396
项目名称				设计室外地坪以上,20m(6层)以外			
				现浇框架结构,建筑物檐高(层数)以内			
				30m(9)	40m(12)	50m(14)	60m(17)
基价（元）				2972.98	3231.01	3967.00	4058.83
其中		人工费（元）		812.94	837.68	827.56	817.44
	其中	定额人工费（元）		677.45	698.07	689.63	681.20
		规费（元）		135.49	139.61	137.93	136.24
	材料费（元）			—	—	—	—
	机械费（元）			2160.04	2393.33	3139.44	3241.39

	名称	单位	单价（元）	数量			
人工	综合工日 02	工日	112.44	7.230	7.450	7.360	7.270
机械	自升式塔式起重机 400kN·m	台班	571.33	2.855	2.818	—	—
	自升式塔式起重机 600kN·m	台班	594.37	—	—	2.739	2.658
	单笼施工电梯,1t,75m	台班	328.35	1.586	2.349	—	—
	单笼施工电梯,2t,100m	台班	574.42	—	—	2.608	2.867
	对讲机(一对)	台班	4.27	1.904	2.818	3.130	3.440

（4）综合单价计算

1）地下室部分套用定额 [1-18-357]，计算得

人工费 = （1000÷100÷12500×531.39）元/m² = 0.43 元/m²

定额人工费 = （1000÷100÷12500×442.83）元/m² = 0.35 元/m²

材料费 = 0

机械费 = （1000÷100÷12500×2808.40）元/m² = 2.25 元/m²

2）地坪以上 20m 以内部分套用定额 [1-18-370]，计算得

人工费 = （2500÷100÷12500×319.78）元/m² = 0.64 元/m²

定额人工费=（2500÷100÷12500×266.48）元/m² = 0.54 元/m²

材料费=0

机械费=（2500÷100÷12500×2985.90）元/m² = 5.97 元/m²

3）地坪以上 20m 以外部分套用定额［1-18-394］，计算得

人工费=（9000÷100÷12500×837.68）元/m² = 6.03 元/m²

定额人工费=（9000÷100÷12500×698.07）元/m² = 5.03 元/m²

材料费=0

机械费=（9000÷100÷12500×2393.33）元/m² = 17.23 元/m²

4）以上三项合计，得

人工费=（0.43+0.64+6.03）元/m² = 7.10 元/m²

定额人工费=（0.35+0.54+5.03）元/m² = 5.92 元/m²

材料费=0

机械费=（2.25+5.97+17.23）元/m² = 25.45 元/m²

管理费和利润=［（5.92+25.45×8%）×（22.78%+13.81%）］元/m² = 2.91 元/m²

综合单价=（7.10+0+25.45+2.91）元/m² = 35.46 元/m²

（5）垂直运输费用 计算得

（12500×35.46）元=443250.00 元

（6）特别说明 应注意套用垂直运输定额时，定额中给出了自升式塔式起重机和单笼施工电梯的多型号施工机械，则按本章 9.5 节的规定，应计取这两种大型机械的"大型机械设备进出场及安拆费"，包括塔式起重机和施工电梯各自的基础、一次安装及拆除、一次场外运输等费用。

【例 9-10】 某办公楼"8~13 层"室内装饰工程单独承包施工，每层层高 3m，办公楼檐高 39.6m。按某地现行工程造价计价依据计算出楼层所有装饰装修工程的人工费为 25.552 万元，试求装饰工程垂直运输费。

【解】 1）查用某地"计价定额"中装饰装修工程垂直运输的单位估价表，见表 9-17。

表 9-17 装饰工程垂直运输的单位估价表（节录）　　　　　计量单位：万元

定额编号		1-18-437	1-18-438	1-18-439	1-18-440	1-18-441
项目名称		建筑物檐口高度（m 以内）				
		40		60		
		垂直运输高度（m 以内）				
		20 以内	20~40	20 以内	20~40	40~60
基价（元）		473.94	497.58	552.61	580.19	603.18
其中	人工费（元）	—	—	—	—	—
	材料费（元）	—	—	—	—	—
	机械费（元）	473.94	497.58	552.61	580.19	603.18

（续）

名称		数量				
机械	单笼施工电梯	0.842	0.884	1.683	1.767	1.837
	电动单筒卷扬机	0.842	0.88	—	—	—

2）套用表9-17中定额［1-18-438］的单价，装饰装修工程垂直运输计算得

［25.552×497.58+25.552×497.58×8%×（22.78%+13.81%）］元=13086.33元

3）本例装饰装修工程垂直运输费为

1×13086.33元=13086.33元

9.4　超高施工增加

现代建筑普遍高度超过20m，所以计算超高施工增加费是必需的。超高施工增加费在《计算规范》中列入措施费，以"m²"为单位进行综合计价。

9.4.1　项目划分

1. 清单分项

《计算规范》将超高施工增加划分为1个项目，见表9-18。

表9-18　超高施工增加　（011704）

项目编码	项目名称	项目特征	计量单位	工程量计算规则	工作内容
011704001001	超高施工增加	1. 建筑物建筑类型及结构形式 2. 建筑物檐口高度、层数 3. 单层建筑物檐口高度超过20m，多层建筑物超过6层部分的建筑面积	m²	详见表9-19	1. 建筑物超高引起的人工工效降低以及由于人工工效降低引起的机械效降效 2. 高层施工用水加压水泵的安装、拆除及工作台班 3. 通信联络设备的使用及摊销

注：1. 单层建筑物檐口高度超过20m，多层建筑物超过6层时，可按超高部分的建筑面积计算超高施工增加。计算层数时，地下室不计入层数。

2. 同一建筑物有不同檐高时，可按不同高度的建筑面积分别计算建筑面积，以不同檐高分别编码列项。

2. 定额分项

1）建筑物超高施工增加按檐高或层数的不同细分子目，自30m（10层）以内开始，区分度是每增10m（或3层）编列1个子目，最大到360m（100层）。

2）装饰工程在设计室外地坪以上的超高施工增加按檐高的不同，从20~40m开始，每增20m一段，最大高度到360m。

9.4.2　计算规则

建筑物超高施工增加工程量计算的清单规则和定额规则见表9-19。

表 9-19　超高施工增加项目工程量计算规则

清单项目	清单规则	定额项目	定额规则
超高施工增加	按建筑物超高部分的建筑面积计算	建筑物超高施工增加	按设计室外地坪 20m（层数 6 层）以上的建筑面积计算
		装饰工程超高施工增加	按装饰项目所在高度以人工费以万元为单位计算

9.4.3　相关规定

1. 建筑物超高增加

1）本定额适用于建筑物檐高超过 20m（层数 6 层）的工程，内容包括施工降效、施工用水加压、脚手架加固等费用。

2）建筑物檐高指设计室外地坪至檐口滴水的高度（平屋顶指屋面板底高度），凸出主体建筑物屋顶的电梯机房、楼梯出入间、水箱间、瞭望塔、排烟机房等不纳入檐口高度计算。层数指建筑物层高不小于 2.2m 的自然分层数，地下室高（深）度、层数不纳入层数计算。

3）高度在 20m 以上，层高 2.2m 以内的管道层、技术层、架空层等按围护结构外围面积乘 0.5 系数并入相应高度的面积内计算。

4）同一建筑物檐高不同时，按不同檐高的建筑面积分别计算，执行相应定额。

5）建筑物 20m 以上的层高超过 3.6m 时，每增高 1m（包括 1m 以内），按相应定额增加 15% 计算，超过高度不足 0.5m 舍去不计。

6）建筑物高度虽超过 20m，但不足一层的，高度每增高 1m，按相应定额增加 15% 计算，超过高度不足 0.5m 舍去不计。

7）按《建筑工程建筑面积计算规范》（GB/T 50353—2013）应计算建筑面积的出屋面的电梯机房、楼梯出口间等的面积与相应超高的建筑面积合并计算，执行相应定额。

2. 装饰工程超高增加

1）装饰装修工程超高增加费适用于独立承包的装饰装修工程或二次装饰装修工程。

2）同一建筑物檐高不同时，按不同檐高计算。

9.4.4　计算示例

【例 9-11】　某 18 层现浇框架结构住宅楼，带一层地下室，室外设计地坪标高为 -0.6m，每层层高均为 3m，檐口高度为 54.6m，每层建筑面积为 1000m²。试求该建筑物超高增加费。

【解】　1）判断建筑物是否超高。从题给条件可推断，该建筑物在第 7 层超高，高度为 21.6m（0.6m+3.0m×7），而第 7 层实际超过 1.6m，可按相应定额增加 15%×2 计算；第 8~

18层，共11层应逐层计算超高增加费。

2）工程量计算。清单工程量按建筑物超高部分的建筑面积以 m^2 计算，从第7～18层计算，得

$$1000m^2 \times 12 = 12000m^2$$

定额工程量按前述超高判断计算，得

$$1000m^2 \times (1 + 0.15 \times 2) + 1000m^2 \times 11 = 12300m^2$$

3）工程量清单编制。根据《计算规范》，编制本例措施项目的工程量清单，见表9-20。

表9-20　超高施工增加项目工程量清单

序号	项目编码	项目名称	项目特征	计量单位	工程数量
1	011704001001	超高施工增加	1. 建筑物建筑类型及结构形式：住宅、框架结构 2. 建筑物檐口高度、层数：54.6m、18层 3. 单层建筑物檐口高度超过20m，多层建筑物超过6层部分的建筑面积：12000m²	m²	12000

4）查用单位估价表。某地"计价定额"中建筑物超高增加费的单位估价表，见表9-21。

表9-21　建筑物超高增加费的单位估价表（节录）　　　计量单位：100m²

定额编号			1-18-512	1-18-513	1-18-514	1-18-515	1-18-516
项目名称			建筑物檐高（层数）以内				
			30m（9）	40m（11）	50m（14）	60m（17）	70m（20）
基价（元）			2131.51	3197.26	4618.31	6020.98	7472.89
其中	人工费（元）		2089.42	3137.14	4391.96	5753.51	7171.42
	其中	定额人工费（元）	1741.18	2614.28	3659.97	4794.59	5976.18
		规费（元）	348.24	522.86	731.99	958.92	1195.24
	材料费（元）		—	—	—	—	—
	机械费（元）		42.09	60.12	226.35	267.47	301.47

5）综合单价计算。采用列式计算法，套用表9-21中定额［1-18-516］，计算得

人工费 $= (12300 \div 100 \div 12000 \times 7171.42)$ 元$/m^2 = 73.51$ 元$/m^2$

定额人工费 $= (12300 \div 100 \div 12000 \times 5976.18)$ 元$/m^2 = 61.26$ 元$/m^2$

材料费 $= 0$

机械费 $= (12300 \div 100 \div 12000 \times 301.47)$ 元$/m^2 = 3.09$ 元$/m^2$

管理费 $= [(61.26 + 3.09 \times 8\%) \times 22.78\%]$ 元$/m^2 = 14.01$ 元$/m^2$

利润 $= [(61.26 + 3.09 \times 8\%) \times 13.81\%]$ 元$/m^2 = 8.49$ 元$/m^2$

综合单价 $= (73.51 + 0 + 3.09 + 14.01 + 8.49)$ 元$/m^2 = 99.1$ 元$/m^2$

6）超高增加费，计算得

（12000×99.1）元=1189200 元

【例 9-12】　某单位办公楼"8~13 层"室内装饰工程单独承包施工，每层层高为 3m，办公楼总高为 39.6m。按某地现行工程造价计价规则计算出：分部分项工程费中的人工费为 40.34 万元，机械费为 20.19 万元，试求装饰工程的超高增加费。

【解】　1）查用某地"计价定额"中装饰工程超高增加费的单位估价表，见表 9-22。

表 9-22　装饰工程超高增加费的单位估价表（节录）　　　计量单位：万元

定额编号			1-18-538	1-18-539	1-18-540	1-18-541	1-18-542
项目			施工高度/m				
			20~40	40~60	60~80	80~100	100~120
基价（元）			465.28	917.30	1422.03	1948.05	2269.84
其中	人工费（元）		460.39	893.74	1391.81	1913.05	2210.70
	其中	定额人工费（元）	383.65	744.79	1159.84	1594.21	1834.75
		规费（元）	76.74	148.95	231.97	318.84	366.95
	材料费（元）		—	—	—	—	—
	机械费（元）		4.89	23.56	30.22	35.00	68.14

2）套用表 9-22 中定额 [1-18-538]，采用列式计算法计算超高增加费，得

人工费=（40.34×460.39）元=18572.13 元

定额人工费=（40.34×383.65）元=15476.44 元

材料费=（40.34×0）元=0

机械费=（40.34×4.89）元=197.26 元

管理费=[（15476.44+197.26×8%）×22.78%]元=3529.13 元

利润=[（15476.44+197.26×8%）×13.81%]元=2139.48 元

超高增加费=（18572.13+0+197.26+3529.13+2139.48）元=24438.00 元

9.5　大型机械设备进出场及安拆

大型机械设备进出场及安拆费也称为大机三项费，包括塔式起重机基础及轨道铺拆费用，特、大型机械每安装、拆卸一次费用及特、大型机械进出场运输费用。但并非所有大型机械都有大机三项费，有些大型机械（如履带式推土机、履带式挖掘机、履带式起重机、强夯机械、压路机等）只计取场外运输费用一项。

9.5.1　项目划分

1. 清单分项

《计算规范》将大型机械设备进出场及安拆划分为 1 个项目，见表 9-23。

表 9-23　大型机械设备进出场及安拆（011705）

项目编码	项目名称	项目特征	计量单位	工程量计算规则	工作内容
011705001	大型机械设备进出场及安拆	1. 机械设备名称 2. 机械设备规格、型号	台次	详见表 9-24	1. 安拆费包括施工机械、设备在现场安装拆卸所需人工、材料、机械和试运转费用以及机械辅助设施的折旧、搭设、拆除等费用 2. 进出场费包括施工机械、设备整体或分体自停放地点运至施工现场或由一施工地点运至另一施工地点所发生的运输、装卸、辅助材料等费用

2. 定额分项

1）大型机械设备安拆按自升式塔式起重机、架桥机、施工电梯、柴油打桩机、静力压桩机、三轴搅拌桩机、五轴搅拌桩机、旋挖钻机、TRD 搅拌桩机、沥青混凝土摊铺机划分项目。

2）大型机械设备基础按塔式起重机固定式基础、施工电梯固定式基础、塔式起重机轨道式基础划分项目。

3）大型机械设备进出场按履带式挖掘机、履带式推土机、履带式起重机、强夯机械、压路机、沥青混凝土摊铺机、柴油打桩机、静力压桩机、履带式旋挖钻机、三轴搅拌桩机、五轴搅拌桩机、履带式抓斗成槽机、TRD 搅拌桩机、自升式塔式起重机、架桥机、施工电梯划分项目。

9.5.2　计算规则

大型机械设备进出场及安拆工程量计算的清单规则和定额规则见表 9-24。

表 9-24　大型机械设备进出场及安拆工程量计算规则

清单项目	清单规则	定额项目	定额规则
大型机械设备进出场及安拆	按使用机械设备的数量计算	塔式起重机固定式基础	按每座带配重计算
		塔式起重机轨道式基础	按双轨以 m 计算
		安装拆卸费用	按使用机械设备的数量以台次计算
		场外运输费	按使用机械设备的数量以台次计算

9.5.3　相关规定

1. 塔式起重机及施工电梯基础

1）塔式起重机轨道铺设以直线形为准，如铺设弧线形时，定额乘以系数 1.15。

2）固定式基础适用于混凝土体积 $10m^3$ 的塔式起重机基础及混凝土体积 $8m^3$ 的施工电梯基础。

3）固定式基础如需打桩或地基处理，费用另行计算。

2. 大型机械设备安拆费

1）机械安拆费是安装、拆卸的一次性费用。

2）机械安拆费中包括机械安装完毕后的试运转费用。

3）柴油打桩机的安拆费中，已包括轨道的安拆费用。

4）自升式塔式起重机安拆费按塔顶高 45m 确定，高度>45m 且檐高≤200m 时，塔高每增高 10m，按相应定额增加费用 10%，尾数不足 10m 按 10m 计算。

3. 大型机械设备进出场费

1）进出场费中已包括往返一次的费用，场外运输费用分两种计算办法：30km 以内按相关规定计算；30km 以外，从 0km 开始，按市场运价计算。

2）进出场费未包含过路费、过桥费、过渡费等，发生时按实计算。

9.5.4 计算示例

【例 9-13】 某 12 层小高层现浇剪力墙结构住宅楼，建筑面积为 5000m²，总高为 36.6m。施工选用自升式塔式起重机（400kN·m）一台，单笼施工电梯（1t，75m）一台，现场采用固定式基础，场外运距为 24km。试计算技术措施费。

【解】 1）根据《计算规范》，可将以上项目编为两条措施项目清单，见表 9-25。

表 9-25 技术措施项目清单表

序号	项目编码	项目名称	项目特征	计量单位	工程数量
1	011703001001	垂直运输	1. 建筑结构形式：现浇剪力墙 2. 檐口高度：40m 以内	m²	5000
2	011705001001	大型机械设备进出场及安拆	1. 自升式塔式起重机（400kN·m） 2. 单笼施工电梯（1t，75m）	台次	1

2）查用单位估价表，见表 9-26、表 9-27。

表 9-26 技术措施项目的人、材、机单价（一）

定额编号		1-18-381	1-18-382	1-18-577	1-18-578
项目名称		现浇剪力墙结构垂直运输 （建筑物檐高，层以内）		塔式起重机	施工电梯
		30m(9)	40m(12)	固定式基础	固定式基础
		建筑面积 100m²	建筑面积 100m²	座	座
基价（元）		2182.64	2385.19	15222.83	7129.81
其中	人工费（元）	569.40	597.62	3044.01	2197.68
	定额人工费（元）	474.50	498.02	2536.68	1831.40
	规费（元）	94.90	99.60	507.33	366.28
	材料费（元）	—	—	12072.67	4841.03
	机械费（元）	1613.24	1787.57	106.15	91.10

表 9-27　技术措施项目的人、材、机单价（二）　　　计量单位：台次

定额编号	1-18-555	1-18-560	1-18-602	1-18-607
项目名称	自升式塔式 起重机安拆	施工电梯安拆	自升式塔式 起重机进出场	施工电梯进出场
	1000kN·m 以内	75m 以内	1000kN·m 以内	75m 以内
基价（元）	25546.24	9981.64	67217.90	10904.28
其中 人工费（元）	11274.12	5096.52	4160.28	1124.40
定额人工费（元）	9395.10	4247.10	3466.90	937.00
规费（元）	1879.02	849.42	693.38	187.40
材料费（元）	307.80	60.06	97.90	48.17
机械费（元）	13964.32	4825.06	62959.72	9731.71

3）综合单价计算。

①垂直运输套用定额［1-18-382］，计算得

$$人工费=（5000÷100÷5000×597.62）元/m^2=5.98 元/m^2$$

$$定额人工费=（5000÷100÷5000×498.02）元/m^2=4.98 元/m^2$$

$$规费=（5000÷100÷5000×99.60）元/m^2=1.00 元/m^2$$

$$材料费=（5000÷100÷5000×0）元/m^2=0$$

$$机械费=（5000÷100÷5000×1787.57）元/m^2=17.88 元/m^2$$

$$管理费=[（4.98+17.88×8\%）×22.78\%]元/m^2=1.46 元/m^2$$

$$利润=[（4.98+17.88×8\%）×13.81\%]元/m^2=0.89 元/m^2$$

$$综合单价=（5.98+0+17.88+1.46+0.89）元/m^2=26.21 元/m^2$$

②大型机械设备进出场及安拆，套用定额［1-18-577］，计算塔式起重机固定式基础，得

$$数量=定额工程量÷定额单位扩大倍数÷清单工程量=1÷1÷1=1$$

$$人工费=（1×3044.01）元/座=3044.01 元/座$$

$$定额人工费=（1×2536.68）元/座=2536.68 元/座$$

$$规费=（1×507.33）元/座=507.33 元/座$$

$$材料费=（1×12072.67）元/座=12072.67 元/座$$

$$机械费=（1×106.15）元/座=106.15 元/座$$

$$管理费=[（2536.68+106.15×8\%）×22.78\%]元/座=579.79 元/座$$

$$利润=[（2536.68+106.15×8\%）×13.81\%]元/座=351.49 元/座$$

$$综合单价=（3044.01+12072.67+106.15+579.79+351.49）元/座=16154.11 元/座$$

③表格法计价过程见表 9-28。

表 9-28　技术措施项目综合单价计算表

清单综合单价组成明细

序号	项目编码	项目名称	计量单位	定额编号	定额名称	定额单位	数量	单价（元）					合价（元）					综合单价（元）
								人工费		材料费	机械费	人工费		材料费	机械费	管理费	利润	风险费	
								定额人工费	规费			定额人工费	规费						
1	011703001001	垂直运输	m²	1-18-382	垂直运输	100m²	0.01000	498.02	99.60	0.00	1787.57	4.98	1.00	1.00	17.88	1.46	0.89	0.89	26.21
							小计					4.98	1.00	1.00	17.88	1.46	0.89	0.89	
2	011705001001	大型机械设备进出场及安拆	台次	1-18-577	塔式起重机固定式基础	座	1.00000	2536.68	507.33	12072.67	106.15	2536.68	507.33	12072.67	106.15	579.79	351.49		146887.7
				1-18-578	施工电梯固定式基础	座	1.00000	1831.40	366.28	4841.03	91.10	1831.40	366.28	4841.03	91.10	418.85	253.92		
				1-18-555	自升式塔式起重机安拆	台次	1.00000	9395.10	1879.02	307.80	13964.32	9395.10	1879.02	307.80	13964.32	2394.69	1451.74		
				1-18-560	施工电梯安拆	台次	1.00000	4247.10	849.42	60.06	4825.06	4247.10	849.42	60.06	4825.06	1055.42	639.83		
				1-18-602	自升式塔式起重机进出场	台次	1.00000	3466.90	693.38	97.90	62959.72	3466.90	693.38	97.90	62959.72	1937.14	1174.36		
				1-18-607	施工电梯进出场	台次	1.00000	937.00	187.40	48.17	9731.71	937.00	187.40	48.17	9731.71	390.80	236.92		
							小计					22414.18	4482.83	17427.63	91678.06	6776.69	4108.26		

习题与思考题

1. 某 8 层框架结构综合楼，一层层高为 4.8m，其余各层层高均为 3.6m，室外地坪标高为 -0.45m，女儿墙高 0.9m。每层建筑面积均为 2500m² （无阳台），楼梯间 120m²，电梯井（4 座）80m²。钢筋混凝土带形基础底面积 800m²（深 1.9m）。全部楼（屋）面板均为现浇，板厚 12cm，天棚抹灰，室内净面积 1800m²。试参照教材例题列项计算脚手架工程量并套价计算脚手架费用。

2. 某建筑物平面、立面、剖面图如图 8-10 所示，假设每层层高均为 3.6m，试参照书中例题计算该建筑物施工时的外脚手架费用。

3. 某混凝土带形基础如图 6-50、图 6-51 所示。假设施工方案确定基础采用组合钢模板，试参照书中例题计算模板工程的费用。

4. 混凝土杯形基础如图 4-23 所示，试计算模板工程量。

5. 某 12 层框架结构住宅楼，带一层地下室，室外设计地坪标高为 -0.6m，层高均为 3m，每层建筑面积均为 980m²。现场采用一台塔式起重机（800kN·m）和一台单笼施工电梯（75m）进行垂直运输，做固定式基础，场外运输 25km。试套价计算垂直运输、大机三项费和超高增加费。

6. 某 18 层办公楼，檐口高度为 54.6m，15～18 层室内装饰工程单独分包，按当地现行工程造价计价规则计算出：分部分项工程费中的人工费为 82.56 万元，机械费为 42.37 万元，试套价计算装饰工程的垂直运输费、超高增加费。

二维码形式客观题

微信扫描二维码，可自行做客观题，提交后可查看答案。

第9章
客观题

参 考 文 献

［1］ 建设部. 全国统一建筑工程预算工程量计算规则：GJD GZ-101—95［S］. 北京：中国计划出版社. 1995.

［2］ 建设部标准定额司. 全国统一建筑工程基础定额编制说明：土建工程［M］. 哈尔滨：黑龙江科学技术出版社. 1997

［3］ 建设部标准定额司. 全国统一建筑工程预算工程量计算规则、全国统一建筑工程基础定额（土建工程）有关应用问题解释［M］. 哈尔滨：黑龙江科学技术出版社，1999.

［4］ 高竞，高韶明，高韶萍，等. 平法制图的钢筋加工下料计算［M］. 北京：中国建筑工业出版社. 2005.

［5］ 中国建设工程造价管理协会. 建设工程造价管理基础知识［M］. 北京：中国计划出版社. 2010.

［6］ 中华人民共和国住房和城乡建设部. 混凝土结构施工图平面整体表示方法制图规则和构造详图：16G101［S］. 北京：中国计划出版社，2016.

［7］ 中华人民共和国住房和城乡建设部，中华人民共和国国家质量监督检验检疫总局. 建设工程工程量清单计价规范：GB 50500—2013.［S］北京：中国计划出版社，2013.

［8］ 中华人民共和国住房和城乡建设部，中华人民共和国国家质量监督检验检疫总局. 房屋建筑与装饰工程工程量计算规范：GB 50854—2013［S］北京：中国计划出版社. 2013.

［9］ 中华人民共和国住房和城乡建设部，财政部. 关于印发《建筑安装工程费用项目组成》的通知（建标〔2013〕44号文）［Z］. 2013.

［10］ 全国造价工程师执业资格考试培训教材编审委员会. 建设工程计价［M］. 6版. 北京：中国计划出版社. 2013.

［11］ 张建平. 建筑工程计价习题精解［M］. 重庆：重庆大学出版社. 2013.

［12］ 中华人民共和国住房和城乡建设部. 建筑工程建筑面积计算规范GB/T 50353—2013［S］. 北京：中国计划出版社，2014.

［13］ 张建平. 建筑工程计价［M］. 5版. 重庆：重庆大学出版社. 2018.

［14］ 张宇帆，张建平. 建筑工程计量与计价实务案例分析［M］. 重庆：重庆大学出版社. 2019.

［15］ 解永明，张建平. 建设工程造价管理基础知识［M］. 北京：中国建材工业出版社. 2019.

［16］ 云南省住房和城乡建设厅. 云南省建设工程造价计价规则及机械仪器仪表台班费用定额：DBJ 53/T-58—2020［S］. 昆明：云南科技出版社. 2021.

［17］ 云南省住房和城乡建设厅. 云南省建筑工程计价标准：DBJ 53/T-61—2020［S］. 昆明：云南科技出版社，2020.